ANDREA WÜSTNER

»Ich war immer verärgert, wenn ich ein Mädchen bekam«

ANDREA WÜSTNER

»Ich war immer verärgert, wenn ich ein Mädchen bekam«

Thomas und Katia Mann als Eltern

Mit 22 Abbildungen auf Tafeln

Piper München Zürich

Mehr über unsere Autoren und Bücher:
www.piper.de

In memoriam
Geertruda Joppa und Martha Wüstner,
meinen Großmüttern

FSC
Mix
Produktgruppe aus vorbildlich bewirtschafteten Wäldern und anderen kontrollierten Herkünften
www.fsc.org Zert.-Nr. GFA-COC-001262

ISBN 978-3-492-05283-2

Satz: Satz für Satz. Barbara Reischmann, Leutkirch
Druck und Bindung: Pustet, Regensburg
Printed in Germany

»Jemand wie ich ›sollte‹ selbstverständlich keine Kinder in die Welt setzen.«

THOMAS MANN

»Geheiratet habe ich nur, weil ich Kinder haben wollte.«

KATIA MANN

Inhalt

1

»Einzuleben, einzupassen (soweit es geht)«

Thomas Mann und Katia Pringsheim: Herkunft

»Das sage ich gleich: Es ist müßig zu fragen, ob es mein ›Glück‹ sein würde. Trachte ich nach dem Glück? Ich trachte nach dem Leben und *damit* wahrscheinlich ›nach meinem Werke‹. Ferner: Ich fürchte mich nicht vor dem Reichthum. Ich habe niemals aus Hunger gearbeitet, habe mir schon in den letzten Jahren nichts abgehen lassen und habe schon jetzt mehr Geld, als ich im Augenblick zu verwenden weiß. Auch ist alles Vergängliche mir nur ein Gleichnis.«[1]

Der das schreibt ist Thomas Mann, Ende zwanzig und Starautor. Die »Buddenbrooks« haben bereits ihre 18. Auflage erreicht, der Schriftsteller ist ein »berühmter Mann« und wird auf große Gesellschaften eingeladen, wo er in der »anstrengendsten Weise« zu repräsentieren hat:

»Leute gingen um mich herum, beguckten mich, ließen sich mir vorstellen, horchten auf das, was ich sagte. Ich glaube, ich habe mich nicht übel gehalten. Ich habe im Grunde ein gewisses fürstliches Talent zum Repräsentieren, wenn ich einigermaßen frisch bin«, schreibt Thomas an seinen Bruder Heinrich Mann im Februar 1904 über eine Soiree im Hause Pringsheim in der Münchner Arcisstraße. Und auch das: »An diesem Abend lernte ich die Tochter des Hauses kennen, nachdem ich sie früher nur gesehen, oft, lange, unersättlich gesehen und sie nur einmal bei der Antrittsvisite flüchtig begrüßt hatte.«[2]

So beginnt die Geschichte.

Die einzige »Tochter des Hauses« ist Katharina, genannt

Katia, Pringsheim, zwanzig Jahre alt, Studentin der Mathematik und beim Gedanken an Liebesbeziehung und Heirat »nicht so sehr enthusiasmiert«.[3] Eher gelangweilt. Junge und nicht mehr ganz junge Männer, die ihr den Hof machen, gibt es genug. Einer mehr oder weniger ist für die verwöhnte junge Frau aus reichem Elternhaus nichts Besonderes: »Ich war zwanzig und fühlte mich sehr wohl und lustig in meiner Haut«, erzählt sie Jahrzehnte später, »auch mit dem Studium, mit den Brüdern, dem Tennisclub und mit allem, war sehr zufrieden und wußte eigentlich gar nicht, warum ich nun schon so schnell weg sollte.«[4]

Verständlich. Indes: Sehnsucht, Liebe, Leidenschaft – nicht erstrebenswert?

Vielleicht nicht, wenn man die Ehe der Eltern ansieht. Der Vater mit seinen außerehelichen Verhältnissen. Die Mutter, die ihre Rolle als Dame des Hauses unverdrossen weiterspielt. Sie waren zwar seinerzeit nicht unüblich, die Vernunftehen, in denen der Ehemann nach Zeugung des legitimen Nachwuchses seine sexuellen Bedürfnisse außerhalb der Ehe befriedigte und die Ehefrau ihre – selbstverständlich rein platonischen Bedürfnisse – in gesellschaftlich akzeptiertem Rahmen ausleben durfte. So etwas kann funktionieren, aber es hat wenig mit unseren Vorstellungen von Liebe zu tun.

Die junge Katia Pringsheim auf Fotos: Sie wirkt hübsch-apart, mit mustergültiger Haltung, etwas gelangweilt, ein wenig spöttisch, leicht blasiert. Nicht unbedingt eine Frau, die aussieht, als ob sie sich über ein Kompliment übers Hübschsein, ihre Frisur oder die Haltung freute. Und doch, so erzählt Katia später: »In meiner Jugend war ich, glaube ich, recht hübsch. Das Traurige ist, daß ich es gar nicht wußte. Es hat eigentlich nie jemand in meiner Familie die Freundlichkeit gehabt, es mir zu sagen. Da meine Mutter eine berühmt schöne Frau war und eine meiner Großmütter, die Mutter meines Vaters, immer, wenn sie mich sah, nur sagte: Ach, die Mutter erreichst du ja nie! habe ich mich auch damit abgefunden. Ich hatte gar keine hohe Meinung von meinen äußeren Reizen und wußte nichts davon. Schade eigentlich.«[5]

Ja, das ist schade. Und verletzend. Kann es wirklich sein, dass die »berühmt schöne« Mutter Hedwig Pringsheim solche Urteile nicht relativierte? Dass der Vater und die Brüder der jungen Frau nicht protestierten?

Was war das für ein Elternhaus?

Reich, sehr reich. Das ist das Erste, was im Zusammenhang mit den Pringsheims genannt wird. Reich, kultiviert und seit 1890 mit großem Palais an der Arcisstraße in München.

Der Vater Alfred Pringsheim wurde als einziger Sohn eines vermögenden jüdischen Eisenbahnunternehmers aus Schlesien 1850 in Ohlau/Schlesien geboren. Aufgewachsen ist er in Berlin, sein Studium der Mathematik absolvierte er in Heidelberg und München, wo er ab 1886 als Professor für Mathematik lehrte.

Die Mutter Hedwig Pringsheim: geboren 1855 in Berlin als älteste Tochter von Ernst und Hedwig Dohm, Redakteure, Schriftsteller, Pazifisten. Beide Eltern stammen aus jüdischen Familien, die zum protestantischen Glauben konvertierten. Sie bieten ihrer Tochter ein finanziell bescheidenes, aber geistig höchst bereicherndes Elternhaus. Hedwig erlernt die Schauspielerei und ist damit durchaus erfolgreich.

Mit dreiundzwanzig Jahren lernt die schöne junge Frau Alfred Pringsheim kennen. Ein äußerlich wenig attraktiver Mann, aber sehr intelligent und amüsant. Und vor allem sehr reich. Das war zu allen Zeiten nicht ohne Bedeutung. Das Paar heiratet rasch und wohnt zunächst in einer großen Wohnung in der Münchner Sophienstraße.

Innerhalb von vier Jahren werden fünf Kinder geboren: Erik 1879, Peter 1881, Heinz 1882 und die Zwillinge Klaus und Katharina 1883.

Das ist in dieser Zeit nicht ungewöhnlich. Jedes Jahr eine Geburt ist fast eine Selbstverständlichkeit. Man nimmt die Kinder, wie sie kommen. Und erzieht sie entsprechend der eigenen gesellschaftlichen Stellung. Die ständische Gesellschaft ist noch intakt, und wer arm geboren ist, der wird es höchstwahrscheinlich lange bleiben. Wer reich ist, darf berechtigte Hoffnung haben, dass das anhält. Und kann seinen Rang an die nächste Generation weitergeben. Der ist bei den Pringsheims ein denkbar hoher: reich, gebildet, kultiviert und sicher das, was man heute als Elite bezeichnet.

Das bedeutet für die Kinder: Keine öffentliche Volksschule, sondern Privatlehrer. Nichts Gewöhnliches, sondern nur Erwähltes, Erlesenes soll den Sprösslingen nahe gebracht werden. Man besucht Museen, Theater, das Opernhaus und – auch das ist ganz wichtig für diese Elite – man treibt Sport. Dazu gehören Fahrradfahren und der Tennisklub. Man hält auf sich. Und gibt sich alle Mühe, den Kindern eine hervorragende Erziehung angedeihen zu lassen. Dass auch körperliche Züchtigungen dazugehören, ist für heutige Verhältnisse unerträglich. Im 19. Jahrhundert indes und weit ins 20. Jahrhundert hinein wird körperliche Gewalt nicht als erbärmliches Mittel der Erziehung gesehen.

Disziplin und bedingungsloser Gehorsam sind auch in der Schule oberstes Gebot. Erwachsene haben die Macht, und sei es auch nur über Kinder. Die muss man im Griff haben, so, dass ein Blick genügt, um sie verstummen und gehorchen zu lassen.

Daniel Schreber, der berühmte Verfasser eines im 19. Jahrhundert viel gedruckten und übersetzten Erziehungsbuches, das nicht nur von der Schweizer Psychoanalytikerin Alice Miller als ein Hauptwerk der »Schwarzen Pädagogik« bezeichnet wurde, hat sich ausführlich damit beschäftigt, wie man mit Gewalt den Willen eines Kindes bricht, seiner Herr wird und eine stabile Herrschaft über das kindliche Wesen erlangt.

»Heut hat es sich gezeigt, dass Anschreien Erik vielmehr imponirt als körperliche Züchtigung. Das neue Mittel, von Alfred verwendet, erzielte ein ängstliches Weinen und augenblickliche, strikteste Folgsamkeit.«[6] Das Beispiel könnte aus

Schrebers Buch stammen. Tatsächlich jedoch schreibt dies Hedwig Pringsheim über ihren gerade zweijährigen Sohn. Für damalige Verhältnisse völlig normal, nur manchmal gibt man sich toleranter: Die Kinder dürfen über ihre Strafen diskutieren und auswählen: Schlagen auf den »popus« oder regungsloses Verharren auf einem Stuhl?

Da Hedwig Pringsheim detaillierte Kindertagebücher schrieb, ist in ihnen das Wirken und Werden von Eltern und Kindern exemplarisch und atmosphärisch dicht nachzuvollziehen: strenge Erziehung und bestmögliche Bildung, gepaart mit künstlerischen Ambitionen und Savoir-vivre.

Dazu gehört auch, dass die Kinder sich mit den wechselnden Liebschaften des Vaters auseinandersetzen müssen und diese akzeptieren sollen. Stadtbekannt ist das Verhältnis Alfred Pringsheims mit der berühmten Wagner-Sängerin Milka Ternina. Die schöne junge Frau ist häufig Gast bei den Pringsheims und soll von Gattin Hedwig und den Kindern als Freundin des Hauses betrachtet und behandelt werden. Das klappt vordergründig wohl auch. Indes, so schreibt Hedwig 1891 in ihr Kinderbüchlein:

»Wir sitzen am Theetisch, ich meine Alfred, der noch fehlt, trinke gewiß bei Milka Thee. Kati: ›Der Fey [Vater Alfred Pringsheim, A. d. V.] spielt Milka überhaupt sehr den Hof, er wird sie wohl heiraten wollen, auf ein Jahr, bis sie ein Kind hat, dann wird er wiederkommen und sich mit dem Kind protzen, als wenn es gescheiter wär als wir fünf, aber dann jagen wir Milka mit'm Kind fort.‹ Das erzähle ich Alfred, der Kati fragt, wie er denn den Hof spiele? ›Ja‹, sagt Kati, ›du gehst halt immer Theetrinken zu ihr und gibst ihr den Arm und applaudirst im Theater [...], du bist wie ein Witwer, der eine andere will.‹«[7] Wessen Gedanken, ja, Sorgen und Befürchtungen das achtjährige Kind hier ausspricht, ist klar: Es sind die von Erwachsenen. Vielleicht hat das Kind den Tuscheleien der Hausangestellten etwas abgelauscht. Oder vertraulichen Gesprächen der Mutter mit Freundinnen. Und dann versucht es, sich das Gebaren des Vaters zu erklären, die Rolle der Mutter, die sich auf dem schmalen Grat zwischen Nonchalance, Großzügigkeit und Liberalität einerseits und Entwürdigung andererseits bewegt. Wäre die Einbindung der Geliebten des Vaters tatsächlich so unproblematisch, dann würde ein Kind nicht solche Szenarien entwerfen. Dann würde es die beiden Realitäten – hier das Familienleben, dort das Liebesleben des Vaters – trennen können.

Da das offenbar nicht gelingt, werden märchengleiche Lösungsbilder konzipiert: Wir jagen die Konkurrenz davon. Was tatsächlich aus den Worten der achtjährigen Katia spricht, ist die kindliche Angst, dass nicht Milka Ternina mit einem womöglich »gescheiteren« Kind, sondern die legitim Geborenen »fortgejagt« werden. Beunruhigende Vorstellung. Sind solche Überlegungen übertrieben? Spekulativ? Wohl kaum.

Golo Mann bemerkt später, Alfred Pringsheim »lebte seit Jahrzehnten in einer Art von Doppelehe; den Nachmittag verbrachte er bei einer Frau Professor von X. Dazu die Großmutter zu mir: ›Eine Person, die mir viel Böses getan hat.‹«[8]

Ja, wenn die Gespielinnen des Ehemannes lieb und fügsam sind, wie vielleicht Milka Ternina, kann man sich noch souverän geben. Eine »Frau Professor von X« hingegen wird sich nicht dezent in das Pringsheimsche Leben einfügen lassen, sondern ihren Nachmittag mit Alfred einfordern. Mit den daraus resultierenden Stimmungen – das Liberale einerseits, das Bedrückende (»viel Böses«) andererseits – wurde Katia von Kindheit an konfrontiert. Fünfjährig beschließt sie, nicht zu heiraten, »denn man kann ja glauben, ein Mann ist sehr brav, und wenn man geheiratet ist, dann merkt man, er ist sehr bös, da ists doch besser, man heiratet sich erst garnicht: ich bleib bei meinem Mutterl«.[9]

Abgesehen davon, dass Katia tatsächlich sehr eng an ihre Mutter gebunden bleibt und sich als deren einzige Freundin betrachten darf (oder soll), stellt sich die Frage, wer ihr das erzählt hat? Hätte ein Kind solche Gedanken nicht, wenn die häusliche Situation stimmig wäre? Wenn das Kind seine Eltern nur aus kindlicher Erfahrungsperspektive betrachten würde? Dass Katia schon als Fünfjährige alle Ehemänner (also auch den eigenen Vater in seiner Rolle als Ehemann) als womöglich »böse« bezeichnet, bedeutet, dass sie schon sehr früh mit Themen, die den Erfahrungsradius eines Kindes deutlich überschreiten, konfrontiert wird.

Für sich selbst beschließt sie deshalb, lieber ein Knabe als ein Mädchen zu sein. Da wäre etwas schief gelaufen mit dem Zwillingsbruder Klaus, sagt die Kleine, eigentlich wäre sie der Junge und er das Mädchen. An Weihnachten 1887 tauscht sie ihr Puppengeschirr gleich gegen die Pistole des anderen Bruders Peter. Nein, mädchenhaft wollte Katia nicht sein. »Wenn du Mädchen zu uns einlädst, werde ich sie brutalisieren«[10], droht sie ihrer Mutter, mit fünf Jahren. Warum eigentlich? Wollte sie sich nicht in Konkurrenz zu anderen Mädchen setzen? Hielt sie sich für etwas Besseres? Das war sie zwar im Verhältnis zu vielen anderen. Aber eben nicht in Bezug auf ihre Stellung als Mädchen, als Frau.

Neue häusliche Konstellationen sollen förderlich sein: Als die Familie 1890 in das neu gebaute Palais in die Arcisstraße zieht, gibt es kein gemeinsames Kinderzimmer für alle Kinder mehr. Die Brüder bekommen eigene Räumlichkeiten, während Katia sich nun ein Zimmer mit der französischen Gouvernante teilen muss.

Nie besucht Katia eine öffentliche Schule. Als die Brüder nach privatem Volksschulunterricht auf ein Gymnasium wechseln, bleibt Katia dieser Weg versperrt. Es gibt kein gemischtes Gymnasium, die 1822 als Schule für höhere Töchter gegründete Luisenschule genügt den Ansprüchen nicht. Also erhält sie weiterhin Privatunterricht, bei Studenten, bei Gymnasiallehrern. »Einer für die alten Sprachen, einer für Mathematik und einer für Deutsch und Geschichte«, erzählt Katia später. »Das Ganze war ja furchtbar leicht, und ich lernte nicht schwer. Es ging sehr schnell. Wenn man allein ist, lernt man viel schneller.«[11]

Ja, man lernt schneller. Aber man versäumt auch viel.

Es ist etwas anderes, im Schutz des reichen Elternhauses und/oder der brüderlichen Gemeinschaft als Jeunesse dorée unterwegs zu sein, als sich in fremder Gesellschaft Freundschaften aufzubauen, die nicht darauf basieren, dass man Teil einer bestimmten Gesellschaftsschicht ist und deren Lebenseinstellungen und Werte repräsentiert. In Freundschaften gelten andere Regeln, die freilich auch ein gewisses Maß an Ablösung von den Eltern erfordern. Da geht es nicht mehr um das »Wir-Gefühl« der Familie, sondern um Individuation. Freundschaften und Beziehungen sind geschützte Orte, an denen man sich in vielfältigen menschlichen Facetten ausloten kann. Das ist für ein Mädchen in dieser Zeit nicht möglich. Man bleibt unter sich und seinesgleichen.

Die Pringsheims sind nicht nur Teil einer Elite, die etwas zu repräsentieren versucht, sondern auch eine verschworene Gemeinschaft. Vertrauensvolle Freundschaften können dabei nur schwerlich entstehen. Vielleicht ist das auch gar nicht erwünscht. Man trägt nichts nach außen, man beschmutzt nicht das eigene Nest. Wie erlernt jemand, der sein Vertrauen immer nur Mutter, Vater, Brüdern schenkt, die Kunst des Einfühlens in andere Menschen? Fast erschreckend mutet es an, dass die weit über fünfzigjährige Katia später schreiben wird, dass sie noch nie eine Freundin hatte, die sie wirklich mochte.[12]

Was wäre die Alternative für Fräulein Pringsheim gewesen? Für ein hochintelligentes Mädchen, das am Ende des 19. Jahrhunderts Abitur und Studium anstrebt, gibt es kaum eine andere Möglichkeit als teuren Privatunterricht. War der konstante Kontakt zu gleichaltrigen Mädchen überhaupt erwünscht? Offenbar nicht. Den Umgang mit Mädchen wird sie später mühsam lernen müssen. Widerwillig, verärgert. Später werden die Gegebenheiten andere als bei den Pringsheims sein. Dort ist sie nicht nur einzige Tochter, sondern auch noch einzige Freundin der Mutter. Geschlossene Gesellschaft.

1900 besteht Katia Pringsheim als Externe glanzvoll das Abitur und beginnt, 1901, unter anderem bei Wilhelm Conrad Röntgen und ihrem Vater, Physik und Mathematik zu studieren. Auch Mutter Pringsheim hat sich als Gasthörerin eingetragen, gemeinsam besuchen die beiden Kurse für Russisch, Philosophie und Ästhetik. Dass sich so keine lockeren Studienkontakte zu Kommilitonen ergeben können, ist wohl nicht unerwünscht.

Da begegnet sie Thomas Mann. 1904 auf einer Gesellschaft im Elternhaus. Durch ihn verändert sich ihr Leben.

Sie lernt ihn kennen als erfolgreichen Schriftsteller, dessen Herkunft mehr als solide ist. Sein Vater Thomas Johann Heinrich Mann, geboren 1840, war Sohn eines wohlhabenden Lübecker Getreidehändlers und Konsuls. Nach dessen Tod und erst zweiundzwanzig Jahre alt übernahm der junge Mann das Unternehmen. Mit achtundzwanzig Jahren lernt er die siebzehnjährige Julia da Silva-Bruhns kennen, eine schwierige Liebe.

Die junge Frau hat schon viel hinter sich.

1851 wurde sie in Angra in Brasilien als fünftes Kind geboren, ihr Vater ist Deutscher, die Mutter Brasilianerin. Das sehr wohlhabende und recht unbeschwerte Leben endet mit dem plötzlichen Tod der Mutter bei der Totgeburt des sechsten Kindes. Julia, sechsjährig, und ihre Geschwister werden vom Vater in seine Heimatstadt Lübeck gebracht und müssen sich, getrennt von allem, was ihnen bisher lieb und wichtig war, neu orientieren. Zum Verlust von Mutter und Muttersprache kommt die Trennung vom Vater und vom bisherigen Heimatland. Bis zu dem traumatisierenden Ereignis waren die Kinder eingebunden in sichere, geborgene Verhältnisse. Nun, in Lübeck, sind sie Halbwaisen, die sich in verhältnismäßig bescheidenem Pensionat zu fügen haben. Unauffällig, genügsam. Das geht.

Mit sechzehn, siebzehn die ersten Feste dann. Die feine Lübecker Verwandtschaft lädt ein. Julias Debüt verläuft bestens, der begehrte Junggeselle Thomas Johann Heinrich Mann wird auf sie aufmerksam und heiratet sie. Da ist sie noch nicht ganz achtzehn Jahre alt. Wahrscheinlich denkt sie, dass jetzt das Leben beginnt, das richtige Leben, das ihr gemäße.

Ein schönes Heim, später werden es zwei sein, und fünf Kinder sind ihr beschieden: Heinrich geboren 1871, Thomas 1875, Julia 1877, Carla 1881 und Viktor 1890. Neben ihrem »eleganten, lebensvollen und ehrgeizig tätigen Mann«[13] steht sie einem großen Haus vor. Die Kinder werden meist der Obhut eines Kinderfräuleins überlassen. Aber »namentlich ihre freien Abende schenkte sie uns oft«[14], erzählt Thomas später. Da wird vorgelesen, erzählt und musiziert.

Die Eltern geben sich Mühe, den Kindern eine angemessene Erziehung angedeihen zu lassen. Anspruchsvoll, aber nicht zu streng.

Auch nicht zu streng zueinander. Oder doch? Dass Julia Mann schön ist, gar als schönste Frau Lübecks bezeichnet wird, ist beim Blick auf zeitgenössische Fotografien schwer nachzuvollziehen: eine sehr schlanke Frau, etwas bieder wirkend und, nach klassischem Schönheitsideal, mit einer deutlich unvorteilhaft vorstehenden Kinnpartie, die sie auf einigen Fotos offenbar selbst retuschiert hat.[15] Gewirkt haben wohl Ausstrahlung, Charme und Sinnlichkeit. Diese Gaben auszuleben? Schwierig …

Als Senatorengattin im Lübeck des ausgehenden 19. Jahrhunderts kann man vielleicht schön sein und sich reizvoll kleiden, aber ansonsten gilt: Noblesse oblige – Haltung bewahren.

Das gelingt ihr offenbar immer schwerer. Die Leute reden, tuscheln. Das ist sie gewohnt. Die flüsterten schon bei ihrer Ankunft in Lübeck. Darüber, dass sie und ihre Geschwister in gelben Nanking-Kleidern und Panamahüten ankamen. (Merkwürdigerweise stammte diese Aufmachung nicht aus der alten

Heimat Brasilien, sondern wurde beim ersten Halt in Hamburg vom Vater gekauft, der eigentlich hätte wissen müssen, dass so etwas auffällt.) Die Kinder mussten sich gefallen lassen, dass ihnen auf der Straße ganze Rudel von johlenden Kindern nachliefen.[16] Wer einmal Außenseiter ist, wird es meistens lange bleiben. Manche ein Leben lang. Das ist wie ein Lebensdrehbuch.

Über die Schicklichkeit im gesellschaftlichen Verhalten von Julia Mann gibt es allerlei Spekulationen. »Neigungen zu ›Sünden‹, zur Kunst, ja zur Bohème«, bemerkt Thomas rückblickend. Diese Neigungen »schlugen nach dem Tode ihres Mannes und der Änderung der Verhältnisse durch, was die prompte Übersiedlung nach München erklärt«.[17] Wenn ein Sohn so etwas über die eigene Mutter schreibt, darf davon ausgegangen werden, dass nur aus Achtung vor den Eltern das ausschweifende Leben der Mutter erst in deren Witwenzeit gelegt wird. Ein Zweifel an der ehelichen Treue der Mutter würde ja auch Zweifel an der legitimen Abstammung des Sohnes bedeuten.

Der Vater stirbt, mit einundfünfzig Jahren, an Blutvergiftung. In seinem Testament charakterisiert er knapp seine Kinder und ermahnt sie zu Liebe, Zusammenhalt, Fleiß und Gebet. Die Gattin ermahnt er zur Strenge und Festigkeit. Und auch das verfügt Senator Mann: Nicht nur die Firma, auch das große Wohnhaus sollen verkauft werden. Der Erlös wird in Monatsraten ausbezahlt, die der Witwe und ihren Kindern einen angemessenen Lebensunterhalt sichern.

Wieso soll die Mutter mit fünf Kindern aus dem standesgemäßen Haus in das viel kleinere Zweithaus ziehen? Wollte er seine Frau daran hindern, »das weitläufige Heim, in dessen parkettiertem Ballsaal die Offiziere der Garnison den Töchtern des Patriziats den Hof gemacht hatten«[18], für solche Zwecke weiterzubenutzen? Gar sich den Hof machen zu lassen?

Das kann sie jetzt nicht mehr. Und in Lübeck will sie auch nicht mehr bleiben. Sie zieht mit den drei jüngsten Kindern nach München, Thomas wird folgen. Zunächst jedoch wird er bei einem Gymnasialprofessor in Pension zurückgelassen, um die Schule – mehr schlecht als recht – zu beenden.

»Ich verabscheute die Schule und tat ihren Anforderungen bis ans Ende nicht Genüge. Ich verachtete sie als Milieu, kritisierte die Manieren ihrer Machthaber und befand mich früh in einer Art literarischer Opposition gegen ihren Geist, ihre Disziplin, ihre Abrichtungsmethoden. Meine Indolenz, notwendig vielleicht für mein besonderes Wachstum; mein Bedürfnis nach viel freier Zeit für Müßiggang und stille Lektüre; eine wirkliche Trägheit meines Geistes, unter der ich noch heute zu leiden habe, machten mir den Lernzwang verhaßt und bewirkten, daß ich mich trotzig über ihn hinwegsetzte.«[19]

Nun, der Knabe hat andere Ambitionen. Schreibt »kindische Dramen«[20], die er mit den jüngeren Geschwistern vor Eltern und Tanten zur Aufführung bringt, Gedichte natürlich und erzählerische Versuche. Die Berufung zum Schreiben fühlt er. Aber auch das Verlangen, sich nach Beendigung des Realgymnasiums »sofort dem Müßiggang zu überlassen«.[21]

Das geht noch nicht. Der Junge ist noch nicht volljährig. So zieht er von Lübeck zu Mutter und Geschwistern nach München und tritt, »das Wort ›vorläufig‹ im Herzen, als Volontär in die ›Bureaus‹ einer Feuerversicherungsgesellschaft ein«[22], schreibt während der Arbeitszeit an der Erzählung »Gefallen«, die ihm den ersten literarischen Erfolg bringt. Schon nach ein paar Monaten beendet er die Bürotätigkeit und behauptet, Journalist werden zu wollen. Tatsächlich hört er als Gaststudent »in buntem und unersprießlichem Durcheinander historische, volkswirtschaftliche und schönwissenschaftliche Vorlesungen«[23]. Was er tatsächlich will, ist Schreiben – und Abwarten, was daraus wird.

Auch Bruder Heinrich ist künstlerisch tätig: Malen, Zeichnen, Abwarten. In Rom weilend, schlägt er Thomas vor, zu ihm zu kommen und ein Jahr dort zu leben. Finanziell bescheiden, aber immerhin, sie können tun, was sie wollen. Das bedeutet ihnen viel, »die soziale Freiheit, die Möglichkeit ›abzuwarten‹«[24].

1898 erscheint Thomas' Novellenband »Der kleine Herr Friedemann« und erregt literarisches Aufsehen. Noch in Rom beginnt er mit Vorarbeiten zu den »Buddenbrooks«. Daran schreibt er nach dem langen Aufenthalt in Italien (1896–98) in München weiter. Im August 1900 ist der Roman fertig, von Hand geschrieben, doppelseitig und ohne zweite Abschrift. Heute kaum mehr vorstellbar.

Das Warten auf den Verlagsbescheid dauert monatelang. Überdies muss er noch zum Militär, das ihn nach drei Monaten entlässt. Alles nervenaufreibend. Und immer noch Unklarheit über die »Buddenbrooks«. Verleger Samuel Fischer ist zwar durchaus interessiert, zeigt sich in den ersten Monaten nach Erhalt des Manuskriptes aber noch unentschieden: »Fischer schweigt, wie gesagt, und wenn ich mahne, so bekomme ich wahrscheinlich den Wechselbalg sofort wieder ins Haus. Wenn nun Niemand das Buch haben will?«, fragt er Heinrich im Januar 1901.[25]

Schließlich, nach einem halben Jahr des Bangens und Wartens, die Zusage, dass der Roman Ende 1901 erscheinen soll – geplant ist zunächst eine dreibändige Ausgabe: »Ich werde mich photographiren lassen, die Rechte in der Frackweste und die Linke auf die drei Bände gestützt; dann kann ich eigentlich getrost in die Grube fahren«[26], schreibt Thomas an Heinrich nach diesem anstrengenden Winter. Neben der Sorge um sein Buch hat er auch anderes zu beklagen: »Depressionen wirklich arger Art mit völlig ernst gemeinten Selbstabschaffungsplänen haben mit einem unbeschreiblichen, reinen und unverhofften Herzensglück gewechselt.«[27]

Herzensglück, das ist der Maler Paul Ehrenberg, sein liebster Mensch, seine Sehnsucht, seine Leidenschaft. »Es ist verrückt und lächerlich! Ich schreibe nur noch ›er‹ und ›ihn‹ und ›sein‹, und es fehlt bloß noch, daß ich es groß schreibe und golden einrahme«[28], berichtet er seinem Schulfreund Otto

Grautoff. Es verwundert nicht, dass dieser ihm die Verliebtheit eines Pennälers konstatiert. Das könnte schön sein, wenn der so Angebetete auch enflammé wäre. Oder zumindest interessiert an einer bedingungslosen menschlichen Beziehung.

Liebe, das Wort wird wohl nicht gefallen sein. Damals ein heikles Thema – Männerliebe. Für einen neurasthenisch empfindlichen Menschen wie Thomas Mann besonders.

Die Begegnungen werden wohl ablaufen wie in allen freundschaftlichen Beziehungen, in denen einer der beiden tiefere, sehnsuchtsvollere, sinnlichere Gefühle hat als der andere. Das endet dann meist damit, dass sich der Liebende rasch wieder auf den Boden einer prosaischen Kameradschaft geworfen sieht. Das ist schmerzlich, aber man fügt sich, will die Freundschaft nicht verlieren.

Im Frühjahr 1901 lernt der verletzte Liebende in Florenz die Engländerin Mary Smith kennen. Eine neue, andere Liebe, versuchsweise. Sogar von Ehe wird gesprochen, viel zu schnell freilich. Frühling in Florenz. Aber rasch ist er »schon wieder fertig« und hat »schwer erträgliche Stunden«. Mary hat ihm zwar »viel Freude gemacht«, schreibt er an Heinrich, aber nun werde er ihr »zu melancholisch. She is so very clever und ich bin so dumm, immer die zu lieben, die clever sind, obgleich ich doch auf die Dauer nicht mitkann. Seit gestern ist Regenwetter.«[29]

Nach Ende des Aufenthaltes verläuft sich die Sache. Ein paar Briefe noch. Die ihr gewidmete Novelle »Gladius Dei«. Und ein achtungsvolles Gedenken auch Jahrzehnte später. Immerhin.

Ende 1901, wieder in München. »Buddenbrooks« erscheint in zwei Bänden. Die Rezensionen sind überwiegend gut, der Verkauf mäßig. Und Thomas Mann ist einsam. Paul Ehrenberg, dem immer noch geliebten Freund, klagt er über »den gänzlichen Mangel an menschlicher, persönlicher Zuneigung, Zutraulichkeit, Anhänglichkeit, Freundschaft« und fragt, »wo ist der Mensch, der zu mir, dem Menschen, dem nicht sehr liebenswürdigen, launenhaften, selbstquälerischen, ungläubigen, argwöhnischen, aber empfindenden und nach Sympathie ganz ungewöhnlich heißhungrigen Menschen Ja sagt –? Unbeirrbar. [...] Tiefe Stille.«

Paul Ehrenberg kann und will das offenbar nicht sein. Mit diesen tiefen Gefühlen muss man umgehen können. Er kann es nur auf begrenzter kameradschaftlicher Ebene. Für Thomas Mann wird er bis ans Lebensende die größte Liebe bleiben.

Mitte 1902 stellt der Erfolg sich ein, und der Schriftsteller darf sich daran gewöhnen, eine bekannte Persönlichkeit zu sein. Es gilt, dieser einen prägenden Ausdruck zu verleihen. Wie gibt man sich, was zieht man an, wessen Nähe ist zu suchen, wie sich zu positionieren? Vielleicht bietet das Konservative, Bürgerliche am meisten Schutz und Sicherheit. Dahinter kann man sich verbergen. Mit Ende zwanzig muss er sich irgendeine Verfassung geben, Antworten auf seinen Status als lediger Mann finden.

Das hat bald ein Ende.

Februar 1904 lernt er Katia Pringsheim kennen, die er »früher nur gesehen, oft lange und unersättlich gesehen und sie nur einmal bei der Antrittsvisite flüchtig begrüßt hatte«.[30] Die beiden lernen sich näher kennen, es folgen Besuche, Fahrradtouren, Gesellschaften. Natürlich alles in gesellschaftlich zulässigem Rahmen. Monatelang umwirbt er sie, schreibt berauschende, sehnsuchtsvolle Briefe, leidet und fühlt sich »ganz verrannt und verloren«.[31] So lesen sich die Briefe heute noch: herzerweichend, betörend, bedingungslos.

Ob er das tatsächlich fühlt, was er schreibt? Oder berauscht er sich an der Leidenschaft der Möglichkeit? Er weiß es wohl selbst nicht. Er will diese Ehe, unbedingt. Verzweifelt erfleht er Katias Zuneigung.

Eigentlich ist es bewundernswert, dass er sich diese Blöße gibt. Zumal er davon ausgehen muss, dass seine Briefe bestimmt Katias Mutter und womöglich ihrer ganzen Familie vorgelesen werden.

»Was ich von Ihnen erbitte, erhoffe, ersehne, ist Vertrauen, ist das zweifellose Zumirhalten selbst in einer Welt, selbst *mir selbst* gegenüber, ist etwas wie Glaube, kurz – ist Liebe ... Diese Bitte und Sehnsucht. ... Seien Sie meine Bejahung, meine Rechtfertigung, meine Vollendung, meine Erlöserin, meine – Frau!«[32] (Anfang Juni 1904). »Vielleicht ist es Schwäche, aber ich habe keine Vorwürfe für Sie. Nur Liebe! Nur Liebe!«[33] (6. Juni 1904, Thomas Manns 29. Geburtstag). »Mein Glück, mein Stern, meine wunderbare kleine Königin«[34] (Ende Juni 1904). »Katja, liebe, geliebte kleine Katja, nie war ich mehr erfüllt von Ihnen, als in diesen Tagen [...] Und Sie? Und Sie?«[35] (Mitte August 1904). Sich darauf einlassen will sie noch nicht. Ihn abweisen auch nicht.

Was erwartet man von ihm? Mutter Hedwig Pringsheim wird sehr viel später bei Thomas' Mutter klagen, dass man erwartet habe, der Bewerber würde Katia in den Urlaub nachreisen. Kaum vorstellbar, denn seine Briefe geben deutlich Ausdruck, dass hier jemand verzweifelt auf ein kleines Zeichen von zärtlichem Interesse hofft. Aber Mutter Hedwig scheint ein klares Drehbuch für männliches Verhalten im Kopf zu haben. Der gut aussehende Literat ist ihr im Prinzip willkommen. Man muss ihn nur ein wenig umerziehen, lockerer machen.

Für Vater Alfred Pringsheim ist die Angelegenheit auch nicht einfach. Der Senatorensohn aus Lübeck mag zwar gerade Erfolg haben, aber standesgemäß ist er nicht. Keine Millionen, keine Villa. Noch nicht einmal Hochschulstudium. Kein Homme à Femmes wie er. Nun, das kann für die Tochter immerhin vorteilhaft sein.

Was Katia fühlt, ist nicht überliefert. Sie wird sich wohl überlegen, wie das weitergehen soll mit dem Leben, den Brüdern, dem Studium.

Die älteren Brüder studieren außerhalb Münchens und kommen nur in den Semesterferien nach Hause. Zwillingsbruder Klaus wird auch bald eigene Wege gehen. Wird sie womöglich im Elternhaus versauern oder einen Mann heiraten, der eine schlechtere Wahl ist als Thomas Mann? Einen, der andere Frauen mit ins Haus bringt und – wie sie als Kind schon argwöhnte – vor der Ehe nett und nach der Hochzeit böse ist?

Thomas gibt keinen Anlass zur Eifersucht. Man sieht das auf Gesellschaften, daran, wie Männer und Frauen einander anblicken, nachblicken und mehr oder weniger deutliches Interesse bekunden. Thomas schaut nicht nach anderen Frauen. Höchstens nach Männern.

Das tut ihr Bruder Klaus auch. Solche Neigungen haben Menschen seit jeher, aber nur die Allerwenigsten leben sie aus. Die Manns und die Pringsheims gehören (noch) nicht dazu. Wie die Mehrheit versuchen sie zu verdrängen. Es ist ja auch verboten – gesetzlich, kirchlich, gesellschaftlich. So ein peinlicher Makel ist undenkbar für Thomas Mann. Er will die Ehe, unbedingt. Einen geliebten Menschen neben sich. Mit Katia an der Seite wird alles gut gehen, hofft er. Schließlich, im Oktober 1904, ist er am Ziel: Die Verlobung wird bekannt gegeben, endlich.

Was Katia zu dieser Entscheidung bewegt, ist unklar. Ihre feministische Großmutter Hedwig Dohm schrieb über Vernunftehen: »Mitbestimmend oft ist: Die Sehnsucht nach dem eigenen Heim, nach einem Tätigkeitsgebiet, nach einem Kind, nach einem Menschen, dem sie [die Braut, A. d. V.] etwas sein kann, gewissermaßen einem Abnehmer ihrer suchenden, überschüssigen Gefühle. In jüdischen Kreisen […] sind die Vernunftsheiraten vorherrschend, allerdings mit einem Einschlag persönlicher Sympathie. Und diese Ehen sind in den weitaus meisten Fällen glücklich. Das gibt zu denken.«[36] Vielleicht gibt es auch Katia zu denken.

Verlobung also. Und nun zeigt sich, wie sehr die Bemühungen des zukünftigen Bräutigams um Liebe ihn angestrengt haben. Wie nach einer Prüfungssituation befindet er sich im Zustand völliger Erschöpfung. Schon im März bemerkte er, dass er »in Wort und That eine unglaubliche Initiative an den Tag gelegt« habe und »vollkommen dérangirt«[37] sei.

Ende des Jahres dann schüttet er Bruder Heinrich sein Herz aus: »Es gilt andauernd, sich menschlich stramm zu halten, und oft genug läuft das ganze ›Glück‹ auf ein Zähne zusammenbeißen hinaus. Die letzte Hälfte der Werbezeit – nichts als eine große seelische Strapaze. Die Verlobung – auch kein Spaß, Du wirst das glauben. Die absorbirenden Bemühungen, mich in die neue Familie einzuleben, einzupassen (soweit es geht). Gesellschaftliche Verpflichtungen, hundert neue Menschen, sich zeigen, sich benehmen.«[38]

Er will es allen recht machen, der Braut, den Schwiegereltern, seiner eigenen Mutter, der Verwandtschaft.

Die neue Familie erwartet, dass er sich lässiger gibt, »überhaupt zu ›sein‹, während man früher nur repräsentierte«[39]. Gleichzeitig wird freilich auf Etikette größten Wert gelegt. Vor der Hochzeit bemüht er sich, Heinrich zu ein paar freundlichen Begrüßungszeilen an die zukünftige Schwägerin Katia zu bewegen: »Das ist, glaube ich, Sitte, und eigentlich ist es schon ein bischen spät. [...] Jedenfalls würde es angenehm berühren.«[40]

Das ist also thematisiert worden, wie wahrscheinlich weitere »Sitten« und Gepflogenheiten auch. Thomas Manns Mutter Julia blickt der ganzen Sache mit größter Skepsis entgegen. Am liebsten wäre ihr, wenn »Tommy« wieder frei wäre. Da fiele ihr ein Stein vom Herzen. Nun, das sagt sie ihm nicht, aber er wird es merken.

Warum macht er das alles mit? Aus Liebe zu Katia Pringsheim? Fühlt er sich denn geliebt? Ist er nun, trotz aller Erschöpfung, glücklich?

Nein. Er weiß, dass das, was ihm zuteil wird, Glück ist. Aber er fühlt es, das Glück, nicht.

»Das ›Glück‹ selbst müßte etwas minder Problematisches sein, damit es sich so verhalten könnte – und mein Mißtrauen dagegen geringer. Das Glück ist ganz und gar etwas Anderes, als diejenigen, die es nicht kennen, sich darunter vorstellen. Es ist schlechterdings nicht geeignet, Ruhe und Behagen und Skrupellosigkeit ins Leben zu bringen, und ich bestreite ausdrücklich, daß es zur Erleichterung und Erheiterung beizutragen vermag. Ich habe das gewußt. Nie habe ich das Glück für etwas Leichtes und Heiteres gehalten, sondern stets für etwas so Ernstes, Schweres und Strenges wie das Leben selbst – und vielleicht *meine* ich das Leben selbst. Ich habe es mir nicht ›gewonnen‹ und es ist mir nicht ›zugefallen‹, – ich habe mich ihm *unterzogen*: aus einer Art Pflichtgefühl, einer Art von Moral, einem mir eingeborenen Imperativ«[41], schreibt er an Heinrich (und sicher auch für die Nachwelt, die er ja immer als zukünftige Leser seiner intimen Korrespondenzen und Aufzeichnungen mit einkalkuliert).

Und Katia? Für sie ist die Verlobungszeit nicht so schwer. Man besucht überwiegend ihre Verwandten und empfängt ihre Bekannten, alles bewegt sich auf vertrautem Terrain. Tommy, wie der neue Schwiegersohn nun auch bei Pringsheims genannt wird, führt ja kein großes Haus. Wie sollte er auch, in seiner kleinen Wohnung?

Seine Mutter Julia Mann und ihr jüngster Sohn Viktor wohnen inzwischen nicht mehr in München, wo die lebensfrohe Witwe viele kleine Gesellschaften gab, sondern in Augsburg. Schwester Julia, nun verheiratet mit dem Bankdirektor Hofrat Löhr, wohnt in München und benimmt sich etwas affektiert. Bruder Heinrich schreibt in Florenz, und die jüngste Schwester Carla hangelt sich von einem Schauspielengagement und Liebesdesaster zum nächsten. Für die Pringsheims sind das keine wirklich interessanten und wichtigen Leute.

Ihre Kinder haben alle studiert, und wenn sie, wie Erik in Cambridge, hohe Spielschulden machen, dann hat das gleich finanzielle Ausmaße, die immerhin spektakulär sind. Jeunesse dorée eben. Das kann man von den Manns nicht sagen. Deren Lübecker Herkunft mag für den Mittelstand als wohlhabend gelten, für die Pringsheims jedoch nicht. Und die verwitwete Frau Senator Mann wird zwar mit jovialer Freundlichkeit aufgenommen, wirklich relevant ist sie aber nicht. So verwundert es kaum, dass auch Julia Manns Eindruck von den Pringsheims kein günstiger ist: Wird ihr Tommy nicht »allzu gnädig« aufgenommen, werden von ihm nicht allzu viele Rücksichten verlangt?, fragt sie Sohn Heinrich.

Gewiss, Alfred Pringsheim schenkt dem jungen Paar eine Wohnung, die nur wenige Minuten von der Arcisstraße entfernt liegt. Großzügig eingerichtet, teuer und auf dem neuesten Stand der Technik, aber ohne Beteiligung von Thomas. Seiner Mutter ist das unangenehm: Wie kann man »Herr im Hause« sein, »wenn das wenigste einem durch eignen Kauf gehört«?[42]

Auch fühlt sie sich »provoziert« von dem verwöhnten Mädchen, von deren Eltern, vom Ambiente. Zum Beispiel wird sie vor der Hochzeit von Hedwig Pringsheim in deren »fürstliches Boudoir« gezogen und muss sich Klagen über Thomas' »Rücksichtslosigkeit« anhören, »ganz freundlich und bedauernd, dass T. schon so früh meinem Umgang sich entzogen dadurch, dass er so bald ins Ausland gegangen; die innere Rücksichtnahme fehle ihm«[43].

So etwas will Julia Mann über ihren Sohn nicht hören. Vielleicht auch so nicht hören: An »die Phonetik der Familiensprache«, erinnert sich der spätere Nachbarssohn und Freund George Hallgarten später, »das glucksende Stakkato des Hauses Pringsheim [...]. Die kritischen Ausdrucksformen dieser sich ihrer führenden Stellung bewußten Familie waren bekannt.«[44] Der Tonfall mag provozierend sein, und überdies ist es ja, zwischen den Zeilen, auch Kritik an der Mann'schen Erziehung. Mutter Julia empfindet es sowieso als höchst unpassend, solche Klagen ausgerechnet an sie zu richten: »Das viele Geld macht doch kalt und anspruchsvoll, macht harte Köpfe u. verlangt Rücksichten von anderen, wo sie ihm selber mangelt.«[45]

Rücksichten sind viele zu nehmen. Die Pringsheims wollen keine kirchliche Trauung, und auf dem Standesamt sind auch nur die Trauzeugen willkommen. Kein Polterabend, keine Soiree. »Zu nichts weiterem gehen wir hin, als mit d. j. Paar zu frühstücken oder zu dinieren.«[46]

Ist dieses Arrangement nun Ausdruck von »hypermodernem«[47] Lebensstil, von Pragmatismus oder gar von Freudlosigkeit? Am Abend vor der Hochzeit gehen Julia Mann diese Fragen »in Kopf u. Herzen herum wie ein ruheloser Spuk«.[48] Es ist ja auch merkwürdig, dass in einem Haus, wo oft und gern große Gesellschaften gegeben werden, ausgerechnet bei der Hochzeit der einzigen Tochter nur in kleinem Kreis gefeiert wird.

So sieht dann der Hochzeitstag am 11. Februar 1905 aus:

Thomas hat mit seiner Mutter und dem jüngeren Bruder Viktor in einer Pension übernachtet, fährt mittags allein zum Standesamt, kommt nach ein bis zwei Stunden als verheirateter Mann alleine zurück und fährt mit den beiden dann zum Palais der Pringsheims. »Die Braut ist ruhig«, wundert sich Julia, »äußerlich kühl – und hoffentlich nicht auch innerlich.«[49] Die Hochzeitsgäste: »15 Personen, herrlich geschmückte Tafel« im »kleineren Saal«[50].

Zu Julias Verdruss fehlen zwei ihrer Kinder:

Heinrich ist in Florenz geblieben. Eine neue Liebe, die attraktive und unkonventionelle Sängerin Inés Schmied, nimmt seine Aufmerksamkeit voll in Anspruch. Und auch Carla, Thomas' jüngste Schwester, bleibt fern. Ihre Kämpfe um Theaterengagements haben sie zermürbt, überdies unglückliche Liebesaffären. In dieser Verfassung bei den Pringsheims zu erscheinen wird ihr unangenehm sein. Verständlich.

Für Mutter Julia indes ist das traurig. Die Pringsheims treten als geschlossene Phalanx auf. Die Manns als zerrissene Gästeschar. Zudem soll Julia auch noch die Brautmutter trösten, dass diese »ihre einzige Tochter und Freundin« verliert, während Frau Mann doch »schon lange getrennt« von Thomas lebt. Dass das für sie nicht relevant ist – »innerlich sind wir nie getrennt gewesen« –, wird nicht besprochen. Julia Manns Sorge: »Wolle er mir *nun* nur nicht entfremdet werden.«[51] Die Befürchtung ist nicht unberechtigt: Tommy hat kein unbedarftes, naives Mädchen geheiratet, keine junge Frau, die sich widerspruchslos und zurückhaltend in die Familie Mann einordnet, sondern eine hochintelligente Millionärstochter. Die ist zwar lieb und nett zur Schwiegermutter – mehr aber nicht.

Und Julia Mann fügt sich. Obwohl ihr die ganze Hochzeitsfeier fremd erscheint, »so durchaus andersartig«[52], als von ihr erwünscht, »auch an Kirche und Pastor gar nicht gedacht«.

Dann steht bei Tisch auch noch der Sohn auf und bittet, auf das Wohl seiner neuen Anverwandten zu trinken. Nun müsste sich auch der Brautvater erheben und ein paar nette Worte über die Mutter des Bräutigams sprechen. Das sollte für einen so gewandten Mann und Hochschulprofessor eigentlich kein Problem sein. Jedoch, er könne »partout nicht reden«, sagt er leise zu seiner Tischnachbarin Julia, »ich möge doch seine aufrichtigen Gesinnungen auch so anerkennen u. mit ihm privat auf mein Wohl trinken; das geschah, u. darauf sprach er zur Versammlung, wenn sie jetzt mit mir anstoßen wollten, so hätten wir nichts dagegen, wir hätten die Sache *privatissime* abgetan.«[53] Nun, die Sache scheint vor allem recht arrogant und unherzlich abgetan.

Nach einem freudigen, gar romantischen Ereignis hört sich diese Hochzeitsbeschreibung nicht an. Bezeichnenderweise gibt es auch keine Fotografien, obwohl doch sonst bei den Pringsheims zu durchaus unspektakuläreren Gelegenheiten Bilder erstellt werden.

Jahrzehnte später wird Katia zitiert, dass sie ja eigentlich sowieso nicht heiraten wollte[54], dass sie nur geheiratet habe, um Kinder zu bekommen[55], und überhaupt in ihrem Leben nie tun konnte, was sie wollte[56].

Gegenüber solchen retrospektiven Lebenseinschätzungen ist freilich immer Skepsis angebracht. Menschen beurteilen ihr Leben rückblickend meist anders als im gegenwärtigen Sein. Dass eine junge Braut unentschlossen ist und Angst vor der neuen Situation hat, ist verständlich, wenngleich die räumliche Trennung ja nicht automatisch eine vollständige Ablösung von den Eltern bedeutet. Daher ist die sonderbare Theatralik der Pringsheims, die offenbar über den Verlust der Tochter seufzen, klagen und weinen, ebenso unverständlich wie egoistisch. So vermitteln sie ihrer Tochter unterschwellig die Botschaft eines Sinnverlustes und, bei Mutter Hedwig allemal, die einer emotionalen Abhängigkeit von der Tochter. Die mag sich in dieser wichtigen Funktion vielleicht wichtig fühlen, aber günstig für eine emotionale Bindung an einen anderen Menschen ist dies sicher nicht. Vielleicht wirkt deshalb die ruhige und kühle Art der Braut umso gespenstischer.

Auch für den Bräutigam ist das ganze Hochzeitsfest »ein sonderbarer und sinnverwirrender Vorgang. [...] Kannst Du Dir denken«, fragt er Heinrich, »daß Du einem weinenden Elternpaar die Tochter vom Herzen reißt und sie als Dein Weib ins Weite entführst?«[57] Nun ja, von München nach Zürich, nicht gerade eine Hochzeitsreise in die weite Ferne.

Warum die Wahl ausgerechnet auf Zürich fällt, lässt sich schwer nachvollziehen. Sicher, das Baur au Lac ist eines der feinsten und teuersten Hotels, aber solche Herbergen gibt es auch in Paris, Rom, Venedig oder Wien, Orte, die mehr Romantik als Zürich im Februar zu bieten haben. Da ist es im Winter kalt und klamm.

Wie mögen sich die Frischvermählten fühlen? Zum ersten Mal wirklich ohne störende (oder schützende) Gesellschaft? Thomas Mann wird sich ungezwungener geben, das bedeutet: launischer, komplizierter, schweigsamer. Nach »ein bisschen mehr Klosterfrieden und ... Geistigkeit«[58] sehnt er sich. Wobei nicht klar ist, worauf sich der »Klosterfriede« bezieht.

Und Katia wird sich einsam fühlen neben dem ihr angetrauten Mann. Mit der Mutter würde sie jetzt schwatzen können über die Leute vor Ort, über die Hochzeit. Die üblichen kleinen Lästereien, die süffisante Ehegattinnen und ihre Freundinnen unterhalten.

Thomas Mann wird lernen, solche Schwatzereien zu schätzen. Das kann er gebrauchen für seine Arbeit. Aber noch braucht er Ruhe, um das, was war und ist, zu verarbeiten: das anstrengende Werben um Katia, die aufreibende Verlobungszeit, neue Wohnung und Hochzeit, das mondäne Hotel, die ständige Nähe seiner Ehefrau. Alles ungewohnt.

Die Vermutung, dass Thomas Mann diesen fast zweiwöchigen Aufenthalt in Zürich lieber verkürzt hätte, ist wohl nicht übertrieben.

Auch Katia schreibt ihrer Mutter schon vier (!) Tage nach der Hochzeit mehrere (!) Briefe. »Mutterseelenallein« säße sie mit dem »fremden Mann« (so Hedwig Pringsheim) im Hotelzimmer und wünscht sich wohl lieber ins Elternhaus zurück. Man kann sich gut vorstellen, wie die Mutter nachbohrt: Wie ist nun dein Tommy? Benimmt er sich mit nonchalanter Würde und lässiger Eleganz? Ist er rücksichtsvoll, lieb und nett?

Die Mutter will zwar, dass ihre Tochter glücklich wird. Bei einer so engen und symbiotischen Bindung, die neben dem natürlichen Mutter-Tochter-Verhältnis noch Freundschaft abdecken soll und selbstredend auch kann, reicht das tränenreiche Unglück der Mutter aber gewiss bis ins Flitterwochenzimmer der Tochter hinein. An ihren alten Freund Maximilian Harden schreibt Hedwig, dass sie »furchtbar betrübt« sei. Denn Katia säße nun »mutterseelenallein mit ihm [Thomas Mann, A. d. V.] im Baur au Lac in Zürich und schriebe […] sehnsüchtige und wehmutsvolle Briefe. Das leere Zimmer, das noch alle Spuren seiner kleinen lieblichen Bewohnern trägt, nach ihr riecht und förmlich nach ihr schreit, naja, lieber Harden, da sitze ich nun mit zugeschnürter Kehle drin, weil ich doch weiß, was war, kommt nie wieder. Von der Leere, der wüsten Unordnung, dem wirren Durcheinander in meinem Herzen gibt Katias Mädchenzimmer so recht ein Bild. Ein freierer Mensch soll ich werden? Ach Gott, ich fürchte ein immer gebundener. Wenn Kleinchen nicht glücklich wird, und Talent zum Glück hat sie so wenig wie ihre Mutter, so wird sich das wie Bleigewicht an meine arme Seele hängen, und wer wäre frei mit beschwerter Seele?!«[59]

Keine Frage, der Ablösungsprozess von der Tochter fällt Hedwig Pringsheim schwer. Andererseits weiß sie ja, dass das neue Ehepaar direkt in der Nähe wohnen wird und Thomas Mann auf die Einmischungen der Pringsheims (noch) widerspruchslos reagiert. Das Glück des »Kleinchens« wird also noch von der Familie beeinflusst werden können, zumindest was äußerliche Dinge anbelangt.

Ob Hedwig Pringsheim mit ihrer Mutter, der Frauenrechtlerin Hedwig Dohm, über ihre Gefühle sprechen konnte? Schwer vorstellbar. Deren Ansichten sind für ihre Zeit recht radikal: »Zu ihrem eigenen Unheil klammern sie [die Mütter, A. d. V.] sich an ihre erwachsenen Kinder, die ihrer nicht mehr bedürfen, flüchten sie sich, um der Einsamkeit und der geistigen Oede des Alters zu entgehen, in das Leben dieser Kinder. Viele Frauen von seelischer und geistiger Armut (Resultat ihrer Erziehung) haben sonst nichts in der Welt, das an ihnen hängt oder an dem sie hängen. Und weil sie selbst nichts eigenes geworden sind, keinen eigenen Lebensinhalt haben, machen sie die Kinder zu ihrem Selbst.«[60]

Nun, man kann sich vorstellen, was Hedwig Dohm zum Trennungsschmerz ihrer Tochter gesagt haben würde: »Die Mutterschaft auf ihr vernünftiges Maß zurückzuführen, ist eine Aufgabe der Zukunft.«[61] Bemerkenswerte Worte. Für Hedwig Pringsheim jedoch nicht hilfreich in ihrer Ablösungstrauer.

Aber Katia ist ja nach zwölf Tagen schon wieder in München. Zwar nicht im Elternhaus, aber doch in unmittelbarer Nähe, Franz-Joseph-Straße 2, nur eine Viertelstunde Fußweg vom Pringsheim-Palais entfernt. Sieben Zimmer, Bad, zwei Toiletten, Telefonanschluss, komplett eingerichtet. Sogar ein Zimmermädchen und eine Köchin hat Hedwig Pringsheim schon engagiert. Widerspruchslos hatte das neue Ehepaar akzeptiert, dass Vater Pringsheim die Wohnungseinrichtung auswählt und bezahlt. Aus seiner Junggesellenwohnung durfte Thomas nur drei Sessel im Empirestil mitnehmen, der Rest fand keine Gnade vor den Augen des Schwiegervaters. Sich das heute vorzustellen mutet durchaus befremdlich an. War es dem jungen Paar wirklich gleichgültig, in welchem Ambiente sie lebten, hatten sie keinen Spaß daran, gemeinsam ihre eigenen vier Wände zu gestalten? Von Thomas ist bekannt, dass er seine Wohnung in der Marktstraße mit eigenhändig rot lackierten Stühlen sehr eigenwillig ausgestattet hatte. Dazu passend hatte er eigenhändig grünen Jutestoff auf die weißen Wände gespannt. Lässt sich jemand mit so phantasievollen Überlegungen in eine fix und fertig dekorierte Wohnung setzen[62]? Oder reichte es ihm jetzt, repräsentabel und – für Katia – in gewohntem Rahmen zu leben?

Dass Thomas Mann sich fügt, liegt sicher auch an seiner Anspannung. Das Jahr vor der Hochzeit hatte er nur wenig arbeiten können. Das muss sich nun ändern, und so stellt sich ihm, im vom Schwiegervater eingerichteten Arbeitszimmer, nur die Frage, ob er hier Ruhe haben wird, schreiben kann, atmen kann. »Ich spreche von ›Anordnungen‹ die *mein Schwiegervater* in meinem Zimmer getroffen. Er antwortet: ›Ich bin viel zu zartfühlend, um etc.‹ – Wie zartfühlend!«[63] Nun, wüsste man nicht, dass Alfred Pringsheim für seinen Sarkasmus bekannt war, könne man noch von begütigender Konfliktlösung sprechen. So indes ist klar, dass das Wort ›zartfühlend‹ eher eine kleine spitze Bemerkung gegen den Schwiegersohn sein soll. Dieser empfindliche Mensch, den Katia jetzt

›Reh‹ nennt, hat keinen Schliff, keinen Schneid. Er ist keiner wie Pringsheims, aber einer, der Katia ihre Freiheiten lässt. Das weiß sie wohl zu schätzen. Inzwischen versucht Thomas, wieder »ins Arbeiten« zu kommen. Wenn er nicht kurz vor der Hochzeit unter »ganz unerhörte[r] Qual« »Fiorenza« fertig geschrieben hätte, so wäre ihm »wohl sehr schlecht zu Muth«[64], schreibt er an Heinrich. Nun muss er sich einleben und einen neuen Arbeitsrhythmus finden.

Und Katia?

Sie hört noch ein paar Vorlesungen an der Universität, besucht täglich ihre Eltern und freut sich, wenn diese in die Franz-Joseph-Straße herüberkommen.

Ab wann sie weiß, dass sie schwanger ist, steht nicht fest. Sicher jedoch ist, dass das erste Kind genau neun Monate nach der Hochzeit zur Welt kommt.

Bis dahin scheinen sowohl das Zusammenleben des Paares als auch die Schwangerschaft ohne gravierende Probleme zu verlaufen. Die Einmischung der Pringsheims in den Ehealltag der Manns dürfte in diesem Sommer auch nicht allzu groß gewesen sein. Sie sind mit eigenen Familiensachen beschäftigt. Erik, der älteste Sohn, »hat nun die Grenzen des Möglichen überschritten, und er muß weg«[65]. Spielschulden, Betrügereien, ungedeckte Schecks häufen sich, und der Jurist mit dem Gebaren eines laut Mutter Hedwig »partiell – nur partiell – Irrsinnigen«[66] wird nach Argentinien verbannt, eine für reiche Leute seinerzeit gängige Praxis zur Vermeidung weiterer Peinlichkeiten.

Ob die Eltern glauben, dass ihr Sohn in Übersee seine elementaren psychischen Probleme überwinden könne? Oder geht es nur darum, den guten Ruf der Familie nicht in Misskredit zu bringen? »Vedremo«, wir werden sehen, schreibt Hedwig Pringsheim an Harden und beklagt sich: »ich bin ein Automat, den all das, was er da treibt, nichts angeht. Ich glaube, es ist irgendwo in meinem Organismus eine Feder gesprungen, und nun bin ich kaput.«[67]

Sonderbar, dies von der Mutter zu lesen. Der Einzige, der in dieser Situation so fühlen könnte, wäre wohl Erik, der verbannte und psychisch schwer gefährdete Sohn. Mutter Hedwig – »ich habe keine Freuden, keine Freunde« – sieht doch fast täglich ihre schwangere Tochter. Deren Sohn soll Erik heißen, immerhin. Ein Wunschkind? Wenn es denn ein Knabe ist, ja.

Die Sommerreise des Paares an die Ostsee gestaltet sich entspannt, wenngleich es auf der Hinreise während eines Besuches bei Katias Verwandtschaft in Berlin zur Verstimmung kommt: Bei Großmutter Hedwig Dohm, der Frauenrechtlerin, muss sich der werdende Vater »verantworten«. Ihr war es »leider hinterbracht worden«, dass er sich bezüglich des zu erwartenden Kindes lieber einen Knaben als ein Mädchen wünsche, weil es »mit einem Mädchen doch keine recht ernsthafte Angelegenheit sei«. Für die engagierte alte Dame Grund genug, ihn »verdammter alter Anti-Feministe und Strindbergianer« zu nennen. Thomas Mann wird Jahrzehnte später (1942) von dieser »Gerichtsszene«, seinen Erklärungsversuchen und freilich auch dem Eingeständnis, dass seine Äußerung eine »schreiend unreife«[68] war, erzählen.

Gewiss, die Bemerkung ist kindisch und töricht. Aus heutiger Sicht allemal. Eine Frauenrechtlerin zu Anfang des 20. Jahrhunderts indes dürfte genau gewusst haben, dass die überwiegende Mehrzahl aller werdenden Väter so dachte. Das macht die Sache nicht milder, sondern nur banaler. Warum aber wurde ihr diese Äußerung des Schwiegerenkels »hinterbracht«? Und von wem? Oder war es so, wie sich die hochbetagte Katia Mann später erinnert:

»Wir waren zu Besuch bei meiner Großmutter Dohm, und es war von meinem Mann dann gar nicht taktvoll, wie er sich ihr gegenüber benahm. Sie fragte ihn: Na, Tommy, was wünscht du dir nun, Junge oder Mädchen?

Da sagte er: Natürlich einen Jungen. Ein Mädchen ist doch nichts Ernsthaftes. Das war schlimm.«[69]

Wessen Erinnerung hier wahrheitsgetreuer ist? Vermutlich die von Thomas Mann. Warum sollte der konfliktscheue Mensch ausgerechnet im Hause der Frauenrechtlerin Hedwig Dohm solche Sprüche von sich geben? Und warum sollte er in seinem durchaus warmherzigen Essay »Little Grandma« davon schreiben, dass ihr die missliche Äußerung »hinterbracht« wurde, obwohl er den »verbalen Fehltritt«[70] ja selbst ausführlich erläutert? Aber etwas anderes ist an dieser Episode bemerkenswert: Das, was Thomas Mann als »schreiend unreife« Äußerung bezeichnet, wird von Katia in weitaus krasserer Form zum Ausdruck gebracht werden. Es ist Verärgerung, gleich beim ersten Kind. Weil es ein Mädchen ist: Erika Julia Hedwig.

2

»Fortsetzung und Wiederbeginn meiner selbst«

Erika, Klaus, Golo und Monika

Das Kind kommt am 6. November 1905 zur Welt und wird, wie alle folgenden Kinder der Manns, protestantisch getauft.

Es ist eine lange, schwere Geburt im Hause Mann, der der werdende Vater Thomas selbstverständlich nicht unmittelbar beiwohnt, aber als Wartender »die Foltergräuel der Geburt« schmerzlich miterlebt. Ein überwältigendes Ereignis für ihn, »kaum auszustehen«, schreibt er an Heinrich zwei Wochen nach der Geburt und gesteht: »Es ist also ein Mädchen: eine Enttäuschung für mich, wie ich unter uns zugeben will, denn ich hatte mir sehr einen Sohn gewünscht und höre nicht auf, es zu thun. Warum? ist schwer zu sagen. Ich empfinde einen Sohn als poesievoller, mehr als Fortsetzung und Wiederbeginn meiner selbst unter neuen Bedingungen. Oder so. Nun, er braucht ja nicht auszubleiben. Und vielleicht bringt mich die Tochter innerlich in ein näheres Verhältnis zum ›anderen‹ Geschlecht, von dem ich eigentlich, obwohl Ehemann, noch immer nichts weiß.«[1]

Nun, der Wunsch nach einem Stammhalter, ob aus familiärem oder poetischem Grund, ist für einen Vater zu Beginn des 20. Jahrhunderts so besonders nicht. Und eine gewisse Präferenz für ein Mädchen oder einen Jungen haben werdende Eltern wohl zu allen Zeiten. Heikel wird es indes, wenn nicht ein Wunsch, sondern der Wille das Geschlecht des Kindes bestimmen soll:

»Es war also ein Mädchen, Erika. Ich war sehr verärgert. Ich war immer verärgert, wenn ich ein Mädchen bekam, warum, weiß ich nicht«[2], erzählt Katia Mann später mit erschreckender Offenheit.

Der Gedanke, dass die zweiundzwanzigjährige Mutter lieber einen Jungen zur Welt gebracht hätte, um dem Wunsch ihres Mannes zu entsprechen, drängt sich auf. Aber davon ist keine Rede. Wie ist es möglich, dass sie eine so vehemente Zurückweisung des Weiblichen zum Ausdruck bringt und noch als alte Frau nicht weiß, was die Ursache ihres frauenfeindlichen Gebarens ist? Ablehnung und Verärgerung sind ja keine Versprecher, nicht flüchtig dahingesagt, sondern Katia Manns persönliche Ansichten, die durch die weitere Geschichte nur bestätigt werden. Warum hat sie in dieser bedeutsamen Frage für sich keine Antwort gefunden? Vielleicht auch nicht finden wollen? Menschen verdrängen und blenden Dinge aus.

Es liegt aber nahe, die Verärgerung über ein Mädchen mit ihrem Elternhaus zu erklären: Der Vater, der seine Liebschaften ins Familienleben integriert wissen will, die Mutter, die sich großzügig, offen, liberal gibt. Und die Kinder, die ihre Eltern offenbar anders wahrnehmen. Eine verwirrend-beunruhigende Familienatmosphäre voller widersprüchlicher Verhaltensweisen, Erwartungen und Wertvorstellungen.

Wir sehen den von der Gesellschaft hoch geachteten und hofierten Vater, der innerhalb der Familie wie ein verwöhntes forderndes Kind wirkt, von seiner Frau abhängig bleibt und dafür recht spöttisch von ihr verachtet wird. Gleichzeitig nehmen die Kinder ihre Mutter wahr als Grande Dame, die sich souverän gibt, aber hinter der Fassade leidet. Eine Mischung aus Achtung, Verachtung, Macht und Ohnmacht. Folgerte Katia als einziges Mädchen unter den Geschwistern daraus, dass Weiblichkeit gleichzusetzen ist mit Demütigung und Ausgeliefertsein? Etwas, das Katia Zeit ihres Lebens vermeiden wird. Contenance, Haltung wird Katia Mann ein Leben lang zur Schau tragen. Sich nichts anmerken lassen, das Gesicht wahren und die Souveräne spielen. Nicht das Opfer sein. Schwäche nur in Verbindung mit kokettierender Ironie artikulierend. Mutter Hedwig machte das in ihren Briefen genauso.

Wie gestaltet sich nun das neue kleine Familienleben im Winter 1906?

Im Dezember geht Thomas, nicht ungern allein, auf Vortragstournee. Frau und Kind weiß er gesund zurückbleibend und in der Gewissheit, dass die Schwiegereltern in ihrer Nähe sind. In dieser Hinsicht ist die Nähe der Pringsheims angenehm. Ansonsten aber …

»Kurz und kühl« berichtet Thomas an Heinrich, dass vor Erscheinen der Novelle »Wälsungenblut« schon das Gerücht kursierte, dass er eine skandalöse Geschichte geschrieben habe, welche die Pringsheims »fürchterlich compromittirte. Was hätte ich thun sollen? Ich sah meine Novelle im Geiste an und fand, daß sie in ihrer Unschuld und Unabhängigkeit nicht gerade geeignet sei, das Gerücht niederzuschlagen.«[3]

Alfred Pringsheim ist außer sich vor Empörung. Ein Skandal.

Warum eigentlich? Weil in der Novelle ein Zwillingspaar geschildert wird, das im Rausch eines Abends sexuellen Kontakt miteinander hat? Solche Szenen kennt die Literatur spätestens seit Richard Wagner, und zwar nicht nur angedeutet wie bei Thomas Mann, sondern plastisch beschrieben. Was ließ Schwiegervater Pringsheim so toben? Die unverhohlene Beschreibung des Arcisstraßen-Ambientes und die unübersehbare Ähnlichkeit der Zwillinge mit Klaus und Katia? Wohl eher. Am meisten düpiert war Alfred Pringsheim wohl, weil er kein »kleiner Parvenu wie in der Novelle, sondern in Wirklichkeit ein sehr angesehener Gelehrter und Kunstfreund«[4] war.

Ein Freund der Literatur indes war er nicht. Und Thomas, der »anfangs einigermaßen ins Gebiß geschäumt hatte«, schickt nun »ein paar herrische Telegramme« an den Verleger und erreicht, dass die Novelle nicht veröffentlicht wird. »Ein Gefühl von Unfreiheit, das in hypochondrischen Stunden sehr drückend wird, werde ich freilich seither nicht los«[5], bekennt er Heinrich im Januar. Das Gefühl hält lange an. Überdies quälen ihn alle zwei Monate migräneartige Zustände, die ihn körperlich und psychisch für Tage außer Kraft setzen.

Von Katia kann er keinen Beistand erwarten, da sie sich noch Ende Januar (drei Monate nach der Geburt) nicht von den Strapazen der Niederkunft erholt hat. Dazu kommen Auseinandersetzungen mit den Schwiegereltern über künstlerische Fragen. »Katias Tommy-Männchen fährt fort, eine Ungeschicklichkeit nach der anderen zu begehen und sein Leben mit Beleidigungen und Widerrufen zuzubringen«,[6] schreibt Hedwig Pringsheim im Frühjahr an Maximilian Harden.

Thomas ist das alles zu viel. Nur Heinrich vertraut er sich an: »Ich sage es niemandem von meiner Umgebung, wie schlecht und erschöpft und abgenutzt und tot und fertig ich mich fühle. Ohne Frau und Kind und Anhang wäre mir wohler und wurstiger. Mich quält der Gedanke, daß ich mich nicht hätte menschlich attachiren und binden dürfen«[7], schreibt er Anfang Juni 1906. Die rasch erfolgte briefliche »Theilname« des Bruders tut ihm »unendlich wohl«, und der Wunsch, dass Heinrich mit seiner Braut in München leben möge, ist groß: »das könnte dann ein schönes und behaglich anregendes Zusammenleben ergeben, wie ich es mir träume, wenn ich die Eindrücke vonseiten der Familie meiner Frau wieder einmal fremd, grässlich, demüthigend, entnervend, entkräftend finde«[8].

Und das zweite Kind ist schon unterwegs … Das ist nun sein Leben. Vordergründig völlig normal: Ehe, ein Kind nach dem anderen, unliebsame Einmischungen der Schwiegereltern. Dass dies so an seinen Kräften zehrt, hat Thomas Mann sich wohl nicht vorstellen können. Das Zusammenleben, vor allem mit den nahen Pringsheims, beeinträchtigt seine Arbeit, nicht nur persönlich und künstlerisch, sondern existenziell.

Er beschließt, die Sommermonate mit Frau, Kind und Entourage außerhalb Münchens zu verbringen. Drei Monate zur

Miete in der Villa Friedenshöhe in Oberammergau – atmen, frei sein und endlich wieder arbeiten können: »Täglich. Mit Vergnügen, mit guter Hoffnung, setze Schwarz auf Weiß, und komme vorwärts – ein Glück, das ich kaum noch kannte und das mir so nöthig ist!«[9], meldet er hocherfreut an seinen Verleger Samuel Fischer. Auch das Zusammenleben mit Katia und dem Baby scheint sich endlich entspannt und gelassen zu entwickeln. Kurze Besuche der Verwandtschaft verlaufen erträglich. Auch Mutter Pringsheim kommt zu Besuch und wundert sich über die bürgerlich-biedere Behaglichkeit, die ihrer Tochter zu gefallen scheint. Thomas findet Spaß an seiner Rolle als Vater eines kleinen Mädchens, trägt es umher, lacht. Nach getaner Arbeit, versteht sich. So kann Leben sein. So müssten alle Sommermonate verlaufen.

Zurück in München, geht die Arbeit an dem Roman »Königliche Hoheit« vielversprechend weiter. Katia lebt sich immer mehr in ihre Rolle als Ehefrau und Mutter ein. Putzen und Kochen sind selbstverständlich nicht ihre Aufgabe, sondern obliegen den Hausmädchen und Köchinnen. Aber der Haushalt muss organisiert werden, Speisepläne, Bestellungen von Lebensmitteln, Vorratshaltung, Waschtage. Auch die Kontrolle der Hausarbeiten nimmt Zeit in Anspruch, wobei Frau Thomas Mann wohl keine glückliche Art beim Tadeln an den Tag legt.

Dass sie nun als Frau Thomas Mann firmiert, ist bis weit ins 20. Jahrhundert hinein völlig normal und entspricht weltweiten Gepflogenheiten. Gerade unter Akademikern und bekannten Männern war es selbstverständlich, dass die Ehefrau nicht nur Namen, sondern auch akademische Titel des Gatten adaptierte. (Nach Thomas Manns erstem Ehrendoktortitel wird Katia sich deshalb auch Frau Dr. Mann nennen.) Man mag das als Bescheidenheit oder Geringschätzung der eigenen Persönlichkeit ansehen, andererseits bedeutet es gerade bei so häufigen Namen wie Mann oder Hauptmann einen unmissverständlichen Hinweis auf die Bedeutung der Gattin. Gewiss, in München und ausgewählten Elitekreisen Deutschlands war Katia auch als Pringsheim bekannt, aber später wird sie an der Seite Thomas Manns weltweite Bekanntheit, wenn nicht Berühmtheit erfahren. Das ist ein Unterschied.

Aber noch ist es nicht so weit. Noch schreiben wir München 1906.

Katia Mann bringt ihr zweites Kind zur Welt: ein Knabe, Klaus Heinrich Thomas, geboren am 18. November ebenfalls im Elternhaus. Wie schon bei Erika ist der Rufname eine Reminiszenz an die Mutter respektive deren Zwillingsbruder Klaus. Die Manns sind erfreut, glücklich und zufrieden. Katias Verärgerung über das Mädchen ist gemildert durch den Knaben, nun hat sie ein Pärchen, das geht so gerade. Sonderbar.

Sonderbar mutet auch Hedwig Pringsheims Verhalten an. Sie steht der Tochter zwar mit Rat und Tat zur Seite, hütet für drei Wochen Enkelin Erika und schaut zweimal am Tag bei den Manns vorbei, aber ihre spitzen Bemerkungen gegen Thomas und das neue Leben der Tochter häufen sich. Was hat sie erwartet? Dass Thomas Mann sich von ihr leiten und formen lässt? Dass die Tochter kein Talent zum Glück hat und ihrer stetigen Anteilnahme bedarf? In ein paar Jahren wird das (wieder) der Fall sein. Jetzt jedoch nicht. Jetzt gestaltet sich das Leben der Manns harmlos und in dem gegenseitigen Einverständnis, dass diese Zeit wohl als Fundament für ihr weiteres gemeinsames Leben gelten darf. Katia hat erfahren und verstanden, wie angespannt ihr Mann leidet, wenn er nicht effizient arbeiten kann. Und sie hat gesehen, wie das Zusammenleben sich gestaltet, wenn er entsprechend seinen Vorstellungen schreiben kann. Wie entspannt er nach getaner Arbeit ist und nicht mehr jedes Wort von ihr als kränkend empfindet.

In sein Notizbuch schreibt er: »Ihre verletzenden Wendungen, die 9/10 Scherz und etwas Ernst scheinen. Selbst ihren Vater verwundet sie zuweilen damit bis aufs Blut. Sie glaubt, daß der Begriff des Scherzes alles deckt u. alles erlaubt macht. Sie vergißt, daß gewisse Dinge einfach durch ihren Klang mehr thun, gleichviel, ob im Scherz oder Ernst gesagt. Ferner (und dies zur Hoheit): Sie lebt in Redensarten, in dialektischen Wendungen. Das Wort, das Wortspiel, die erlesene, geschliffene Schriftrede ist ihr beinahe Alles; sie unterscheidet nicht zwischen Wort und Wirklichkeit, Leben und Spiel; sie kennt eigentlich nichts vom Leben, als seine Worte und spielt mit den ernstesten und furchtbarsten Bezeichnungen und Umschreibungen (auch den ›unpassendsten‹) wie mit bunten Steinen. Jeder möchte gute Miene zum bösen Spiel machen, jeder so viel Geschmack haben, aber keinem gelingt es ganz. Eine kleine schmerzliche Verzerrung der Gesichter zeigt sich immer. Sie setzt gleichsam alles in Anführungsstriche, die Sprache ironisierend.«[10]

Wird hier Imma Spoelmann aus »Königliche Hoheit«, Katia Mann oder Hedwig Pringsheim beschrieben? Es ist, nicht nur, wenn man Katias Korrespondenz liest oder ihre Tonbandaufnahmen hört, sondern besonders auch aus den autobiografischen Erzählungen der Kinder, ersichtlich, dass dies eine Beschreibung von Katia und Hedwig Pringsheim ist. Künftig wird die rhetorische Eigenart sich besonders auf Erika abfärben.

Diese erzählt später: »Meine Mutter nannte meinen Vater, der sanft von Natur war, sie nannte ihn Reh; und sie nannte ihn auch ein ›rehartiges Gebilde von großer Sänfte‹. Sie sprach sehr komisch, und es hat zweifellos die beiden zusammengeführt auch, daß sie beide diese Art von Sprechweise irgendwie von Natur hatten. Sie waren einander ähnlich in dieser Art von Humor und in dieser Art, man würde heute sagen: hochgestochenen Art zu sprechen.«[11]

Erika erinnert sich an ihre ersten Kindheitseindrücke, den Schnurrbart des Vaters und wie er mit ihr die Bücherregale entlanggeht, zeigend und erklärend. Rotes Buch, grünes Buch. An so etwas erinnern Kinder sich später. Man kann sich die Szene gut vorstellen, wenn man ein Foto, datiert 1906/07, ansieht. Es zeigt Thomas Mann mit der kleinen Erika auf dem

Arm: ein drolliges Kind mit neugierigem Blick und verschmitztem Lächeln, ein lachender Vater (nebenbei gesagt, ist dies eine der wenigen Fotografien, die Thomas Mann lachend zeigt, wahrscheinlich wegen seiner schlechten Zähne, die ihm noch viele Jahre Probleme bereiten werden).

Bilder von Katia mit der kleinen Erika muten indes traurig, verloren oder vielleicht gleichgültig an. Auch nach der Geburt von Klaus wird fotografiert, im Atelier oder vom Hoffotografen im Hause Pringsheim. Müde Kindergesichter, müde auch der Blick der kindlich wirkenden Mutter. Oder ist es Langeweile?

1907, aus der Sommerfrische in Seeshaupt, wo sich die Manns mit Kindern und Hausangestellten in der Villa Hirth eingemietet haben, schreibt Thomas an Bruder Heinrich: »Katja fehlt es ein bischen an geistiger Beschäftigung, woran sie doch von früher her gewöhnt ist. Im Winter muß man sie anhalten, wieder Collegien zu hören. Für jetzt bin ich auf folgenden Einfall gekommen. Du giebst doch den deutschen Flaubert bei Müller heraus. Ist die Übersetzung aller Bände schon vergeben? Würdest Du vielleicht einen der von Dir übernommenen an Katja abtreten? Sie hat Lust und würde es aller Voraussicht nach so gut, ja besser machen, als der Durchschnitt.«[12]

Welch ungeschickte Anfrage! Der Schriftsteller Heinrich Mann, der seine Arbeit sehr ernst nimmt, soll einen Teil seines Brotberufes an die gelangweilte, aber reiche Schwägerin abtreten? Wird dadurch nicht seine Übersetzungstätigkeit überhaupt zur Kurzweil degradiert? Übersetzen ist eine Kunst, die muss man sich erst erschreiben. Und warum fragt Katia Mann nicht bei ihrer eigenen Verwandtschaft nach: bei ihrer Tante, der Übersetzerin Marie (Mieze) Dohm? Oder bei ihrer Nichte Käte Rosenberg, gleichfalls Übersetzerin (bei Thomas Manns Verleger S. Fischer)? Überdies gäbe es noch Kontakt zu Tante Eva Dohm, die mit dem Verleger Bondi verheiratet ist. Hätten sie ihr nicht das Gleiche gesagt? Wahrscheinlich.

Heinrichs Antwort ist nicht bekannt, sein Flaubert-Projekt

kommt nicht zustande, und so steht auch diesbezüglich keine Abtretung von Übersetzungsarbeiten mehr in Frage, aber die Bitte um Weitergabe von Übersetzungen wird ein paar Jahre später noch einmal an ihn herangetragen.

Es mangelt Katia also weiterhin an geistiger Beschäftigung (obwohl sie auch nach Hochzeit und Geburt der ersten Kinder noch vereinzelt Vorlesungen besucht). Wer darunter mehr leidet, ist unklar. Thomas Mann ist ja (noch) auf geistigen Austausch mit Bruder Heinrich und anderen männlichen Autoren fixiert. Mit Katia will er seine Werke (noch) nicht besprechen. Etwas vorlesen kann er, gewiss, aber schon bei der geringsten Kritik sind sein Selbstwertgefühl und seine Stimmung unerträglich. Ein noch unsicherer Boden. Gewöhnungsbedürftig.

Auch die Abfolge von konzentrierter Stille im Haus und heiterer Geselligkeit muss sich erst einspielen. Im Elternhaus war Katia unablässiges Reden gewöhnt. Nun muss sie sich an Zeiten des Schweigens gewöhnen.

Und an Kindergeschrei.

Da die Notizen von Katia über ihre kleinen Kinder nicht mehr erhalten sind, ist, in Kenntnis von späteren Episteln, der Bericht von Hedwig Pringsheim recht aufschlussreich. Im März 1907 schreibt die Großmutter, dass sie sich an ihre beiden Enkelkinder noch nicht »angewöhnt« habe, »es kann aber sein, daß ich auch für die eine Art Schwäche bekomme. Klaus Thomas, den ich sehr sinnig ›Kluto‹ nenne, ist natürlich noch zu dumm, zu klein, zu blond, zu windelnässend, als daß ich mich für ihn interessieren könnte. Aber Erika ist pikant, amüsant, drollig – bis jetzt nicht hübsch; und daß sie bei meinem Anblick unentwegt in wansinnges Gebrüll ausbricht, ist amende ein Zeichen von Charakter.«[13]

Auch wenn dieser maliziöse Stil eine Eigenart von Hedwig Pringsheim ist, befremdet es heute sehr, solche Beurteilungen über (Enkel-)Kinder zu lesen. Hedwig hat sich ja auch nicht gescheut, über ihren siebenundzwanzigjährigen Sohn Peter zu schreiben, dass dieser »ein häßlicher Knabe« sei: »Hat er nicht eine zu klobige Nase und einen aufgeworfenen Mund, mein Peter? Er sieht Walter Rathenau ähnlich, Typus Neger.«[14] Beim Blick in die jahrzehntelange Korrespondenz von Katia Mann ist keine Frage, dass diese den Blick ihrer Mutter übernehmen und mit ähnlichem Sarkasmus über andere Menschen, ihre Familie und insbesondere ihre eigenen Kinder urteilen wird. Der sachliche Blick auf das Baby jedoch darf als nicht ungewöhnlich für die Zeit betrachtet werden. Die meisten Eltern (und zwar bis weit ins 20. Jahrhundert hinein) sahen in Säuglingen zunächst ein schreiendes oder schlafendes Bündel, das versorgt werden musste. Nur wenn das Kind schlief oder durch besonderen Charme gefiel, war ihm herzliches Interesse sicher.

Auch dies aus Biografischem von Klaus Mann, später: »Ahnungen [...]. Das Eisengitter eines Balkons. Es muß der kleine Balkon unserer ersten Wohnung in der Franz-Joseph-Straße sein, wo ich geboren wurde. Bin ich unbeaufsichtigt aus dem Eßzimmer auf den Balkon gekrochen oder hat das Kindermädchen mich hier festgebunden?«[15] Die Frage steht da, als sei es denkbar, wenn nicht normal, ein Kind auf dem Balkon zu fesseln. Vielleicht war das Anfang des 20. Jahrhunderts noch so, aber ausgerechnet bei den Manns, kultiviert, weltoffen, wohlhabend?

Welche Gedanken haben sich die Manns über ihre Kinder und deren Erziehung gemacht? Reicht es, wie Thomas Mann zumindest in den ersten Jahren als Vater glaubt, ein Beispiel, ein Vorbild an Disziplin zu sein und den Rest der Aura einer gediegenen Familienatmosphäre zu überlassen? »Erziehung ist Atmosphäre, weiter nichts«[16], schreibt er 1918 in sein Tagebuch. Katia Mann erzählt später: »Ich habe auch immer gesagt: das Wesentliche ist die Atmosphäre eines Hauses. Das wirkt auf die Kinder. Und da wir, mein Mann und ich, uns nie zankten und eine ganz harmonische Atmosphäre herrschte, war es auch für die Kinder nicht ungünstig.«[17]

Nun, dass Thomas und Katia Mann sich »nie zankten«, ist sicher untertrieben. Tagebucheinträge und Korrespondenzen belegen immer wieder Streitigkeiten zwischen dem Ehepaar – warum auch nicht? Viel gravierender für die frühkindliche Entwicklung indes muten die Faktoren an, die sich im Laufe der nächsten Jahrzehnte immer deutlicher nachweisen lassen: das Beliebige und Unberechenbare, das Verwirrende und Ungerechte der familiären Atmosphäre.

Im Jahr 1908 indes sehen wir zunächst nur ein großbürgerliches Ehepaar mit zwei sehr kleinen Kindern. Die folgenden Eindrücke von Heinrich Manns Verlobter Inés Schmied sind sicher nicht symptomatisch für das Zusammenleben, aber sie zeigen einen persönlichen Blick auf Bad Tölz 1908, wo Heinrich und seine Braut die Manns besuchten:

»Manchmal erlebe ich den Tag in Tölz wieder und könnte ein ganzes ›Idyll?‹ daraus machen. Die ganze Zeit habe ich bei mir gedacht, o wie tief melancholisch ist das Leben! Und immer und immer wieder diese eine Phrase und ich wußte selbst nicht, warum ich alles so schrecklich melancholisch fand. Das kalte Wetter, die Steifheit Deines Bruders, die kleine rote Nase von der kleinen Erika, der feuchte Garten. Mit einem Wort die Stimmung war schrecklich!

Du – – – kalt und redetest davon mit (›Beziehung‹) dass die Frauen immer wirken wollen, Katia schwatzte, ich weiss nicht was, und ich dachte immer, ist es der Mühe zu leben, wenn alles so schrecklich melancholisch ist. Immer noch sehe ich das Gesicht Deines Bruders wie er so kalt gleichmütig und doch mit einer Art Unbehagen in die Luft guckt. Dazu diese nüchterne poesielose Gegend. Ein Klex Berge, ein Klex Wiese, ein Klex Wald, von allem ein bischen. Nichts Großes, nichts Schönes, mit einem Wort nüchtern, bürgerlich kalt. Lieber möchte ich begraben sein, als dort leben.«[18]

Bad Tölz, der, aus Sicht von Schmied jedenfalls, überschaubare Ort, wird zum fixen Punkt der Sommerfrische (und in späteren Jahren auch zur Winterflucht): der Bau eines Hauses in der kleinen Ortschaft wird in Auftrag gegeben und soll innerhalb eines Jahres realisiert werden, um den Eltern und den beiden Kindern einen angemessenen Landaufenthalt zu gewährleisten.

Bald werden es drei Kinder sein:

Am 27. März 1909 wird Angelus Gottfried Thomas geboren, im Krankenhaus diesmal und wie bei Erika »sehr schwer und qualvoll. Es fehlte nicht viel, so hätte zur Zange gegriffen werden müssen, da die Herztöne des Kindes schon schwach wurden. Das Kind ist wieder mehr der Typus Mucki [Erikas Kosename, A. d. V.], schlank und etwas chinesenhaft«[19], schreibt Thomas an Heinrich.

Den Vornamen Angelus erhält der Neugeborene auf Wunsch von Erika, die in den Sommerferien in Bad Tölz das gleichnamige Baby des Postboten ins Herz geschlossen hatte und sich »nichts sehnlicher« wünscht, »als einen möglichst ähnlichen wirklichen zu besitzen. Auch im Winter. Derweil erwartete meine Mutter das dritte Kind – ein Mädchen, wie sie meinte«, erzählt Erika später. »Leichtfertig versprach sie mir den Buben –, überzeugt, ich würde ein Einsehen haben, war die Kleine erst da. Die guten Eltern! Sie hatten das Herz nicht, mich zu enttäuschen, und, kurz, das Malheur passierte: Angelus Gottfried Thomas – so hieß der Knabe. Er war mein. Ich trug ihn herum.«[20]

Nun, so sympathisch sich das auf den ersten Blick anhören mag, so fragwürdig erscheint die Namensgebung auf den zweiten Blick. Wenn die Eltern den Namen Angelus tatsächlich als Malheur ansahen, hätten sie ihn der kleinen Tochter zuliebe ja auch als Zweit- oder Drittnamen eintragen lassen können. Sollte da auf Kosten des Neugeborenen ein kleiner exzentrischer Spleen ausgelebt werden?

Durchaus möglich. Abwechslung vom Alltäglichen.

Unterhaltsam sollte wohl auch eine Episode sein, an die Erika Mann sich später erinnert und, fälschlicherweise auf den 50. Geburtstag ihrer Großmutter Pringsheim datiert, die im Juli 1855 geboren wurde und also 1905 diesen Festtag beging. Da war Erika noch nicht geboren. Die Anekdote scheint sich eher 1908 abgespielt zu haben (und Hedwig Pringsheim hat sich vielleicht absichtlich drei Jahre jünger gemacht, sowohl bei Schauspielern als auch bei Damen der Gesellschaft nicht unüblich): »Als ich noch nicht ganz drei Jahre alt war, da hatte meine Großmutter mütterlicherseits ihren fünfzigsten Geburtstag [...] und hatte infolgedessen, als sie anfing, grau zu werden, ihre Haare gefärbt, und als sie fünfzig wurde, hatte sie soeben aufgehört, die Haare zu färben, so daß die Haare ein bißchen gescheckt waren. Nun hat mein Vater mir, die ich noch nicht drei war, ein kleines Gedichtchen eingelernt – das ich nicht mehr auswendig kann, typischer Weise, ich kann nur das andere – ein Gedicht also hat er mir beigebracht, das ich aufsagen sollte, und hat dann zu mir gesagt, sag aber nicht das folgende Gedichtchen – wir nannten unsere Großmutter aus irgendwelchen Gründen Offi – das Gedichtchen lautete:

›Liebe Offi, fünfzig Jahre
Bist du nun schon auf der Welt
Und hast auch schon grüne Haare,
Was mir gar nicht sehr gefällt.‹

Ich habe mir das sofort gemerkt, und ich kann Ihnen sagen, die Versuchung, in der ich war, als ich das wirkliche Gedichtchen aufsagen sollte, nun dieses aufzusagen, war so furchtbar, ich habe kaum die Last der Verantwortung so auf mir gefühlt, wie damals, als ich drei Jahre alt war.«[21]

Für Thomas Mann war das sicher ein amüsantes Erlebnis und literarisch durchaus verwertbar. Wird die Kleine sich verplappern oder nicht, wie wird gegebenenfalls die Jubilarin reagieren, wenn Erika doch das falsche Gedicht aufsagt? Wie kann ein dreijähriges Kind die Schwere von Verantwortung fühlen, wenn sie ihm nicht eingebleut wurde? Um was ging es dem Vater? Um Erheiterung seiner selbst und Katias. Man will sich amüsieren.

Zurück ins Jahr 1909 und zur Geburt von Angelus, der im zweiten Lebensjahr diesen Namen von Gelus zu Gololo schließlich zu Golo modifizieren wird. (Eigentümlicherweise wird er diesen selbstgewählten Kosenamen bis an sein Lebensende offiziell beibehalten.)

Wie ist die Atmosphäre bei den Manns?

Katias nach Argentinien verbannter Bruder Erik ist gestorben. Hoch verschuldet hat er sich das Leben genommen: Selbstmord als Erlösung vor dem finanziellen Ruin. Aus Sicht der Pringsheims jedoch wurde er ermordet oder zumindest von seiner Ehefrau in den Tod getrieben.

Der Leichnam wird nach Deutschland transportiert, obduziert und ohne auffällige Befunde zur Beerdigung freigegeben. Interessanterweise wirft Hedwig Pringsheim der nunmehr verwitweten Schwiegertochter vor, sie habe ein Verhältnis gehabt und den Gatten Erik umbringen lassen. Hedwig Pringsheims Empörung über die vermeintlichen außerehelichen Verhältnisse von Eriks Frau ist wohl auch willkommene Gelegenheit, sich selbst und ihre Ehe positiv zu positionieren: »Sie hat ihn in den Tod getrieben«, schreibt Hedwig über die Schwiegertocher. »Nach meiner Überzeugung absichtlich in den Tod getrieben. Auf die einfachste Formel reducirt, stellen sich die Vorgänge so dar: sie hat ihn aus Spekulation geheiratet, eingefangen; die Spekulation ist mißglückt und sie musste ihn loswerden. Da hat sie ihn dann hineingehetzt – Eifersucht, berechtigte Eifersucht muß auch mitgespielt haben – da ist ein Engländer, der verhängnisvoll war. Die Briefe der Frau an uns waren klug ersonnen, gut durchgefürt; sie selbst ist in aller Raffinirtheit dumm, oberflächlich, nicht fähig, eine Rolle durchzufüren.«[22]

Beweise für diese Mutmaßungen über die Schwiegertochter gibt es keine. Aber die Vehemenz, mit der dies Szenario aufgebaut wird, lässt doch Rückschlüsse auf Verdrängtes bei Pringsheims zu. Die Möglichkeit, dass im Hause des Sohnes außereheliche Verhältnisse so locker gehandhabt würden, wie vordergründig bei den Eltern Pringsheim, steht nicht zur Debatte. Da wird wohl ein(e) Schuldige(r) gesucht, um von der Tatsache abzulenken, dass der Sohn nicht, nicht so, gestorben wäre, wenn die Eltern ihn nicht nach Argentinien verbannt hätten.

Diese Gedanken wird Hedwig Pringsheim bei ihren fast täglichen Besuchen bei den Manns immer wieder erörtern.

Keine unbeschwerte Situation, in die das dritte Kind hineingeboren wird.

Immerhin ist im Sommer das erste eigene Domizil, das »Landhaus Thomas Mann«, in Tölz fertiggestellt, und die nunmehr fünfköpfige Familie samt Hausangestellten und Hund siedelt für drei Monate aufs Land, »zehn Zimmer und zwei Mädchenkammern, Bad, Waschküche und reichlich Nebenräume, Balkone und große Wohn-Veranda«[23], dazu ein weitläufiger Garten und in der Nähe ein Weiher zum Schwimmen. Dort ist gut sein.

»Immer, wenn ich ›Kindheit‹ denke, denke ich zuerst ›Tölz‹«[24], schreibt Klaus Mann, der durch Erika schon früh den Kosenamen Aissi oder Eissi erhalten hat und nun auch von den Eltern so genannt wird.

Für Klaus ist Tölz »das Paradies der Unschuld. Das Paradies hat den bittersüßen Duft von Tannen, Himbeeren und Kräutern, vermischt mit dem charakteristischen Aroma des Mooses, das von der Sonne durchwärmt ist, der großen mächtigen Sonne eines Sommertages in Tölz.«[25] Dass er später seine jüngeren Geschwister in Tölz tyrannisieren wird, scheint Klaus' Vorstellung vom unschuldigen Paradies nicht zu beeinträchtigen. Das Wichtigste ist ihm die Anwesenheit der Eltern, Ruhe und Freiheit von der Herrschaft der Kinderfräulein.

Entspannte Stimmung, Spaziergänge mit der Mutter und, ab zwölf Uhr mittags, mit dem Vater. Sicher ist das schön und idyllisch, aber warum wird es zum Paradies hochstilisiert? Weil der nichtferiale Teil des Jahres so ganz anders als in Tölz anmutet? Für das Jahr 1909 bedeutet das zum Beispiel, dass Katia und Thomas Mann, nach dem Sommeraufenthalt in Tölz, für vier Wochen ohne Kinder an die französische Riviera fahren. Für die Kinder heißt das abrupte Betreuung durch Großmutter Pringsheim und ein Kindermädchen. Ungewohnt, fremd.

Die Kinder fühlen sich ausgeliefert und ohne Fürsprecher ihrer Interessen. Ständig neue Regeln, neue Strafen. Was bei Anwesenheit der Eltern gilt, ist bei Großmutter und Personal noch längst nicht ausgemachte Sache. Für Kinder verwirrend und anstrengend. An wen sollen sie sich binden, wem ihr Vertrauen schenken? Wer reagiert zuverlässig auf ihre Bedürfnisse? Je abwesender die Mutter ist, desto heilbringender wird sie erwartet.

Als die Manns nach Hause kommen, wundert sich Hedwig Pringsheim, dass die Tochter »so grünlich und mager« ausschaut. »Auch der Schwieger-Tommy [...] ermangelt der Frische; sie sind ein misepetriges Pärchen. Aber sehr glücklich.« Zugegebenermaßen. Dennoch, Katias Mutter fürchtet, »No. 4 ist unterwegs.«[26] Der Eindruck täuscht nicht. Katia Mann ist wieder schwanger.

Juni 1910. Am 6. des Monats feiert Thomas Mann seinen 35. Geburtstag, in München ist es »blödsinnig heiß«[27], und Katia Mann erwartet nach Erika, Klaus und Golo die Niederkunft ihres vierten Kindes. Etwas »Pränatales, wenn auch nur überliefert«, erzählt dieses Kind viel später: »Der fünfunddreißigste Geburtstag meines Papas sah meine Eltern auf einer langen, holprigen, nämlich ergiebigen Taxifahrt (ein Tip des genialischen Doktors), damit das Hauptgeschenk sich entschließe, geboren zu werden: gerüttelt und geschüttelt kam ich an, im Sternbild des Zwillings, zu diesem wie zu jenem bereit.«[28]

Nun, das Kind kam nicht am Geburtstag des Vaters, sondern einen Tag später zur Welt: Am 7. Juni, morgens zwischen

7 Uhr und 7.30 Uhr, wird es zu Hause in der Franz-Joseph-Straße 2 geboren, ein Mädchen: Monika, »nicht auffallend häßlich«[29], wie die Großmutter Hedwig Pringsheim bemerkt.

Auch Katia muss trotz ihrer Verärgerung über ein Mädchen zugeben, dass es »ein niedliches kleines Kind« ist, »bei weitem der hübscheste Säugling von allen vieren«[30], aber, so Thomas Mann über die erneute Vaterschaft, »die Grenze des Lächerlichen ist, fürchte ich, erreicht«[31].

Lächerlich? Sowohl Thomas als auch Katia Mann kommen aus Familien mit fünf Kindern, warum findet er Kinderreichtum bei sich selbst lächerlich? Überdies ist es für einen Ehemann zu Anfang des 20. Jahrhunderts nicht ungewöhnlich, vierfacher Familienvater zu sein. Eher normal. Will Mann nicht zum normalen Bürgertum gehören, oder sind ihm die vier Kinder peinlich, weil sie regelmäßiges sexuelles Eheleben dokumentieren? Liebe, sich eine Verfassung geben, strenges Glück hatte er sich vorgestellt. Was sich daraus entwickelte, ist mehr, als vorher gedacht. Er trägt es, teils tragisch, teils komisch.

Und Katia? Vier Kinder in sechs Jahren hat sie geboren und ist körperlich in sehr geschwächtem Zustand. Die Familie fährt zunächst wieder in ihr Sommerdomizil nach Bad Tölz, frische Luft, Erholung.

Doch die ländliche Idylle wird jäh unterbrochen, als sich am 30. Juli Thomas Manns Schwester Carla im Alter von knapp neunundzwanzig Jahren mit Zyankali das Leben nimmt. Die Schauspielerin war seit Monaten mit dem reichen elsässischen Großindustriellen Arthur Gibo verlobt, ein »schöner Mann, schöner eigentlich, als es Männer sein dürfen«, erzählt der jüngere Bruder Viktor in seinen Memoiren. »Für unsere Schwester bedeutete diese Verbindung nicht nur die Krönung einer Passion von bisher nie gefühlter Stärke, sondern auch den glänzenden Abgang aus einem Beruf, für den sie doch nicht alle zu großer Karriere erforderlichen Eigenschaften besaß.«[32]

Jedoch, Carla hat auch noch andere Männerbekanntschaften, wird erpressbar und hat hohe Schulden. Die Familie des Verlobten wird anonym davon in Kenntnis gesetzt und verweigert die Zustimmung zur Hochzeit. In nervös leidender Verfassung fährt Carla im Sommer 1910 zu Mutter Julia Mann nach Polling, um sich zu erholen und dem Verlobten Gelegenheit zu geben, »unbeeinflußt von ihrer Gegenwart, Klarheit über sich selbst gewinnen« zu können. »Liebe er sie wirklich so müsse er jetzt hierher und endgültig zu ihr kommen.«[33] Der Verlobte kommt dann auch nach Polling, es gibt Streit, aber »keinen eigentlichen Bruch«. Arthur Gibo fährt zunächst wieder in seinen Gasthof vor Ort, Carla geht »mit wirrem Lächeln an Mama vorbei«[34] in ihr Zimmer, verschließt die Tür und schluckt Zyankali. Die Mutter steht vor dem verschlossenen Raum, hört das Todesröcheln ihrer Tochter und kann nichts mehr retten.

Ein qualvoller Tod. Selbstmord aus Liebesschmerz?

Vordergründig schon. Eine andere Lesart ist diese: Viktor, der jüngste Bruder, erzählt, dass bei seinem Besuch in Polling, ein paar Tage vor der Tat, die Mutter »von Sorgen ganz verdüstert« war. »Ich mußte viel Lustiges aus der Kaserne erzählen, um sie manchmal zum Lachen zu bringen, und wenn wir alleine waren, brachen die Ängste aus ihr heraus. Meine burschikosen Tröstungen konnten nichts mildern. Aber das so offenbare Leid der Mutter gab meinen drängenden Fragen an Carla einen Ernst, dem sie sich nicht mehr entziehen konnte.«[35]

Der jüngere Bruder hört der Schwester zu, versucht aufzumuntern und hat das Gefühl, dass es Carla guttut, »sich ausgesprochen zu haben. In Mamas Trost zitterte wohl zuviel Ahnen und Bangen.«[36]

Was ahnte und bangte die Mutter? Den Suizid? Das Gerede der Gesellschaft, Misslichkeiten? Gesetzt den Fall, Carla wäre schwanger gewesen von einem anderen Mann und hätte ihren Verlobten, der nach Viktors Andeutungen wohl eher homoerotisch veranlagt war, davon in Kenntnis setzen wollen: Wie wäre die Unterstützung der Mutter gewesen? Hätte die Tochter überhaupt mit Unterstützung rechnen können? Wohl kaum, wenn man liest, was Julia Mann 1908 an ihren Sohn Heinrich über dessen Verlobte Inés Schmied schreibt: »Du hältst ja, lieber Heinrich, viel von Tommys lieben Frau; – nun, der wäre es schon von Haus aus nicht erlaubt, als quasi Braut eines bedeutenden Schriftstellers, während seine Abwesenheit z. B. häufig *späte* Besuche von Weiblich u. Männlich, bei Wein u. Bier (in ihren Pensionszimmern) u. äußerst fröhlicher Laune, zu empfangen; *Deinetwegen* geht das nicht, solange Du von ihr noch als ›Braut‹ sprichst; *meinem* Gefühl entspricht so ein Leben einer Verlobten nicht, u. sei sie auch 10mal Künstlerin. [...]. Eine Anklage meinerseits soll es nicht sein, wo ich ohnehin vermute, daß sie Dir von diesen Zusammenkünften selber schreibt, damit Du es nicht durch *mich* erfährst; aber weil *Du* ihr soviel Sympathie u. Aufmerksamkeit entgegenbringst, weiß ich doch nicht, ob Frl. I. nicht allein durch solche Empfänge am späten Abend schon die Grenze des Schicklichen überschreitet. Zu *niemandem* weiter, als zu Dir, den es am meisten angeht, spreche ich hierüber, das *glaube mir*! [...] Willst Du einmal eine Frau *fürs Leben* lieber haben als Deine Mutter, dann soll es eine sein, die Deiner *ganz* würdig ist u. die Dich ganz glücklich macht; dann will ich *gerne* verdrängt werden.«[37]

Nun, abgesehen davon, dass dies ein höchst aufschlussreiches Zeugnis von Bigotterie, Intrige und mütterlicher Bevormundung ist, hier wird auch klar, dass Julia Mann ihre eigenen unschicklichen Auftritte in Lübeck und während der ersten Witwenjahre in München verdrängt hat. Das vermeintlich unschickliche Verhalten der Tochter Carla wird von ihr auch als schwerwiegender Fauxpas empfunden worden sein.

Ein halbes Jahr nach dem Tod Carlas schreibt die Mutter an Heinrich: »Ich beklage ja nicht, daß Carla es *mir angetan*, sondern daß sie so, ohne zu sprechen, alles Schwere *allein* getragen hat u. so, ohne *gehalten* zu werden, einen solchen Tod wählte – in dem *Wahn*, daß ihr Leben ganz *wertlos* geworden! – das ist mir der größte Kummer – mein armes Carlakind! Adieu mein lieber Heinrich. Nächstens Geschäftliches, wenn Alfred Abrechng. schickte.«[38]

Wie passt das zusammen? Carla war doch bei der Mutter und hat mit ihr und Viktor gesprochen. Konnten sie ihr das ›Schwere‹ nicht abnehmen? Entspringt das Gefühl des Wertlosen vielleicht den gedankenlosen Vorwürfen der Mutter, die nach Carlas gesellschaftlichem Absturz den Ruf der Familie gefährdet sieht?

Fünf Tage nach Carlas Tod schreibt Thomas an Heinrich: »Wir sind Alle übel daran. Es ist das Bitterste, was mir geschehen konnte. Mein geschwisterliches Solidaritätsgefühl läßt es mir so erscheinen, daß durch Carla's That unsere Existenz mit in Frage gestellt, unsere Verankerung gelockert ist. Anfangs sagte ich immer vor mich hin: ›Einer von uns!‹ Was ich damit meinte, verstehe ich erst jetzt. Carla hat an niemanden gedacht, und Du sagst: ›Das fehlte auch noch!‹ Und doch kann ich nicht anders, als es so zu empfinden, daß sie sich nicht hätte von uns trennen dürfen. Sie hatte bei ihrer That kein Solidaritätsgefühl, nicht das Gefühl unseres gemeinsamen Schicksals. Sie handelte sozusagen *gegen eine stillschweigende Abrede*. Es ist unaussprechlich bitter. Mama gegenüber halte ich mich. Sonst weine ich fast immer.«[39]

Was Thomas Mann hier andeutet, mutet wie ein altes Märchen an. Verwunschen. Verloren. Als hätten die Geschwister ein gemeinsames Familiengeheimnis, das es tapfer miteinander zu bewahren gilt. Ein Zusammenhalten, das dem Einzelnen die Schwere des zu Tragenden erleichtert.

»Eine stillschweigende Abrede« bezüglich des gemeinsamen Schicksals müssen Kinder, die sich nicht bedroht fühlen, nicht treffen.

Wie diese elementare Bedrohung aussieht, ist nicht belegbar. Es muss etwas Schwerwiegendes, Tiefgreifendes sein, etwas, das auch mit Thomas Manns lebenslangen Schüben von Depression und Todessehnsucht zu tun hat.

»Mama gegenüber halte ich mich. Sonst weine ich fast immer.« Mama, Julia Mann, ist nach dem Todesfall mit nach Tölz gekommen, ebenfalls weinend, ebenfalls trostlos. Wie wirkt sich das auf Katia und die Kinder aus? Beklemmend, bedrückend, störend? Eine Belastung, gewiss.

Aber darf nicht auch der Jahrzehnte später erfolgte Kommentar Klaus Manns, der 1910 noch nicht vier Jahre alt war, als Gedanke Katia Manns gesehen werden? Das Motto von Klaus' Familienforschung lautet später: »Man findet immer, wenn man innig genug sucht; auf jede dringlich gestellte Frage kommt schließlich die Antwort.«

Für Familienfragen war Katia Mann zuständig. Stammt aus ihrer Erzählung über Carlas Tod diese Häme? »Wie allein sie war, wie furchtbar verlassen in ihrer verriegelten Todeskammer! Allein wie ein Tier im Käfig, nein, isoliert wie eine Tragödin auf erhellter Bühne, spielte sie ihre letzte Szene, hin und her schreitend, den engen Raum schwankenden Ganges durchmessend, die flache Hand auf den verbrannten Mund gepreßt, die begeisterten, trostlosen, todessüchtigen Augen ins Leere gerichtet. So gut war sie nie gewesen. In keiner der Provinzstädte, wo sie hatte agieren dürfen, war ihr eine so schöne Rolle jemals anvertraut worden. Aber da war niemand, um diese glanzvolle Nummer, dieser grandiosen Pantomime der Agonie gebührend Beifall zu klatschen.«[40]

Woher kommen diese Vorstellungen? Gewiss nicht von einem Kleinkind, wie es Klaus zu dem Zeitpunkt war. Auch Thomas Mann wird sich eine solche Sicht auf die Schwester nicht gestattet haben. Aber Katia und Hedwig Pringsheim, die ehemals erfolgreiche Schauspielerin, werden sich eine solche Betrachtungsweise gegönnt haben. Zynisch. Verächtlich. Lieblos.

Die Trauer von Thomas und Julia Mann wird störend und belastend. Der Alltag muss weitergehen. Störungsfrei für alle

Beteiligten. Man stelle sich vor: Katia Manns Alltag in Bad Tölz 1910. Sicher, sie hat im Vergleich zum Großteil ihrer Zeitgenossinnen den Komfort von Köchin, Dienstmädchen und Kinderfräulein und dadurch körperliche Entlastung. Aber sie muss Anweisungen geben, planen, von ihrem Mann alles Störende abhalten und »das Volk«[41] kontrollieren, wie die Dienstboten genannt wurden, »das nichtswürdige Gesindel«[42]. Aus ihrem Elternhaus war Katia Mann gewohnt, Untergebenen zu befehlen oder sie gegebenenfalls gewähren zu lassen. Nun, zu Beginn des 20. Jahrhunderts, gibt es auch für Hausangestellte Rechte und verbriefte Ansprüche. Mit »kritikloser Erbötigkeit«[43], wie Thomas Mann sie sich wünscht, ist es vorbei, aber die Suche danach bleibt immerwährendes Thema, ob in München, den USA oder der Schweiz. Oder in Bad Tölz 1910.

Katia Mann hat sich um das Haus, die Dienstboten und vier kleine Kinder vom Säuglingsalter bis zum Alter von fünf Jahren zu kümmern. Um einen freischaffenden Ehemann, den es aufzumuntern und zu trösten gilt. Und um Julia Mann, die Thomas als treusorgender Sohn nach Tölz geholt hat, eine trauernde Schwiegermutter, der im seelischen Schmerz einfach nicht zu helfen ist, die womöglich den Mann immer wieder in das gemeinsame Leid hineinzieht.

Das war wohl zu viel, das Leben muss weitergehen. Julia Mann spürt, dass sie zur Last fällt, will weg, weiß nicht wohin, fährt zurück nach Polling.

Ob in diese Zeit auch die Begebenheit fällt, von der Monika Mann später ohne Zeit- und Ortsangaben berichtet? Als Kleinkind »wollte ich in meinen Kissen ersticken, schon schwarz war ich, erklärte die rettende Bauersfrau«[44]. Diese wird wohl eher in Bad Tölz als in München anzutreffen gewesen sein. Und wenn ein Kind in seinen Kissen erstickt, wird es wohl eher ein Säugling (wie Monika im Sommer 1910) als ein Einjähriges sein, das sich ja schon freistrampeln könnte. Zu belegen ist das nicht. Aber denkbar. Und wer hätte Schuld gehabt? Egal, wer die Aufsicht über den Säugling übernommen hatte: So etwas passiert. Dass Monika Mann jedoch schreibt, »wollte ich« in den Kissen ersticken, scheint nun doch zu viel der Schuldverschiebung.

Unruhige Zeiten. Das Leben geht weiter. Julia Mann reist also ab. Thomas Manns Arbeitsrhythmus stabilisiert sich. Katia steckt in den Vorbereitungen zur Feier des 60. Geburtstags ihres Vaters Alfred Pringsheim, ein großes Fest, das bei »Tommys« in Tölz groß ausgerichtet wird: Kapelle, Chor, großes Essen, viele Gäste.

In München steht eine Veränderung bevor: Die Wohnung in der Franz-Joseph-Straße ist für die Familie mit vier Kindern zu klein geworden. Man plant den Umzug in eine größere Wohnung. Im Oktober des Jahres 1910 zieht die Familie mit inzwischen vier Bediensteten in die noch heute vornehme Wohngegend im Herzogpark, Mauerkircherstraße 13.

Schon im Februar 1911 ist Katia Mann erneut schwanger, doch es gibt Komplikationen: Schmerzen, Fieber, Schüttelfrost. Ende März muss die Schwangerschaft abgebrochen werden.

Zwei Monate später fährt sie mit ihrem Mann zur Erholung nach Dalmatien, ein verdrießlicher Aufenthalt in Brioni zunächst, dann ein zumindest für Thomas Mann erfreulicher Aufenthalt in Venedig[45], dem ein eher unerquicklicher Aufenthalt auf den Höhen des Appenin folgt, und schließlich nochmals – Thomas Mann ist »selig«[46] – Rückkehr nach Venedig, wo jedoch wegen der ausbrechenden Cholera kein weiteres Bleiben angeraten ist.

Heimkehr nach München, zu den Kindern. Dann wieder Sommer in Bad Tölz. Von August 1911 an fühlt sich Katia »sehr elend, abends immer fiebrig«[47]. Medizinische Gründe werden keine gefunden. Aber eine Kur nach Sils Maria mit Eltern und Bruder Peter kommt nicht ungelegen. Thomas Mann bleibt mit den vier Kindern und dem Hauspersonal in Tölz.

In den nächsten zwei Jahren wird Katia Mann wegen Lugenspitzenkatarrhs[48] monatelang außer Haus sein: Zunächst im Januar 1912 im Sanatorium in Ebenhausen, von wo sie immerhin besuchsweise zu ihren Kindern kann. Von März bis September indes (also neun Monate!) weilt sie in Davos, wo Thomas Mann sie für vier Wochen besucht, während seine Mutter in Tölz die Kinder betreut, verbringt den Oktober mit Mann und Kindern, fährt dann im November alleine für zwei Wochen nach Berlin und ist in der Folge wochenlang zu Hause, dann wieder wochenlang in Meran, Arosa oder Gardone. Dieses Hin und Her zieht sich hin bis 1914, wo sie vom 4. Januar bis in den Mai in Arosa weilt. »Man schickte mich zuerst auf ein halbes Jahr, von März bis Dezember 1912, ins Waldsanatorium nach Davos, im nächsten Jahr auf eine Reihe von Monaten nach Meran und Arosa [...]. Aber ich war nicht schwer krank. Es bestand keine Lebensgefahr. [...] Es war Sitte, wenn man die Mittel dazu hatte, wurde man nach Davos oder Arosa geschickt«[49], erzählt Katia Mann.

Ihre Mutter Hedwig Pringsheim, auf Besuch in Davos, schreibt in einem Brief an ihren Freund Maximilian Harden: »Unter uns, mein Freund: ich halte Davos für einen Schwindel. [...] Ich bin überzeugt, wenn Katja in ihrem Tölzer Landhaus one Tommy, one die 4 Bamsen und one dies abscheuliche Dienstbotengezücht 5 Monate so lebte wie hier, wäre sie gerade so weit. Nur daß sie das eben nicht kann.«[50]

Hätte sie es gewollt? Hat sich Katia Mann das Eheleben und die Mutterschaft einfacher vorgestellt, erfüllender? Bestätigt sich jetzt ihre anfängliche Skepsis, Thomas Mann zu heiraten? Vorher fühlte sie sich »sehr wohl und lustig [...], auch mit dem Studium, mit den Brüdern, dem Tennisclub und mit allem, war sehr zufrieden«[51]. Aber wie lange hätte das so weitergehen können oder sollen? Der rasche Wechsel vom »lustigen« Leben in die Rolle einer vierfachen Mutter, in Verantwortung für Personal, in die Rolle einer Ehefrau (die wahrscheinlich in Venedig zum ersten Mal miterleben musste, wie ihr Mann sich ernsthaft verliebte), alles zu viel.

Katia Mann ist erschöpft. Und fühlt sich geistig unterfordert. Viel Zeit zum Weiterschreiben der Annalen, den zu Beginn des 20. Jahrhunderts durchaus üblichen »Kinderbüchlein«, kleinen Alben, in die lustige und skurrile Begebenheiten der Kinder geschrieben werden. Auch Mutter Hedwig Pringsheim hatte solches ja schon praktiziert, und so fühlt sich Katia traditionell verpflichtet, diesem Erinnern nachzugehen.

»Niedliche« Beobachtungen stehen dort: »Mit Moni kann Golo sehr niedlich spielen. Oft umfassen sich die beiden und tanzen vor Vergnügen miteinander herum.«[52] Und dass Monika auf die Frage, wie sie heiße, mit »Moni, Kind, Puppe und Liebling«[53] antwortet.

Kleine Anekdoten, wie sich die Kinder verhalten. Anekdoten indes auch, die sehr deutlich Auskunft über die Eltern geben.

Im Sommer 1912 schreibt sie ins Golo-Büchlein: »Wenn man ihn neckt, das kann der Golo gar nicht vertragen, es verwirrt und beleidigt ihn. Wenn er mittags ernst und wortlos auf seinen Stuhl klettert, begrüße ich ihn: ›Tach, Moni‹ – ›Ich bin doch nicht die Moni!‹ – ›Doch du bist die Moni!‹ und so geht es weiter, bis er ganz zornig und traurig wird, jeden Mittag fällt er wieder darauf herein.«[54]

Das war wohl amüsant. Eine »Neckerei«. Es heute zu lesen wirkt grausam. Kinderpsychologie, Individualisierungsphase. Zu wissen, ich habe einen Namen. Ich bin das. Ich gehöre dazu als dieser und nicht jene. »Immer wieder fällt er darauf herein.« Wie ein Spielhündchen, eine Comicfigur, die jedes Mal wieder bei Null beginnt, »ernst und wortlos«. Dass er Angst hat, schreibt sie nicht. Ein Spaß, eine Neckerei. Ein Vergnügen. Grausam.

Monika ist drei, hat lange Locken, aber »Tommy besonders mag die große Lockenperücke gar nicht und sagt alle Augenblicke zu Moni: ›Moni deine Frisur ist lächerlich‹, sodaß sie jetzt, wenn man sie fragt, wie ihre Frisur ist, stolz antwortet: ›Lächerlich.‹«[55]

Wie und als was haben diese Eltern ihre kleinen Kinder angeschaut? Golo mit seinem »gräßlich verzerrten Gesicht«, dem alle »trotz seiner Häßlichkeit am meisten Beachtung von allen Kindern schenken«, schreibt Katia in Golos braun gebundenes Kinderbüchlein und beeilt sich, gleich anzufügen, »das heißt, ich finde ihn ja gar nicht häßlich, und er selbst, der arme, kommt immer so stolz, wenn er etwas Neues hat: ›Schau mal, wie scheen daß ich bin.‹«[56]

Schwer zu verstehen. Golo sieht auf Kinderfotos reizend aus, hübsch, charmant sogar. Aber selbst wenn er nicht hübsch wäre, müsste eine Mutter nicht darüber hinwegsehen oder -schreiben? Golo Mann bemerkt dazu in seinen Erinnerungen: »Daß ich häßlich sei, wurde mir auch später noch gesagt, so daß diese Vorstellung sich, nicht zu meinem Glück, in mir festsetzte. Sehe ich heute meine Kinderbilder, so kann ich es eigentlich nicht finden; einen wunderlichen Ernst lassen einige von ihnen erscheinen.«[57]

Ernst? Ja. Verwunderlich? Nein. Zumal wir es hier mit Erinnerungen der Jahre 1912/13 zu tun haben, der Zeit, in der Mutter Katia lange Zeiträume fort war. Es war so üblich. Man nahm sich gewissermaßen eine Auszeit vom Alltag. Die Kinder waren ja versorgt. Durch Kindermädchen. Ständig wechselnde Damen als Muttersersatz, »eine Dynastie von Königinnen« [...], so »schreiten diese regierenden Damen durch unsere Kindheitsgeschichte; launisch meist, leicht verdrossen und nur durch unsere äußerste Artigkeit oder durch überraschend angenehme Post von auswärts zu gnadenvollen Scherzen zu bewegen«[58], schreibt Klaus Mann. Und: »Wir litten unter jeder von ihnen und wir liebten jede.«[59]

Was bleibt ihnen auch anderes übrig? Die Mutter ist fort, der Vater will mit Personalproblemen der Kinder nicht konfrontiert werden. Großmutter Pringsheim und Julia Mann kommen ab und zu zur flüchtigen Visite, scheinen aber auch nicht die richtigen Vertrauenspersonen für kindliche Nöte zu sein. Zumal Pringsheims ja selbst Prügelstrafen verabreichten, als ihre Kinder heranwuchsen, regelmäßig, protokolliert. Da ist man den Kinderfräulein völlig ausgeliefert. Und je länger und öfter Katia Mann abwesend ist, desto uneingeschränkter herrschen die launischen Damen, »ins Unermeßliche« wächst ihre Macht, und der Vater, »wenngleich sehend«[60], greift nicht ein.

»Wenngleich sehend« – was gab es zu sehen? Wie sieht die »Herrschaft« der Kinderfräulein genau aus? Welche Erziehungsmittel wurden hier angewandt? In der Fülle von minutiösen Erinnerungen aller Mann-Kinder scheint es keine entsprechenden Bilder und Szenen zu geben. (Gewiss, die Geschichte des diebischen und nach der Entlarvung auch noch frech gegen die Manns vor Gericht ziehenden Kindermädchens Josepha Kleinshüble, genannt Affa, wird öfter beschrieben, aber wohl eher, weil sie immer wieder in der Familie erzählt wurde.) So, als hätten alle Mann-Kinder gemeinsam das Demütigende und Entwürdigende, das kindliche Opfersein, ausgeblendet und verdrängt.

Was spielte sich ab zwischen den Kindermädchen, die mit wenig Lohn, langer Arbeitszeit und Unterkunft unterm Dach oder im Keller lebten, und den vier Kindern zwischen sieben und zwei Jahren?

Wenn die Mutter nicht da war, schreibt Klaus Mann, hatten die Kinder »niemand, der zur Spitze der Hierarchie und zu uns gehörte [...], es fehlte uns an Macht und Würde. Der Zauberer [Thomas Mann] und Offi [Großmutter Pringsheim] hatten zwar sehr viel Macht; aber letztere erschien doch nur für kurze Inspektionsvisiten, während ersterer, obwohl er mit uns lebte, an unserem alltäglichen Leben kaum Anteil nahm.«[61]

So sind die Kinder »auf Gedeih und Verderb« der »Diktatur«[62] der Kinderfräulein ausgeliefert.

»Moni heißt die Puppenliesa, sie hängt innig an ihren Puppen, aber erst, nachdem sie ihnen Arme und Beine ausgerissen und sie bis zur Unkenntlichkeit verstümmelt hat«[63], schreibt

Katia 1913 in Monikas Kinderbüchlein, hat dies niemanden verwundert?

Dass Thomas Mann zuweilen, wenn auch sehr selten, körperliche Züchtigungen verabreichte, ist nicht nur in seinen Tagebüchern, sondern auch bei Michael Mann, dem jüngsten Sohn, zu lesen[64]. Dass Katia Mann ihre Kinder schlug und sie sehr schmerzhaft an den Ohren zog sowie jähzornig Bücher nach ihnen warf, ist bei Klaus und Golo Mann[65] zu lesen. Heute ist die Anwendung von körperlicher Gewalt – zu Recht – gesetzlich verboten. Aber seinerzeit machten Eltern das eben. Ebenso wie jene seinerzeit übliche »Stell dich in die Ecke und schäm dich«-Strafe oder das betonte Ignorieren des betreffenden Kindes. Erziehungsmethoden – heute weiß man das –, die ein Kind an den Rand des Wahnsinns bringen können und lebenslange Spuren in Gehirn und Seele hinterlassen. Auch die Kinderfräulein werden sich entsprechender Erziehungskonzepte bedient haben, es war so üblich. Was sie jedoch im Einzelnen mit ihren Zöglingen machten, ist nicht belegt.

Man kann es im Sinne einer weitergegebenen »Diktatur« erahnen, wenn man Klaus Manns Erinnerungen liest, »wir waren vier Kinder in Tölz [...]. Erika und ich übten die grausamste Herrschaft, die Monika sich gefallen ließ, weil sie noch so klein, dumm und niedlich war, Golo hingegen aus zerknirschter Überzeugtheit und masochistischem Hang zur Demütigung.«[66]

Die beiden Großen tyrannisieren die Kleinen, lassen sich von ihnen mit dem Leiterwagen durch den Ort ziehen, Anhöhen hinauf, eine »häßliche Last [...], ohne daß sie an den Genüssen der Hinunterfahrt jemals hätten teilnehmen dürfen«. Man stelle sich vor, zwei vier- und fünfjährige Kinder ziehen einen Leiterwagen mit zwei acht- bis neunjährigen Geschwistern einen Hang hinauf. Schon dies ist Schwerstarbeit. Doch damit nicht genug, es fällt den beiden Jüngeren auch noch »die wirklich demütigende Aufgabe zu«, gesteht Klaus später, »vorauszulaufen, während wir bergab sausten, um uns dort abzufangen, wo das Gefälle endete, und uns, so geschwind sie es schaffen konnten, bis zur nächsten zu ziehen, damit unsere stolze Fahrt nur ja nicht unterbrochen werde«[67].

Welche Mittel wurden von den älteren Geschwistern eingesetzt, um Golo und Monika zu dieser anstrengenden und frustrierenden Arbeit zu bewegen? Als grausamste Herrschaft bezeichnet es Klaus. Ein Bild aus dieser Zeit scheint dafür exemplarisch: Golo mit gequält leidendem Blick. An der Hand Monika, die verheult und ängstlich wirkt. Hinter ihnen streng mit kontrollierend misstrauischem Blick Klaus, daneben krampfhaft lächelnd Erika.

Wieso haben sich die Kleinen nicht gewehrt, sich anvertraut? Interessierte das niemanden? War auch das für die Eltern eine skurrile Anekdote oder gar eine Lehre, dass man sich früh an Ungerechtigkeit gewöhnen müsse? Thomas Mann postuliert das einmal, als bei einem Essen nur eine einzige Frucht (in Erika Manns Erinnerung eine Feige, bei Klaus Mann eine Dattel)[68] für alle Kinder übrig bleibt. Jedes Kind will sie, gerecht geteilt zumindest. Der Vater indes reicht sie Erika zum Alleinverzehr. Schaut hin, Kinder, sagt er, damit ihr euch rasch an Ungerechtigkeit gewöhnt. Diese »gräßliche Willkürlichkeit« finden die Kinder »verblüffend frivol und zugleich beherzigenwert«[69], auf absurdeste Weise offenbar, denn Erika und Klaus lügen im Laufe der nächsten Jahre immer öfter und geschickter und holen sich, was sie brauchen, auf Diebeszügen in Lebensmittelgeschäften. Oder sie vertilgen, zu Besuch bei neuen Nachbarskindern, in Windeseile die bereitgestellten Naschwaren[70].

Die Kleinen lenken sich ab. »Von Krankheit und Tod« spricht der vierjährige Golo »am liebsten«[71] und führt mit Monika »ernste und sachliche Gespräche. Zum Beispiel äußert Golo plötzlich, dumpf und abrupt: ›Totenköpfe sind sehr wertvoll‹ – »Ja‹, sagt Moni, ›aber wenn die Beine dabeiliegen, dann sind sie noch wertvoller, denn dann können sie gehen.‹ – ›Nein, Moni, dann können sie auch nicht gehen.‹ –

›Doch, Golo, wenn sie Beine haben, dann müssen sie doch gehen können‹ – ›Aber nein, wenn sie gehen könnten, dann wären es doch keine Totenköpfe!‹ So geht es noch lange weiter, aber die kecke Moni läßt sich nicht überzeugen«[72], schreibt Katia Mann in Golos Kinderbüchlein. Wohlgemerkt, es handelt sich hier um Aufzeichnungen einer Mutter, die aus Krankheitsgründen oft nicht zu Hause ist. Blickt man da auf seine Kinder kühler, distanzierter?

Als Katia aus dem Sanatorium Ebenhausen kommt, wundert sie sich, dass sich »der Golo über die Maßen« freut und »immer vollständig verzerrt, steif und schief«[73] an ihr hochspringt. Ist ihr lästig, dass er offenbar Zuwendung, Hinwendung sucht? Dass da ein Kind völlig angespannt um Aufmerksamkeit kämpft? Und Monika? Fügt sich mit Wohl und Wehe in ihr Schicksal, »nicht unzufrieden mit ihrem kleinen Dasein«[74], charakterisiert Klaus später. Sie ist niedlich, drollig und weich, darf abends auf dem Schoß der Mutter sitzen und – »Sonntag früh empfing die Mama«[75] – mit Erika ins mütterliche Bett schlüpfen.

»Überhaupt war im Grunde alles gut«, schreibt Monika Mann in ihren Erinnerungen. »Denn das Kind – klammerte es sich auch ans Jetzt und Heute, so begrub es dies schließlich doch mit Haut und Haar im Gestern, um skrupellos und mit immer neuer Kraft im Morgen aufzugehen.«[76] »Was hatten wir für eine elende Kindheit«, fragt sich indes der dreiundzwanzigjährige Golo Mann, »Angst vor anderen Kindern, den Eltern, dem Gymnasium, traurige Abende«[77]. Die Angst der Kindheit ist auch »ein großes und schweres Kapitel« bei Klaus Mann. Die Angst, »von welcher das Kind nachts, und nicht nur nachts, angepackt wird [...]. Als Kind, allein mit seinem Spiegelbild in einem halbdunklen Zimmer gelassen, hat man alle Verzweiflungen des Irrenhauses kennengelernt.«[78]

Der Gedanke an kontinuierlich vertrauensvoll-geschützte Atmosphäre, die für jedes Kind gleiche Ausgangsvoraussetzungen bietet, kommt bei diesen Erinnerungen nicht auf. Die

Ungerechtigkeiten, Launen und Beliebigkeiten. Das Unberechenbare der Eltern und Erzieher. Eine Scheinwelt ohne sicheres Fundament, instabil, ausgeliefert.

Vom »Paradies der Unschuld« in »alle Verzweiflungen des Irrenhauses«.

3

»Wir waren alle vorwiegend nett«

Landschaft mit Kindern

»Wir waren vier Kinder in Tölz: Erika, ich, Golo und Monika«, erzählt Klaus Mann. »Wir waren alle vorwiegend nett, dann erst sonderbar. Golo aber repräsentierte unter uns das groteske Element. Von skurriler Ernsthaftigkeit, konnte er sowohl tückisch als unterwürfig sein. Er war diensteifrig und heimlich aggressiv; dabei würdevoll wie ein Gnomenkönig. Ich vertrug mich ausgezeichnet mit ihm, während er sich mit Erika viel zankte. Halb aus dämonischer Servilität und halb, weil ihn Neugierde und Ehrfurcht bannten, ging er stundenlang mit mir im Garten spazieren. [...] Erika war die rüstigste von uns. Sie konnte wie zwei Buben turnen und raufen, und sah aus wie ein magerer, dunkel hübscher Zigeunerjunge.«[1]

Wie wirken diese Kinder auf andere Kinder und auf Erwachsene?

»Wir sind eine Sensation. [...] Gassenkinder haben eine gewisse Neigung, uns Unartigkeiten nachzurufen. ›Langhaarete Affen!‹ oder ›Narrische Bagasch!‹ Erwachsene hingegen bleiben stehen und lächeln, was auf seine Art auch recht lästig ist.«

Warum ist das so?, fragen die Kinder ihre Gouvernante.

»Es liegt vor allem am Haarschnitt und überhaupt an der künstlerischen Aufmachung«, erklärt das Fräulein. »Unsere ›künstlerische Aufmachung‹, das sind die Leinenkittel mit den hübschen Stickereien aus den Münchener Werkstätten. Mielein hat sie selber ausgesucht, rote Kittel für die Buben, blaue für die Mädchen, wie es sich gehört. Was soll daran nun ›apart‹

sein? Und warum verhöhnen uns die Gassenkinder, wenn wir uns in unseren schmucken Wämsern auf der Straße zeigen, zwei adrette Pärchen (Erika und ich; Golo und Monika), gefolgt von der Gouvernante, beschützt vom hysterisch kreiselnden Schäferhund. Wie töricht die Fremden sind!«[2]

Natürlich müssen sich Kinder in solch einer verstörenden Situation sagen, dass die anderen Menschen töricht sind. Wer sollte sonst töricht sein, sie selbst oder die Eltern gar?

Das Problem, das sich für Kinder unter so großem sozialen Druck stellt, ist die Frage nach Schutz und Zugehörigkeit. Bin ich richtig? Wo gehöre ich hin?

Zu den Eltern natürlich, zur Familie, mag man sagen.

Nur, die Eltern Mann legen bei sich selbst großen Wert auf konservatives, großbürgerliches Auftreten. Gewiss, Mutter Katia trägt in Tölz gerne, dem Zeitgeist entsprechend, lässige Folklorekleider und dazu passend geflochtene Zöpfe, eine Mode jedoch, die sie in der Stadt nicht vorführen mag (sonst würde in den Erinnerungen der Kinder nicht Tölz mit dem lockeren Look der Mutter verbunden werden).

Das heißt, die Kinder erhalten von den Eltern keine Rückendeckung, sondern müssen für deren Spleen im wahrsten Sinne des Wortes ihren Kopf hinhalten. Beim Betrachten von zeitgenössischen Fotografien und Bildern der Mann-Kinder wird schon bei den Kleinkindern Erika und Klaus klar, dass beide nicht nur wie Zwillinge, sondern auch überraschend mädchenhaft mit Rüschen und Röckchen gewandet sind; ja, man hat dem kleinen Klaus sogar Löckchen ins Haar gedreht. Das Zwillingshafte war durchaus beabsichtigt, es wurde in den ersten Kinderjahren sogar der Geburtstag von Erika und Klaus an einem Tag gefeiert, obwohl die beiden nicht nur ein Jahr, sondern überdies neun Tage auseinander ihren Ehrentag hatten.

Auch auf späteren Aufnahmen, die Erika, Klaus, Golo und Monika als kleine Kinder zeigen, wird dem Zeitgeist entsprechend ein einheitlicher Stil der Kleidung bevorzugt, alle Kinder haben gleich lange Haare und fast identische Kleider. Wie ist dies zu erklären? Elisabeth, das fünfte Kind, berichtet später von Auftritten mit Michael, dem sechsten Kind der Manns:

»Meine Mutter war stolz auf uns. Wie reizend, sagten die Gäste. Sind's Zwillinge? – Nein, ein Jahr auseinander – Zwei kleine Jungen? – Nein, ein Mädchen und ein Junge. Immer noch klingen mir ihre Stimmen in den Ohren.

Und dann wollte meine Mutter unsere Gäste offenbar necken. Das tat sie oft. Welches von beiden ist der Junge, welches das Mädchen? Und herausfordernd setzte sie hinzu: ›Ich wette, das werdet ihr nie herausfinden.‹«[3]

Nun, die Gäste fanden es heraus, dennoch. Und das kleine Mädchen wird beschließen, in Zukunft nur noch ernst zu blicken, weil das jungenhafter ist. Und wohl auch, um der Mutter ihren Spaß zu lassen.

In einer Familie, in der Jungen und Mädchen die gleiche Zuneigung erfahren, kann das ein harmloser Scherz sein. Wo indes die Mutter verärgert über weibliche Nachkommen ist und der Vater sich in seine Rolle als bürgerlicher Pater familias nicht, oder noch nicht, eingelebt hat, wird es zur Bürde für die Kinder. Eine Art Auftrag, eine stillschweigende Delegation von Wünschen der Eltern: Seid ihr mal hübsch apart und wild, unterhaltet das Volk und uns.

Erika Mann erzählt später über den Vater: »Also er hatte uns beide [Klaus und Erika, A. d. V.] furchtbar gern, er hatte uns alle furchtbar gern. Die gewisse Vorliebe, die er für mich hatte, lag daran, daß ich ein so großer Aff' war. Ich habe alle Leute nachgemacht, und nichts hatte er lieber als Darbietungen.«[4]

An Darbietungen werden die Eltern Mann noch viel zu sehen und zu hören bekommen. Die Kinder werden sich alle Mühe geben.

In den Jahren 1912 bis 1914 indes sind die Voraussetzungen schlecht: Mutter ist meistens zur Kur verreist. Thomas Mann ist mit der Situation überfordert und lässt Hausangestellte und Kinderfräulein schalten und walten. Die Kinder gedeihen körperlich und geistig. Emotional verwahrlosen sie, »stehen grausam kühl zu allen Menschen, die nicht zur Familie gehören. Einiges Ansehen genießen noch die Wesen, die zum Hause, wenn auch nicht zur Familie gehören. Man muß sie nicht geradezu lieben, aber man rechnet doch fest mit ihnen, so sehr ist man an sie gewöhnt. [...] Wer ist wichtiger: die Kinderfräulein oder die Hunde?«[5], fragt sich Klaus später.

Die Gouvernanten sind mit den Kindern offenbar auch überfordert. Die anderen Kinder, für die sie bisher sorgten, waren braver, ruhiger, unproblematischer. Das erzählen sie zumindest den Mann-Kindern. Die glauben nun, dass sie »wahre Teufel und Mißgeburten seien im Vergleich zu den vorigen Zöglingen der Fräuleins, die uns als kleine Wunder an gescheiter Liebenswürdigkeit und Adrettheit hingestellt wurden«[6].

Auswege gibt es für die Kinder keine. Der Vater mischt sich nicht ein. Die Mutter schreibt Briefe nach Hause, wie langweilig es sei, den ganzen Tag Liegekur zu machen, und was es alles zu essen gäbe in der Schweiz. Ja, man vermisst die Kinder. Aber es geht eben nicht anders. Das ist bitter. Für Katia Mann, die – selbst wenn sie nicht lebensgefährlich krank war – sich offenbar schwer krank und erholungsbedürftig fühlte. Wobei ihre Atemprobleme freilich auch vom kettenrauchenden Vater im Elternhaus und dem eifrig rauchenden Ehemann Thomas beeinflusst gewesen sein könnten. Hart ist es für alle: den Ehemann, die Kinder, die Hausangestellten und Kindermädchen. Am schwierigsten ist es für die Kinder. Die fühlen sich alleine gelassen und ausgeliefert.

Da ist niemand, an den sie sich binden und an dem sie sich orientieren könnten, niemand, der ihnen das Gefühl kontinuierlicher, verlässlicher Zuwendung vermittelt. Wie soll ein Kind ein Gefühl für sich selbst entwickeln, wenn kein Erwachsener diesen Individuationsprozess liebevoll begleitet? Wenn das Kind sich weder als Kind noch als Erwachsener erleben kann? Ohne die Mutter ist da niemand, der zur »Spitze der Hierarchie und zugleich zu uns gehörte [...], es fehlte uns an Macht und Würde«[7].

Auf so einen Gedanken muss ein Kind erst mal kommen: Wir stehen zwar in den Hierarchie oben, also über den Kinderfräulein, müssen uns von diesen aber maßregeln, befehlen, bestrafen lassen.

Dass das Verhältnis von Thomas und Katia Mann zu ihren Hausangestellten kein gutes war, ist bekannt. Über die Kinderfräulein ist wenig bekannt, außer dass sie immerzu wechseln. Das heißt, die pädagogischen Überlegungen der Eltern gehen nicht konform mit denen der Gouvernanten. Und damit auch die jeweiligen Vorstellungen von Erziehung, von Sprache, Denken, Fühlen, Weltsicht. Woran sollen die kleinen Kinder sich halten? Dass dieses kleine Grüppchen von Geschwistern seine Ängste und Aggressionen untereinander in den Griff zu bekommen versucht, verwundert nicht. Erika und Klaus haben kein anderes Ventil als die jüngeren Geschwister.

Golo nimmt das hin, zähneknirschend, devot und wird noch als alter Mann über seine Obrigkeitshörigkeit klagen. Auch Monika fügt sich. Gottergeben, schicksalshaft, gleichmütig.

Die Kinder basteln sich ihre Wirklichkeit, um die harte Realität nicht aushalten zu müssen. Klaus Mann beschreibt das später so:

»Denn schließlich, wir sind ›echt‹, sind ›wirklich‹, während die Wirklichkeit der anderen problematisch bleibt. Die anderen sind nur ›Leute‹; wir sind – wir.

Unser Leben ist vorbildlich, comme il faut, da es eben einfach Leben ist, das einzige, das wir kennen. Das Leben bedarf keiner Rechtfertigung, keiner Erklärung. Was bliebe denn übrig von der Welt, wenn es ›unsere‹ Welt nicht gäbe? Ein Nichts, ein Vakuum ...

Glücklicherweise können uns die Fremden nichts anhaben

mit ihrem Unverstand. Wir brauchen sie nicht; was hätten sie uns zu bieten? Sie sind ›affig‹, ›blöd‹, ›falsch‹ und ›eingebildet‹. Wir kommen ohne sie aus; in unseren eigenen Bereichen finden wir alles, was uns wichtig ist. Wir haben unsere eigenen Gesetze und Tabus, unseren Jargon, unsere Lieder, unsere willkürlichen, aber intensiven Vorlieben und Aversionen. Wir genügen uns; wir sind autark.«[8]

Natürlich müssen sich die Kinder das so einreden, sonst könnten sie emotional gar nicht überleben in ihrem Leben – »das einzige, das wir kennen«.

Selbst als Erika und Klaus 1913 gleichzeitig in die Privatschule von Fräulein Ebermayer eingeschult werden. Erika, die vorher Privatunterricht hatte, in die zweite Klasse und Klaus in die erste. Doch es ergibt sich zu den Mitschülern zunächst »wenig Kontakt«, denn sie scheinen »eine andere Sprache«[9] als die Mann-Kinder zu sprechen. Und sie spielen auch anders. Jungenspiele, Mädchenspiele eben.

Wie es so üblich ist in der Zeit. Kindliches Rollenspiel ist immer ein Versuch, Realität zu deuten und in der Realität zu sein.

Bei den Manns ist das Spiel gleich »eine großangelegte Phantasmagorie, ein mythologisches System«, das darin besteht, dass Haus und Garten zum imaginären Ozeandampfer ernannt werden, auf dem Eltern, Kinder und Hausangestellte zu Schiffsbesatzung und Passagieren werden. Überdies gehört die geliebte Zelluloidpuppe von Klaus, mit der er als Zehn- oder Elfjähriger noch spielt, zu den Hauptfiguren der »Gro-Schi«-(Großes Schiff-)Welt.

»Allen am Gro-Schi-Spiel Beteiligten wuchs eine gewisse Macht zu, die sie oft aufs unfairste ausnutzten. Denn natürlich konnte man dem anderen alles verderben, indem man plötzlich dem fatalen ›Nichts-mehr-möga‹ (der Formel des Verkracht-seins, die wir bei jeder Gelegenheit ausstießen) das grausam entzaubernde ›Gro-Schi-aufgehobens‹ hinzufügte. Dann war alles zerstört.« Und Erika folterte die Mitspielenden zuweilen damit, »daß sie ›kühl‹ wurde, ein Zustand von unangreifbarer Schnippischkeit und eisig höflicher Aggressivität – und sie trat höhnisch auf die Wiese hinaus«[10].

Das ist im Sprachgebrauch der Mann-Kinder dann ›wuffig‹. Es steht im Gegensatz zum Wort ›üsis‹, was in der Familiensprache »auf eine vage und zärtliche Weise alles was ungeschickt, rührend, bemüht, großäugig-drollig, ungelenkt sympathisch« wirkt, bezeichnet. »Wuffig bedeutete: blasiert, ›kühl‹, dabei aggressiv; anspruchsvoll, ja tyrannisch auf eine gelangweilt lässige und müde Art.«[11]

Die Herkunft dieser Worte, zu denen sich auch noch »klie-klie« für die johlenden Straßenkinder gesellte, ist nicht bekannt. Die Begriffe werden aber jahrzehntelang in den Korrespondenzen der Familie (vor allem bei Klaus und Erika) immer wieder auftauchen. Ebenso, vor allem bei Klaus, werden immer wieder die Spielnamen der Geschwister aus dem »Groschi«-Spiel heraufbeschworen: Unzählige Phantasienamen wie Gräfin Baudessin, Herr Steinrück, Herr Löbenzahn, Fiesefusibema werden zu lebenslangen Chiffren der Kindheit.

Die Eri, der Aissi, der Golo und die Moni (bei den Manns setzte man immer den Artikel vor den Namen) werden ab 1913 auch ihre Eltern nicht mehr Papa und Mama, sondern Mielein und Pielein nennen. Der Name Mielein wird lebenslang bleiben und sogar von den späteren Enkeln benutzt werden. Aus Pielein wird später der »Zauberer« beziehungsweise für Monika und Golo meistens wieder Papa.

Die Herkunft der elterlichen Kosenamen stammt aus dem Hause Hallgarten, deren Kinder dieselbe Privatschule wie Erika und Klaus (und später Golo und Monika) besuchen. Näherer Kontakt ergibt sich, als die Manns ihr Haus in der Poschingerstraße 1 fertiggestellt haben. »In offenbarer Anlehnung an den Namen Pilo, den ich meinem Vater verlieh – nicht weil das eine bekannte Schuhcreme war, sondern weil es gut klang – und den Namen Mulo, den dann unsere Mutter erhielt – natürlich des Gleichlauts, und nicht des Umstandes halber, daß dies eigentlich auf einen Maulesel deutete – wurden Thomas und Katia Mann zu Pielein und Mielein erhoben«[12], berichtet George W. Hallgarten.

Auf Mielein indes müssen die Kinder lange verzichten. War sie 1912 schon die meiste Zeit zur Kur, so ist auch 1913/14 unruhig. Sommer 1913 fahren die Eltern nach Italien, im Spätherbst kurt Katia wieder in Meran. Dem Einzug in das neue Haus am 5. Januar 1914 wohnt sie nicht bei, sondern fährt vom 4. Januar bis 12. Mai 1914 zur Kur nach Arosa.

Für Thomas Mann und die Kinder ist es hart. Das schöne neue Haus liegt zwar nicht weit vom bisherigen Wohnsitz in der Mauerkircherstraße, aber alles ist neu und ungewohnt. Die Villa in der Poschingerstraße 1, Ecke Föhringer (heute Thomas-Mann-)Allee, wurde nach dem Zweiten Weltkrieg abgerissen, lässt sich aber aufgrund von Fotografien, Bauplänen und Erinnerungen der Familie gut vorstellen: ein großbürgerliches Haus mit großem Garten. (Heute steht hier wieder eine Villa, die äußerlich die historische Villa zitiert.)

Im Erdgeschoss die große Diele, Esszimmer, Thomas Manns Arbeitszimmer und der Salon der Dame. Im ersten Stock getrennte Schlafräume der Eltern, zwei Kinderzimmer, Gouvernantenkammer, Elternbad, Kinderbad. Das Dachgeschoss besteht 1914 nur aus einem Kinderspielzimmer, Gästeraum und Speicher. Später wird das Dachgeschoss zu weiteren Kinderzimmern ausgebaut.

Im Souterrain: Waschküche, Kohlenkeller, Heizraum, zwei Zimmer für drei Hausangestellte, Küche und Anrichte mit Speiseaufzug in den ersten Stock.

Den Erinnerungen der Familie zufolge dürfte sich der Tagesablauf in folgendem Rahmen abgespielt haben: Die Kinder mit ihrer Gouvernante und die Eltern frühstücken getrennt voneinander, erstere in der Diele im ersten Stock, die Eltern im Esszimmer im Erdgeschoss. Dort gibt es gegen 13 Uhr das warme Mittagessen in drei Gängen: Suppe, Hauptgericht und

Nachspeise gemeinsam mit den Kindern und gegebenenfalls Gästen. Nachmittags Tee, meistens mit Gästen (darunter fast täglich Hedwig Pringsheim). Das einfache Abendbrot nehmen Eltern und Kinder gewöhnlich wieder getrennt voneinander ein. Danach dürfen die Kinder noch ein wenig mit den Eltern im mütterlichen Salon weilen oder – selten – im Arbeitszimmer des Vaters dessen Vorlesungen lauschen. Vor dem Zubettgehen noch ein Gutenachtkuss der Mutter und Nachtruhe.

»Hatten wir eine freie Kindheit in dieser Zeit oder eine unterdrückte?«, fragt Golo sich später. »Teils, teils. Kinder sind lärmfreudig. Wir mussten uns nahezu immer ruhig verhalten; am Vormittag, weil der Vater arbeitete, am Nachmittag weil er da erst las, dann schlief, gegen Abend, weil er sich wieder ernsthaft beschäftigte. Und fürchterlich war das Donnerwetter, wenn wir ihn gestört hatten; umso schärfer in die Seele schneidend, weil es nur selten provoziert wurde. Auch bei Tisch schwiegen wir meistens, derart, daß besuchende Tanten aus Berlin lobende Beobachtungen darüber machten, ohne nach der Ursache unserer Disziplin zu fragen. Die Autorität des Vaters war enorm; die der Mutter, viel häufiger ausgeübt, auch nicht eben gering, sie hatte den Jähzorn ihres Vaters geerbt. Die erste, welche dieses Verhältnis überwand, war Erika, dank ihres früh sich zeigenden geselligen Talents, Charmes und Mutes.«[13]

Ja, Erika ist nicht so sensibel wie Golo.

Der hatte, wie sie »spöttisch bemerkt, vor Freude fast geweint«[14], als die Mutter aus der Kur nach Hause kommt. Der ist »recht artig, sanft und gefügig [...] Aber wenn er einmal anfängt, ungezogen zu werden, ist er ganz fürchterlich. Über alles fängt er dann an zu gnauzen, steigert sich allmählich in ein grauenvolles Plärren, ist weder mit Freundlichkeit noch mit Strenge zu beruhigen, schreit, halbe Stunden lang, so weiter, eigensinnig, hoffnungslos, und sieht dabei über alle Maßen abscheulich aus, daß man nicht anders kann als ihn hassen.«[15]

Man kann nicht anders? Dass schreiende Kleinkinder eine nervliche Strapaze für die Familie sind, ist keine Frage. Wie persönlich Eltern das sehen, hängt indes von ihrer Position ab. Wer es als persönliche Beleidigung betrachtet, wenn der Sprössling sich hässlich benimmt und hässlich aussieht, wird wohl auch Gefühle des Hasses spüren. Wer das Kind als eigenständiges Wesen betrachtet, mag sich indes fragen, woher das Verhalten des Kindes kommt. Mangelnde Geborgenheit, Angst, Unruhe?

Golo kann zwar kauzige Geschichten erzählen und schon sehr früh Gedichte auswendig lernen, aber er ist ängstlich, immerzu. Kein »geselliges Talent« wie Erika und Klaus, sondern ein nachdenkliches Kind, das genau beobachtet und zuhört, eine Gabe, deren Klaus sich öfter bedienen wird.

Erika indes, das älteste Kind, hat keine Angst. Und selbst wenn, dann lügt sie die Gefühle weg, »also, ich log, wo es mir paßte, sei es, weil ich es spaßig fand, sei es auch als Notlüge, weil ich aus irgendwas herauskommen konnte, und meine Mutter, die des Übrigen unsere Erzieherin war, die sich sehr viel um unsere Erziehung kümmerte und bemühte, wurde mit mir nicht mehr fertig und hat sich infolgedessen an meinen Vater gewendet, Und plötzlich zu meinem Erstaunen und auch gewissermaßen Entsetzen [...] wurde ich in sein Arbeitszimmer gerufen, von ihm persönlich. Und dort sprach er zu mir ungefähr wie folgt: ›Eri‹ › sagte er, ›Du bist ja jetzt schon sieben. Du bist ja kein kleines Kind mehr, und Du weißt ja im Grunde, was Du tust, jetzt lügst Du die ganze Zeit, schau, stell' dir bitte einmal vor, was passieren würde, wenn wir alle immerzu lögen. Wir könnten uns ja gegenseitig gar nichts mehr glauben, wir würden uns gegenseitig gar nicht mehr zuhören, weil es ja viel zu langweilig wäre und es wäre kein Leben. Ich bin überzeugt davon, daß Du das einsiehst und daß Du dieses blödsinnige Lügen jetzt läßt.‹ Ich sagte gar nichts [...] und dachte mir zunächst: Ach, was der redet, lügen ist eine sehr gute Sache und ich mache das auch so weiter. Ich habe es aber nicht weiter gemacht; es hat mir den größten Eindruck gemacht, und ich habe von Stund ab, zunächst einmal, nicht mehr gelogen. Als wir größer waren, mit vierzehn, fünfzehn, logen wir wieder lustig.«[16]

Ob das Kind tatsächlich wegen der Vorhaltungen des Vaters »zunächst einmal« nicht mehr lügt oder ob das sachliche Gespräch nicht vielmehr eine Entlastung aus der bedrückenden Lügenlawine bedeutet?

Gewiss, Lügen sind nicht erwünscht, aber sowohl Thomas als auch Katia Mann wollen von ihren Kindern unterhalten werden, Spaß und »Darbietungen« werden gerne gesehen. Für Erika mit ihrem großen schauspielerischen Talent ist das kein Problem. Sie gibt sich als »großer Aff'«, parodiert gerne andere Menschen, und nichts hat Thomas Mann »lieber als Darbietungen; ich konnte nach Hause kommen mit welchen Noten auch immer, wenn ich die Lehrer nachgemacht habe und offenbar gut nachgemacht habe, war er vollkommen versöhnt und die Sache war erledigt«[17].

Das mag sympathisch klingen, amüsant. Wie haarscharf indes die Grenze zwischen Parodie und Lüge verläuft, kann man sich vorstellen. Was lernt ein Kind daraus? Dass Konflikte nicht existieren, solange man einen guten Scherz draus macht?

Und wie fühlen sich die Geschwister, denen kein solch theatralisches Talent gegeben ist? Die müssen sich vor den Eltern anders beweisen. Lange, letztlich lebenslang: Erika wird unterhalten, parodieren. Klaus, ihr Zwilling im Geiste, wird da mitziehen, zunächst. Golo wird sich nützlich machen, versuchsweise. Monika wurstelt sich durch. Die Dienstboten mögen sie. Sie mag die Dienstboten. Das Volk, wie man das in ihren Kreisen nennt, erscheint ihr verlässlich. Auch bei ihr wird sich die Affinität lebenslang durchziehen.

Das Volk, das normale Leben. Hautnah spürbar im Ersten Weltkrieg, ab 1914. Da ist Katia Mann gerade nach dreimonatiger Kur zurückgekommen und verbringt mit Familie den

Sommer in Tölz. Auch Thomas' Schwester Julia Löhr mit Mann und Töchtern verbringt dort ihre Sommerfrische. Die Kinder planen die Aufführung eines kleinen Theaterstücks, das aber kurz vor der Aufführung abgesagt werden muss. Der Krieg hat begonnen, eine neue Zeit.

Natürlich verstehen vier- bis achtjährige Kinder noch nicht, was das bedeutet. Sie sehen nur, was los ist: Lebensmittel werden gehamstert, das Kinderfräulein wird entlassen, und Klaus und Erika werden vom privaten Schulinstitut genommen und besuchen nun die städtischen Volksschulen in der Nachbarschaft der Poschingerstraße.

Erika »etablierte sich schnell als eine Art von Anführerin und Häuptling«[18] in ihrer Mädchenklasse, während Klaus von seinen Mitschülern mit Desinteresse angesehen wird. Er leidet. Vorher war er mit Erika gemeinsam gewesen und konnte neben ihr die anderen Kinder blöd oder klie-klie finden. Jetzt ist er allein.

Sieht die Prügelstrafen des Lehrers, die körperlichen Züchtigungen mit dem Rohrstock, empfindet Mitleid. Ihm gegenüber werden diese schweren Strafen nicht angewandt, wohl weniger aus objektiven Gründen (wenn es denn Gründe für körperliche Misshandlung überhaupt geben kann), sondern weil er das Kind, der Sohn des immer berühmteren Schriftstellers ist.

Das Gefühl des traurigen Außenseiters drängt er weg und phantasiert sich in Kriegsszenerien: »Mein Eifer, an den blutigen Ereignissen teilzunehmen, hatte nichts mit Patriotismus oder Ehrgeiz zu tun. Es waren andere Impulse, die mich bewegten: Neugier, Masochismus, Erbarmen, Eitelkeit und Angst. Tatsächlich mag die Angst der bestimmende Faktor in diesem Gefühlskomplex gewesen sein. Nicht, daß ich es schrecklich gefunden hätte, mich um einer großen Sache willen aufzuopfern – im Gegenteil, solches Martyrium schien mir köstlich und erstrebenswert, eine riesenhafte, überwältigende, bittersüße Wonne. Es gab nur etwas, wovor ich wirklich Angst hatte – nur eine Gefahr, vor der mir graute: ausgeschlossen zu sein vom kollektiven Abenteuer, nicht teilzuhaben am Gemeinschaftserlebnis. Es gibt keine demütigendere, keine traurigere Rolle als die des Außenseiters. So stark ist der Herdeninstikt im Menschen, daß er jedes Leid den Martern der Einsamkeit vorzieht.« So reflektiert Klaus Mann später und meint weiter, dass er in »kindlichen Phantasien« versucht habe, »das wahre Gesetz meiner Natur zu verleugnen, das mir für immer verbietet, der bemitleidenswerten, beneidenswerten Mehrheit anzugehören«[19].

So mag er sich das rückblickend erklären. Ob er so seine wahre Natur entdecken konnte, ist fraglich.

Sicher indes ist die »bemitleidenswerte, beneidenswerte Mehrheit« im Ersten Weltkrieg zu beschreiben. Die meisten Männer müssen in den Krieg ziehen, auch Thomas Mann muss nochmals zur Musterung antreten und wird für untauglich erklärt: Nervenschwäche, Magenleiden. Verheiratete Frauen, deren Männer in den Krieg gezogen sind, müssen von der knappen Kriegsunterstützung die Familie durchbringen. Eine Frau mit vier Kindern (wie Katia Mann im Ersten Weltkrieg) bekommt ungefähr zwanzig Mark und Lebensmittelkarten, für die es im Laufe des Krieges immer weniger zu holen gibt. Hamsterkäufe, Schwarzmarkt und Spekulanten haben die Preise in astronomische Höhen getrieben. Scharenweise fahren Frauen, nicht selten in Begleitung ihrer hungrigen Kinder, aufs Land, um bei Bauern etwas Nahrung aufzutreiben. Den geforderten Preis jedoch können die wenigsten bezahlen. Ende 1916 kommt zur Hungersnot auch noch eine ungewöhnliche Kältewelle. Klirrende Kälte, keine Kohle zum Heizen, nichts zu essen außer Kohlrüben. In Deutschland sterben von 1914 bis 1918 etwa 750 000 Zivilisten an Unterkühlung, Unterernährung, Schwäche, Tuberkulose. Mitte 1918 grassiert in Europa überdies eine Grippewelle, der europaweit Millionen Menschen zum Opfer fallen.

Wie haben die Manns und die Pringsheims diese Zeit erlebt?

»Es war im Krieg, daß die bis dahin so verwöhnte Mutter zu einer Art Heldin wurde«, so Golo Mann, »mit zwei schweren Aufgaben: den nervösen, hart arbeitenden Gatten zu beschützen, ihn zu ernähren, so gut es eben ging, und doch auch die Übrigen, die vier Kinder und die drei ›Mädchen‹, Köchin, Zimmermädchen, Hausmädchen, nicht gar zu kurz kommen zu lassen. [...] Ihre Einkäufe machte sie meistens auf dem Rad, auch im Winter. Das Essen teilte sie aus und nahm sich selbst am wenigsten. TM, [Thomas Mann, A. d. V.] solches beobachtend, schlug gelegentlich vor, wir sollten alle, ihn selber eingeschlossen, etwas von unseren Tellern auf den ihren tuen. Sie war arg mager geworden, aber das alte Lungenleiden, an dem sie noch im Winter 1914 laborierte, hatte sich beruhigt, wieso, ist mir ein Rätsel. Das Brot, zum Frühstück und Abendessen, schnitt sie für uns in hauchdünne Scheiben, vier für jeden, um uns die Illusion des Mehr zu geben. Einmal gab es zum Abendessen nur drei. Erika und Klaus murrten. Ich, begütigend: ›Drei ist doch für abends schon sehr viel!‹ Hohngelächter der Großen: meine typische Liebedienerei. Das war es nicht. Ich glaube zu wissen, was es war: zwei Motive. Das Eine: die Eltern waren die Obrigkeit, die Obrigkeit hatte es schwer, und wir durften es ihr nicht noch schwerer machen. [...] Das Andere: jeder Streit tat meiner zarten Seele überaus weh; Ausbrüche väterlichen Jähzorns, die gab es in jenen Jahren reichlich, ein haderndes Gespräch zwischen den Eltern. Sah ich ein solches herankommen, so wand ich mich in stummer Pein.«[20]

In Klaus' Erinnerungen liest sich das anders: »Nicht, als ob es zwischen ihnen jemals Streit gegeben hätte«, bemerkt er über die Eltern. »Es fiel nie ein lautes Wort in unserer Gegenwart.«[21] Nun, gemessen an der Situation darf man wohl davon ausgehen, dass es Auseinandersetzungen zwischen den Eltern gegeben hat. Für Thomas Mann, der pedantisch auf geregelten Tagesablauf Wert legte, sind die kriegsbedingten Einschränkungen enervierend genug. Sich überdies nochmals auf Kriegstauglichkeit mustern zu lassen und zu befürchten, heimatlichen Zivildienst ableisten zu müssen, ist beunruhigend.

Überdies, 1915, im zweiten Kriegsjahr, müssen sich alle Kinder und schließlich sogar Mutter Katia einer Blinddarmoperation unterziehen. Medizinisch gibt es zwar keine Erklärung für solche Phänomene, die – aller Schulweisheit zum Trotz – jedoch gar nicht so selten auftauchen. Geschwisterbindungen …

Während die Operationen von Monika, Golo, Erika und Katia normal verlaufen, gibt es bei Klaus erhebliche Komplikationen. Der Junge erleidet einen Blinddarmdurchbruch und muss im Laufe von zwei Monaten mehrmals operiert werden. Die Mutter fährt täglich zu ihm, der Rest der Familie kommt zu Besuch, schreibt Briefe, schickt Geschenke. Dennoch: »Man erwartete meinen Tod jede Stunde. […] Ich sehe meine Mutter immer an meinem Bett, nie weichend, mit einer Beharrlichkeit, die mir heute übernatürlich scheint«, schreibt Klaus in seiner ersten Autobiografie und führt seine Rettung darauf zurück, dass Mutter Katia ihn von Kopf bis Fuß mit Kölnischwasser einreibt. »Die Ärzte schüttelten den Kopf, aber da nichts mehr zu verlieren schien, verboten sie nichts. Der Körper empfing die Erfrischung. In der Nacht trat eine Krise zur Besserung ein.«[22]

Nun, sosehr man an das Wunderwasser glauben mag, Totgesagte zum Leben erwecken kann Eau de Cologne wohl nicht. Klaus war wohl bei der Rettungsaktion nicht bei Bewusstsein, wie kommt es also zu dieser Legende? Hat die Mutter ihm dies erzählt, um nicht als tatenlose Betrachterin seines Todes dargestellt zu werden? Das bewundernswerte Ausharren am Bett, ist das nicht genug? Zärtlichkeiten, Berührungen, ist es nicht – neben der Schulmedizin – letztlich die Seele, die reagierte und ihn ins Leben zurückführte?

»Den guten Eissi hatten wir schon beweint, als er uns dann doch blieb. Daß er durchkam, zeugt von einer Lebenskaft, die ich dem schlaffen kleinen Träumer nicht zugetraut hätte«, schreibt Thomas Mann im Dezember 1915 an Schwager Peter Pringsheim. »Sein Verlust wäre überaus bitter gewesen; er ist zweifellos unser liebenswürdigstes Kind, – womit ich aber der biederen, verständigen Erika gewiß nicht zu nahe treten will.«[23]

Und Golo und Monika? Kein Kommentar über sie, als wären sie nicht vorhanden. Und Klaus als liebenswürdigstes Kind zu bezeichnen mutet durchaus befremdlich an. Hat der Vater tatsächlich »atmosphärisch« nichts von den malträtierenden Maßnahmen der Großen gegen die Kleinen gespürt? Ist ihm entgangen, dass Klaus keine freundschaftlichen Kontakte hat und zwischen Ängsten und Aggressionen schwankt? Der »schlaffe kleine Träumer« stellt sich ja später selbst als sehr problematisches Kind dar. Deshalb wird er auch vom Vater angeherrscht. Aber er gefällt eben, wie Erika. Keine Langweiler. Wie Golo zum Beispiel. Kaum eingeschult ist das »skurrile Kind« und will »im Hause nützlich sein, mich der Familie gefällig erweisen, vielleicht um Nachteile auszugleichen«[24].

Welche Nachteile sollen das sein? Nicht hübsch genug, zu empfindsam, zu ängstlich und obrigkeitshörig? Möglich.

In Golos Erinnerung nimmt das Kind während des Krieges den Vater, an dem es »früher mit beinah gleicher Zärtlichkeit gehangen wie an der Mutter«, anders wahr. »Wohl konnte er noch Güte ausstrahlen, überwiegend aber Schweigen, Strenge, Nervosität oder Zorn. Nur zu genau erinnere ich mich an Szenen bei Tisch, Ausbrüche von Jähzorn und Brutalität, die sich gegen meinen Bruder Klaus richteten, mir selber aber Tränen entlockten. Kann man an sich nicht immer sehr nett zu seiner Umgebung sein, wenn man sich ausschließlich der schöpferischen Arbeit widmet, um wieviel weniger, wenn man Tag für Tag sitzt an den Betrachtungen eines Unpolitischen, in denen, um nur ein Beispiel für die dunkelsten Akzente des Buches zu nennen, die Versenkung des englischen Schiffes Lusitania, mit zwölfhundert Zivilisten an Bord ausdrücklich gebilligt wird?«

Das Buch ist für Thomas Mann, zum Zeitpunkt des Schreibens jedenfalls, »eine Kriegspflicht« und wird zunehmend »zur schweren Last«, erinnert sich Golo weiter: »Das konnte keine gute Laune geben.«[25]

Nein, der Krieg kann keine gute Laune geben. Zumal ab Sommer 1917 nur noch wenige Lebensmittel aufzutreiben sind. Zwar müssen die Manns nicht, wie der Großteil der Bevölkerung, darben, aber die Einschränkungen sind deutlich spürbar. Manchmal schickt Julia Mann an ihre Kinder und Enkel Pakete aus Polling, vom Lande. Darüber hinaus gibt es nur das Allernötigste. Es sei denn, man hat Geld und kann auf Schleichwegen kaufen. Wer arm ist, muss betteln oder gegebenfalls verhungern. Und beten:

»Ich war heute in 5 Kirchen, um mir die Heiligen Gräber anzusehen«, schreibt Hedwig Pringsheim in ihrem Ostergruß 1917 an Harden, »und man weiß warhaftig nicht, ob man weinen oder lachen soll, wenn man die armen Leute mit solcher Inbrunst auf den kalten Steinfließen vor der kindischen Ausstellung, mit den bunten Flämmchen und dem garstigen Leichnahm Christi, knien sieht, wie sie tränenden Auges die blutenden Wundmale des crucifixus küssen. Ja, sie küssen sie, einer nach dem anderen, obgleich das doch sehr unhygienisch ist; namentlich in unsrer Zeit drohender Epidemien. Aber sie brauchen, die Ärmsten der Armen, diese Flucht ins Trancendentale vor der höchst wirklichen Not des Hungers, des Frosts, des tiefsten Elends.«

Das ist Hedwig Pringsheims Briefstil. Es soll amüsant sein, sarkastisch. So etwas heute zu lesen ist allerdings schwer nachvollziehbar, wenn nicht schwer erträglich. Denselben Brief schließt die Schreiberin mit einem »süßen Geheimnis«, das sie dem Empfänger »anvertrauen« will: »ich habe morgen auch einen Osterschinken! kann die ganze Familie speisen. Und dazu noch für den phänomenal lächerlichen Preis von 45 M.! wo man in Berlin vor 3 Monaten schon 11 M. für das Pfund bezalte. Da ist meiner mit 5 M. das Pfund doch wirklich halb geschenkt. Und mit der Haut lasse ich meine Stiefel besolen.«[26]

Nein, darben und siechen müssen die Pringsheims und die Manns nicht wirklich. Obwohl es auch für die Mann-Kinder keine Schuhe mehr gibt, Leder ist ein kostbares Gut geworden. Sie gehen, wie es für alle Kinder an öffentlichen Schulen angeordnet wird, in Holzpantinen oder barfuß und haben ständig Hunger. Alle haben ständig Hunger: »Wenn die Mama nicht ihre gesamte Energie für das Ergattern einiger Extra-Eier oder -Milch verwandt hätte, [...] so wären wir Kinder wegen Unterernährung einfach nicht herangediehen«, erzählt Monika. »Unser Möwengezeter war am gemeinsamen Mittagstisch, wo Papa präsidierte, auf ein gieriges Hissen herabzudämpfen, was in Anbetracht von herrlich rosa Schaumspeisen uns nicht leichtfiel. Das Zeug mit silbernem Löffel, würdigen Angesichts zu essen, scheute sich wiederum mein Vater nicht, wie denn überhaupt Form und Sitte daheim über die sinistre und kärgliche Zeit einigermaßen hinweghalfen. Unsere Rupfenkleider hatten sogar einen gewissen Schick, wir wußten mit den Holzstiefeln leise zu treten, und unsere mit Ersatzseife gewaschenen Pagenköpfe durften nicht ungekämmt sein: selbst eine wirkliche Not wäre von einem form- und menschenwürdebesessenen Geist irgendwie übertuscht und überwunden worden. Ich wuchs also in einer Art kunstvoller Ordnung und fiktiven Wohlstands auf, der mir gut anschlug, mich aber, etwaigem Unwesen gegenüber, umso empfindlicher machte. Hungrige, Frierende, vom Kriege Beleidigte trieb es zu Verbrechen und Verzweiflungstaten, und ein ›Herrschaftshaus‹ war oft Objekt des Neides und Hasses.«[27]

Es hatte sich wohl herumgesprochen, dass einige Landwirte vom täglichen Ansturm hungriger Menschen genug hatten und ihre zahlungskräftige Klientel in den Villenvierteln der Städte direkt aufsuchten, um ihre teuren Lebensmittel zu verkaufen. Verlockende Angebote. Katia Mann erzählt:

»Ein junger Mensch von höchstens siebzehn Jahren kam

auch einmal zu uns und sagte: Also, wenn Sie mal was brauchen, da könnt i scho allerhand beibringen.

Und ich sagte: Na ja, da werden wir vielleicht doch dies oder das an Lebensmitteln benötigen.

Dann hat er mal ein bißchen Butter geliefert, mal Eier und so. [...]

Mit der Heizung war es auch furchtbar prekär. Da hatten wir einen Mann, der nannte sich Hirschbethelo von Rosenstein, ich weiß nicht wieso; der sagte, er könnte Kohlen liefern, nur müßte ich hinkommen, um das mit ihm zu besprechen, er wohne da und da. Also fuhr ich mit meinem Rad dorthin, kletterte vier Treppen hinauf, und da lag der Kerl im Bett und sagte gleich: Setzen Sie sich nur an mein Bett, Frau Mann. Es war mir sehr ungemütlich, und dann sagte er, er werde Kohlen bringen. Eines Abends kam er spät, schmiß den Koks auf die Straße und fuhr wieder weg. Da mußten wir in aller Heimlichkeit spät in der Nacht den Koks wegschaufeln und in den Keller bringen. Es war wirklich eine schwierige Zeit.«[28]

Dass der Händler die Kohle spätabends hektisch auf die Straße lädt, ist nicht ungewöhnlich. Tagsüber wäre er von der frierenden Bevölkerung wohl schwer bedrängt worden. Und hätte von Amts wegen seine Arbeit verloren – daher wohl auch der Phantasiename.

Unangenehme Kontakte. Für Thomas Mann, den stets Korrekten, ein Graus. Für Katia eine Herausforderung, die sie nicht ohne Erfolgsgefühle meistert. Hier ist nicht Thomas der Ernährer, sondern Katia. Sie hat die Vorräte angeschafft, die bald aufgebraucht sind. Sie hat die Nahrungsbesorgung auf langen Radtouren unternommen, es reicht nicht. Nun also Schwarzhandel, das muss eben sein. Überdies ist sie seit Sommer 1917 wieder schwanger.

Wie Thomas Mann sich bei der Vorstellung eines fünften Kindes fühlt, ist nicht bekannt. Immer noch lächerlich? Seine Tagebücher bis 1918 existieren nicht mehr, aber Briefe.

Zum Beispiel die an Bruder Heinrich. Mit dem ist er zerstritten. Heftig. Aussichtslos. Vordergründig aus künstlerisch-politischen Gründen. Tatsächlich haben sich über die Jahre wohl einige trennende Gefühle zwischen den Geschwistern Heinrich, Thomas und Julia verstärkt. Heinrich, seit 1914 wieder in München, in Schwabing, lebend und inzwischen mit der tschechischen Schauspielerin Maria Kanová, genannt Mimi, verheiratet, ist nun auch Vater geworden: Leonie, die Tochter, wurde 1916 geboren.

Die Brüder schreiben sich über die paar Straßen hinweg Briefe, die nicht nur zeigen, dass sie in der Einschätzung der politischen Situation völlig gegensätzlicher Meinung sind, auch die unterschiedliche Natur der Brüder wird einmal mehr offenbar. Was der eine sagt und schreibt, wird vom anderen noch lange nicht verstanden. »Unsere Mittheilung von der Geburt unseres Kindes wurde nicht gut aufgenommen«[29], beschwert sich Heinrich über ein Glückwunschschreiben Katias, das Thomas wiederum als »zart, menschlich, ausführlich geschrieben«[30] verteidigt, während es für Heinrich »allein Überhebung verrieht«[31].

Im Januar 1918 schreibt der werdende Vater Thomas an Heinrich: »Laß die Tragödie unserer Brüderlichkeit sich vollenden. Schmerz? Es geht. Man wird hart und stumpf. Seit Carla sich tötete und Du fürs Leben mit Lula brachst, ist Trennung für alle Zeitlichkeit ja nichts Neues mehr in unserer Gemeinschaft. Ich habe dies Leben nicht gemacht. Ich verabscheue es. Man muß zu Ende leben so gut es geht. Lebe wohl!«[32] In den nächsten vier Jahren werden die Brüder keinen Kontakt mehr haben. Heinrich wird darunter weniger leiden als Thomas. Niemandem hat er so viel Intimes mitgeteilt wie dem Bruder. Alle Hoffnungen, Schwächen und Wünsche. Thomas, der Kritik sowieso nicht ertragen kann, fühlt sich völlig missverstanden und quält sich selbst mit Verbitterung und Hassgefühlen gegenüber dem Älteren. So war das gemeinsame Leben in München nicht gedacht.

Thomas versucht sich abzulenken und neue Bekanntschaften zu vertiefen.

Der junge Germanist Ernst Bertram hat die Gabe, dem »Dichterfürsten« (wie Alfred Pringsheim den Schwiegersohn nennt) zu geben, was er braucht: Lob, Anerkennung, den richtigen Humor, Hilfe bei der Literaturrecherche, ästhetisches Auftreten. Überdies lebt Bertram in einer Beziehung mit einem Mann, diskret, versteht sich, aber für Thomas Mann sicher nicht ohne weitere Bedeutung.

Unter den Nachbarn wird sich zum Generalmusikdirektor Bruno Walter eine gute Freundschaft aufbauen. Die Familien lernen sich kennen, als der Dirigent bei den Manns anruft und sich über Klaus' ungehöriges Ziehen an den Zöpfen der Walterschen Töchter beschwert. Der Kontakt der Eltern wird intensiviert und ausgeweitet auf die Familie des Historikers Erich Marcks und die Hallgartens, er Privatdozent, sie engagierte Pazifistin und Frauenrechtlerin. Erst über die nähere Bekanntschaft der Eltern begegnen sich auch die Kinder freundschaftlich: die Hallgarten-Söhne Wolfgang und Richard (genannt Wölfi und Ricki), die Walter-Töchter Lotte und Gretel, die Marcks-Kinder Gerta und Otto werden mit den Mann-Kindern in den nächsten Jahren viel erleben.

Standesgemäße Freundschaften aus kultivierten Elternhäusern. Interessante Gäste, Gespräche über Literatur, Kunst, Theater, Oper. Politische Diskussionen der Erwachsenen, dies alles sollten Anregungen für Kinder sein. Eine gute Atmosphäre, denken die Eltern wohl.

Besser jedenfalls als »ein ordinärer Nachbarsohn«, der Golo fragt, warum denn seine Mutter »einen so dicken Bauch hätte. Ich gab ihr das weiter und sie antwortete ausweichend: ›Was geht denn das den Franz Kronschnabel an?‹«[33]

Schwanger zu sein war Anfang des letzten Jahrhunderts ein delikates Thema. Zeichen von Sexualität. »Nun, Frau M., Sie wollen wohl junge Frau spielen?«[34], muss sich die werdende Mutter fragen lassen. Mit Mitte dreißig gilt man als Spätgebärende. Das Kind wird noch zu Kriegszeiten geboren, ein Mädchen, Elisabeth. Und Katia Mann »ist außer sich, daß es kein Bub ist«[35], schreibt Hedwig Pringsheim. Die alte Verärgerung über ein Mädchen. Und doch alles anders.

4

»*Erziehung ist Atmosphäre, weiter nichts*«

Sechs Kinder und ein Krieg

Das Kindchen wird am 27. April 1918 in der Klinik geboren und soll auf Wunsch des Vaters, in Erinnerung an dessen Großmutter und eine Tante, Elisabeth Veronika heißen. Katia Mann ist, wie bei jeder Mädchengeburt, wieder empört und unzufrieden. Thomas indes empfindet für dieses Kind vom ersten Augenblick an etwas, das er vorher nicht kannte. Berauscht und beseligt ist er von seinem fünften Kind und empfindet es recht eigentlich als sein allererstes Kind. Und die anderen? Nun, die liebt er um der Mutter willen. So wird er später schreiben.

Jetzt indes ist das Kind erst einmal geboren, die Mutter verständlicherweise erschöpft und der Vater selig. Und es herrscht immer noch Krieg, aber immerhin bekommt man »im nun auch hier endlich gut organisirten Schleichhandel wenigstens Mehl, Eier und Schmalz: Man fresset sich durch«[1], schreibt Hedwig Pringsheim. Überdies die Dienstbotenmisere. Die »unentbehrlichen Biester« werden zum Problem, weil sie »bei verminderter Leistung ihre Ansprüche ins Ungemessene«[2] schrauben. Tatsächlich jedoch entwickelt sich der Hausangestelltennotstand nicht nur durch neue Rechte in der Sozialgesetzgebung und damit verbundene Ansprüche, sondern auch, weil sich viele junge Mädchen fürs heimatliche Ersatzheer mobilisieren lassen: In der Munitionsindustrie locken Nahrungsmittelzulagen und höhere Löhne. Und auch dies ist ein Grund für die Dienstbotenmisere: Wer vom Bauernhof kommt, hat es dort nunmehr leichter als bei den Herrschaften in der Stadt. Wer als Hausmädchen ausharrt, steht am unteren Ende der häuslichen Verpflegung. Durch Hunger, Unterkühlung und die ab 1918 grassierende Grippe sterben die Schwächsten. Darüber spricht man freilich nicht. Nur dass die Domestikennot sich bemerkbar macht, auch bei den Manns: »Meine arme Katja, die dieser Notlage ganz und garnicht gewachsen ist, geht fast zugrunde an diesem eklen Kleinkram, der auch unsre große Zeit so herrlich charakterisirt. Einen Säugling stillen, keine Köchin haben und mit einem Dichter verheiratet sein – es ist wirklich ein bischen viel auf einmal für solch ein zartes Wesen.«[3]

Das Wort vom Dichter, das die Schwiegermutter hier ironisch anführt, hat indes seine Berechtigung: Thomas Mann arbeitet tatsächlich an einem Gedicht, einem seitenlangen Gesang an das Kindchen Elisabeth. Dort wird in wohlgesetzten Versen von Zeugung bis Taufe auch das Profanste nicht von manierierter Überhöhung ausgespart. Unter poetischen Aspekten mag man diesen Gesang nicht ohne gequältes Lächeln lesen:

»Unbespült ist dein Brüstchen und so nehm' ich den kleinen
Goldgelben Schwamm, der im Wasser schwimmt, und drücke
ihn langsam
Über dir aus und abermals, wieder und wieder, so daß der
Laue, kristallene Strahl sanft niedergeht auf deine Glieder
Und sich abfließend darüber verteilt. Es freut dich das Treiben,
Und du achtest lächelnd der angenehmen Empfindung.
Dann so hebt die Pflegerin dich mit sorglichen Händen
Aus dem Bad, von dem dein Körperchen trieft, und sie legt dich
Auf den gepolsterten Tisch, in das flockige Tuch, das bereit liegt,
Am elektrischen Ofen gewärmt, und worein sie dich hüllet

Über und über, um dich zu trocknen. Ich aber verweile
Gern noch etwas und habe acht der weiteren Pflege,
Deines kleinen Putzes und Anzugs: wie man dreieckig
Dir das Höschen faltet und die wärmenden Stücke
Eins nach dem andern dir anlegt; denn Wärme ist
dir vonnöten«[4]

Lässt man das Gekünstelte außer Acht, könnte man wohlwollend noch von entzückter Vaterliebe sprechen. Indes, er hätte ja schon vorher Gelegenheit gehabt, dieses Gefühl auszuloten. Die anderen Kinder, »wohl liebt' ich sie, meiner Sehnsucht und meines Schicksals Geschöpfe, [...] Liebte sie um der Mutter, der Märchenbraut willen von einstmals«[5].

Ist es Liebe, ein solches Werk zu veröffentlichen, wohl wissend, dass die älteren Kinder das auch lesen werden?

»Eines Abenteuers leibliche Bilder und Zeichen
Waren mir die anderen gewesen; du erst, mein Liebling,
Warest Frucht der männlichen Liebe, treuen Gefühles,
Langer Gemeinschaft in Glück und Leid.«[6]

Schwer verständlich, dass ein Vater seiner Präferenz so unverhohlen Ausdruck verleiht. Aber an Ungerechtigkeit sollten sich die Kinder ja schon früh gewöhnen. Die Geburt Elisabeths jedenfalls verändert Thomas Mann als Vater. Die bisherigen Favoriten Erika und Klaus werden davon profitieren, die bisherigen ›Kleinen‹ Golo und Monika werden umso spürbarer mit geringerem Interesse betrachtet werden. Besonders eklatant zeigt sich diese Ungerechtigkeit – man kann auch sagen Lieblosigkeit – nach der Geburt des sechsten Kindes, Michael.

Kein halbes Jahr nach Elisabeths Geburt ist Katia wieder schwanger. Im Spätsommer 1918 wird das thematisiert. Ab diesem Zeitpunkt sind (mit Unterbrechung von 1921 bis 1933) auch die Tagebücher Thomas Manns erhalten.

Tägliche Begeisterung über Elisabeth ist da zu lesen: Vor dem Frühstück beim Kindchen, zwischendurch sowieso, und abends bringt Katia die Kleine zum Gutenachtsagen. Völlig unvermutet dann dies: »Todeswehmut. Dachte auf dem Mittagsspaziergang wieder einmal, wie gut es wäre, wenn ich jetzt stürbe. Dann Liebesgefühl für das Kindchen«[7], schreibt er am 14.9.1918 in sein Tagebuch. Warum es gut wäre, zu sterben, schreibt er nicht. Und die anderen Kinder sowie Katia werden beim Liebesgefühl auch nicht erwähnt. Kann es sein, dass durch die erschreckend große Liebe zur Jüngsten die vergeblichen Lieben der Vergangenheit wieder erinnert werden? Durchaus möglich. Ein paar Tage nach der Todeswehmut (auf die rasch wieder Alltägliches folgt) finden Katia und er den ältesten Sohn »phantastisch entblößt in seinem Bette. [...] Er wußte auf Fragen keine Antwort zu geben.« Was soll ein pubertierender Knabe auch sagen, wenn plötzlich, offenbar ohne vorheriges Anklopfen, die Eltern ins Zimmer kommen? Verständliches Schweigen. Der Vater indes fragt sich hinterher, wie sich das Leben des Jungen »gestalten« wird. »Jemand wie ich ›sollte‹ selbstverständlich keine Kinder in die Welt setzen. Aber dies ›Sollte‹ verdient seine Anführungsstriche. Was lebt, will nicht nur sich selbst, weil es lebt, sondern *hat* auch sich selbst gewollt, *denn* es lebt.«[8]

Fraglich indes, ob Leben alleine genügt. Wenn es nur ein Existieren, ein Überleben ist, kann Dasein grausam sein. Alle ungewollten Kinder wissen und spüren das.

Ist das sechste Kind der Manns ungewollt? Die Eltern denken an Schwangerschaftsabbruch, verwerfen das, vor allem wegen Katias »physisch-moralischem Widerstreben«, und beschließen, »der Sache ihren Lauf zu lassen. Ich bins zufrieden, freue mich auf das neue Leben und glaube, dass man so das für K. bessere Teil wählt.«[9] »Erziehung ist Atmosphäre, weiter nichts.« Das Einzige, das er »einzuwenden« hätte, wäre »daß das Erlebnis ›Lisa‹ (sie ist in gewissem Sinne mein *erstes* Kind) dadurch beeinträchtigt, verkleinert wird.« Aber im Prinzip sei zwischen fünf und sechs Kindern »kein großer Unterschied. [...] Erziehung ist Atmosphäre, weiter nichts.«[10]

Ist das nur flüchtig ins Tagebuch geschrieben oder Überzeugung? Sicher Letzteres. In späteren Interviews wird er das immer wieder bestätigen.

Auch Katia Mann war der Überzeugung, dass »Atmosphäre« ausreiche.

Golo Mann bemerkt später über seinen Vater: »Er sagte immer, er glaubt nicht an verbale Erziehung, aber er glaubt an Erziehung durch Beispiel, und das, muß man ihm lassen, hat er auch gegeben.«[11]

Recht überzeugend hört sich das nicht an. »Das muß man ihm lassen« – was heißt das? Des Vaters Disziplin, das korrekte Auftreten, seine Haltung sind gewiss beispielhaft. Dem steht die Mutter in nichts nach. Dann das reiche Angebot an Kultur und Bildung, alles wunderbar. Aber wiegt das den Mangel an, zumindest versuchsweise gleichberechtigt verteilter, Zuwendung auf? Reicht das?

Klaus Mann schreibt zwar über den Vater:

»Er findet, daß es besser sei, uns etwas ›vorzuleben‹, als den Versuch zu machen, direkt und pädagogisch auf uns einzuwirken. Die Atmosphäre des Hauses, die Luft von geistiger Verantwortlichkeit, die Diszipliniertheit, mit der hier gearbeitet wird, die Regelmäßigkeit des Lebens, die heitere Gelassenheit, der von Ironie und Anführungszeichen nie ganz freie Ernst, der seiner Person eignet und der unseren Kinderangelegenheiten ebenso freundlich zugewandt ist wie den ›erwachsenen‹ Dingen, die ihn selber betreffen; die Gespräche, die er mit unserer Mutter führt, oder mit seinen Freunden, wenn sie uns zum Mittagessen besuchen – all dies, meint er, müsse dazu angetan sein, uns heranbilden zu helfen; außerdem baut er darauf, daß wir, im Grunde, nicht ›unvernünftig‹ sind.«[12]

Dies mag wohl auch so zu betrachten sein. Allerdings: Als die Kinder noch klein und während der mütterlichen Kurzeiten den oft wechselnden Kinderfräulein ausgeliefert waren, erinnert Klaus sich nur an Desinteresse des Vaters. Das war wohl auch so. Zwischendurch ist es eben anders.

Wie gehen Kinder mit dieser Unsicherheit um? Wie wirken sich die wiederholten Depressionen und Todesgedanken Thomas Manns und Katias periodische Schwermut, Nervenschwäche und Sterbenswünsche auf die Kinder aus? In deren Erinnerungen ist keine Rede mehr davon. Kinder müssen so etwas verdrängen, sonst können sie wohl gar nicht überleben. Für die Psyche indes ist es prägend. Heute weiß man das.

Auch dass manche Kinder die Todesüberlegungen ihrer Eltern übernehmen, ohne zu wissen, warum, wann und wie das war.

Wenn Thomas Mann alle paar Monate ans Sterben denkt. Wenn die Mutter das eigene Sterben zum Thema macht. Zum Beispiel die in Thomas Manns Tagebuch beiläufig erwähnten Sätze bezüglich Katia: »Und wenn sie stürbe, würde ich vergehen vor Traurigkeit, was sie übrigens weiß und aussprach.«[13]

Muss in einer halbwegs stabilen Ehe, wo ein Mensch sich der Gefühle des anderen recht sicher sein dürfte, der Tod ins Spiel gebracht werden? Wird hier Sterben zum Machtinstrument: Behandle mich gut, sonst gehe ich, sterbe ich und du gleich mit?

»Setzt man Kinder in die Welt, so schafft man auch noch Leiden außer sich, objektive Leiden, die man nicht selber fühlt, sondern nur fühlen sieht, und an denen man sich schuldig fühlt«[14], schreibt Thomas Mann in sein Tagebuch. Dass das nicht nur für körperliche, sondern auch seelische Schmerzen gilt, schreibt er nicht. Obwohl er es wissen müsste. Als genialem Verfasser von Psychogrammen versehrter Kinderseelen (wie Hanno Buddenbrock oder Tonio Kröger) sind ihm Kindheitsnöte nicht fremd. Er hat es ja selbst erlebt. Aber persönlich damit auseinandersetzen, im eigenen Heim, will er sich nicht. Da will er das Fröhliche sehen. Darbietungen.

Zum Beispiel im Mimikbund, einem von Erika und Klaus im Januar 1919 gegründeten Zusammenschluss von Jugendlichen und Kindern, die gemeinsam Theaterstücke einstudieren und zur Aufführung bringen. Für alle Eltern ein herrliches

Vergnügen. Was will man mehr als die Abkömmlinge sehen, die sich mit Klassikern der Literatur beschäftigen, auswendig lernen, rezitieren, darbieten. Höchst löblich und höchst amüsant.

Mitglieder des Mimikbundes sind zunächst Erika, Klaus, Golo und Monika sowie Richard, genannt Ricki, Hallgarten, der zunehmend liebgewordene Nachbarssohn. Als erstes Stück wird »Die Gouvernante« von Körner aufgeführt, ein Dreipersonenstück. Golo, bemerkt der Vater im Tagebuch, ist außer sich, dass er noch nicht in Aktion treten kann. Erika, Klaus und Ricki indes schlagen sich tapfer als Mimen. Applaus und Ermunterung. Thomas Mann schreibt den Kindern, und sicher auch deren anspruchsvollen Eltern, eine launige Kritik ins Mimikbuch: »Der Laienbund, jenes junge theatralische Unternehmen, von dessen Begründung und Zwecken auf vorstehenden Blättern Nachricht gegeben, hatte sich vorgesetzt, am verwichenen Sonntag einen ersten Beweis seiner künstlerischen Daseinsberechtigung zu liefern, was ihm denn auch nach dem wohl einstimmigen und vom Ref. gern zu bestätigenden Urteil der gebildeten Öffentlichkeit recht wohl gelang. In Szene ging ›Die Gouvernante‹, jenes feine, wenn auch etwas marklose Werkchen des leider so jung verstorbenen Th. Körner, womit, wie anerkennend zugestanden sei, die Spielleitung einen geschickten Griff in das Schatzkästlein der heiteren Muse getan hatte. […] Die Gouvernante wurde von Fräulein Titi mit verständiger Distinktion verkörpert. Nur dem großen Monolog erwies sich die Gestaltungskraft der ehrbaren Künstlerin, welche übrigens die in ihrer Rolle enthaltenen französischen Redewendungen mit Exaktheit zu Gehör brachte, als noch nicht völlig gewachsen. Als Luise bewies Herr Klaus viel Biedersinn, doch bleibt der hoffnungsvolle Darsteller aufmerksam zu machen, daß das Sprechen gegen den Hintergrund in Kennerkreisen mit Recht als Unsitte gilt, da es das Verständnis der Dichterworte, von denen ein jedes dem Gebildeten teuer ist, erschwert. Die Rolle der Franziska lag bei Herrn

R. Hallgarten in den besten Händen. Der Künstler bewies gute Haltung und fand zu Herzen gehende Betonungen. Er stand auch in der Umkleideszene, bei welcher seinem Partner der scherzhafte und darum dankbarere Teil zufiel, sehr wacker seinen Mann. – Die Kostüme waren stilvoll, die Dekorationen würdig, die Zuhörerschaft erlesen – mit Ausnahme jenes Rohlings, welcher bei der durch den freilich in seiner Erscheinung etwas wunderlichen Theaterdiener nach Schluß der Vorstellung eingeleiteten Tellersammlung sich nicht entblödete, die Summe von 7 (sieben!) Pfennigen (!?!) zu spenden, ein Gebaren, von dem auch an dieser Stelle ausdrücklich abzurücken wir uns nicht versagen wollen, können, mögen und dürfen.«[15]

Der ›Rohling‹ Thomas Mann und seine Frau, die Walters, die Marcks und die Hallgartens werden noch viele Gelegenheiten haben, ihre Kinder Theater spielen zu sehen. Mal im Hause der Manns, mal bei Hallgartens, Walters oder Marcks. Die Sache spricht sich herum, kleine Seilschaften lassen die Truppe auf zeitweilig zehn bis zwölf Kinder, freilich nur aus besten Kreisen, anwachsen.

Ein ernsthaft betriebenes Spiel. Otto Marcks, in den Golo sich neunjährig verliebt, steigt rasch wieder aus. Wolfgang Hallgarten, der ältere Bruder Rickis, verdirbt sich die Zugehörigkeit, weil er Klaus' Gedichte kritisiert. Und Frau Generalmusikdirektor Walter, Mutter von Lotte und Gretel, wittert in Erika und Klaus »etwas wie das böse Prinzip, das drauf und dran war, über ihre schutzlosen und nur zu empfänglichen Töchter herzufallen«[16].

Die Eltern Mann ahnen einerseits auch, dass gar zu viel Zeit in den Mimikbund investiert wird, andererseits ist die ganze Sache doch auch gar zu schön. Ihr Golo, der als »Dame in Trauer« in »Minna von Barnhelm« alle Anwesenden entzückt, weil er so traurig und schmachtend spielt, ein wenig lispelnd und zum Vergnügen der Zuschauer sich auch noch ein tiefes Dekolletee auf die Knabenbrust gezeichnet hat. Ihre Monika, die in Wildes »Bunbury« mit ihrer »kindlichen Süßigkeit« den großen Dirigenten Bruno Walter »so parteiisch« macht, dass er ihr »ungerechterweise die Ehren des Abends zuerkannte«[17].

Alles reizend. Vater Hallgarten schreibt nach der »Was Ihr wollt«-Aufführung begeistert und dankbar ins Mimikbuch. Und Klaus bekommt von Mielein »ganz offen« gesagt, dass er »kein Talent habe. Nun gute Nacht, Theaterspielen! – Ich bin recht betrübt.«[18]

War es notwendig, einem knapp Sechzehnjährigen Talentlosigkeit zu bescheinigen? Wo es gerade so nett läuft? Gewiss, die Kinder investieren in den Mimikbund mehr Zeit als in ihre schulischen Pflichten. Im Gymnasium sind alle Mann-Kinder schlechte Schüler. Wie ihr Vater seinerzeit. Für Katia Mann indes ist das Schulwesen neues Terrain. Sie hat ja alleine gelernt zu Hause, leicht und problemlos offenbar. Mit Lehrern, die von Pringsheims bezahlt wurden. An den öffentlichen Schulen ist man an Bekanntschaft mit der Pringsheim-Tochter und Thomas-Mann-Gattin zwar durchaus interessiert, aber (noch) nicht gewillt, ihr Sonderrechte einzuräumen. Da hagelt es für Erika, Klaus, Golo und Monika nur allzu oft schlechte Schulnoten, gefährdete Versetzungen, und auch Sitzenbleiben kommt vor. Um das schulische Versagen bei den Eltern auszugleichen, ist mehr als ein Mimikbund nötig. Erika, die schauspielerisch begabte Tochter, kann beim Vater durch Komik und bei der Mutter durch altkluge Kommentare punkten. Klaus gefällt durch Liebreiz, Anmut und Phantasie. Golo indes ist zu hässlich, zu sonderbar. Monika zu gewöhnlich. Nicht interessant genug. Monika schreibt später: »Der ewige Kampf um das Gelingen – um jene Selbstbefreiung –, das inständig ichwärts gekehrte väterliche Wesen wirkten einschüchternd, ja beklemmend auf uns und gewährte uns zugleich eine große Freiheit. Unser Kindertun und -lassen stand im Licht einer im wahrsten Sinne des Wortes liberalen Instanz, das zornig oder nervös aufflackerte, aber sich uns nie versagte. Unsere Mutter, die in der Tat unser Dasein regelte und betreute, nährte sich und ließ sich leiten von diesem Licht. Papas Liberalismus mochte uns zu spüren geben, daß in diesem Leben alles möglich, vielleicht alles entschuldbar sei, daß aber das persönliche Ich weitgehend für sich selber aufkommen müsse, für alles verantwortlich sei und sich nicht wundern dürfe, wenn ihm Unrecht geschah.«[19] Ob das Unrecht, über das man sich nicht wundern darf, auch in Bezug auf seelische Schmerzen gemeint ist, schreibt sie nicht. Das erschließt sich aber aus unzähligen Dokumenten der Familie. Zum Beispiel bei der Geburt Michaels.

Das sechste Kind kommt, am Ostermontag, den 21. April 1919 zur Welt. Unruhige Zeiten. Nach dem Krieg herrscht Revolution. Donnerhall, gesperrte Brücken. Unsicher, ob das Krankenhaus problemlos erreicht werden kann, beschließen die Manns, wieder eine Hausgeburt zu wagen. Diese dauert lange, ist komplikationsreich und findet nach stundenlangen Qualen ihr glückliches Ende mit der Geburt von Michael Thomas. »In K.'s Sinne sehr froh über das männliche Geschlecht, das für sie ohne Frage eine psychische Stärkung«[20], schreibt Thomas Mann in sein Tagebuch. Wäre es nun so schlimm gewesen, wenn das sechste Kind ein Mädchen gewesen wäre? Offenbar schon. Katia Mann erzählt später: »Wenn es vier Mädchen und zwei Buben gewesen wären, wäre ich außer mich geraten. Aber so ging's.«[21]

Man mag sich dieses Außer-sich-Geraten nicht vorstellen. Etwas Wahnhaftes, Unheimliches steckt darin. Denn es ist tatsächlich ernst gemeint: Am Tag nach der Geburt muss die stillende Mutter unbedingt das Geschlecht des Säuglings besichtigen, »da ihr der Gedanke gekommen war, ob man sie nicht gar belöge. Fand sich vollkommen überzeugt und war offenbar glücklich.«[22]

Und Thomas? Der findet den Knaben wohl hässlich. Drei Tage nach der Geburt notiert er, das Baby werde »hübscher oder weniger hässlich.«[23] Von beseligender Liebe, die der Vater vom ersten Augenblick an für Elisabeth hatte, ist freilich keine

Rede. Es steht für ihn fest: »dass ich bei Weitem die Zärtlichkeit nicht aufbringe, wie vom ersten Augenblick an für Lisa«.

Für das Neugeborene kein harmonischer Lebensbeginn. Die Mutter ist »zu melancholischen Ahnungen, Todesgedanken geneigt«[24]. Der Vater desinteressiert. Überdies herrscht Angst im Haus. Revolutionäre plündern Herrschaftshäuser (die Manns und Pringsheims werden verschont), Schießereien, Verbote, Pflichten. Kriegsversehrte Zwangsmieter müssen aufgenommen werden. Bei den Pringsheims sind schon mehrere Menschen untergekommen – ungern, aber man fügt sich.

Die Manns entkommen der Pflicht, weil sie nun ein sechstes Kind haben. Das wird nun, wie die ersten fünf Kinder auch, standesgemäß fotografiert. Allein und mit Mutter und Geschwistern. Auf den heute oft abgedruckten Bildern sehen wir zwei Versionen, lächelnd und ernst, in der Mitte Katia, die den halbjährigen Michael, genannt Bibi, auf dem Arm hält, rechts neben ihr die Lieblingskinder Erika, Klaus und Elisabeth. Links neben ihr, in einer Reihe mit dem Baby, dann Golo und Monika. Reizend anzuschauen alle. Jedes einzelne Kind. Indes, an Weihnachten 1919, bekommt Thomas Mann nur das Gemeinschaftsbild und ein Porträt Elisabeths. Gerahmt, versteht sich. Wie das auf die anderen Kinder wirken mag? Auch an diese Ungerechtigkeit werden sie sich gewöhnen müssen. Elisabeth wird das einzige Kind bleiben, das später gleich mit zwei Einzelporträts auf dem Schreibtisch des Vaters präsentiert wird. Die Einzige auch, deren Büste, vom renommierten Bildhauer Hans Schwegerle geschaffen, im Arbeitszimmer des Vaters steht. Von den anderen Kindern wurde ein solches Kunstwerk nicht in Auftrag gegeben. Dem direkten Vergleich mit Elisabeth können sie nicht standhalten. Nicht etwa, weil sie – objektiv gesehen – weniger hübsch wären, sondern aus irrationalen, geschmacklichen Gründen. Unberechenbar, instabil. Expressis verbis lesen wir das bei Katia Mann.

Die geschwächte Mutter fährt im Frühsommer 1920 zur Kur nach Oberammergau, von wo sie ihrem Tommy zum 45. Geburtstag schreibt: »Noch nie habe ich Dir schriftlich zum Geburtstag gratuliert, wünsche Dir also innigst Glück und daß Du noch recht viel Meisterhaftes schaffst und immer höher steigst im Ruhm, auf dessen Höhe Du jetzt schon freilich stehst. Und wir wollen auch immer gut zueinander sein, und ich will Dir auch noch ein feines Söhnlein schenken, weil ich doch mit dem Bibi Deinen Geschmack so gar nicht getroffen habe.«[25]

Sie hat mit Michael (Bibi) nicht den Geschmack des Gatten getroffen … Wie ist es möglich, über ein Kind wie über eine Ware zu sprechen, eine Fehlproduktion, die »so gar nicht« den Vorstellungen des Erzeugers entspricht? Gewiss, man könnte dieses Schreiben als Ausrutscher, als hysterische Entgleisung abtun. Vielleicht flüchtig dahingeschrieben, in Heimwehstimmung und Sehnsucht nach dem Mann. Tatsächlich indes stellt Thomas »gegen« dieses sechste Kind »immer wieder Fremdheit, Kälte, ja Abneigung«[26] fest. Da ist das Kind noch nicht ein Jahr alt und kann also gar nichts tun oder lassen, um Liebe, Zuwendung und Zärtlichkeit zu erhalten. Es trifft eben nicht den Geschmack.

Dafür kann zur gleichen Zeit Klaus das Wohlgefallen seines Vaters auf sich ziehen. Der dreizehnjährige Junge ist überaus hübsch und reizvoll, leicht blasiert und mit noch deutlich kindlichen Zügen.

Mai 1920: Friedenszeiten und Alltag bei den Manns. Katia lässt sich untersuchen wegen neuerlichen Kuraufenthalts. Der Arzt, Geheimrat Müller, »erachtet Fortgehen für nicht geboten. Hindert nicht, daß K. der Erholung bedarf«[27], schreibt Thomas in sein Tagebuch. So wird sie also von Ende Mai bis Ende Juni wieder zur Kur fahren. Die Rolle der Hausfrau wird großzügigerweise Gerta Marcks, die älteste Tochter der befreundeten Nachbarn, übernehmen, die ihre Aufgabe, wie sich später herausstellt, zu so großer Zufriedenheit erledigt, dass Katia sich nicht wirklich zurückersehnt fühlt. Drei Wochen vor ihrer Abreise vermerkt Thomas in seinem Tagebuch »ein erschütterndes Vorkommnis«. Katia hat, nicht zum ersten Mal, Klaus' Tagebuch »offen liegend gefunden und gelesen«. Auch dies nicht zum ersten Mal. Skrupel oder Bedenken wegen dieses Vertrauensbruchs werden nicht vermerkt. Nur dies: »Ohne gerade eigentlich Schlechtigkeit zu offenbaren, zeugt es von so ungesunder Kälte, Undankbarkeit, Lieblosigkeit, Verlogenheit, abgesehen von den literarisch-radikalistischen Flegeleien und Albernheiten, daß das arme Mutterherzchen tief enttäuscht und verwundet war. K. weinte über den Jungen, wie sie es vor Jahren that, als er sterben sollte. Beruhigungs- und Tröstungsversuche, bewegten Herzens. Den tobenden Vater werde ich nie spielen. Der Junge kann nichts für seine Natur, die ein Produkt ist.« Wessen Produkt? Das schreibt er nicht. Nur, dass Katia später kommt und von einer »Unterredung« mit Klaus erzählt, »die zu ihrer Zufriedenheit verlaufen. Auch er hat bitterlich geweint.«[28]

Klaus schreibt später in seinem Erinnerungsbuch »Kind der Zeit«: »Merkwürdige Situation, wiederkehrend in jeder Familie: der Knabe, der sich mitten in der Krise der Pubertät befindet, lebt mit den Eltern, den kleineren Geschwistern noch ganz wie ein Kind [...] während er in seinem Inneren das Erwachen eines Chaos belauscht. [...] Kein Wunder, daß sowohl meine Mutter als auch das junge Mädchen, das ich verehrte, ehrlich entsetzt waren, als ich ihnen leichtsinnigerweise Einblick in meine Tagebücher gestattete – oder eigentlich nicht leichtsinnigerweise, denn ich wollte ja wohl ihr Entsetzen provozieren. Nein, das hätten sie nicht gedacht [...] daß ich so aufgewühlt und zynisch war.«[29]

Warum sollte er das zeigen wollen? Selbst wenn Erinnerungen gegenüber prinzipiell Skepsis angebracht ist: Unübersehbar hatte der Junge Gedanken und Phantasien, die sich nicht mit der hohen Erwartungshaltung der Eltern deckten. Das wird ein, zwei Jahre später ein gravierendes offenes Problem werden.

Jetzt indes geht man darüber hinweg. Und Klaus ist ja auch so ein besonderer Junge. Ein bisschen wie seine Mutter früher: hochintelligent, schön anzusehen und leicht arrogant mit einem Hauch von Kindlichkeit.

Der Vater ist entzückt und fühlt sich »neuerdings sehr hingezogen«[30] zu seinem Sohn. Wie soll ein Dreizehnjähriger damit umgehen? Da fühlt sich der Vater »neuerdings« zu ihm hingezogen, nachdem er in der Zeit, wo die Kinder ihren Vater dringend gebraucht hätten, ihren Sorgen größtenteils gleichgültig gegenüberstand. Wie kann ein Kind das für sich einschätzen, wenn er den Vater in plötzlicher Gefühlsschwärmerei sieht: »nach Tische zärtlich mit Eissi«[31] (14.6.1920), »verliebt in Klaus dieser Tage«[32] (5.7.1920)? Merkt dieses Kind, wie sich die Phantasien des Vaters verselbstständigen? Nach Rückkehr von Katia schreibt Thomas Mann in sein Tagebuch vom »Rencontre« mit der Gattin, das wohl, nicht zum ersten Mal, unbefriedigend verlief, und fragt sich: »Zweifellos ist reizbare Schwäche infolge von Wünschen vorhanden, die nach der anderen Seite gehen. Wie wäre es, falls ein Junge ›vorläge‹?«[33] Dieser Gedanke wird ihn sicher nicht zum ersten Mal beschäftigen. Warum schreibt er das jetzt in sein Diarium? Weil er gerade berauscht ist von seinem Sohn, von der Idee, dass einer wie Klaus »vorläge«?

Ein paar Tage später fährt der Vater Zug, erfreut sich an einem hübschen jungen Mann, überlegt, »es scheint, ich bin mit dem Weiblichen endgültig fertig?«[34], und ist verwirrt, Klaus mit nacktem Oberkörper im Bett liegend und lesend zu sehen. Am übernächsten Abend liest er eine »weltschmerzlich zerrissene Novelle Eissi's und kritisierte sie an seinem Bett unter Zärtlichkeiten, über die er sich, glaube ich, freut«[35]. Glaubt er also. Aber er zweifelt immerhin.

Was fühlt dieses Kind? Wahrscheinlich denkt Klaus, dass das dazugehöre, normal sei. Aber es ist irritierend und verwirrend, den Vater so zu erleben: entzückt, verliebt, zärtlich. Was hat das zu bedeuten? Soll er seinen alten Vater nun auch streicheln? Küssen? Was will der von dem Kind, ausgerechnet jetzt? Klaus entspricht eben jetzt den sinnlichen Wünschen und Vorstellungen seines Vaters. Die werden nicht ausgelebt und wirken in ihrer Zweideutigkeit umso schlimmer auf den Jungen. Er wird verwirrt und unfreiwillig einem gefährlichen Klima geheimen Einverständnisses ausgesetzt. Ein Konstrukt von Liebe, das von sicherer Geborgenheit weit entfernt ist. Wenn ein Vater, der Verantwortung für den Schutzbefohlenen fühlen müsste, nicht merkt, dass er seinen Sohn zutiefst verunsichert, ist das ein Zeichen von grobem Missbrauch des Kindes zur Befriedigung eigener Bedürfnisse.

Wie viel Katia vom Begehren ihres Mannes erfährt, ist unsicher. Dass er ein Faible für junge Männer hat, weiß sie. Was sie sieht, sehen muss: die Blicke, die Stimme, das verklärte Lächeln des Gatten. Ist sie stolz, den Geschmack getroffen zu haben?, könnte man zynisch fragen.

Indes, sie legt sich nach der zärtlichen Unterhaltung zwischen Vater und Sohn für zwei Wochen ins Bett. Erkältung. Mitten im Sommer.

Vier Wochen später fährt sie wieder zur Kur. »Der gewohnte Zustand. Mitleid mit ihr, Wehmut über ihr Fortgehen, aber auch Hoffnung auf Kräftigung für sie und auf Ruhe für mich.«[36]

Während Katias Abwesenheit gibt es keine weiteren Einträge über Klaus. Erst am Tage ihrer Rückkehr gestattet er sich wieder einen Blick auf den Sohn: »Ich hörte Lärm im Zimmer der Jungen und überraschte Eissi völlig nackt vor Golo's Bett Unsinn machend. Starker Eindruck von seinem vormännlichen, glänzenden Körper, Erschütterung.« Später »Dankbarkeit gegen K., weil es sie in ihrer Liebe nicht im Geringsten beirrt oder verstimmt, wenn sie mir schließlich keine Lust einflößt«[37].

Wie erleben die Geschwister diese Atmosphäre? Natürlich wird darüber nicht geredet. Dafür gibt es keine Worte, die Kinder und Jugendliche kennen. Aber sie erleben das ja, sie sehen.

Wie war das »Nach Tische zärtlich mit Eissi«-Sein? Sagte der Vater nach der Mahlzeit: Ach Klaus, bleib du doch mal hier, oder wurde die Zuwendung vor den Augen der Geschwister zuteil? In beiden Fällen ist es beunruhigend und verletzend.

Überdies das ständige Kommen und Gehen der Mutter, die für ihre Abwesenheit keine Vertretung hat. Gerta Marcks steht nicht mehr zur Verfügung, die immer noch täglich zum Tee erscheinende Hedwig Pringsheim, die »freilich recht fürchterliche, aber auch unglückselige Mutter«[38], so der Schwiegersohn Tommy, wird selbst verreisen, Julia Mann ist geschwächt, und die drei Dienstboten werden inzwischen monatlich ausgetauscht. Also wird die knapp fünfzehnjährige Erika zur Hausfrau, zur Chefin über die Hausangestellten ernannt.

Dies stellt man sich so vor: weiterer sporadischer Schulbesuch bei hauptamtlichem Hausvorstehen. Darauf lassen sich die Schuldirektoren nicht ein, trotz Hinweis auf die Namen Pringsheim, Thomas Mann und das ganze Ambiente. Neue Zeiten. Und vorläufiger Schulabbruch für Erika. Die führt nun das Kommando, soll ein wohl gleichaltriges Dienstmädchen in seine neuen Pflichten einweisen und die dafür entlassene »Sophie – die Verfluchte« (so Katia an Erika) ordnungsgemäß abmelden und zum Zahlen ihrer Lebensmittelschulden anhalten. Aus heutiger Sicht wirkt das alles unangenehm, würdelos, demütigend. Und damals?

Katia Mann schreibt in einem langen Brief an Erika, was das neue Dienstmädchen zu tun und zu unterlassen habe:

»Von 1. Oktober an wird sie ihren Zucker wohl mitbringen, den sie dann unter Abzug von 150 g abgeben muß, eventuell, wenn sie hat, auch Einmachzucker. Daß mir Sophie ihren Einmachzucker bezahlt, die Verfluchte!« Der Arbeitstag des neuen Mädchens soll um sieben Uhr damit beginnen, Erika zu frisieren, Frühstück und Badewasser zu bringen, »Schlafzimmer und Spielzimmer, Vorplatz, Treppe abkehren, obere Diele, Moni und gnädiges Fräulein Zimmer, Badezimmer, die Böden werden abgekehrt und feucht gewischt, ferner Staubwischen, und die Matratzen der Betten täglich umkehren. Um 10, ½ 11 ist sie hiermit meiner Ansicht nach leicht fertig. Die Treppe und Anrichte muß sie ebenfalls zusammenkehren. Hierauf gönnt sie sich eine Frühstückspause. Dann spült sie das Frühstücksgeschirr und nimmt es auf, bürstet die Kleider und räumt sie gleich in die Schränke, und näht bis Mittag und macht sich sonst nützlich. Nach Tisch spült sie mit der Eva zusammen ab, dann wieder Nähen und Bügeln, Gänge machen etc. Eure Stiefel soll sie regelmäßig vor dem Abendessen putzen, ihr müßt sie aber auch rechtzeitig ausziehen und mit den wollenen Kleidern abwechseln, damit sie sie in Stand halten kann. Nach dem Abendbrot hilft sie dann wieder der Eva spülen. Freitag muß sie regelmäßig Kinderwäsche waschen, die sie Montag bügelt. […] Samstag gründlich rein machen. Ermahne sie nur gleich zu größter Sparsamkeit mit Licht und Gas, sorgfältigem Schließen der Türen […] und sorgfältiger Behandlung der Putzlumpen, die sie auch flicken muß.«[39]

»Soll sie«, »muß sie«, »gönnt sich eine Pause« – das alles soll die nicht einmal fünfzehnjährige Erika kommunizieren. Sich vorzustellen, wie sie den ganzen Tag zu Hause ist, das neue Mädchen von morgens bis abends kontrolliert und sich dabei, als große Imitatorin, die sie ist, wohl des Herrschaftstones ihrer Mutter bedient, ist – heute – durchaus unangenehm. Man möchte fast hoffen, dass Erika sich mehr für den Mimikbund interessierte. Am Nachmittag zumindest, wenn Klaus, Golo und Monika aus der Schule kommen. Und man sich Zeit für das Theater und die immer dubioseren Freizeitaktivitäten nehmen kann. »Herzogparkbande« werden sie genannt. Das beginnt mit harmlosen Scherzen und Spielereien und steigert sich, nicht zuletzt wegen Erikas und Klaus' immer skurrileren Einfällen, bis zur Kriminalität. Von Ladendiebstählen, Erschrecken, Belügen und Belästigen fremder Leute berichten sowohl Klaus als auch Erika in ihren autobiografischen Texten.

Klaus erzählt später: »Wir betrieben das harmlose und geschmackvolle Spiel, das ›die Juden entbieten‹ hieß; das heißt:

wir kletterten, von der Finsternis geschützt, an einer Herzogpark-Villa hoch, in der Herrschaften wohnten, die zwar ein wenig semitisches Blut hatten, aber nicht gern viel davon hergemacht sahen. Drei Fäustepaare klopften an das traulich verhängte Fenster, hinter dem die Herrschaft bei der Abendmahlzeit saß, und mit gräßlich rauhen Stimmen schrien wir: ›Judden-Judden‹ (wobei wir, nur der Unheimlichkeit halber, das U ganz kurz, heulend hervorstießen und ihm ein merkwürdiges ordinäres und aggressives Doppel-D folgen ließen). – Die Herrschaften klagten nachher mit Recht über den Münchner Antisemitismus, mit dem es doch immer abscheulicher würde, berichteten aber stolz: ›Na, wir haben es den Lümmeln aber tüchtig gegeben. Mein Mann ist mit dem Spazierstock vor die Haustür gesprungen‹ – während sie doch so mucksmäuschen still bei ihrer Traulichkeit geblieben waren.«[40]

Warum wohl? Angst, Scham – darüber verliert der Erzähler kein Wort. Auch nicht darüber, dass Mutter Katia aus jüdischer Familie stammt und selbst Opfer des grausamen Terrors ihrer Kinder sein könnte. Wissen die das nicht? Wird darüber bei den Manns gesprochen? Nein. Das wird ausgeblendet und verdrängt. Man hat Spaß und lügt: »Lügen war ein köstlicher Sport, in dem wir uns hohe Perfektion aneigneten.« Ladendiebstähle, immer mehr und aufwendigere Dinge werden zusammengestohlen. Erika ruft bei bekannten und unbekannten Leuten an, um mit verblüffend gut imitierender Stimme und Rhetorik die Gesprächspartner zu verwirren. »Wir suchten das Böse, wo immer es uns auffindbar schien.«[41] Was zu Hause noch als gern gesehene Imitation, Darbietung und Unterhaltung gefällt, wird nun auch exzessiv draußen gelebt. Dabei werden bestimmte Geschichtchen, die sogar den Eltern gefallen könnten, erzählt: Erikas fingierte Ohnmachtsanfälle, um der lästigen Lateinstunde zu entgehen. Oder der scheinheilige Kniefall vor dem braven Fräulein Lehrerin. Die sonstigen Umtriebe der Bande geschehen unbemerkt. Das ist für Klaus und

Erika und die Walter-Töchter ein lustiger Spaß. Tatsächlich ist es Jugendkriminalität, ein Fall von sozialer Auffälligkeit und Verwahrlosung.

»Im ganzen hatten sie eine ganz nette Kindheit«, meint Katia Mann später. »Schon allein die Tatsache, daß sie so viele waren und sich untereinander verstanden, machte, daß sie immer Gesellschaft hatten. Das Haus war groß. In den Zimmern im dritten Stock konnten sie ziemlich unter sich sein.«[42]

Dass Kinder nicht nur ungestört unter sich sein wollen, sondern mindestens eine kontinuierlich anwesende Bezugsperson brauchen, die zuverlässig auf ihre Gefühle und Bedürfnisse reagiert, entspricht nicht den pädagogischen Vorstellungen der Manns. Die wollen nachsichtig und geduldig sein. De facto wirkt das größtenteils wie Desinteresse.

Das hört allerdings auf, als die Sache mit den Diebstählen bekannt wird:

Klaus und Erika erzählen davon, nicht ohne Stolz, dem Kindermädchen der Kleinen. Die kolportiert es den erstaunten Eltern. Da muss nun etwas geschehen, so viel ist klar. Am besten raus aus München, in sicherer Entfernung von den Freunden. Zu Ostern 1922 werden Erika und Klaus in das reformpädagogische Institut »Bergschule Hochwaldhausen« geschickt, ein Internat, in dem sich vorwiegend Mädchen und Jungen zwischen sieben und siebzehn Jahren aus bürgerlich-intellektuellen Kreisen aufhalten. Die Eltern eines Mitschülers, schreibt Klaus an Pielein, halten Thomas Mann für »nicht etwa nur einen Herrgott, sondern ein[en] Gott. Wer Dich nicht für den größten lebenden Deutschen hielte, wäre überhaupt kulturlos, sagen sie.«[43]

Als Abkömmlinge dieses Gott-Vaters fühlen sich Erika und Klaus in der bescheidenen Bergschule völlig fehl am Platz. Die beiden haben zwar denkbar schlechte Schulnoten und sind das, was man heute als sozial auffällig bezeichnen würde, aber sie sind hochintelligent, selbstbewusst – um nicht zu sagen arrogant und selbstgefällig – und nicht an so behäbige Ideale wie in der Bergschule gewöhnt. Zum Beispiel soziales Verhalten, Gruppeninteresse, Selbstfindung durch Konfliktbewältigung. Aber von den kleinbürgerlichen Lehrern wollen sich die beiden nichts erzählen lassen. In diesem Rahmen, wo nichts geboten wird, kein Wissen, keine Kultur, kurz: Der Aufenthalt sei »völlig zwecklos«, behaupten sie. In einem langen Brief an den Vater, von Klaus geschrieben und gewiss mit Erika gemeinsam brillant konzipiert und formuliert, wird durchaus geschickt ein besorgniserregendes Szenarium entworfen. Ein Lehrer mache Erika den Hof, »daß die ganze Schule sich mokiert«. Und auch ihn, vermerkt Klaus, »vergöttere« besagter Lehrer »ein wenig; oft erfüllt ihn mein bloßes Vorhandensein mit plötzlicher Freude und er bricht in ein stürmisches: ›Du bist doch ein goldiger Kerl!‹ aus. – Das ist es eben: Ich hoffte hier Kraft zu finden, die ich an mir vermisste, und finde Schwäche.« Als wäre dies nicht schon einer Intervention der Eltern wert, wird zu Ende des Briefes noch auf die Lernwilligkeit verwiesen: »Man lernt viel zu wenig.«[44] Es folgen genaue Nachfragen der Eltern beim Schulleiter. Der entwirft von Klaus eine Charakteristik, die Katia für zutreffend, wenngleich auch nicht beglückend hält. Triftige Gründe gegen die Anstalt liegen nicht vor. Aber man will keinen Zwang ausüben. Also darf Erika wieder nach Hause, um aufs Gymnasium zu gehen. Klaus indes möchte, zur Überraschung der Eltern, auf die reformpädagogische Odenwaldschule von Paul Geheeb geschickt werden. Warum das? Von der ungeliebten Bergschule aus wurden Besuche bei anderen Landerziehungsheimen unternommen. Klaus' Eindruck von der Odenwaldschule war so überwältigend, dass er »Sehnsucht nach ihr behielt, wie nach einem Menschen. Es war Verliebtheit in einen Ort, mit seiner Stimmung, und in seine Bewohner [...] ohne sie noch zu kennen.«[45]

Katia Mann indes würde ihren Sohn lieber ins 1920 gegründete Internat Salem schicken und reist mit Klaus zur Vorstellung. Das Gespräch mit Schulleiter Kurt Hahn und Marina

Ewald, einer Salem-Mitbegründerin, verläuft indes nicht so, wie die Mutter sich das vorstellt. Die Salemer lehnen eine Aufnahme ab und empfehlen den Aufenthalt in der Odenwaldschule. Ewald schreibt über Klaus: »Er hat sehr ernsthafte geistige Interessen, ist durch sehr vieles Lesen sehr früh an die meisten Probleme des menschlichen Denkbereiches herangetreten, und hat seine Kindlichkeit und Natürlichkeit bei dieser Art geistigen Tätigkeit eingebüßt. So macht er auf uns heute den Eindruck eines überaus manierierten, selbstgefälligen, frühzeitig gereiften und fähigen Jungen, dessen Lebenskraft angeknaxt ist und der das natürliche Interesse an seiner Umwelt verloren hat, und seine künstlich herangebildete Unfähigkeit in allen Dingen des praktischen Lebens mit Eitelkeit kultiviert und unter einer Verachtung der Welt der Tat und Handelns bemäntelt.«[46]

Wie muss ein Fünfzehnjähriger vor ihm fremden Pädagogen auftreten, um diesen Eindruck zu hinterlassen? Angeknackstes Lebensgefühl bei einem Jungen aus der Oberschicht? Wie sind die Lehrer zu diesem Urteil gelangt? Hat Klaus beim Vorstellungsgespräch wie ein Buch geredet und argumentiert, überheblich, arrogant, sich von vornherein in Sonderposition begebend? Davon ist auszugehen. Dass diese erfahrenen Lehrer auch gesehen haben, was hinter der Fassade des Jungen steckt, ist sehr wahrscheinlich. Ohne die bisherigen Einzelheiten der Kindheitsentwicklung des jungen Mannes zu kennen, skizzieren sie das Problem erstaunlich zutreffend: der Verlust von Kindlichkeit, das Künstliche, Blasierte. Die Ursachen kennen sie nicht.

Aus heutiger Sicht dürfen die fast neunmonatige Abwesenheit der Mutter bei gleichzeitiger geistiger Abwesenheit des Vaters und das grenzenlose Herrschen der Gouvernanten als gravierender Einschnitt im Kinderleben bezeichnet werden. So etwas vergessen Kinder nicht einfach.

»Ein unsicheres Bindungsverhalten kann als Risikofaktor oder als eine Vulnerabilität für spätere psychische und soziale

Auffälligkeiten angesehen werden, vor allem wenn belastende Lebensereignisse hinzukommen wie zum Beispiel zwischenmenschliche Konflikte, Scheidung, körperliche oder seelische Erkrankung eines Elternteils«, schreibt der Kinder- und Jugendpsychiater Christian Eggers und benennt die »Auswirkungen unzulänglicher früher Bindungserfahrungen« mit Begriffen wie »Heimatlosigkeit, Bindungslosigkeit, innere Leere, Vereinsamung, Langeweile, das Fehlen einer eigenen persönlichen Identität. [...] Dazu gehört die Unfähigkeit zur Integration destruktiver und libidinöser Triebe und Gefühle. Dieser Unfähigkeit zur Integration liegt ein Mangel an hinreichend guten, einfühlsamen, respektvollen und akzeptierenden Bindungserfahrungen zugrunde. Dies führt dazu, dass das junge Individuum kaum in der Lage ist, Gegensätze auszuhalten und miteinander in Einklang zu bringen, wie zum Beispiel das Gehalten-Sein (durch die mütterliche Bezugsperson) und Grenzsetzung, Bejahung und Verneinung, Gut und Böse, Enttäuschung, Trauer, Trostbedürftigkeit und Schmerz. Das heute so brennend aktuelle Problem der Süchte in ihren vielfältigen Formen ist Vehikel der Schmerzvermeidung und Ausdruck dafür, innere Leere und Trostlosigkeit nicht aushalten zu können. Auch der Zusammenschluß in mehr oder weniger gewaltbereiten und ideologisierten Gruppen erscheint dem Individuum als Ausweg, um der inneren Leere, der Einsamkeit und der Verzweiflung zu entrinnen, weil das Traurig-Sein-Können und die Bewältigung autoaggressiver, gegen das eigene Selbst gerichteter Aggressionen nicht gelingt.«[47]

Das weiß man heute, und es wirkt, gerade im Hinblick auf das weitere Leben von Klaus, Erika, Golo und Michael, fast erschreckend zutreffend. Zu Beginn des 20. Jahrhunderts indes ist Kinder- und Jugendpsychologie noch Neuland. Da ist eine Formulierung wie »angeknaxte Lebenskraft« schon sehr vielsagend. Was wird nun mit Klaus unternommen? Rat haben die Salemer keinen. Aber eine Empfehlung an Paul Geheeb, den Leiter der Odenwaldschule und überzeugten Vertreter einer eigenen Reformpädagogik. Der skurrile Pädagoge mit den langen wirren Haaren und Rauschebart bietet menschliche Wärme, Selbstentfaltung und weitaus mehr Freiheiten als jede andere Schule. Klaus darf lesen, schreiben, dichten und denken, so viel er will. Dass seine innere Leere dadurch noch mehr verdeckt wird, kann im Odenwald niemand wissen. Geheeb fühlt sich als Förderer des jungen Künstlers, dessen zweifellos großes Talent sich hier entfalten darf. Doch die Kluft zwischen erlebtem und erzähltem Leben wird immer größer.

Die eigentlich natürliche Tatsache, dass Klaus sich in einen Mitschüler namens Uto verliebt, wird für den Vielbelesenen zur Qual: »Ich schrieb auf einen Fetzen Papier: ›Ich liebe dich.‹ Er las es, wurde ein bißchen rot« und freut sich, einen Freund zu haben. Recht prosaisch zunächst. Von weiteren Annäherungen und Aussprachen ist nicht die Rede. Klaus will die Schule verlassen, sofort. »Ich hatte Angst. Ich hatte Angst vor dem Gefühl, das mir die Brust mit weher Seligkeit zu sprengen drohte. Ich hatte Angst vor Uto. Er war so stark, so sehr viel stärker, sehr viel leichter als ich. An ihm war alles Kraft und Heiterkeit; es gab keine Probleme für ihn. Mir aber wurde alles zum Problem – undurchdringlich, beklemmend.«[48]

Klaus will nach Hause, unbedingt.

Thomas Mann, üblicherweise den Kontakt zu Lehrern meidend, schreibt einen Brief an Geheeb und bittet um dessen Hilfe bei der Wankelmütigkeit seines Sohnes. Kaum ist der Brief in der Odenwaldschule angekommen, folgt ein Brief der Mutter, die aufgrund der letzten Abrechnung das Verbleiben von Klaus im Internat aus finanziellen Gründen ablehnen muss. Zwischenzeitlich indes hat Klaus sich zum Bleiben entschlossen, und Paul Geheeb bietet den Eltern eine individuell vereinbarte Bezahlung an. In Zeiten wachsender Inflation bedeutet das eine vorläufige Zahlung von 100 000 Mark pro Monat.

Wir schreiben Mai 1923. Bis Jahresende wird die deutsche Reichsmark als Zahlungsmittel absurde Werte nennen. Da ist es den Eltern nicht unrecht, als Klaus sich im Juni doch definitiv entscheidet, das Institut zu verlassen. So kommt er wieder nach München und erhält Privatunterricht. »Inflationskreis« nennt sich sein alt-neuer Freundeskreis jetzt.

»Oh, diese Zeit, da man zwischen allen Vergnügungen immer wieder spielt mit der schrecklichen und süßen Idee des Selbstmordes«, schreibt Klaus später. »Aufhören wollen, während doch eigentlich alles gerade am besten und erregendsten ist: absurdeste und schönste Begierde des Siebzehnjährigen.«[49] Das ist wohl mehr als nur angeknackstes Lebensgefühl.

5

»Dem Leben und dem Tode vertrauensvoll entgegensehen«

Zwanzigerjahre

Im Kapitel »Tod, zum ersten Mal« erzählt Golo Mann in seinen Erinnerungen, dass während Klaus' Internatsaufenthalt die Großmutter Julia Mann ein paar Monate im brüderlichen Zimmer wohnte: »Die Krankheit, von der sie sich bei uns erholen sollte, war im Grunde ein Schwächezustand, verursacht durch Hunger und Kälte. Noch legte sie Wert darauf, für ihre Mahlzeiten zu bezahlen, aber mit Scheinen, über die meine Mutter und Erika sich lustig machten. Die Großmutter tat mir leid. Da sie das geistige Niveau des Hauses nicht hatte, so war sie meinem immerhin näher.«[1]

Wie Thomas Mann darauf reagiert, dass seine Mutter ihr Essen selbst bezahlen will, schreibt Golo nicht. Nur, dass die Großmutter immer schwächer wird und trotzdem das Haus des Sohnes verlassen will. Die inzwischen alte Dame, die so stolz auf ihre berühmten Söhne ist, merkt wohl auch, wie über sie gelacht wird. Die letzten Jahre ihres Lebens hat sie mehrmals ihre Wohnung gewechselt, rast- und ruhelos. Die Ablösung von den Kindern war ihr schwergefallen, die Annäherung an die elitären Enkel gestaltet sich schwierig.

Zuletzt zieht sie in einen Gasthof nach Weßling bei München und stirbt dort am 11. März 1923 in Anwesenheit ihrer herbeigeeilten Söhne Heinrich und Thomas, die inzwischen wieder versöhnt sind, und des jüngsten Sohnes Viktor. Tochter Julia, seit einem Jahr verwitwet und unter großer Geldnot und Medikamentensucht leidend, ist krank und kommt auch nicht zur Beerdigung. Von den Mann-Kindern nimmt nur Erika am Begräbnis teil.

Golo empfindet später »Mitleid«, dass man zur Großmutter in der Poschingerstraße »nicht so nett gewesen war, wie sie es doch verdiente«[2].

Auch zu Golo ist man nicht so nett. Als einen »Ausbruchsversuch« bezeichnet er seinen Beitritt zu den Pfadfindern. Wandertouren, Zeltlager, Abenteuer. Das gefällt ihm ganz gut, bis auf »eine besondere Lästigkeit«: Er wird von seinem Gruppenleiter geküsst, »wann immer Gelegenheit war oder mit List sich herbeiführen ließ«. Das ist dem Dreizehnjährigen »peinlich«, und »nach Küssen sehnte ich mich übrigens nicht im allermindesten auch unter Kameraden, die mir gefielen«[3]. Wonach er sich sehnt, ist Liebe und Anteilnahme. Im Elternhaus fühlt er sich nicht wohl und ist auch den Eltern eine unerfreuliche Erscheinung: Er wäscht sich kaum, putzt sich die Zähne nicht und erzählt recht ungeschickt Lügengeschichten. Zärtlichkeiten des Vaters kann er damit nicht erhoffen (oder befürchten). Schlechte Schulnoten überdies. Für einen pubertierenden Jugendlichen eigentlich so spektakulär nicht, sollte man meinen. Erstaunlich ist eher, dass Golo darum bittet, ins Internat nach Salem verschickt zu werden. Ein Internat ist den Eltern recht, aber ausgerechnet Salem?

Für Katia Mann eine unangenehme Erinnerung, hatte man vor Kurzem doch erst Klaus abgelehnt. Aber sie sieht, was mit Golo los ist: »Sie hatte verstanden, und dafür bin ich ihr dankbar, daß ich für eine Zeit aus dem Haus müßte, in dem ich nicht guttat, mich auch nicht mehr wohlfühlte.«[4]

Der Termin zu einem Vorstellungsgespräch lässt lange auf sich warten, Katia Mann fühlt sich deklassiert, wird immer ärgerlicher und möchte den Plan am liebsten aufgeben. Aber Golo zuliebe wird das Warten auf Gespräch und Bescheid hingenommen. Erst Wochen später trifft ein positiver Bescheid ein. Golo wird die nächsten vier Jahre in Salem verbringen und das Abitur machen. Ein richtiges Abitur. Nicht wie das von Erika, die 1924 ein Reifezeugnis ausgehändigt bekommt, das ohne Zweifel nur aufgrund finanzieller Zuwendung und/ oder Bekanntheit der Familie ausgestellt wird: Sechs Mal die Note mangelhaft: in Latein, Englisch, Französisch, Mathematik, Physik und Chemie. Jede andere Schülerin, jeder andere Schüler wäre mit diesen Leistungen durchgefallen. Für Erika indes ist das wie ein glanzvoller Gag, so witzig, dass sie sich das Zeugnis lebenslang gerahmt an die Wand hängt. Eine lustige Darbietung soll das wohl sein, während es eigentlich ein Höchstmaß an Arroganz zeigt. Dem steht in der Familie nichts und niemand entgegen. Für den Vater ist sie die herrliche und brillante Tochter. Für die Mutter ist sie inzwischen immer mehr zur Vertrauten geworden. Wie schon Hedwig Pringsheim benutzt nun auch Katia ihre Tochter Erika als Freundin, mit der sie sich grenzenlos besprechen kann.

Zum Beispiel über Monika. Die ist eine ebenso schlechte Schülerin wie Erika und Klaus, aber zu Hause zurückhaltend und schweigsam. Was soll sie auch erzählen? Dass sie Künstlerin werden will, Pianistin oder Malerin? Dass sie sich in ihren Lehrer verliebt hat oder solche Geschichten? Das weiß niemand zu Hause. Erst als sie wegen unstatthaften Benehmens von der Schule fliegt, werden die Eltern aufmerksam. Und Katia beschließt, dass dieses Kind nun auch aus dem Haus muss. Ansprechpartnerin für das weitere Vorgehen ist wieder Erika. »Bist Du zornig, daß ich gegen Deinen ausgesprochenen Rat, Moni nach Salem gab? War ja wohl auch unartig. [...] Aus dem Haus mußte und sollte das Kind, so muffig und unerfreulich, wie es war«, schreibt Katia an Erika, nicht ohne anzufügen, dass der »scharfsichtige« Rektor des Mädchengymnasiums »äußerte, Moni habe manchmal geradezu etwas von einem Dienstmädchen in ihrem Niveau und der Gegensatz zwischen Euch beiden Schwestern, wo doch der gesamte Lehrkörper immer so große Freude an Dir gehabt, sei zu erstaunlich«[5].

Sich vorzustellen, dass eine einundvierzigjährige Mutter in diesem Ton mit ihrer neunzehnjährigen Tochter über deren vierzehnjährige Schwester spricht, ist befremdend. Die zur Schau getragene Unterwürfigkeit, das neckische Kleinmachen (»war ja wohl auch unartig«) und die Rechtfertigungen, warum eigentlich? Um in Erika auch weiterhin eine mutmaßlich gewogene Gesprächspartnerin zu haben? Deshalb wird wohl auch nicht erwähnt, dass Erika zwei Jahre vorher »aus dem Haus mußte« viel triftigerer Gründe wegen als »muffig und unerfreulich«-sein. Fast surreal mutet es an, dass Katia Mann die Freude des Lehrkörpers an der Ältesten erwähnt, ohne zu erwähnen, dass Erika den Lehrern gerne das adrette Mädchen vorspielte, während Monika eben nur sie selbst war. Ja, Monika ist wohl das normalste und natürlichste Kind. Vielleicht erinnert sie an Dienstboten. Verwunderlich wäre es nicht. Als sie zwei Jahre alt war und die Mutter für neun Monate in Sanatorien weilte, waren die Hausangestellten wahrscheinlich die einzigen erwachsenen Bezugspersonen. Dass Monika nun mit vierzehn Jahren ein problematischer Teenager ist, kann auch als ziemlich normale Erscheinung gesehen werden.

Nach Salem also.

Für Monika ist dieser Ort eine Offenbarung. Sie bekommt »bald eine moralische Selbständigkeit, ein Selbstverantwortungsgefühl, bislang ungekannt«, schreibt sie in ihren Memoiren. »Das Zuhause war wie ein Nest gewesen, wo Schutz und Autorität der Eltern im Grunde jede Tat ›deckten‹, während dies ein Staat war, ein Reich mit Regeln, Bedingungen und Gesetzen, mit umfassenden Möglichkeiten, sich auszuzeichnen, zu blamieren, avancieren, reüssieren – hier war man nicht ›Kind‹, ›Schülerin‹, sondern ›Mensch‹, und eben dies war neu und gut.«[6]

Das Internat Salem ist für Golo und Monika eine wichtige, wenn nicht die wichtigste Zeit ihres Lebens. In der Erinnerung Golos bleibt Kurt Hahn, der Leiter des Internates, »die Persönlichkeit, die mich in früher Jugend bei weitem am stärksten und nachhaltigsten beeinflußt hat«[7]. Und Monika erzählt, »wir lebten in dieser Welt, ohne uns nach Hause zu sehnen, denn es war eine ausgefüllte Welt«[8]. Wenn sie in den Ferien nach München kommt, empfindet sie im Elternhaus alles vertraut und doch neu. Mit einem Gefühl »des Dankes und der Kritik«[9] blickt sie auf das Vertraute. Es ist ein ganz normaler und wichtiger Entwicklungsschritt, die Atmosphäre zu Hause zu hinterfragen: das Exaltierte der älteren Geschwister zum Beispiel. Die schöne und brillante Erika, die bald nach Berlin zur Schauspielschule gehen wird und von den Eltern immer mehr wie eine Freundin und Vertraute behandelt wird. Die mit Klaus ausschweifende Nächte verbringt und sich nicht für junge Männer, sondern für junge Frauen interessiert.

Für Monika keine reizvolle Perspektive. Ihre erste Liebe ist ein Bauernsohn aus dem Allgäu. »Übrigens glaube ich, daß die Liebe bei all ihrem selbstischen, oft sogar terroristischen Wesen im Grund ein rein dienendes Phänomen ist, da sie das Leben trägt«[10], schreibt sie später.

Ein schöner Satz: Die Liebe, die das Leben trägt.

Trägt die väter- und mütterliche Liebe von Thomas und Katia Mann das Leben ihrer Kinder, oder lassen sich die Eltern vielmehr von der Liebe ihrer Kinder tragen? Gewiss, die Eltern nehmen standesgemäß ihre Pflichten wahr – Schule, Musikunterricht, Tanzschule –, und sie erfüllen ihre gesellschaftliche Verantwortung. Auf ihre liebevolle Zuwendung können die Kinder jedoch nicht bedingungslos vertrauen. Wenn dem Vater danach ist, kann er hinreißend sein. Das muss aber immer wieder aktiviert werden, durch Charme, Brillanz und Darbietungen, die gefallen – oder auch nicht.

Michael (genannt Bibi), das jüngste Kind, hat es da wohl am schwersten. Neben sich hat er Thomas Manns Lieblingskindchen Elisabeth (genannt Medi) und muss die Blicke des Vaters aushalten: Zuneigung, die immer knapp an ihm vorbeigeht. Beiläufig erwähnt Michael Jahrzehnte später, dass der Vater »uns« abends »manchmal« vorlas. »Das heißt, er las eigentlich meiner Schwester Elisabeth, dem ›Kindchen‹ vor und ich war nur Zaungast.«[11] Wie tief muss sich die Erfahrung des Ungeliebt- und Ungewolltfühlens eingegraben haben, dass eine Vorleseszene noch Jahrzehnte später mit der Bemerkung, dass der Vater »eigentlich« nur der Schwester vorlas, erinnert wird?

Unerfüllte Sehnsucht nach einer Zuneigung, wie sie Monika imaginiert: Liebe, die das Leben trägt.

Liebe.

In München 1923: Erika und Klaus lernen auf einer Teegesellschaft bei Onkel Heinrich Mann die berühmte Schauspielerin Tilly Wedekind und ihre Tochter Pamela kennen. Den 1918 verstorbenen anrüchigen Dramatiker Frank Wedekind verehren die Mann-Kinder schon lange, seine älteste Tochter, im gleichen Alter wie Klaus, indes ist eine Offenbarung. Die jungen Leute sind sofort fasziniert voneinander und verbringen so viel Zeit wie möglich miteinander. Wilde Nachmittage und Abende in inflationären Zeiten.

Erika und Klaus lernen die Wedekind-Wohnung in der Prinzregentenstraße kennen und erleben dort »in einem bürgerlich-behaglichen und geräumigen Appartement« schöne Stunden mit der neuen Freundin, während Mutter Tilly nebenan »ihre Kavaliere«[12] empfängt. Seltener kommt Pamela in die Poschingerstraße. »Zwischen ihr und unseren Eltern fehlte es an jener spontanen, unmittelbaren Beziehung, die man so treffend als ›Kontakt‹ bezeichnet.« Besonders dem Vater ist die neue Gefährtin »entschieden unheimlich«. Da hilft es auch nichts, dass Klaus die Freundin mit den Worten »von Natur unnatürlich« zu beschreiben versucht. Thomas Mann ist konsterniert: »Pamelas grelle Maniriertheiten waren nicht nach seinem Geschmack.«[13]

Was faszinierte Erika und Klaus an dieser Wedekind-Tochter?

Sie hatte das gleiche Schicksal wie die Mann-Kinder: der berühmte Vater, die schauspielerischen Ambitionen, das Exzentrische. Das aparte Wesen mit den helmartig frisierten Haaren, den dramatisch nachgezogenen Augenbrauen und dem grell geschminkten Mund, der auf Fotografien meistens ein süffisantes Lächeln zeigt, wird bald zur »besten Freundin«, »unzertrennlich«[14] für Erika und Klaus. Und damit formiert sich eine eigene kleine Boheme, die ein junger Mann namens Theodor Lücke finanziert. Das bedeutet in Inflationszeiten Champagnerdinners für Milliarden von Reichsmark, »Maskenbälle, nächtliche Schlittenfahrten, luxuriöse Weekends in Garmisch oder am Tegernsee«. Dass der Finanzier damit nicht automatisch zum Freund wird, versteht sich. Für Klaus und Erika jedenfalls. Man tauscht »genierte Blicke«, wenn Theo die Gemeinschaftlichkeit betont oder den Freund Wilhelm Emanuel (W. E.) Süskind mit »so forscher Vertraulichkeit«[15] Willi nennt.

Menschlich durchaus fragwürdig. Aber die Kinder sind ja erst siebzehn und achtzehn Jahre alt. Manchmal zieht Katia Mann los und sucht spätabends ihre Sprösslinge in Münchner Bars und Kneipen. Den abendlichen Ausgang verbieten die Eltern jedoch nicht. Was auch wenig Erfolg hätte, da Thomas und Katia selbst oft abends ausgehen. Den Überblick über das Leben ihrer Ältesten haben sie nicht.

Es ist schon schwer genug, den Überblick über den Alltag in Zeichen der Inflation zu behalten. Zum Glück kann Thomas Mann neben seiner Arbeit am »Zauberberg« für die amerikanische Zeitung *The Dial* korrespondieren und dafür fünfundzwanzig Dollar im Monat erhalten. Davon kann die achtköpfige Familie leben. »Meinen älteren Kindern«, erzählt der Vater später, »stieg der Inflations-Karneval unvermeidlich zu Kopf. Da war ein Schulkamerad, dem sein törichter Vater aus der Schweiz ein monatliches Taschengeld von hundert Francs schickte, und der sich damit aufführte wie Aladin mit der Wunderlampe. Da waren spekulative Freunde, die, im Alter von College boys, die Erwählten ihres Kreises mit Champagnerfrühstücken und Brillantnadeln regalierten. Ihre Spekulationen stellten sich teilweise später als eigentliche Betrügereien heraus, wie anders?«[16]

Ob Thomas Mann zum Zeitpunkt der Machenschaften davon wusste oder erst später davon erfuhr, ist ungewiss. Ungewiss ist auch, ob der »Inflations-Karneval« seinen ältesten Kindern wirklich »unvermeidlich zu Kopf« steigen musste.

Gewiss, die Eltern machen sich Sorgen, seufzen und klagen. »Nur zu verständlich«, findet das Klaus später und berichtet von »Szenen« mit den Eltern, die sich »meistens in Form von philosophischen Diskussionen« vollziehen. Indes, das, was in Klaus' »Leben etwa wirklich Anlaß zur Beunruhigung gegeben hätte, wurde nie kolportiert oder kam nie zur Sprache«. Und überhaupt: »Die Eltern, immer schnell bereit zu verzeihen, gewöhnten sich bald an das, was ihnen fremd an uns war; auf die schönste und klügste Art ließen sie uns gewähren.«[17] Der Kontakt mit Erika und Klaus ist doch für die Eltern auch so schön. Da ist was los. Darbietungen eben.

In seiner unverkennbar autobiografischen Erzählung »Unordnung und frühes Leid« gibt Thomas Mann seine väterlichen Eindrücke aus dem Inflationsjahr 1923 wieder. Protagonisten der Geschichte sind Professor Cornelius und seine Gattin (alias Thomas und Katia Mann), die älteste Tochter Ingrid (unverkennbar Erika), Bert (Klaus), Lorchen (Elisabeth) und Beißer (der Michael darstellen soll). Die mittleren Kinder Golo und Monika werden – zu ihrem Glück, muss man heute wohl sagen – nicht als Vorlage benutzt.

»Die Großen, das sind die achtzehnjährige und braunäugige Ingrid, ein sehr reizvolles Mädchen, das zwar vor dem Abiturium steht und es wahrscheinlich auch ablegen wird, wenn auch nur, weil sie den Lehrern und namentlich dem Direktor die Köpfe bis zur absoluten Nachsicht zu verdrehen gewußt hat, von ihrem Berechtigungsschein aber keinen Gebrauch zu machen gedenkt, sondern aufgrund ihres angenehmen Lächelns, ihrer ebenfalls wohltuenden Stimme und eines ausgesprochenen und sehr amüsanten parodistischen Talentes zum Theater drängt«[18], so über Erikas Alter Ego. »Dagegen mein armer Bert, der nichts weiß und nichts kann und nur daran denkt, den Hanswursten zu spielen, obgleich er gewiß nicht einmal dazu Talent hat! – Er [der Vater, A. d. V.] möchte gerecht sein, sagt sich versuchsweise, daß Bert bei alledem ein feiner Junge ist [...]; daß möglicherweise ein Dichter in ihm steckt oder so etwas, und daß seine tänzerischen Kellnerpläne bloß knabenhaftes und zeitverstörtes Irrlichtelieren sind. Aber sein neidvoller Vaterpessimismus ist stärker.«[19]

Und die Kleinen: »Beißers Haar ist unregelmäßig blond, noch in langsamem Nachdunkeln begriffen, ungeschickt angewachsen überall, struppig und sieht aus wie eine kleine, komische, schlechtsitzende Perücke. Lorchens dagegen ist kastanienbraun, seidenfein, spiegelnd und so angenehm wie das ganze Persönchen.«[20] Ist der kleine Knabe »erkältet, so scheint er ganz voll von Schleim; er rasselt und knarrt von oben bis unten, wenn man ihn nur anrührt, und hat sofort das höchste Fieber, so daß er nur so pustet«[21].

So glanzvoll die Geschichte auch geschrieben ist, so grausam mutet besonders die Beschreibung des jüngsten Kindes Michael als »Beißer« an. Der das ja irgendwann lesen wird. Wie soll man diese Art des Beschreibens nennen: gehässig? Zynisch? Lieblos? Auch Klaus wird später lesen (die Geschichte erscheint 1926), was der Vater über ihn dachte. Wenig schmeichelhaft. Aber nicht vernichtend. Bei ihm wird ja über das geschrieben, was er darstellen und werden will. Beim Kleinen indes wird gelästert über das, was sich dem kalten Blick des Vaters zeigt.

Kein »feiner Junge« wie Bert alias Klaus. Auf den blickt der Erzähler trotz allem mit Neid. »Neidvoller Vaterpessimismus«.

Auf was ist der Vater neidisch? Auf das lockere Leben der Ältesten, das mutmaßlich Freie und Ungehemmte? Erika und Klaus rauchen inzwischen, trinken gerne Alkohol und machen aus ihrer sexuellen Orientierung keinen Hehl. Erika liebt Pamela. Die liebt sowohl Männer als auch Frauen und vor allem die Nähe von Erika und Klaus. Der trägt seine homosexuellen

Neigungen immer offener zur Schau, was ebenso mutig wie gefährlich ist. Was liegt näher, als die gemeinsame Freundin Pamela zu fragen, ob man sich nicht verloben solle. Das wäre doch »hübsch. [...] Im Ernst. Was hältst Du davon? Denn ich liebe Dich und bin Dein Freund Klaus.«[22]

So schreibt er Ende Juni 1924 aus dem Stift Neuburg bei Heidelberg, wo er – auf Anweisung der Eltern – einige Wochen im Haus des Übersetzers und Okkultisten Alexander von Bernus lebt. Überbrückungszeit, um Klaus' berufliche Zukunftspläne (Dichter? Tänzer? Kellner?) zu vertagen. Er verbringt die Tage lesend, schreibend, konversierend. Als Verlobter von Pamela Wedekind nunmehr. Die schreibt ihm nur kurz eine Postkarte, dass sie einverstanden ist, und veröffentlicht eine Verlobungsanzeige. Für die angehende Schauspielerin und den erfolgssüchtigen Klaus eine gute Publicity. Die Meldung erscheint in mehreren Gazetten, Mutter Tilly Wedekind dementiert sofort, aber die Idee der Verbindung von Klaus und Pamela bleibt bestehen. Überdies fühlen sich beide weiterhin als Verlobte: »Wir meinten es ernst, höchstens sehr nebenbei aus Bluff und um die Leute zu schrecken«, so Klaus später. »Pamela, Erika und ich: dieses Bündnis, das uns so lange unzerstörbar schien, war vielleicht die schönste und aussichtsreichste Konstellation in unserem Leben.«[23]

Für Erika ist Pamela die »geliebte Göttin«, der sie hemmungslos verfallen ist. »Liebes Leben«, schreibt sie Ende Juli 1924 aus Hiddensee, »Du kannst nicht ahnen, wie schön das Meer ist. [...] Goldener Abgott [...] Es wäre tausendschön, wenn Du noch kämest! [...] Liebe mich! 1000 fach E.«[24]

Hiddensee.

Thomas Mann hat sich einen alten Traum erfüllt und fährt zum ersten Mal mit der Familie ans Meer. Zunächst von Mitte bis Ende Juli nach Hiddensee, anschließend zwei Wochen nach Bansin und schließlich eine Woche nach Ahlbeck. Recht glücklich gestaltet sich der Aufenthalt zunächst nicht. Katia Mann erinnert die Zeit »etwas ärgerlich«, weil Gerhart Hauptmann zur gleichen Zeit dort weilte und doch recht eigentlich »der König von Hiddensee war. Er hatte uns sehr geraten, dort hinzukommen. Nun war er aber dermaßen eindeutiger König, daß für uns dort wenig Aufmerksamkeit abfiel.« Zu kleine Zimmer, »sehr mäßiges Essen, wohingegen Hauptmann köstliche Speisen auf die Zimmer hinaufgetragen wurden. Das Ganze war etwas verdrießlich.«[25] Nun, öffentliche Aufmerksamkeit wird der Familie Mann auf Hiddensee schon zuteil: Thomas, Katia und die Kinder lassen sich, dem Zeitgeist entsprechend, für Postkarten fotografieren. Vielgedruckte Bilder inzwischen: Thomas Mann im Anzug mit Prinz-Heinrich-Mütze, seine Frau und die Kinder auf den Dünen posierend. Entspannt und gelöst sieht keiner aus. Eher unzufrieden, gelangweilt und verdrossen. Einzig Erika lächelt ein wenig verträumt. Vielleicht, weil Pamela ans Meer gekommen ist. Freilich nicht zum Logis im selben Haus wie Hauptmann und die Manns, sondern nach Bansin auf Usedom, wo die Manns ihren Sommerurlaub fortsetzen. Dort logiert sie in einer Pension, in welche auch Erika und Klaus übersiedeln, um mit der Freundin ungestört zu sein. Pamela und Erika sind entspannt, denn beide werden ab Herbst als Schauspieleleven nach Berlin (Erika) und Köln (Pamela) ziehen.

Klaus indes ist nervös. Zwar kann er ein paar Essays in Zeitschriften veröffentlichen, und ein Verleger interessiert sich für sein erstes Buch. Aber keine festen Zusagen, nichts Konkretes. Überdies hat er hohe Schulden. Seit dem Ende der Inflation im November 1923 und Einführung der Rentenmark gibt es keinen Theo oder sonstige Mäzene, um Hotelrechnungen, Zugfahrten und sonstige Leihgaben auszugleichen. »Um mich aber aus der dummen Affäre zu ziehen, spielte ich schon wieder mit dem Selbstmordgedanken. […] Schließlich traf ich doch wieder mit den Eltern zusammen, die akute Not war zu Ende.«[26]

Wer die Schulden bezahlt, schreibt Klaus nicht. Da es auch in Zukunft immer die Eltern, in Gestalt von Katia als Finanzverwalterin, sein werden, darf man davon ausgehen, dass sie dem Sohn aus der Misere geholfen haben. Jedoch wird Geldmangel ein lebenslanges Thema von Klaus bleiben. Als er auf Fürsprache von Onkel Klaus Pringsheim eine Stelle als untergeordneter Theaterkritiker am *12-Uhr-Mittagsblatt* in Berlin erhält, kann er immerhin mit Erika zusammen wohnen. Ein gutes halbes Jahr hält er das durch. Dann bekommt er den ersten Vorschuss für sein Buch »Vor dem Leben« und darf berechtigte Hoffnungen auf die Aufführung seines ersten Theaterstückes »Anja und Esther« haben.

Aber zunächst einmal zieht es ihn hinaus. Zum ersten Mal aus Deutschland hinauszureisen war ein lang gehegter Wunsch. Den erfüllt er sich nun. Nach London und Paris mit W. E. Süskind, so war die Reise geplant. Am Ende der verabredeten Zeit muss Süskind jedoch alleine zurückfahren, denn Klaus bleibt in Gesellschaft eines »älteren Freundes«, der ihm sowohl den weiteren Parisaufenthalt als auch eine gemeinsame Mittelmeerreise finanziert. Marseille, Rom, Palermo, Tunis. »Ich blieb in Tunis, solange der ältere Freund irgend zahlen wollte.«[27] Der ältere Freund, dessen Name hier verschwiegen wird, ist Dr. Hans Feist, ehemals Arzt, jetzt Übersetzer und Freund der Familie. Wegen seiner verschwommenen Redeweise wird er »Nebel« genannt und ist sowohl an Klaus als auch an Erika erotisch interessiert. Ein zweifelhafter Glücksfall für die beiden, denn der smarte Arzt wird ihnen lebenslang mit Rezepten für Drogen behilflich sein. Jetzt indes will er Klaus, seine Schönheit und seinen Esprit genießen. Wissen die Eltern, von wem sich ihr achtzehnjähriger Sohn aushalten lässt, wobei er nach Ende der Reise natürlich auch gleich wieder um Geld bei der Mutter vorstellig wird? Mielein zahlt, klagend und seufzend, aber auch fasziniert von ihrem Ältesten.

Pielein, von Erika und Klaus inzwischen »Zauberer« genannt (weil er die beiden, als solcher verkleidet, zu einem Kostümfest begleitete), überlegt sich vermutlich, ob er selbst, ohne

Frau und Kinder, auch als reicher »älterer Freund« junge Knaben einladen würde. Allerdings wohl keine Knaben, die sich so wie Klaus zurzeit gebärden: ständig mit Stöckchen unterwegs, mit zart gepudertem Gesicht und mit Kajalstift schwarz geschminkten Augen. Sonderbares Bild: hier der Vater, der seine Sinnlichkeit sorgsam unter bürgerlicher Fassade versteckt, dort der Sohn, bei dem alles Verdrängte in grotesk überzeichneter Weise zur Schau getragen wird.

Eine interessante Darbietung, gewiss, aber für den Vater auch provozierend und unangenehm. Als während Klaus' Abwesenheit sein erster Roman »Vor dem Leben« erscheint, schreibt Thomas Mann an Erika: »Kläuschens Buch las ich mit Anteil. Vieles ist ganz merkwürdig. Aber einen tüchtigen Z.-Komplex hat der Wackere, unter anderem.«[28]

Die neunzehnjährige Erika ist inzwischen auch noch die Verbündete des Vaters geworden, eine Position, in der sie immer mehr kleine Vertraulichkeiten mitgeteilt bekommt und sich verständlicherweise immer wichtiger und unentbehrlicher fühlt. Für ihre weitere Entwicklung jedoch ist diese Funktion nicht unbedingt lebensfördernd. Das wird sich im Laufe der Jahre auf tragische Weise zeigen. Noch indes befindet sich Erika versuchsweise im Ablösungsprozess.

Berlin, Hamburg.

Dort wird im November 1925 Klaus' erstes Stück »Anja und Esther« aufgeführt. Es spielen Klaus, Erika, Pamela Wedekind und Gustaf Gründgens, der auch Regie führt. Es hagelt überwiegend Verrisse, aber das Publikum ist von den Dichterkindern fasziniert, und die Aufführungen sind gut besucht. Thomas Mann schreibt an Erika anlässlich ihres Geburtstages zwei Wochen nach der Premiere:

»Liebes Erikind, nimm viele herzliche Glückwünsche zu Deinem Wiegenfest und verzeih auch vielmals, daß wir Dich in bodenlosem Leichtsinn auf die Welt gesetzt! Es soll dergleichen nicht wieder vorkommen und schließlich ist es uns ja auch nicht besser ergangen. [...] Was das Dramolett selbst betrifft, so habe ich persönlich Glück damit gehabt, indem ich die hiesige zweite Aufführung sah, bei der eine relativ reine, angenehme und wohlwollende Stimmung herrschte, sodaß ich die Möglichkeit hatte, den gewissen jugendlich-überjugendlichen Charme auf mich wirken zu lassen, den das Stück jedenfalls besitzt, und den ich seitdem gegen jedermann verteidige.« Begütigende Worte über ein Schauspiel, das »doch keineswegs so schlecht [ist], wie die meisten Leute tun«.

Eine freundlich verpackte Kritik und eigentlich ziemlich normal, dass Väter die künstlerischen Erstlingsarbeiten ihrer Kinder nicht recht ernst nehmen.

Innig endet der Brief: »Mielein hat Dir schöne Geschenke gekauft und das Beutelchen weit aufgetan. [...] Alles Gute, mein Kindchen! [...] Dein Dichliebender Z.«[29] Ja, Thomas Mann kann auch hinreißende Briefe an seine Kinder schreiben. Warmherzig, väterlich.

So präsentiert sich der Zauberer auch, als Erika 1926 Gustaf Gründgens heiratet.

Gründgens, geboren 1899 in Düsseldorf als Gustav – später macht er ein f aus dem letzten Buchstaben –, stammt aus einer Familie, die ihre große Zeit hatte, aber schon vor der Geburt des Jungen finanziell eher bescheiden lebte. Später resümiert er: »Was blieb, war die äußere Fassade, die angeblich gehalten werden mußte, und mich letzten Endes zwang, schon von meinem fünfundzwanzigsten Lebensjahr ab meine Eltern zu ernähren, eine Tatsache, die sie nicht davon abhielt, eine Siebenzimmerwohnung in der besten Gegend der Stadt zu unterhalten, die aber meine Lebensführung entschieden beeinflußte.«[30] Die Konstellation Erika Mann und Gustaf Gründgens ähnelt verblüffend derjenigen von Thomas und Katia Mann. Hier der homoerotische Bühnen- bzw. Literaturstar, dort die um einiges jüngere, intelligente, selbstbewusste Tochter aus reichem Hause. Daneben in beiden Fällen der homosexuelle Bruder (der in beiden Familien Klaus heißt). Familienpsychologen bezeichnen solche Phänomene als Delegation. Da bekommt ein Kind unbewusst die versteckte Botschaft vermittelt, es so wie die Eltern zu machen. Und die Konsequenzen, welche die Eltern in ihrer Beziehung zueinander nicht zu tragen wagten, in neuer Konstellation aufzuführen.

Und vordergründig? Gründgens will sich wahrscheinlich wie vordem Thomas Mann eine Verfassung geben. Erika ist klug, charmant und wird ihre sexuellen Bedürfnisse kaum mit ihm teilen wollen. Der Mime hatte schon Beziehungen mit Frauen, die jedoch wegen ihrer sexuellen Ansprüche an ihn scheiterten.

Und Erika? Tatsache ist, dass ihre junge Karriere auf der Stelle tritt. Keine großen und interessanten Rollen für die ehrgeizige Schauspielerin. Ihr ist langweilig. So hatte sie sich das nicht vorgestellt. Nun, mit Gründgens könnte sie erfolgreich werden, denkt sie vielleicht. Die Hochzeit findet am 24. Juli 1926 statt und wird im Hotel Kaiserin Elisabeth in Feldafing am Starnberger See gefeiert. Katia Mann ist der Bräutigam nicht angenehm und die ganze Sache viel zu schnell arrangiert und vollzogen. Hedwig Pringsheim indes ist hocherfreut über den Schwiegerenkel, der ein so herrlicher Schauspieler ist. Thomas Mann betrachtet die Eheschließung ebenso skeptisch wie hoffnungsvoll und gibt, neben Klaus Pringsheim, den Trauzeugen.

Ein schönes Fest mit allen standesgemäßen Attributen. Champagner, Tischreden, üppige Aussteuer. Thomas Mann liebt Feste. So hat ihm Erika letztlich ein großes Vergnügen bereitet.

Wirklich? Kaum sind die Feierlichkeiten beendet, schreibt Erika an Pamela: »Ein großer Schreck war es schon! Aber dann gings ja alles ganz gut. […] Eine fein-rührende Rede hielt der Zauberer – (sprach sogar von Deinem Astralleibe, den er neben Kläuschen sitzen sähe!), Kläuschen Pringsheim flirtete mit Gustaf […] – Und jetzt sind wir einfach im Kurgartenhotel, wo groß und klein uns frivol behandeln muß, da niemand und der Klügste nicht, den Ehestand uns glauben kann. [...] Meine Pamela, bitte, bitte komm bald. So schrecklich gern möchte ich es, weil ich Dich eben doch über die Maßen liebe. Schau, das Kläuschen kommt wohl am Sonntag oder Montag. Willst Du nicht mit ihm reisen? G. G. sprach ich schon davon und auch er sähe Dich gern und würde das Beisammensein begrüßen.«[31]

Sollte die Eheschließung nur ein Scherz gewesen sein, eine kleine Marotte der Jeunesse dorée? Aus Gründgens' Sicht wohl nicht. Das hätte er den gediegenen Schwiegereltern und auch Pringsheims, in deren Palais er schon vor Bekanntschaft mit Erika eingeladen worden war, nicht zugemutet. Er glaubt wohl wirklich, dass eine Beziehung mit Erika funktionieren könnte. So eine Art offene, freie, moderne Künstlerehe. In gegenseitiger Unterstützung, Bereicherung und Menschlichkeit. Indes, der geniale Schauspieler ist so neurasthenisch empfindlich wie Thomas Mann. Erikas Spott und Verachtung über seine Sparsamkeit und den akribischen Fleiß bei der Arbeit hält er nicht lange aus. Und sie findet ihn deprimierend und langweilig. Das klagt die junge Ehefrau nun ihren Liebsten, der Pamela, dem Klaus und dem Mielein natürlich. Der Schwiegersohn sei »immer sehr gehemmt gewesen, wenn er zu uns nach München kam – als Bräutigam, später als Ehemann in einer bürgerlichen Familie –, das paßte gar nicht«[32], erzählt Katia Mann später. Auch hier wieder die Parallele zu Thomas Mann und den Pringsheims: Es gilt auch für Gustaf Gründgens, lockerer zu werden und lässige Eleganz zur Schau zu tragen.

Aber die großbürgerliche Fassade zu wahren und den schmalen Grat zwischen augenzwinkernder Lässigkeit und plumper Vertraulichkeit auszubalancieren ist nicht jedermanns Sache. Thomas Mann schaffte das, wenn auch unter großem nervlichen Aufwand. Gustaf Gründgens will es wohl gar nicht mehr schaffen. In dem Roman »Mephisto«, der sich unverkennbar auf Gründgens bezieht, zeigt Klaus Mann später den Protagonisten Hendrik Höfgen mit seiner Gattin Barbara Bruckner (alias Erika), die den Heiratsantrag nur aus einer Mischung von Mitleid und Neugier angenommen hat. Höfgen, enttäuscht vom Abflauen sowohl seiner als auch ihrer Gefühle, fragt sich: »War es nicht Barbara, die versagte, an deren arroganter Kühle der Elan seines Gefühls ermatten mußte? Tat sich Barbara nicht gar zu viel zugute auf ihre feine Herkunft wie auf ihren feinen Intellekt? Lagen nicht Spott, Hochmut und ein kalter Dünkel in den forschenden Blicken, die sie jetzt so oft auf ihn richtete?«

Dann kommt wohlgelaunt die junge Gattin zum Frühstück und doziert lange über das richtige Essen von weichgekochten Eiern. Höfgen schweigt zunächst und sagt schließlich langsam: »Deine naive und anspruchsvolle Art [...] dich zu verwundern oder zu mokieren, wenn irgendjemand irgendetwas anders macht, als es im Hause deines Vaters oder deiner Großmama üblich ist, könnte manchen, der dich weniger genau kennt, als ich es tue, erstaunen oder sogar abstoßen.«[33]

Sicher, es handelt sich hier um einen Roman, und, wenn überhaupt, könnte die Szene nur eine Kolportage von Erikas Erzählungen aus dem kurzen Ehealltag sein. Eingedenk verschiedener Kommentare von Zeitzeugen und in Kenntnis um das große Standesbewusstsein der Familie Mann ist eine solche Szene jedoch durchaus vorstellbar.

Nicht jedermanns Sache. Dazu noch dies: Erika gibt das Geld mit vollen Händen aus, während Gründgens gelernt hat, lernen musste, sorgsam zu haushalten. Die monatliche Überweisung an die Gründgens-Eltern in Düsseldorf, der unsichere Beruf, da lernt man schon, zunächst einmal nach dem Preis zu fragen, bevor man etwas kauft.

Wie lange hält diese Ehe? Offiziell zweieinhalb Jahre. De facto indes kündigt sich der endgültige Bruch schon im Frühjahr 1927 an.

Nach »Anja und Esther« soll nun wieder ein Stück von Klaus aufgeführt werden: »Revue zu Vieren«, wieder die Viererkonstellation Erika, Klaus, Pamela und Gustaf. Nach dem finanziell immerhin erfolgreichen, weil viel gespielten Erstling hofft Klaus auf weiteren Erfolg. Aber Gründgens, der erneut sowohl als Schauspieler wie auch als Regisseur fungieren soll, glaubt immer weniger an die Qualität des Stückes. Es kommt zu Auseinandersetzungen, Pamela übernimmt widerwillig die Inszenierung, wenngleich auch sie von der Sache nicht vollständig überzeugt ist. In der Uraufführung sitzt auch Golo und erinnert sich später nur ungern daran: »Ein verdienter Mißerfolg, verursacht durch ein Mißverständnis des Autors: er hielt seine Vierergruppe für so interessant, daß er sie der Welt in allen möglichen Formationen darstellen zu sollen glaubte.«[34]

Das missionarische Bedürfnis empfindet Klaus wohl auch als Vermittler zwischen den Generationen. 1926 schreibt er für die Zeitschrift *Uhu* einen Bericht, betitelt »Die neuen Eltern«, in dem er sich einerseits als kritischer Sprecher seiner Generation geriert und andererseits zwischen der »revolutionären« und der »braven« Jugend herummäandert, um recht ratlos »zu den Vätern« zurückzuschauen, »ehrfurchtsvoll vor dem, was diese gelebt und gebildet«[35].

Thomas Mann lässt sich auf ein Gespräch darüber mit dem Redakteur und Freund des Hauses W. E. Süskind ein. Auch Klaus ist aktiv an der Diskussion beteiligt. Wenn man die durchaus belanglos geführte Unterhaltung überhaupt so bezeichnen kann. Der Zauberer hat leichtes Spiel und gibt sich nonchalant, zu Recht. Brave Fragen, brave Antworten: »Kern des Themas«, so Süskind, sei doch, wie steht »ein Vater diesem neuen, freien Kinde gegenüber, wie weit kann er, wieweit will er ihm eine hilfreiche Hand entgegenstrecken«? Thomas Mann, den Kopf wieder gesenkt, sagt: »Man denkt sich, wir könnten da helfen, indem wir unsere Erfahrungen den Kindern mitteilen und ihnen Umwege ersparen. Aber ich erwarte mir nicht viel von positiver Belehrung, von ausgesprochener und bewußter Anleitung. Abgesehen von allem anderen, würde das doch wieder bedeuten, daß man zur Herbeiführung jener Mitteilungen von der väterlichen Autorität Gebrauch macht, und die ist doch, wie gesagt, eine zweifelhafte Stütze.« Dann verweist er noch auf seine Meinung, dass das Elternhaus »nie einen positiv belehrenden, sondern nur einen – atmosphärischen Einfluß auf die Kinder«[36] haben könne und wird den Rest des Gespräches (das freilich keine konkreten persönlichen Bezüge nimmt) weitaus geschickter glänzen als die Zwanzigjährigen.

Nun gut, das hat Thomas Mann jetzt erledigt, Gesprächsbereitschaft gezeigt, Stellung bezogen und das ganze Gespräch wahrscheinlich rasch wieder vergessen. Homosexualität, Suizid, Gefühle und ein Vater-Sohn-Konflikt, das sind ja alles keine großen Themen.

1926 erscheint Klaus' Roman »Der fromme Tanz«, in welchem sich der Sohn als Homosexueller bekennt. Wem will er das mitteilen? Der Welt, seiner Generation, den Eltern? Schaut her, ich gebe meinen Gefühlen und meiner Lust nach, aber ich bin nicht glücklich dabei. Daneben erscheint ebenfalls 1926 die »Kindernovelle«, darin beschrieben unverkennbar Tölz, unverkennbar Katia und die vier älteren Kinder. Ein toter Vater. Das fünfte Kind, gezeugt von einem anderen Mann in einem Akt von Liebe, Zärtlichkeit und Begierde. »Habe recht lachen können. Aber Zweifel beschlichen mich doch hie und da«[37], schreibt Thomas an Erika.

Und so bleiben natürlich die sarkastischen Kommentare, die einige Kritiker und Karikaturisten über den großbürgerlichen Vater und den exzentrischen Sohn von sich geben, bestehen. Der Vater nimmt es hin mit einer »Haltung von ironischem Wohlwollen und abwartender Reserviertheit«, schreibt Klaus. »Ich glaube nicht, daß er sich jemals ernste Sorgen um mich gemacht hat. [...] Wie fragwürdig und gewagt wir es auch treiben mochten, er schaute zu. Manchmal mit einem amüsierten Lächeln, manchmal mit einem Stirnrunzeln, aber ohne jemals zu intervenieren oder auch nur ein gar zu lebhaftes Interesse an unserem Tun zu bekunden. Wußte er überhaupt, wo ich mich aufhielt, was ich arbeitete, mit wem ich

Umgang hatte, während der vielen Monate, die ich nun jedes Jahr fern von München, fern dem Vaterhaus verbrachte?«[38]

Dieses irritierende Gefühl äußern auch Golo, Monika und Michael. Und erwähnen gleichzeitig, dass der Vater, trotz vermeintlichen Unwissens, in völlig unvermuteten Momenten zeigt, dass er weitaus mehr beobachtete, als es den Anschein hat.

Auch aus Thomas Manns Tagebüchern, die ab 1933 wieder vorliegen, erschließt sich, dass er weitaus mehr wahrnahm, als er zu wissen schien. Oder wissen wollte. Wer Romane schreibt, kann sich nicht auch noch intensiv mit dem Leben seiner sechs Kinder beschäftigen. So etwas macht, in den meisten Familien, die Mutter. Mielein schreibt Briefe und erhält auch viele Briefe der Kinder. Auch der Zauberer schreibt separate Briefe, vornehmlich an Klaus und Erika. Warum schreiben die Eltern nicht gemeinsam ihre Post? Nun, weil sie im jeweiligen Kind auch Ansprechpartner für ihre persönlichsten Belange sehen. Freilich nicht in jedem Kind. Wirklich interessant sind zunächst nur Erika und Klaus. Die beiden fungieren immer mehr als Vertrauenspersonen und Verbündete, um ein bisschen über Kollegen zu lästern und, leider, auch immer mehr über die Geschwister.

Wie gestaltet sich nun deren Leben?

Golo leidet mit sechzehn Jahren plötzlich unter Angstattacken und Depressionen. Daraus befreit er sich ohne psychologische Hilfe, dank »der Elastizität der menschlichen Natur«[39], so erklärt er es sich jedenfalls. Das hält nicht lange vor.

Zwei Jahre später, Golo wohnt inzwischen wieder bei den Eltern in München und studiert im ersten Semester Jura, empfindet er wieder »Qual« und »große Not«: »Einsamkeit drinnen, Einsamkeit auch zu Hause. Den Eltern hatte ich mich während der Salemer Zeit mehr und mehr entfremdet; nie hatten wir einander so wenig zu sagen wie während jenes ersten Semesters.«[40] Um ein wenig Geborgenheit zu finden, besucht er zuweilen Großmutter Pringsheim zum Tee. Die nunmehr alte Dame ist froh, dass überhaupt jemand zu Besuch kommt, und versucht, dem Enkel zu helfen. »Ich glaube, deine Familie bedrückt dich«[41], sagt sie. Und hilft ihm schon alleine durch ihr Interesse und ihre Anteilnahme.

Gewiss, das Haus der Eltern steht ihm immer offen. Auch Freunde dürfen gerne mitgebracht werden, und anlässlich des bestandenen Abiturs erhält Golo fünfzig Mark, für die damalige Zeit sehr viel Geld. Erika und Klaus würden das vermutlich gleich verprassen und Spaß dabei haben. Keine reizvolle Perspektive für Golo, der sich nach Spiegelung seiner selbst sehnt. Schwierige Situation. Wie die älteren Geschwister ist er nicht. Mit Monika verbindet ihn auch wenig. Über diese Schwester regt sich die Mutter ständig auf. Warum eigentlich? Vermutlich personifiziert sie Katia Manns negatives Mädchenbild: weich, verträumt, auf junge Männer fixiert. Die stellt nichts dar, die macht nichts her, zumindest nichts, was in der Familie Interesse hervorriefe. Bei anderen ist sie beliebt. Die gleichaltrige Kadidja Wedekind, Schwester von Pamela, wird zur guten Freundin, der sie anvertraut, zu Hause nicht genug Aufmerksamkeit zu erhalten[42]. Womit auch? Sie ist musikalisch hochbegabt, als Malerin sehr talentiert, aber eben weiblich und deshalb nur »gute zweite Klasse«. Elisabeth erzählt später über die Eltern: »Sie waren schon beide immer noch ein bisschen male chauvinists, [...] Meine Mutter war sogar noch mehr von der Überlegenheit der Männer überzeugt als er.«[43]

Da muss man schon genialisch sein wie Erika oder gar als Wunderkind auftreten, um bei den Eltern Anerkennung zu finden.

Sind denn Elisabeth und Michael Wunderkinder?

Beide erhalten, wie alle Mann-Sprösslinge, Musikunterricht: Erika, Klaus, Monika und Elisabeth spielen Klavier, Golo und Michael Violine.

1926, also sieben- bzw. achtjährig, dürfen die Kleinen beim Bayerischen Rundfunk ein Konzert geben, Elisabeth am Klavier, Michael mit der Geige.

Eine schöne Darbietung. »Kinder imitieren entweder ihre Eltern oder sie revoltieren gegen sie«, meint Michael später. Thomas Mann »liebte die Musik und spielte Violine. So wollte ich auch Violine spielen.«[44] Damit will er den Vater beeindrucken, Liebe und Zuwendung erspielen. Dass das nicht gelingen kann, weiß ein Kind nicht. Da kann sich »der Bibi« anstrengen, wie er will. Sicher, Mutter Mielein versucht durch besondere Zuwendung an den Jüngsten, das mangelnde Interesse des Vaters auszugleichen, aber das funktioniert nicht. Sich vorzustellen, wie der Kleine in Begleitung von Liebling »Medi« vor den Vater tritt und aushalten muss, wie sich der herzliche Blick des Vaters von ihr zum enervierten Blick auf ihn wandelt, ist recht quälend. So etwas versteht ein Kind nicht? Dann weint der Junge mal oder zeigt sich jähzornig und wütend. Manchmal zeigt er auch einfach nur Angst, ein Gefühl, das bei den Manns nicht gezeigt werden darf. Mit erschreckender Grausamkeit etwa reagiert Thomas Mann auf Michaels Angst vor dem Kruzifix.

Elisabeth erinnert sich an die Szene, die ihr »ewig unvergesslich bleiben wird« so: »Der Michael hat sich so vor dem Kruzifix gefürchtet. Wenn immer er irgendwo ein Kruzifix gesehen hat, hat er sich halt sehr gefürchtet. Und mein Vater hat beschlossen: Das geht nicht, das ist ein Teil unserer westlichen Kultur, und der Junge muss sich daran gewöhnen. Und hat ihm ein Kruzifix ans Kopfende seines Bettes, über sein Bett genagelt! Und das fand ich dann doch sehr grausig.«[45] Geht es Thomas Mann tatsächlich nur um die abendländische Kultur, oder meinte er, seinem Sohn eine Besessenheit austreiben zu müssen? Die ganze Szene mutet quälend exorzistisch an, traumatisierend.

Leider kann man sich nicht vorstellen, dass die Mutter tröstet und eingreift. Von der Furcht vor Zeichen, Symbolen und Gespenstern erzählen sowohl Klaus als auch Golo und Monika. Denn Thomas Mann hatte Anfang der Zwanzigerjahre an spiritistischen Sitzungen teilgenommen und seine Erlebnisse »strahlenden Blickes« den Kindern vorgetragen: »Wie das Medium sich in Agonie gewälzt, die Schleier vom Boden aufgestiegen und Gestalt angenommen und wie Jenseitiges ihn kalt und deutlich angerührt.«[46]

Natürlich macht so etwas Kindern Angst. Golo erinnert sich:

»Furcht vor Gespenstern – ein neun-, gar ein zwölfjähriger Junge gibt sie nicht zu. Sie ist kindisch, sie ist unvernünftig. Besser also, man behauptet, sich vor bösen, jedoch lebenden Personen zu fürchten, Mördern, Einbrechern. Noch besser, man behält alles für sich. Meine Mutter spottete darüber, daß ich, wenn ich allein im zweiten Stock schlief, nachts die Kette auf der Toilette nicht zog, in der Sorge, durch das Geräusch einen Einbrecher herbeizulocken, und ich ließ sie dabei. Der wahre Grund war ein anderer: die Angst, durch das Rauschen des Wassers die Stille der Nacht zu durchschneiden und Kräfte zu wecken, die besser ungeweckt blieben.«[47]

Die Angst verflüchtigt sich zwar wieder, wird aber 1927 »stark«[48] empfunden, als Tante Julia »Lula« Löhr sich das Leben nimmt. Ein grausames Lebensende nach einem Dasein, das von anstrengendster Contenance und schönem Schein bestimmt war: eine unglückliche Ehe mit dem Bankdirektor Hofrat Löhr, der 1922 starb. Finanzielle Einbußen durch die Inflation, unglückliche Liebschaften, Morphiumabhängigkeit und ständige Minderwertigkeitsgefühle, als heruntergekommene Schwester von Thomas Mann in der feinen Gesellschaft nichts mehr zu gelten. Kaum fünfzig Jahre alt, erhängt sie sich auf dem Dachboden.

Beim Erhalten der Todesnachricht empfindet Thomas Mann wieder den Sog der Geschwistergemeinschaft. In Golos Erinnerung war der Vater »tief erschüttert davon; nicht, weil der Tod der längst peinlich gewordenen Verwandten einen Verlust bedeutet hätte, sondern, so hörte ich ihn zu meiner Mutter sagen, weil er ihn als Blitz empfand, der dicht neben ihm niedergegangen war«[49].

Als Golo das mithört, ist er achtzehn Jahre alt und erinnert sich dieser Worte noch Jahrzehnte später. Für ein Kind, wie alt auch immer, ist es freilich auch grausam, zu wissen, dass der eigene Vater selbstmordgefährdet ist. Nach der Beerdigung, erzählt Monika, ist Thomas Mann zwar blass, gibt sich aber »möglichst ›gewöhnlich‹. Er wollte uns schonen. Und er schien bei uns Schutz zu suchen. Er war erregt, er litt.«[50]

Ob er der Schwester bei der Bewältigung ihrer Probleme half, ist nicht bekannt. Hat er nicht gesehen, dass sie ihr ganzes Leben lang das Gesicht wahrte, das brave Mädchen war, das dem Ruf der Familie entsprechen wollte? »Längst peinlich geworden«, schreibt Golo. Dann müssten Klaus und Erika auch peinlich sein.

Oder Thomas Mann, im Sommer 1927 auf Sylt. Da verliebt er sich in einen Knaben namens Klaus Heuser, einen Achtzehnjährigen aus Düsseldorf.

Eine Liebesgeschichte, an die der Schriftsteller sich bis ans Lebensende erinnern wird. Eine Liebesgeschichte, die eigentlich gar keine ist: Thomas, Katia, Monika und die beiden jüngsten Kinder verbringen vier Wochen am Meer, auf Sylt diesmal. Ebenfalls vor Ort ist die Familie von Prof. Werner Heuser, Maler und Lehrer an der Düsseldorfer Kunstakademie. Zwei Kinder, der achtzehnjährige Klaus und die zwölfjährige Ursel, die sich ganz gut mit Monika verstehen. Urlaubsbekanntschaften eben, Strandleben, gesellige Abende. Man unterhält sich.

Karl Werner Böhm interviewte 1985 Ursel Heuser, inzwischen verheiratete Benser, die sich noch gut an die Manns erinnert. An Katia, die sie »nie sanft empfunden habe, nie mütterlich, obwohl sie es sicher war. [...] Katia Mann war so: sehr dominierend, sehr direkt.« Thomas dagegen ist »unheimlich« in ihrer Erinnerung, sehr korrekt, sehr ordentlich, »sehr, sehr zurückhaltend« und doch auch zu den jungen Leuten »furchtbar lieb und nett«. Alles Weitere sei »bei dem guten alten Thomas Mann ein Wunschdenken gewesen«.

Mit prosaischer Nüchternheit ergänzt sie: »Der Thomas Mann war ein älterer, faltiger Mann. – Er war alt. Er bewegte sich alt. Er ging nicht, er stieg. Er stieg am Strand herum.«[51] Auch Klaus Heuser konnte Böhm 1986 noch befragen, allerdings ohne Aufnahmegerät und aus dem Gedächtnis des Fragenden zitiert. Als junger Mann habe er »nicht den Schimmer einer Ahnung« gehabt, was er dem Schriftsteller bedeutete. »Unwissend, ahnungslos« war er damals. Die Schule hatte er gerade beendet, eine kaufmännische Lehre vor sich. Und für Literatur wenig Interesse. Als Thomas Mann auf Sylt einen Vorleseabend gibt, fragt er Klaus Heuser, wie es ihm gefallen habe. »Wissen Sie, was ich geantwortet habe? ›Ich äußere mich nicht gern‹!«[52]

Solch eine Antwort dürfte Thomas Mann nur in diesem Zusammenhang entzückt haben. Denn er ist verliebt in den jungen Mann, muss es für sich behalten, kann sich auch nicht »äußern«. Aber er würde gerne mit jemandem darüber sprechen. Freilich nicht mit Katia.

An Ernst Bertram schreibt er eine Karte: »Dies hier war ein schöner, erregender, ja aufwühlender Aufenthalt [...] – Aus allgemeinen und sonderlichen Gründen wäre es sehr schön und merkwürdig gewesen, wenn wir Sie hier gehabt hätten.«[53] In Bertrams Blicken hätte er zumindest Verständnis gefunden für seine Liebe zu dem Jungen. Den lädt er im Anschluss an die Ferien zu einem Besuch in München ein, und schon ein paar Wochen später logiert Klaus Heuser für zwei Wochen in der Poschingerstraße. Als wessen Freund? Elisabeth und Michael, acht- und neunjährig, sind noch zu klein, um für einen Achtzehnjährigen interessant zu sein. Monika ist nett, aber nichts weiter. Golo lernt er nun kennen, ein eher abweisender Mensch. Mutter Katia, lauernd. Daneben der berühmte Thomas Mann, der ihn verwöhnt mit Blicken, Gesten, Konzertbesuchen und privatissimo gehaltenen Vorlesungen aus seinem Werk. Der Gast zeigt sich artig und dankbar. Mehr aber nicht. Später wird Klaus Heuser erzählen, dass sich für ihn als junger Mensch das Amüsement in Grenzen hielt. »Ausgenommen die musikalischen Abende. [...] Aber alles andere, das Literarische, langweilte mich. Nachmittags rief er mich manchmal, kann sein, daß ich mit den Kindern im Garten war, in sein Arbeitszimmer, um mir aus dem, was er gerade geschrieben hatte, vorzulesen. – Naja es hat mich nicht sehr interessiert. Ich habe wohl auch gar nicht richtig zugehört. [...] Ich hatte auch nichts von ihm gelesen.«[54]

Von Liebe oder Begehren, so Heuser, kann aus seiner Sicht auch keine Rede sein. Ein paar brave Briefe seien danach hin und her geschickt worden, verloren gegangen übrigens, noch ein kurzer zufällig zustande gekommener Höflichkeitsbesuch im Jahr 1934, belanglos. Man habe sich auch stets gesiezt, natürlich.

Solche Geschichten passieren nun mal. Ein älterer Mensch verliebt sich in einen jungen Menschen, große Gefühle, einseitig. Für die Kinder ist das dennoch beunruhigend. Golo ist froh, dass der Besuch abreist. Um den Schönling aus Düsseldorf wird gebuhlt, während er vereinsamt daneben sitzt. Auch für Michael muss die Situation verstörend sein. Dass Erika, Klaus und Elisabeth die Lieblinge sind, nehmen sie hin. Nun jedoch auch noch dieser wohlerzogene Gast, dem der Vater so viel Interesse und Zuwendung zukommen lässt. So wie Heuser sehen sie nicht aus, können und wollen sie auch nicht sein.

Auch Katia ist froh, dass wieder Ruhe herrscht. Siebzig Jahre später erzählt Elisabeth: Der Vater habe seiner Frau zu erzählen versucht, dass er den Jungen geküsst hätte, woraufhin diese ihn unterbrochen habe mit den Worten: »Ach, komm, hör auf, das will ich ja gar nicht wissen!« Und damit sei »die Sache fertig«[55] gewesen. Abgesehen davon, dass Klaus Heuser bestreitet, einen Kuss erhalten zu haben, was freilich auch so beiläufig geschehen sein kann, dass er es vergessen hat: Für Thomas Mann ist die Sache damit gar nicht fertig. Für den Rest seines Lebens nicht. Seine Tagebücher von 1927, die nicht mehr erhalten sind, müssen von berauschenden Liebesgefühlen für den jungen Heuser gefüllt sein. Im Tagebuch 1934, also sieben Jahre später, ist er immer noch »tief aufgewühlt, gerührt und ergriffen von dem Rückblick auf dieses Erlebnis, [...] das ich mit Stolz und Dankbarkeit bewahre, weil es die unverhoffte Erfüllung einer Lebenssehnsucht war, das ›Glück‹, wie es im Buche des Menschen, wenn auch nicht der Gewöhnlichkeit steht, und weil die Erinnerung daran bedeutet: ›Auch ich‹.«[56]

Wie geht der sechsfache Familienvater im Oktober 1927 mit diesen Gefühlen um? Berauscht, beseligt, verliebt wie ein Teenager, der sich unbedingt mitteilen will. Aber wem? Auch wenn es schmerzhaft ist: Dieser Mensch müsste Katia sein. Sie ist seine Partnerin, seine Frau, sie müsste sich mit ihm auseinandersetzen. Da sie sich weigert, werden die beiden Ältesten ins Vertrauen gezogen.

Erika und Klaus also. Die haben im Herbst 1927 beschlossen, in die USA zu reisen. Erikas Ehe mit Gründgens, die Schauspielerei und das ganze Leben sind ihr langweilig. Und Klaus ist gerade an einem Wendepunkt seines Lebens: die schlechten Kritiken. Und die Immernochverlobte Pamela hat sich in den Dramatiker Carl Sternheim verliebt, einen psychopathischen, fast dreißig Jahre älteren Schriftsteller. Eine Beleidigung und ein Verlust für die beiden Geschwister. Also ab nach New York. Dort hoffen sie, als »Mann-Twins« auf Lesetournee gehen zu können.

Kaum angekommen, erhalten sie einen Brief ihres Vaters. »Liebe Kinder«, schreibt er, dankt für die »gutgelaunte Kabelung« über gelungene Ankunft in Amerika und hofft, dass sie freundliche Aufnahme finden, »denn junge Leute sind überhaupt reizend, und ihr seid es, bei vielen und schweren Fehlern, noch besonders«. Dann kommt er rasch auf »Kläuschen Heuser« zu sprechen, der ja nun seit acht Tagen fort sei und »als Angelegenheit gewiß zu überschätzen. Ich nenne ihn Du und habe ihn beim Abschied mit seiner ausdrücklichen Zustimmung an mein Herz gedrückt. Eissi ist aufgefordert, freiwillig zurückzutreten und meine Kreise nicht zu stören. Ich bin schon alt und berühmt, und warum solltet ihr allein darauf sündigen? Ich habe es schriftlich von ihm, daß diese zwei Wochen zu den schönsten seines Lebens gehören und daß er ›sehr schwer zurückgekehrt‹ ist. Das will ich glauben, und die Sprödigkeit seines Ausdrucks ist dabei in Anrechnung zu bringen, denn er ist hier mit Amüsement und Besserem überschüttet worden. [...] Die geheimen und fast lautlosen Abenteuer des Lebens sind die größten. Aber ich möchte natürlich nach Amerika gehen.«[57]

Nun, warum schreibt er das Geheime an die mutmaßlich liberalen Kinder? Glaubt er, dass sie mit solchen Geständnissen besser zurechtkommen als die Mutter, die ja doch gar nicht wissen will? Was der Vater den Kindern mitteilt, ist ja schlicht: Kinder, ich habe mich verliebt, und ich würde nun auch gerne mal sündigen. Am liebsten weit weg, Amerika.

Auch Katia Mann schreibt einen Brief an Erika. Über den Besuch von Kläuschen Heuser mit »seiner Knubbelnase und den wulstigen Lippen«. (Tatsächlich sind die Lippen sehr sinnlich.) Und darüber, dass der Zauberer sich doch »allzu jakobhaft«[58] seinen Gefühlen hingegeben habe. Freilich, sie habe keine Eifersucht, aber den Golo habe der Besuch in tiefe Melancholie gestürzt. Es ist ja auch kein Spaß, den eigenen Vater so enthusiasmiert zu sehen, während man selbst einen Vater bräuchte, um sich mitzuteilen. Über das Leben, das So-Sein, das Anders-Sein, darüber wird nicht gesprochen.

Die Bündnisse innerhalb der Familie werden immer deutlicher. Gab es bislang die Ebenen Eltern und Kinder bzw. Eltern und Lieblingskinder, so gibt es nun grenzüberschreitend Vertraute und Verbündete. Komplizen. Dabei wird Erika und Klaus immer größere Bedeutung zuteil. Sicher weitaus mehr, als ihrem Alter und ihrer Reife angemessen ist. Von Oktober 1927 bis Frühjahr 1928 sind die beiden auf Weltreise.[59] Finanziert werden soll die Sache durch einen Vertrag über 1500 Dollar mit einem amerikanischen Literaturagenten und durch das

Honorar für kleinere Artikel in deutschen Zeitschriften. Bei genauer finanzieller Kalkulation müsste man auskommen. Jedoch, Erika und Klaus wohnen nur in den teuersten Herbergen und wollen es auch an guten Speisen und Getränken nicht mangeln lassen. In New York, man wohnt im Hotel Astor, wundern sich beide über ihren Freund Ricki Hallgarten, der sich als angehender Künstler lieber als schlecht bezahlter Blumenbote über Wasser hält, anstatt sich von den reichen Eltern finanzieren zu lassen. Diese Art von Abenteuer ist nichts für Erika und Klaus.

Obwohl eine regelrechte Vortragstournee aufgrund mangelnden Publikumsinteresses und schlechter Sprachkenntnisse nicht zustande kommt (der Agent zahlt immerhin 1000 Dollar für die Auflösung des Vertrags), geht die Reise mit sporadischer Vortragstätigkeit weiter. Man wohnt im Hollywood Plaza, im schicken Bungalow in Honolulu, im Hotel Imperial in Tokio.

Die »Mann-Twins«, wie sie sich nennen, leihen sich Geld und bekommen sogar welches geschenkt. Man lebt auf Pump und wähnt sich erwachsen und selbstständig. Als sie nach einem halben Jahr ins Elternhaus zurückkommen, sind sie hoch verschuldet. Aus der gemeinsamen Wohnung mit Gründgens ist Erika schon vor der Reise ausgezogen und hat auch ihm ein paar Tausend Mark Schulden hinterlassen. Ein Gefühl für den angemessenen Umgang mit den zur Verfügung stehenden finanziellen Mitteln hat weder Erika noch Klaus. Deshalb werden sie – mit kurzen Unterbrechungen – letztlich lebenslang von den Eltern finanziell abhängig bleiben.

Es gibt Familien, in denen das problemlos funktioniert. Da sind die Eltern reich, und die Kinder sollen selbstverständlich daran teilhaben. Bei den Manns indes werden die Kinder finanziell solide ausgestattet, zum Beispiel so, dass Golo während seiner weiteren Studienzeit (nun Geschichte und Philosophie) in Berlin und Heidelberg genug elterliche Unterstützung erhält, um sich ein nettes Zimmer zu leisten. Das ist die

Basis. Jedes Mehr bedarf charmanter Briefe, Darbietungen, Schmeicheleien, Vertraulichkeiten. In jungen Jahren mag das noch amüsant sein. Im Laufe des Älterwerdens jedoch wird es, besonders für Klaus, immer schwerer zu handhaben. Da wird er selbst in der allergrößten Not noch neckische Bettelbriefe an die Mutter schreiben. Und immer das erwünschte Geld erhalten. Nach Rückkehr von der Weltreise bleiben Erikas und Klaus' Schulden zunächst bestehen. Erst nachdem Thomas Mann im Dezember 1929 den Nobelpreis erhalten hat, wird den Ältesten genug Geld gegeben, um alle Rückstände zu begleichen.

1929, Thomas Manns bislang größter Erfolg. Er ist nun nicht nur bekannt, sondern weltberühmt. Der Status seiner Kinder verändert sich dadurch selbstverständlich auch. Unser Vater, der Nobelpreisträger, das ist zu Anfang des 20. Jahrhunderts noch eine ungleich größere Sensation als heute. Einzig Katia ist nicht recht zufrieden. Der Preis wird Thomas Mann dezidiert für die »Buddenbrooks« verliehen, sein erster Roman, geschrieben und veröffentlicht, bevor er sie kannte. Etwas verdrießlich. Auch Thomas Mann fragt sich: Wenn der Nobelpreis »mir nur für ›Buddenbrooks‹ und bereits für diese gebührte, warum habe ich ihn dann nicht fünfundzwanzig Jahre früher erhalten?«. Gleichzeitig weiß er jedoch, dass »das Nobelcomité sich kaum in der Lage gesehen, mir den Preis zuzuerkennen, ohne einiges Weitere, das ich nachher getan«[60].

Die Kinder bekommen nun je einen Wunsch erfüllt, zum Beispiel Zahlung der Schulden, ein Grammofon für Golo, Reitstunden für Elisabeth.

Katia erhält öffentlich geäußerten Dank, dass sie seit fünfundzwanzig Jahren des Nobelpreisträgers Leben teilt, »dies schwierige, Geduld vor allem erfordernde, aber leicht ermüd- und verstörbare Leben, von dem ich nicht weiß, wie es sich ohne den klugen, tapferen und zart-energischen Beistand der außerordentlichen Gefährtin auch nur, wie geschehen, hätte behaupten sollen.

Der Tag des Ehegedenkfestes steht unmittelbar bevor, herbeigeführt von einem Jahr, dessen Zahl rund ist wie alle, die mein Leben beherrschen. [...] Mein Sinn für mathematische Klarheit stimmt dem zu, wie er der Anordnung zustimmt, daß meine Kinder als drei reim- und reigenartig gestellte Paare – Mädchen, Knabe – Knabe, Mädchen – Mädchen, Knabe – erschienen und wandeln. Ich vermute, daß ich im Jahre 1945, so alt wie meine Mutter, sterben werde«[61], schreibt Thomas Mann 1930. Abgesehen davon, dass Julia Mann bei ihrem Tod zweiundsiebzig Jahre alt war (geboren 1851, gestorben 1923) und die Rechnung nicht stimmt, mutet es schon unheimlich an, von einem sechsfachen Vater solche Prophezeiungen zu lesen.

Nehmen die Kinder das ernst? Wohl kaum. Sie gewöhnen sich.

Im Juni 1929 schreibt der Vater an »Kronprinzessin« Erika, stellvertretend für alle Kinder. Ein netter Brief mit sonderbarem Ende: »Lebt alle recht wohl und laßt uns der Zukunft, dem Leben und dem Tode vertrauensvoll entgegensehen.

Euer Zauberer.«[62]

6

»Eine kindliche Verlängerung meiner selbst«

Dreißigerjahre und Exil

»Sonderbarerweise hat die Zeit von 1928 bis 1930 in meiner Erinnerung wenig mit Massenelend und politischer Spannung zu tun. Eher mit Wohlstand und kulturellem Hochbetrieb«[1], räsoniert Klaus. Von Armut und Arbeitslosigkeit sind die Manns nicht tangiert. Ganz im Gegenteil. So geht das Jahr 1929, zumindest was die materiellen Umstände anbelangt, recht entspannt zu Ende. Für Thomas Mann höchst erfolgreich: viele Ehrungen, Empfänge, Reisen.

Der große Erfolg des Schriftstellers spiegelt sich auch finanziell wieder: Die »Buddenbrooks«-Volksausgabe verkauft sich über eine Million Mal, der »Zauberberg« ist auch in den USA ein Bestseller. Dazu kommt der hoch dotierte Nobelpreis, den Thomas Mann am 10. Dezember 1929 entgegennimmt. Zurück in München, wird Weihnachten gefeiert. Monika erwähnt, dass die Tradition dieses Festes »vor allem von dem festehrenden Geist« des Vaters kam:

»Das war nichts Kirchlich-Religiöses, nichts Genaues, Benennbares, sondern eine Rührung und Andacht vor dem Fest als solche, dessen Urform das Christfest war. Und auf christliche Weise war Rührung und Andacht vor dem eigenen Ich. Es war hohes Innehalten und Verweilen, in dem das Höchste – alles – und das eigene Sein Bestätigung fand.«[2]

Weihnachtsfriede. Der Heilige Abend. Viele Geschenke natürlich. Eine sichere Konstante im Leben der Familie Mann. Wie in den meisten Familien eben. Für Thomas Mann ist das Ritual der weihnachtlichen Bescherung zwar von größter Bedeutung, aber die restliche Weihnachtszeit, das »vier- bis fünfmalige Essen und Herumhocken mit der Familie während der Festtage ist doch recht eigentlich greulich«[3], schreibt er an Freund Bertram. Nach allen Strapazen erholt sich der Nobelpreisträger im Januar 1930 erst einmal eine Woche in Oberammergau. Vier Wochen nach seiner Heimkehr fahren Katia und er für zwei Monate nach Ägypten.

Michael und Elisabeth, inzwischen elf- und zwölfjährige Gymnasiasten, bleiben in der Obhut der Kinderfrau Marie Kurz, einer stabilen Ansprechpartnerin der Jüngsten, inzwischen weniger als Gouvernante denn als Hausdame im Dienst. »Gelegentlich macht mein Vater sich über sie lustig, was ich nicht sehr nett finde«, so Golo. »Als wieder einmal von der Arbeitslosigkeit die Rede ist, zitiert er, einen Blick auf die am unteren Rand des Tisches Sitzende werfend, einen Kindervers: ›Sei nur froh, daß einen Platz du schon hast, mein lieber Schatz‹ – und Fräulein Kurz erwidert: ›Ich habe nicht verstanden, was Herr Professor gesagt hat.‹ Taktlos kann auch sie sein. Es ist von einem Jubeljahr des Heiligen Augustinus die Rede. TM spricht von tausend Jahren. Die Hausdame: ›Sind es nicht eintausendfünfhundert Herr Professor?‹ Der Professor wird blaß vor Ärger, spricht kein Wort mehr und zieht sich noch vor dem Kaffee in sein Arbeitszimmer zurück.«[4]

Es fällt auf, dass Golo Mann eine als Frage formulierte Richtigstellung als »taktlos« bezeichnet. Aber auf Kritik, alle Mann-Kinder berichten dies, reagiert der Vater mit eisigem Schweigen und Ignorieren des Kritisierenden. Die erwachsenen Kinder haben sich daran gewöhnt, so ist der Vater eben. »Der Alte gestern noch stumm und fremd, ist heute aus Verstimmung im Bett geblieben«[5], schreibt Golo 1931 in sein Tagebuch.

Bei Erika ist der Vater nicht stumm und fremd, und selbst wenn, lässt er sich gerne aufheitern. Ihr neuester Coup: Obwohl das Stück »Die liebe Feindin« beachtlichen Erfolg an den Kammerspielen in Berlin hat und noch vier Monate weiterlaufen soll, will Erika mit Klaus für zwei Monate eine Weltreise mit dem Auto unternehmen. Der Regisseur des Stücks, Exehemann Gustaf Gründgens, ist fassungslos. Die Schauspielerin Erika hat aber keine Lust mehr und überlässt es ihrem Vater, die Sache mit dem Intendanten Max Reinhardt zu klären.

Die Vierundzwanzigjährige ist mit anderen Dingen beschäftigt. Die Vorbereitung der Reise nimmt sie voll in Anspruch: das Auto – eine neue, lebenslange Leidenschaft –, die Fahrtroute, die Geldbeschaffung. Bei bescheidener Kost und Logis könnten die Geschwister vom Vertragsvorschuss für ein alternatives Rivierabuch und Zeitungsberichten leben. Die Reise führt sie kreuz und quer durch Europa und endet in Marokko, wo Erika und Klaus ein beängstigendes Erlebnis haben. Für Klaus ist es nicht die erste Berührung mit Drogen. Seit Ende 1929 ist bekannt, dass er sich gelegentlich Morphium oder Eucodal, ein Morphiumderivat, spritzt und davon lebenslang nicht mehr loskommen wird. Die psychedelischen Symptome, die Klaus nach der Einnahme von Haschisch in Fès 1930 beschreibt, ähneln denen eines LSD-Trips. »Wir haben schon etwa dreimal soviel konsumiert, als unser Führer uns empfohlen hatte. Nun genehmigten wir uns noch eine tüchtige Dosis, seiner Warnungen ungeachtet.« Nach Stunden dessen, was »schaurig über alle Worte« war, »Wahnsinn«, »die Hölle«[6], werden die beiden mit einer Drogenvergiftung ins Krankenhaus eingeliefert. Das Erlebnis ist rasch vergessen. Wieder in Deutschland, führen beide ihr hektisches Leben weiter.

Klaus schreibt und veröffentlicht sehr viel. Erika spielt Theater (freilich nicht mehr in Berlin) und schreibt Essays. Beide sind hochintelligent, hochbegabt, aber in ihrer psychischen Entwicklung letztlich immer noch wie Kinder. Bezeichnenderweise können sie sich nur in Gesellschaft von Menschen, die geistig anspruchslos sind, entspannen. Golo Mann zitiert in seinen Erinnerungen eine Passage aus seinem Tagebuch der Dreißigerjahre:

»Erikas Geburtstagsfeier neulich, mit sehr viel Alkohol, gleichgültigen, ja unerfreulichen Leuten. Ich merke wohl, daß sie den Verkehr nicht hat, der ihren eigenen Qualitäten entspräche. Tatsächlich war es recht langweilig und müde; trotzdem glaubten sie es bis ½ 4 Uhr treiben zu müssen.« In dem Zusammenhang erinnert sich Golo auch, dass Klaus, »immer wohlmeinend und gütig«, ihm einmal geschrieben habe, »ich suchte mir die falschen Freunde aus, sie seien zu klug und zu hochmütig, von jenem halbberechtigten Hochmut, der kränke und an den man seine Liebe nicht vergeuden dürfe. ›Davon verstehe ich etwas‹. An die Harmlosen, nur auf Grund ihres Aussehens Hochmütigen, Kindlichen, Ahnungslosen müsse man sich halten. Dazu meine Anmerkung: ›Wenn ich aber doch mit solchen Kindern gar nichts anzufangen weiß?‹«[7] Golos Freunde sind nicht anspruchslos, sondern ebenso ernsthaft und zuverlässig wie er selbst. Dazu gehört auch, im Sinne des Alt-Salemer-Bundes, dass er im Sommer 1928 für ein paar Wochen in einem Braunkohlewerk arbeitet. Ein sehr anstrengender Job, aber auch »ein Erlebnis«, das Golo »nicht missen«[8] möchte. Der angehende Historiker schreibt auf Vermittlung von Klaus einen recht kritischen Bericht »Als Bergarbeiter unter Bergarbeitern« für das Berliner *Acht-Uhr-Abendblatt* und erhält 150 Mark dafür. Es ist nicht seine erste Veröffentlichung, kurz zuvor hatte er unter dem Pseudonym Michael Ney eine Erzählung mit dem Titel »Vom Leben des Studenten Raimund« geschrieben, etwas ungelenk noch, aber unter Klaus' Mitherausgeberschaft in einer Anthologie veröffentlicht. Damit ist er nun das dritte Kind der Manns, das als Autor an die Öffentlichkeit tritt.

Bei Monika wird es noch einige Zeit dauern, bis sie etwas veröffentlicht. 1930 schreibt sie vorerst nur »viele Liebesbriefe, ein Tagebuch und manchmal Gedichte«[9]. Recht unspektakulär für eine zwanzigjährige Musik- und Kunstgewerbestudentin. Innerhalb der Familie gilt das sowieso nichts. Für Außenstehende ist sie freilich ungewöhnlich: ehemalige Salem-Schülerin, Auslandsaufenthalte, Tochter von Thomas Mann und also Anteil an seinem Applaus erhaltend.

Zum Beispiel in Nidden auf der Kurischen Nehrung 1930: Im Jahr zuvor waren Thomas, Katia und die beiden Jüngsten schon dort gewesen und hatten sich so sehr für die Landschaft begeistert, dass sie beschlossen, sich in der schönen Gegend ein Sommerhaus zu bauen.

Gesagt, getan. Ein Jahr später kehrt der Schriftsteller zurück, inzwischen Hausbesitzer und Nobelpreisträger. Für die Niddener eine Sensation: Der große Thomas Mann zieht zu uns. Zumindest im Sommer. Bei der Ankunft im Juli 1930 herrscht volksfestartige Stimmung. Ein königlicher Empfang, Applaus, Winken, strahlende Gesichter. Eine Fotografie: freudige Menschen am Wegrand, eine geräumige Kutsche, in der ein offenbar gerührt und erfreut winkender Thomas Mann sitzt. Daneben, mit abweisendem Gesicht, Elisabeth und, mit Blumen bedacht, eine recht kühl wirkende Katia. Ihnen gegenüber sitzt Michael, der irritiert und eher ernst in die Kamera blickt, während Monika neben ihm burschikos lacht. In Nidden sind die Manns jetzt Könige. Konkurrenz wie Gerhart Hauptmann auf Hiddensee gibt es keine.

Beim Blick auf die Landkarte erstaunt es, dass so weit von München entfernt ein Sommerdomizil errichtet wurde. Eine lange Reise: zunächst die Bahnfahrt nach Berlin, dann weiter nach Königsberg, Taxi nach Cranz und schließlich mehrstündige Fahrt mit der Fähre nach Nidden. Bis zum eigenen Haus ist nochmals eine Droschkenfahrt einzuplanen. Recht anstrengend, aber für Thomas Mann absolut lohnend. Er ist begeistert von diesem Landstreifen mit seinem »primitiven, elementaren Charakter«. Auch das neue Sommerhaus passt sich dem Stil der Gegend an: ein dunkles Holzhaus mit Schilfdach, offener Veranda, Esszimmer, Küche, Arbeitszimmer und mehreren Schlafzimmern. Dazu, Luxus für die Zeit, Strom, fließend Warmwasser und Telefon. Und, wie Thomas Mann vermerkt: »Nur wir haben einen Strandkorb, alle anderen Gäste bauen sich Sandburgen.«[10]

Für Klaus ist das »von sehr bescheidenem Format« und »unpraktisch weit« von München entfernt. »Eine andere Kuriosität der Gegend war das große Lager – einen Kilometer von Nidden entfernt, schon auf deutschem Gebiet –, wo junge Leute sich einem gründlichen und professionellen Training in allerlei halbmilitärischen Sportarten, besonders im Segelflug, unterzogen. Bei gutem Wetter hörten wir die rauhen Kommandoschreie und lustigen Gesänge der jungen Stimmen aus dem Vaterland zu uns herüberschallen. Manchmal sahen wir wohl auch einige der Segelflieger – es müssen ihrer Hunderte gewesen sein – an unserem stillen Strand spazierengehen. Ihre Hemden und Sweater waren mit Hakenkreuzen geschmückt. Wir beobachteten ihre ungeschlachten, etwas tollpatschig-wilden Spiele in den Dünen, in den Meereswellen. Auch ihre Badehosen zeigten an prominenter Stelle das völkische Emblem.«[11]

Ihr Niddenhaus werden die Manns nur drei Sommer lang genießen können. Es wird dort nicht nur ungemütlich werden, sondern gefährlich.

14. September 1930. Die Nationalsozialisten verbuchen bei den Reichstagswahlen eine bestürzend hohe Zunahme an Stimmen.

»Der Vater erkannte und haßte früh das Unmenschliche, das er heraufziehen sah. Seine Hoffnung, daß es genügen würde, seinen Landsleuten etwas ›vorzuleben‹ (wie er den Kindern etwas ›vorgelebt‹ hatte, anstatt sie zu ›erziehen‹) erwies sich als trügerisch.«[12]

Am 17. Oktober hält Thomas Mann in Berlin eine Rede (»Deutsche Ansprache. Ein Appell an die Vernunft«) und warnt vor der aufsteigenden Gefahr des Nationalsozialismus. Der Platz des Bürgertums sei heute auf der Seite der Sozialdemokraten, mahnt er eindringlich. Im Publikum sitzen einige Gesinnungsgenossen der Nazis und unterbrechen immer wieder lautstark den Vortrag. Es herrscht große Aufregung im Saal, Thomas Mann hält seinen Vortrag trotzdem bis zum Ende weiter. Danach verlassen Katia und er das Gebäude über den Hintereingang, vorsichtshalber. Thomas Mann gilt nun als Nazigegner. Die gefährliche Bedeutung der NSDAP unterschätzt er weiterhin. Und bietet mit seiner luxuriösen Lebensweise eine Zielscheibe für Neid und Missgunst. Ein Schriftsteller, der sich als Sozialdemokrat bezeichnet, aber in stattlicher Villa lebt und sich mit sehr großen Limousinen durch die Stadt kutschieren lässt …

Golo kommentiert: »Es ist diese, den Leuten nicht verborgen bleibende Lebenshaltung – waren sie im Theater, so erscheint am Ende der Chauffeur mit den Pelzen im Foyer – die sie bei ihren, an Zahl beständig wachsenden politischen Feinden noch verhaßter macht; einem Industriellen nimmt man seine stattliche Existenz nicht übel, wohl aber einem Schriftsteller, zumal einem, der nun als links gilt.«[13] Für die Nazipresse werden auch Erika und Klaus zur Zielscheibe der Diffamierung. Als Erika im Januar 1932 auf einer Veranstaltung der »Internationalen Frauenliga für Frieden und Freiheit« auftritt und einige pazifistische Texte rezitiert, versuchen SA-Leute, die Veranstaltung zu stören. Im *Völkischen Beobachter* steht zwei Tage später: »Ein besonders widerliches Kapitel stellte das Auftreten Erika Manns dar, die als Schauspielerin, wie sie sagte, ihre ›Kunst‹ dem Heil des Friedens widmete. In Haltung und Gebärde ein blasierter Lebejüngling, brachte sie ihren blühenden Unsinn über die deutsche Zukunft vor […] Das Kapitel ›Familie Mann‹ erweitert sich nachgerade zu einem Münchener Skandal, der auch zu gegebener Zeit seine Liquidierung finden muß.«[14] Überdies werden die Frauen der Veranstaltung auf die primitivste Weise diskreditiert. Constanze Hallgarten und Erika klagen wegen Beleidigung und bekommen, allerdings erst im September, Recht gesprochen. Auch über Klaus wird hässlich geschrieben. »Die Gehäßigkeit – ich mußte es wohl bemerken – hatte sich vertieft, war böser, kälter, feindlicher geworden. Eine Gehässigkeit, die vernichten will. Erst quälen und dann töten. Eine mörderische Gehässigkeit, ein Nazi-Haß: Das war es nun, was mir aus den Spalten der Presse, der Miene des Theaterpublikums entgegengrinste. Dies war nicht mehr von der komischen Seite zu nehmen, wie die Skandale meiner früheren Zeit. Es wurde Ernst.«[15]

Klaus' Tagebücher, die ab Oktober 1931 datiert vorliegen, zeigen ihn als ernsthaften Schriftsteller und politisch engagierten Publizisten, aber auch als Menschen, der regelmäßig Morphium, Kokain, Eukodal und Adalin einnimmt und seine homosexuellen Bedürfnisse mit wechselnden Freunden und Strichjungen befriedigt. Liebe ist etwas anderes. Dafür hat er Mielein und Erika und die anderen Geschwister. Die sind ihm alle wichtig. Golo erinnert sich: »Wo sechs Geschwister sind, gibt es kleine Gruppen, Parteien, die sich bilden und wieder umbilden. Klaus stand gut mit allen. Er war es eigentlich, der den Laden freundlich zusammenhielt.«[16] Warum er und nicht, wie man annehmen würde, die Mutter? Nun, Katia kann ihre Abneigung einzelner Kinder nicht für sich behalten, sondern muss sich mitteilen. Bevorzugt bei Erika und Klaus (später auch Elisabeth) wird Parteinahme gesucht. Ob die Mutter den harmoniebeflissenen Klaus mit ihrem Mitteilungsbedürfnis nicht überforderte, wird wohl gar nicht erwogen. Wahrscheinlich ist es ihm selbst wegen seiner vielen Aktivitäten auch gar nicht bewusst.

Im Mai 1932 wollen er, Erika, der inzwischen wieder in München lebende Freund Ricki Hallgarten und Annemarie Schwarzenbach, eine neue Schweizer Freundin der Geschwister, eine Autoreise nach Persien unternehmen. Am Tag der Abreise jedoch erschießt sich Hallgarten. Ein konkretes Motiv gibt es nicht, aber eine suizidale Gefährdung, die sowohl Erika als auch Klaus schon seit längerem wahr-, aber nicht ernst nahmen. Der Legende nach schickte Ricki vor seiner grausamen Tat die Zugehfrau in den Garten und schrieb einen Zettel für die Polizei mit der Bitte, Frau Thomas Mann zu benachrichtigen, dass er sich soeben erschossen habe. Eine tragische Geschichte: Richard Hallgarten war Künstler, besaß viel ererbtes Geld, hatte seine Freunde und doch keinen Lebenswillen. Warum bat er, zuerst Katia und dann seine Mutter zu informieren? Vielleicht wusste er, dass seine Mutter nach Erhalt der grausamen Nachricht nicht in der Lage wäre, unverzüglich die Manns, vor allem die reisebereiten Freunde, zu benachrichtigen. »Erika, ach, mit welch herzzerbrechender Vehemenz die Tränen aus ihr brachen! ›Was für ein Wahnsinn!‹ wimmerte sie, und immer wieder: ›Was für ein Wahnsinn! Wahnsinn!‹ Ich sehe meinen Vater – gestern war es – wie er, über die Kauernde geneigt, ihr plötzlich verwildertes, zerzaustes Haar liebkoste und ihr die Tränen trocknete mit seinem großen, nach Eau de Cologne duftenden Taschentuch. ›Komm, komm, komm‹, sagte der Vater. ›Du hast immer noch viele Freunde, und sie alle lieben dich!‹«[17], schreibt Klaus rund zehn Jahre später. Schwer vorstellbar, dass Thomas Mann vom tragischen Tod eines Menschen ablenkt und auf die verbleibenden Freunde verweist. Und doch: Der Selbstmord ist für ihn eine »große Ungezogenheit«. Das schreibt er an Erika und Klaus, die verständlicherweise über den Tod des Freundes nachdenken. Erika »grübelt« viel und erinnert sich an verpasste »Chancen«, Richard am Leben zu erhalten. Recht pragmatisch urteilt Thomas Mann, »meiner Überzeugung nach bestanden sie [die Chancen, A. d. V.] nicht und Du hast getan, was in Freundschaft steht (und nicht in jeder), ihn zu stützen und ihm die Todespuschel zu nehmen. Ohne Dich und Deine Autorität über ihn hätte er gewiß schon längst seiner verwirrten Laune nachgegeben und von der Freiheit zu sterben Gebrauch gemacht, die Du ihm nun einmal nicht entziehen konntest.«[18] Die Freiheit zu sterben. Für Erika mögen die Zeilen tröstlich sein. Wie indes mag Klaus, an den der Brief ja auch gerichtet ist, die Worte des Vaters empfinden? Zu lesen, dass es sowieso keine »Chancen« gegen die »Todespuschel« gibt? Der Wunsch zu sterben taucht bei Klaus ja immer wieder auf.

Vielleicht lebt man dann exzessiver.

Nach Hallgartens Tat wird die Persienreise abgesagt. Man fährt stattdessen nach Venedig, ins exklusive Hotel Des Bains auf dem Lido. Erika, Klaus und Annemarie Schwarzenbach, genannt »Miro« oder »Schweizerkind«. Die so Betitelte ist promovierte Historikerin aus reicher Schweizer Industriellenfamilie und hoffnungslos verliebt in Erika. Die beiden Manns sehen eine gute Freundin in ihr. Klug, etwas morbide, finanziell unabhängig und eine interessante Erscheinung Als sie Thomas Mann vorgestellt wird, meint er: »Merkwürdig, wenn Sie ein *Junge* wären, dann müßten Sie doch als *ungewöhnlich* hübsch gelten.«[19] Dass auch sie literarisch tätig ist, wird eher belächelt. Annemarie ähnelt in vielem Erika und Klaus, das macht sie anziehend: hochintelligent, aus reichem Elternhaus, homosexuell. Überdies ist sie existenziell ebenso vereinsamt wie Klaus und klammert wie er an Erika.

»Sei pazzo?« – bist du verrückt?, so beginnt Klaus' Erinnerung an den Venedigaufenthalt: »Zwei Mädchen und zwei junge Männer liegen ausgestreckt in einer Gondel: Erika und ich, dazu einer meiner Freunde und unser ›Schweizerkind‹, Annemarie, die exzentrische Erbin eines patrizischen alten Namens. Sie ist ehrgeizig und zart und ernst, mit einer reinen Jünglingsstirn unter dem weichen aschblonden Haar.« Das Schweizerkind ist zornig wegen Übergriffen auf Toscanini und sagt mit »einer dunklen Flamme im Blick: ›Ihm ins zu Gesicht schlagen! Dieses Faschistenpack! Weil er ihre idiotische Hymne nicht spielen wollte! Und niemand protestiert gegen das Ungeheuerliche! Alles geht weiter in Venedig, in Italien, in Europa, als ob nichts geschehen wäre! Es ist zum Wahnsinnigwerden!‹«[20]

Den Wahnsinn des Faschismus werden Erika und Klaus in den nächsten Jahren ausführlich beschreiben. Jetzt, 1932, halten sie die Etablierung einer Hitler-Diktatur noch nicht für möglich.

Als Klaus in einer Münchner Teestube zufällig Adolf Hitler sieht, schreibt er an Golo, dass er Hitlers »Sprache, Gesichtszüge und Fleischesbeschaffenheit auf das genaueste studieren konnte. Nein sowas! Er wird nie herrschen. Er ist ja ganz, ganz, ganz, ganz minderwertig viel minderwertiger, als man es dann wieder glaubt.«[21] Golo, der inzwischen sein Doktorexamen abgeschlossen hat, resümiert später über Klaus' 1932 geschriebene Prognose: »Nur mit dem ›Nie herrschen‹ war er, wie wir alle, im Irrtum. Nicht im folgenden Jahr. Da, im Frühling, sah er ganz richtig, ich aber falsch. Noch aus München – er war schon draußen – hatte ich ihn verschlüsselt gebeten, sich doch mit seinen Äußerungen ein wenig in acht zu nehmen, sonst würde uns am Ende noch das schöne Haus konfisziert. ›Ich will die nächste Zeit in Deutschland sein.‹ Er darauf, an eine Schweizer Adresse: ›Dies Schweigen und Ausweichen ist mir schon lange zuwider. Ich habe von Anfang an gefühlt und gewußt, daß von diesen Leuten für uns nichts, nichts, nichts zu erhoffen ist.‹«[22]

1933, am 1. Januar, eröffnet in München Erikas »Pfeffermühle«, ein Kabarettprogramm mit Chansons, Rezitationen und Sketchen, die zum größten Teil von Erika verfasst werden. Ein großes Abenteuer. Bis jetzt hat Erika zwar als Schauspielerin agiert und neben Glossen für die Zeitschrift *Tempo* ein Kinderbuch und -stück geschrieben, aber Direktorin eines Kabaretts, das ist neu und aufregend. Die Voraussetzungen sind gut: Dank der Erbschaft von Ricki Hallgarten (jeweils 10 000 Reichsmark für Klaus und sie) ist die Finanzierung zunächst gesichert. Und Therese Giehse, die gefeierte Schauspielerin der Münchner Kammerspiele, wird Regie führen und mitspielen, obwohl sie beruflich eigentlich mehr als ausgelastet ist. Aber die Giehse, respektierte Hausfreundin der Manns, ist in die acht Jahre jüngere Erika verliebt und macht sich berechtigte Hoffnungen auf eine stabile Liebesbeziehung. Lauter gute Voraussetzungen. Nur der Name des Unternehmens steht noch nicht fest. Es ist Thomas Mann, der beim Beratschlagen im Familienkreis den Namen »Pfeffermühle« ersinnt »und gleich erprobt, indem er einen bitteren, alten Schauspieler sprechen lässt: ›Was erlauben Sie sich, ich war sieben Jahre bei der Pfeffermühle!«[23] Das Abenteuer Kabarett entwickelt sich bestens. Die rund zehn Darsteller – allen voran Publikumsliebling Giehse und Erika, die auch die Moderation übernimmt – kommen sehr gut an, und in den nächsten zwei Monaten sind alle Vorstellungen ausverkauft. Für Erika ein großartiger Jahresbeginn.

Für Klaus indes, der im Münchner Elternhaus logiert, beginnt das Jahr nervös: »Merkwürdiges Gefühl der Vereinsamung«[24] notiert er am 3. 1. 1933. Zwei Tage später kann er nicht arbeiten wegen »Nervosität und Mangel an Zutrauen« und überhaupt »kommt mir vor, dass ich noch nie auf einem so tiefen Punkte war, auch rein karrieremäßig«[25]. Ein unruhiger Januar, der mit Schrecken endet. 30. 1.: »Die Nachricht, dass Hitler Reichskanzler. Schreck. Es nie für möglich gehalten.«[26] Thomas, Katia, Erika, Klaus und Elisabeth sitzen in der Poschingerstraße und sind entsetzt, dass Hitler, der Mann »mit der Stimme eines Kettenhundes«[27], so weit gekommen ist. »Es geht nicht gut, es geht nicht gut, es geht keinesfalls gut.«[28]

Michael schreibt am 31. Januar 1933 aus dem Internat Schloss Neubeuern an seine Mutter: »Meine sehr verehrte Frau Katia! Nun also ist der große Tag vorrrüber! Die Wiedergeburt eines *Nationalen* Deutschlands ist glücklich vonstatten gegangen. Gestern wurde der Tag natürlich auch entsprechend gefeiert. [...] Abends war ein höchst feierlicher Umzug, wo natürlich auch eine Gruppe der unbesiegten SA nicht fehlte. Deutsche Männer sangen das ›Horst Wessel‹ Lied in einer deutschen Nacht – Herr Schilling und ich haben deutsch gekotzt und uns noch deutscher geweigert am Geburtstag des dritten Reichs teilzunehmen.« Es folgen Berichte über Schulnoten und die Bitte um Geld für eine Klassenreise. Dann schließt er den Brief mit »Also: Heil(t) Hitler«[29] Was vom kaum vierzehnjährigen Michael noch mit jugendlicher Ironie betrachtet wird, entwickelt sich für Klaus zum Ekel, zum »Würgen im Hals«[30].

Am 19. 2. notiert er: »Morgens, nichts als der Wunsch zu sterben. Rechne mir aus, was ich heute aufgeben würde – muss es geringfügig finden. Die Chance einer wirklich glücklichen Verbindung – fällt aus. Die Chance des literarischen Ruhms in näherer Zeit für unsereins – fällt wahrscheinlich auch aus. Wenn ein Gift dastünde, würde ich sicher nicht zögern – wenn nicht E (und M.) wären. Durch sie gebunden. Aber immer gewisser, dass E's Tod sofort meinen nach sich zöge; dass mich dann auch die Arbeit nicht mehr hielte. Übrigens keine Spur von Todesangst. Der Tod *kann* nur als Erlösung empfunden werden.«[31]

Warum kann er sich nicht vorstellen, dass es für ihn ein Leben, ein ihm gemäßes Leben gibt? Objektiv betrachtet ist Klaus im Vergleich zu anderen Autoren seiner Generation nicht nur äußerst produktiv, sondern auch durchaus erfolgreich. Ein luxuriöses Leben lässt sich davon nicht gestalten, aber welchem Schriftsteller gelingt das schon? Unabhängig von der Qualität ihrer Werke leiden viele Autoren unter Erfolglosigkeit und Armut, das weiß Klaus, das muss er wissen. Er kommt viel herum, er hat viele Gespräche im In- und Ausland. Aber eben auch immer den gloriosen Vater im Blick.

Thomas Mann ist im Januar 1933 mit Katia unterwegs: Vortragsreisen in Holland, Belgien und Paris. Im Anschluss daran ist von Ende Februar bis Mitte März ein Erholungsaufenthalt in Arosa gebucht, zu dem auch Elisabeth, »Medi«, angereist kommt. Während die drei in der Schweiz weilen, wird sich in Deutschland alles verändern.

Berlin, 27. Februar: Der Reichstag brennt. Für die Nazis steht fest, dass Kommunisten die Brandstifter sind. Katia Mann erinnert sich: »Dann kamen die Reichstagswahlen vom

5. März, wo doch bereits alle Kommunisten und viele Sozialdemokraten hinter Schloß und Riegel saßen. Tatsächlich war das ganze Hotel vorm Radio versammelt, um die Nachrichten über den Ausgang der Wahl zu hören. Ich saß mit meiner Tochter Medi vor dem Apparat und sagte immer: Es ist doch überhaupt lächerlich! Das sind doch gar keine freien Wahlen. Die Opposition haben sie ja zum größten Teil eingesperrt. Was soll denn das? Und da sagte jemand: Aber gnädige Frau, nehmen Sie sich doch in acht. Ich brauche mich nicht in acht nehmen, sagte ich, wir können sowieso nicht mehr zurück. Wir konnten es auch nicht.«[32]

Was Katia Mann hier so pragmatisch formuliert, nimmt sich im Leben dann doch weitaus komplizierter aus. Thomas Manns Tagebücher, die ab März 1933 wieder vorliegen, zeigen gerade in den ersten Wochen nach der Wahl ein Höchstmaß an Anspannung und Verzweiflung.

Am 15. März, zwei Tage nachdem Klaus nach Paris flüchtete und Erika mit Therese Giehse in der Schweiz Exil suchte, schreibt Thomas Mann: »Seit vorgestern Abend ist Erika bei uns, und es wird kein Zufall, sondern eine jener ›Sonnigkeiten‹ meines Lebens sein, daß in diesen Tagen meine beiden Lieblingskinder, die älteste und die jüngste Tochter, um mich sind.«[33] Am nächsten Tag sind seine Nerven »in schlechtem, beängstigenden Zustande. Die Trennung von den Meinen flößt mir Furcht ein, obgleich ich mich dessen schäme. Verzweiflung an meiner Lebensfähigkeit nach der Zerstörung der ohnedies knappen Angepaßtheitssituation.«[34] Die nervliche Belastung ist für ihn kaum erträglich. Das schreibt er wochenlang täglich in sein Tagebuch. Katia indes behält die Nerven, tröstet den Ehemann, plant, organisiert und gibt Order an die noch im Münchner Haus lebenden Angestellten: Marie Kurz soll an eine Schweizer Deckadresse Kleidung und später auch Hausrat schicken. Obwohl die Situation so bedrohlich ist, darf die knapp fünfzehnjährige Elisabeth auf eigenen Wunsch zurück nach München fahren und dort weiterhin zur Schule gehen. Nach ihrer Ankunft in der Poschingerstraße, wo Hausdame Marie Kurz sie betreut, telefoniert sie mit der Mutter und erzählt, sie sei »in der Schule von Lehrern u. Mitschülerinnen aufs herzlichste aufgenommen worden. Im Hause kein Zwischenfall, keine Nachfrage. Golo trifft heute aus Göttingen dort ein«[35], schreibt Thomas Mann. In der Erinnerung von Elisabeth (knapp siebzig Jahre später) stellt sich die Rückkehr anders dar: »Und ich war also drei Wochen weg gewesen. Und ich hab' es nicht fassen können, dass sich Menschen in drei Wochen so verändern können, dass sie genau das Gegenteil von dem sagen, was sie vorher gesagt haben. Dass sie sich genau gegenteilig benehmen. Es waren noch jüdische Mitschülerinnen in der Klasse, und die waren plötzlich ganz allein.« Als Tochter von Thomas Mann wird sie »natürlich gleich ganz anders angesehen. Die ganzen freundlichen Beziehungen die waren alle weg. [...] Die gaben uns nun Themen, um den Krieg zu verherrlichen und das Nazitum und so weiter. Es war mir unbeschreiblich grässlich, und ich konnte es nicht fassen. Und ich habe also nach zwei Wochen meine Eltern gebeten, gebettelt, dass ich wieder raus dürfe.«[36]

Die jüdischen Mitschülerinnen in der Klasse. Und die jüdischen Großeltern Pringsheim. Das ist jetzt ein Thema. Es müsste auch eines für die Familie Mann sein, denn Katia und ihre Kinder sind zwar protestantisch getauft und haben keinen Bezug zur jüdischen Religion, aber sie gelten nach den Rassebegriffen der Nazis als jüdisch (Katia) bzw. halbjüdisch (die sechs Kinder). Nach den Nürnberger Rassengesetzen vom 15. September 1935 würde Katia als »Geltungsjüdin« oder »Rassejüdin« eingestuft werden. Erika, Klaus, Golo, Monika, Elisabeth und Michael gälten demnach als »Halbjuden« bzw. »Mischlinge ersten Grades«. Wissen die Kinder das? Elisabeth erzählt später, wie ihre Mutter »vollkommen rasend« reagierte und »Unsinn!«[37] ausrief, wenn man sie auf ihre jüdische Herkunft ansprach. Katia empfindet sich nicht als jüdisch. Aber empfindet ein nicht geringer Teil der als jüdisch geltenden

Deutschen nicht genauso? Deshalb bleiben auch viele von ihnen in ihrer Heimat, ahnungslos, gutgläubig. Aber nicht »vollkommen rasend« wie Katia Mann. Meint sie, offenbar auch noch im Alter, das politische Engagement der Familie Mann zu schmälern, weil hinter dem antifaschistischen Einsatz auch Flucht vor Entwürdigung, Verfolgung, Deportation und Ermordung unterstellt werden könnte?

Die jüdische Herkunft der Mann-Kinder – auch Erika hat sie lebenslang verdrängt und verleugnet.[38]

Klaus und Golo verweisen zwar auf die jüdischen Großeltern, überspringen jedoch die jüdische Mutter. Elisabeth und Michael werden sich dazu nicht äußern. Nur Monika wird das später anklingen lassen. Später, wenn sie viel erlebt und erfahren hat. Jetzt, Frühjahr 1933, ist sie noch in Berlin bei Verwandten. Zwischenstation: »Nach Garten- und Kochschule; Musik- und Kunstgewerbeschulen in Frankfurt, München, Lausanne, Paris und Berlin« wird sie ab 1934 in Florenz beim berühmten Zwölfton-Komponisten Luigi Dallapiccola Musik studieren. »Während die Welt immer lauter wurde und sich immer gefährlicher zusammenballte, wurde es immer stiller und einsamer um mich her«, schreibt sie. »Ich glaube nicht, ich hätte den Mut gehabt, die Einsicht und Vitalität, auf eigene Faust dem braunen Pseudogott zu fliehen. Ich emigrierte automatisch mit meiner Familie.«[39] Eine falsche Heldin macht sie nicht aus sich. Ebenso wenig wie Golo, obwohl er 1933 wahrlich Heldenhaftes leistet. Thomas und Katia Mann beauftragen den Vierundzwanzigjährigen von der Schweiz aus mit Aufgaben, die im Nachhinein recht fahrlässig anmuten. Golo soll das Haus in der Poschingerstraße beaufsichtigen und dafür sorgen, dass Elisabeth und Michael schnell zu den Eltern gelangen. Die Tagebücher des Vaters soll er aus dessen Arbeitszimmer in Kartons verpacken und an eine Schweizer Deckadresse schicken. Überdies soll er so viel Geld wie möglich vom elterlichen Konto abheben und unauffällig in die Schweiz transferieren.

Das Geld. Das Vermögen von Thomas und Katia Mann. Sie wird noch hochbetagt behaupten: »Wir haben es natürlich restlos mit allem übrigen verloren, als wir 1933 emigrierten.«[40] Auch Erika wird 1968, noch zu Lebzeiten der Mutter, wider besseren Wissens ausführen: »De facto haben wir im Exil zu Anfang so gut oder schlecht wie gar kein Geld gehabt. Der Zauberer war ja ein ungeheuer braver Bürger, er hat infolgedessen nie daran gedacht, irgendwelches Geld ins Ausland zu schaffen. Alles, was er hatte – sein Haus, seine Dinge, seine Bücher, sein Geld, sein Nobelpreis – alles, was er hatte, wurde beschlagnahmt und wurde ihm weggenommen. [...] Wir hatten durchaus kein Geld. Dazu waren noch meine zwei kleinen Geschwister, unmündige Kinder, die also mit ernährt und erzogen werden mußten, wir vier Großen brachten uns selber durch, aber die finanziellen Sorgen waren sehr erheblich. Sie wurden aber wie immer leise von meiner Mutter getragen. Mein Vater wurde mit all diesen Dingen verschont.« Erika verweist mehrmals auf die »völlig echte Ahnungslosigkeit«[41] des Vaters. Tatsächlich jedoch war Thomas Mann weder ahnungslos noch arm. »Wir stellten fest, daß uns ein Vermögen von zweihunderttausend Schweizer Franken bleibt«[42], schreibt er am 17. Juni 1933 nach einer Besprechung mit Katia und Golo in sein Tagebuch. Deckungsgleich berichtet Golo von der Summe, die er von den deutschen Konten der Eltern abheben konnte: »60 000 Mark – ein Vermögen damals, das, was meine Eltern in der Schweiz besaßen, um etwa ein Drittel vermehrend.«[43] Warum halten Katia und Erika Mann lebenslang an ihrer Armutsphantasie fest? Vermutlich, um Leistung und Leiden des Exils zu betonen. Andere in die Schweiz – und später Frankreich und Amerika – exilierte Künstler und Intellektuelle hatten ja tatsächlich nichts. Und überlebten unter ungleich schwierigeren Lebensumständen. Oder auch nicht. Die nervliche Belastung, Behördengänge, das entwürdigende Bittstellen bei Hilfsorganisationen und häufig auch Vereinsamung. Für manche ist das mehr, als sie ertragen können.

Zurück zu Golo im Frühjahr 1933. Trotz aller Gefahr will er sich den Eltern nützlich zeigen und erledigt seine Aufgaben, so gut er kann. Die Ausreise Elisabeths und Michaels gelingt. Mit der jüngsten Schwester unternimmt Golo eine als Ausflug getarnte Reise an den Bodensee, betritt mit ihr ein Ausflugsschiff nach Schaffhausen und bringt sie zu den Eltern. Michael wird bei einem Internatsausflug nach Italien in der Schweiz die Klasse verlassen und zu den Eltern fahren, die inzwischen nach Lugano übergesiedelt sind. Auch den Transport der väterlichen Tagebücher erledigt Golo wie beauftragt. Der Verlockung, in den Diarien zu lesen, widersteht er glaubhaft. Die Salemer Erziehung.

Dass es einige Zeit dauert, bis die Sendung in der Schweiz eintrifft, ist nicht seine Schuld. Es wird vermutet, dass Chauffeur Hans Holzner, der den Koffer mit rund fünfzig Tagebüchern zur Post brachte, die Nazis informierte, welche offenbar nur an den oben aufliegenden Verlagsverträgen interessiert waren und das Paket, nach dringlichem Nachforschen von Thomas Manns Rechtsanwalt Heins, zur Sendung freigaben.

Schwierig und gefährlich gestaltet sich die Transferierung des Geldes. Golo befindet sich in Berlin, aber die Münchner Polizei »konnte, wenn sie wollte, jederzeit herausfinden, wo ich mich aufhielt. Sie würde das Geld konfiszieren, nicht ohne mich zu fragen, zu welchem Zweck ich denn eine so große Summe mit mir herumschleppte; worauf ich eine glaubhafte Antwort nicht hätte geben können. Mein Berufsplan war in jedem Fall zerrissen, an eine Anstellung nicht zu denken. Doppelt fand ich mich komprommitiert; durch die jüdische Herkunft meiner Großeltern Pringsheim [...]; durch das einstweilen, aber wie lange noch, schweigende Draußenbleiben TMs, das gar nicht schweigende Draußenbleiben meiner Geschwister und Heinrich Manns. Immer wäre ich eine Geisel zur beliebigen Verwendung geblieben, völlig vereinsamt, ohne Arbeit, ohne Lohn.«[44] Schließlich gelingt es mithilfe des Freundes Pierre Bertaux, Sohn des mit Heinrich und Thomas Mann befreundeten Germanisten Félix Bertaux, dass sich der französische Botschafter bereit erklärt, die 60 000 Mark der Manns in einer Kuriertasche des Konsulates nach Paris zu senden. Dort ist es den nunmehr in Frankreich weilenden Eltern zugänglich. Nachdem Thomas und Katia Mann zwei nervenaufreibende Monate in der Schweiz (Arosa, Lenzerheide, Lugano und Basel) verbracht haben, beschließen sie, vorläufig nach Südfrankreich zu fahren. Thomas ist in schlechter Verfassung. Tagsüber braucht er Beruhigungsmittel, abends kann er nur mithilfe von Phanodorm schlafen. An den schlimmsten Tagen nimmt er beides zusammen ein. Die Weiterarbeit an der »Joseph«-Tetralogie geht, wenn überhaupt, nur schleppend voran. Sein Arbeitszimmer, sein Haus, sein Erarbeitetes, die Erinnerungsstücke befinden sich in München, und es ist ungewiss, ob er etwas davon je wiedersehen wird. Ständig auftauchende Hoffnungen, vielleicht doch wieder nach Deutschland zurückkehren zu können. Beschlüsse, die gefasst und wieder verworfen werden. Alles quälend. Auch für Katia natürlich.

Erst als Ende April feststeht, dass sie in Deutschland nichts Gutes mehr erwartet, beauftragt sie ihre noch in der Poschingerstraße wohnende Hausdame Marie Kurz und die Bibliothekarin Ida Herz, die wichtigsten Möbelstücke, Silber, Gemälde und Teile der Bibliothek an eine Schweizer Deckadresse transportieren zu lassen. Bis zur endgültigen Klärung des weiteren Wohnsitzes verbringt man drei Monate in Südfrankreich. Heinrich Mann ist bereits im Februar 1933 dorthin geflüchtet und wohnt (noch) alleine in Nizza. Bald wird seine Lebensgefährtin Nelly Kröger folgen. Auch Lion Feuchtwanger, René Schickele und Julius Meier-Graefe sind bereits dort. Und Tausende anderer bekannter und unbekannter Exilanten.

Erika, Klaus, Elisabeth und Michael fahren mit dem Auto nach Le Lavandou voraus, und Thomas Mann informiert den Freund und Kollegen Schickele über die bevorstehende Ankunft seiner Familie. Er dankt für Schickeles Bereitschaft, bei der Haussuche behilflich zu sein. »Wir würden ein Häuschen in der Art des Ihren einer Wohnung vorziehen. Was wir brauchen, sind etwa sechs Zimmer, sodaß wir die beiden Jüngsten jedenfalls bei uns haben und womöglich auch die beiden Ältesten beherbergen können. Auf Badezimmer und anständige Toilette wird Gewicht gelegt.«[45]

Die beiden mittleren Kinder, Golo und Monika, werden nicht erwähnt, obwohl sie, im Gegensatz zu Erika und Klaus, für den Sommer 1933 noch keine alternativen Unterkünfte haben. Man wird sehen. Zunächst treffen am 7. Mai die Eltern per Zug in Südfrankreich ein und wohnen im Hotel. Monika wird aus Berlin hinzugereist kommen, und schließlich wird auch Golo eintreffen und notieren: »Sehr gemütlich ist es hier nicht ... Jetzt ist die Familie das Einzige, was mir geblieben ist; das kann nicht gut gehen.«[46]

Hier findet die erste Zusammenkunft der gesamten Familie mit Alfred und Hedwig Pringsheim statt, die trotz allem, was dringlich dagegen spricht, nach zwei Wochen wieder nach Deutschland zurückfahren.

Südfrankreich: Sommer, Sonne, Meer.

Das könnte alles schön sein, wenn es irgendeine Klarheit über die Zukunft gäbe. Für Katia, Erika, Klaus und Golo steht fest, dass man nicht in die Heimat zurückkehren kann. Ein dauerhaftes Hotelleben ist für Eltern und Kinder zu teuer, zumal das Grand Hôtel Bandol nicht den Ansprüchen von Thomas Mann genügt. »Alles schäbig, wackelig, unkomfortabel und unter meinem Lebensniveau«[47], schreibt er in sein Tagebuch. Schließlich wird ein Haus gemietet, vorübergehend. Mann fühlt sich immer noch als Halbemigrant, der nicht weiß, wohin er soll, wohin er will. Mit seinen achtundfünfzig Jahren, auf der Höhe seines Ruhmes, fällt es ihm schwer, plötzlich als Gleicher unter Gleichen angesehen zu werden – Exilanten, Emigranten, Flüchtlinge. Gereizt notiert Golo nach einem Spaziergang mit dem Onkel am Meer: Heinrich »tut mir wirklich leid, trägt sein Schicksal mit viel Würde, ja selbst mit

Charme, und nicht so damenhaft in seinen Schmerzen, von aller Welt beleidigt wie der Alte. [...] Nun will er sich ein Zimmer mieten und mittags auf der Gasflamme Eier mit Schinken kochen.«[48] Von Mietszimmern und selbstgebrutzelten Mahlzeiten sind Thomas Mann und die Seinen weit entfernt. Erika und Klaus wohnen in Gesellschaft von Erikas Lebensgefährtin Therese Giehse und der anhänglichen Annemarie Schwarzenbach im Hotel. Klaus plant mit Annemarie die Herausgabe einer Zeitschrift namens *Die Sammlung*, während Erika und Therese am neuen Züricher Programm der »Pfeffermühle« arbeiten. Sie schreiben, sie planen, sie nehmen gemeinsam Drogen, wobei sich die Giehse sehr geschickt im Setzen der Spritzen zeigt. Das müsste bei gemeinsamen Strandbesuchen mit der Familie eigentlich auffallen. Die Einstiche, blauen Verfärbungen, abrupten Stimmungswechsel. Golo Mann berichtet aber von Frau Marchesani, der Vermieterin des elterlichen Hauses, dass in Sanary allerlei über die Dame spekuliert wurde: »Elle se pique« – frei übersetzt, sie hängt an der Nadel – »in diesem Fall eine Wahrheit, denn die Dame pflegte mit ihrer Tochter anzukommen und sprudelnder Laune zu sein. Nach einer Weile sank sie in sich zusammen, grau und stumm. Die Tochter – Sybille von Schoenebeck, später verheiratete Bedford und gute Bekannte von Klaus und Erika, die sie »Billux« nennen – »winkte ihr, die beiden verschwanden, um nach ein paar Minuten zurückzukehren, die Mutter so fidel wie anfangs, und bald wussten wir warum: Die Tochter hatte in der Garage des Hauses ihr eine weitere Morphium-Spritze verabreicht. [...] In der Familie pflegten wir unsere Vermieterin ›Frau Morphesani‹ zu nennen.«[49]

Von der Sucht der eigenen Kinder und Geschwister will man aber nichts wissen. Oder nur bedingt. Hinweise auf wirksame Schlaf- oder Beruhigungsmittel sind jetzt und in Zukunft durchaus willkommen. Golo scheint nichts davon zu brauchen. Er raucht Zigaretten, wie Thomas, Erika und Klaus auch. Ab und zu Rotwein. Moderat. In »La Tranquille«, dem möbliert gemieteten Haus der Eltern, ist für ihn kein Platz. Vorerst darf er beim Essayisten und Reiseschriftsteller William Seabrook und dessen Frau Marjorie, ebenfalls literarisch tätig, logieren. Die Tage verbringt er in »La Tranquille«, lesend und den jüngsten Geschwistern Ersatzunterricht gebend. Abends wandert er wieder alleine ins entfernt liegende Seabrook-Haus. Ein etwas düsteres Ambiente für den feingeistigen Golo: Seabrook brüstet sich, schon Menschenfleisch gegessen zu haben, und führt mit seiner Gattin eine sadomasochistische Beziehung. Man spricht von Eisenketten und Schlägen[50]. In Anwesenheit des Gastes hält man sich wohl zurück: Golo hört und sieht nichts Auffälliges. Und spricht sogar von »Freundschaft« zwischen ihm und dem cholerischen Seabrook mit dem »erratischen Charakter: einmal liebenswürdig und humoristisch, einmal aggressiv und unansprechbar, zumal wenn er getrunken hatte, was oft geschah«[51]. Da muss man schon sehr großmütig sein, um solch starke Stimmungsschwankungen auszuhalten. Oder man ist es gewöhnt von zu Hause. Auch Thomas Mann kann ja »liebenswürdig und humoristisch« sein und abrupt »aggressiv und unansprechbar« werden. Jetzt in Sanary indes ist er eher deprimiert, verzweifelt und durch die tägliche Einnahme von Adaline etwas sediert: »Die Gesundheit leidlich, bis auf Zwischenfälle nervösen Versagens und depressiver Müdigkeit. Beständiger, herzlich unruhiger Blick auf K.'s Aussehen u. die Spuren der Sorge und Aufregung, die sich, nicht überraschender, aber ergreifender Weise darin abzeichnen.«[52]

Katia Mann kämpft gegen jede Schwäche an. Zwar nimmt auch sie ab und zu ein Adaline zum Pfefferminztee, bleibt aber ansonsten Herrin der Lage. Sich in Gesellschaft keine Blöße geben, nicht klagen.

Katias fünfzigster Geburtstag am 24. Juli wäre in München sicher groß gefeiert worden, mit Gästen von höchstem Rang und Namen. Wahrscheinlich sogar im Arcisstraßenpalais der Eltern, das im November 1933 für eine unverhältnismäßig geringe Summe an die Nazis »verkauft« werden muss.

In Sanary indes treten außer Klaus, der sich in Zandvoort aufhält, alle Kinder zum Gratulieren an. Abends gibt es eine kleine Gesellschaft mit René Schickele, dessen Frau und Sohn, Frau Meier-Graefe und Tante Ilse Dernburg. Den guten Sekt habe man mittags en famille getrunken, während es den minderen abends für die Gäste gab, berichtet Erika. Und der Vater notiert, dass Erika beim Lesen von Klaus' Geburtstagsbrief weinen musste.[53]

Was schreibt Klaus an »Groß-Mielein-schön«?

Dass er »eine Pedantin« sei und sich gerne vorstelle, ob seine »Liebsten eigentlich ein lohnendes Leben hatten, was dabei herausgekommen ist, ob es sich auch gelohnt. Bei vielen enden solche Berechnungen immer etwas beunruhigend, nur bei Frau Katja bleibe ich immer ganz befriedigt. Die sehr reizvolle und berühmte Kindheit, die schöne Ehe, die breite Sackgasse; [...] sehr gut französisch und ein wenig Auto-fahren gelernt; höchste Mathematik, Homer, alle Opern von Wagner und alle Novellen von Maupassant am kleinen Finger beherrscht; viele Villen eingerichtet, Kochtöpfchen installiert, [...] zahlreiche Köchinnen gehaßt, überall sehr beachtet worden –: ich komme zu sehr guten Ergebnissen. [...] An das all können keine Nazis heran«, schreibt mit guten Wünschen für »alles Söhnliche, Zärtliche, Feierlichste, Beste«[54] Klaus an seine Mutter.

Dass sie sechs Kinder hat, wird nicht erwähnt. Auch von Liebe wird nicht gesprochen, vom Leiden freilich auch nicht. Bezeichnenderweise erinnert sich Katia Mann noch rund vierzig Jahre später an einen Satz, den sie ein paar Tage nach ihrem Fünfzigsten anlässlich der Feier von René Schickeles – ebenfalls fünfzigsten – Geburtstag in Sanary sagte. Da habe nämlich »jemand« bemerkt: »Ach, was wäre das wohl in Berlin jetzt für ein großes Fest gewesen, Schickele, wenn Ihr Geburtstag in Berlin gefeiert werden könnte.« Und dann habe sie, Katia, »ganz schlicht gesagt: Besser konnte die Gesellschaft auch nicht sein.«[55] Erinnert sie sich an diese Worte deshalb so genau, weil sie nicht nur Schickele, sondern auch sich selbst und den nostalgischen »Jemand«, der im übrigen Thomas Mann war, wie sich aus dem synchronen Tagebucheintrag Schickeles vom 4. August 1933 erschließen lässt, betreffen?

Der Dichterfreund hat an seinem Geburtstagsabend viel zu staunen. Heinrich Mann kommt mit seiner neuen Lebensgefährtin Nelly Kröger, die inzwischen zu ihm übergesiedelt ist. Ein ungleiches Paar: Er, der zweiundsechzigjährige Grandseigneur, sie eine fünfunddreißigjährige ehemalige Bardame, der man mit jovialer Freundlichkeit begegnet. Das kann verletzender sein als offene Ablehnung. »Eine ewig argwöhnische Madame«, schreibt Schickele. »Die Frau hat doch gelebt und vermutlich sauberer als die Leute aus ›guter Familie‹. Sie weiß es selbst, sie kennt sie doch, die Leute aus guter Familie! Trotzdem würde sie eher ein Märchen zum hundertsten Mal erzählen als ein anständiges, saftiges Stück Leben preiszugeben, das ihr nicht ›vornehm‹ genug erscheint.«[56]

Das »Vornehme« ist ja auch eine höchst heikle Angelegenheit. Hedwig Pringsheim war Meisterin darin, Katia nahm es auf, und Erika verkörpert es brillant. Die vielen Gesichter der Elite: Katia Mann liebt zwar »Badezimmer«-Witze[57], aber bitte nur unter ihresgleichen erzählt. Die Kröger, wie man sie im Hause Thomas Mann nennen wird, mag als Heinerles Braut wohl oder übel hingenommen werden, ein gleichwertiges Mitglied des Clans ist und wird sie freilich nicht. Zumal sie ja reichlich das sorgfältig Verborgene der Familie repräsentiert: das Sexuelle, Fleischliche. Die Alkoholabhängigkeit und Tablettensucht. Das will man in dieser Form nicht sehen, damit will man nichts zu tun haben. Ob der aufmerksame Schickele hinter die Fassade der Manns blickt, ist unklar.

Von seinem Geburtstagsabend notiert er: »Mit dem Erscheinen der Familie Thomas Mann erreicht die Feierlichkeit ihren Höhepunkt. Er ganz Senator, der Millionen umschlungen sein läßt. Katia, die nicht zu Wort kommt, schiebt nervös den Unterkiefer vor. Bibi und Medi gucken mit großen Augen zu. (Morgen wird Bibi die Szene haargenau darstellen.) Moni lächelt, einen Fuß noch im Dschungel. Golo dreht sich in einer Ecke langsam hin und her. Er blickt finster und unbeteiligt. Ich denke an den Sonnenuntergang, der kein Ende nehmen wolle. Schließlich sagt Thomas Mann in leichterem Ton: ›Vor einem Jahr hätte man Ihnen in Deutschland ein Bankett gegeben‹, worauf Katia herausplatzt: ›Na, der Ehrentisch ist ohnehin hier versammelt, und damit wollen wir uns begnügen.‹«[58]

Für den Moment zumindest. Allzu lange wollen die Manns in Sanary nicht bleiben.

Nizza ist eine Option. Dort wird kulturell mehr geboten, die jüngsten Kinder – inzwischen der französischen Sprache recht gut mächtig – könnten dort zur Schule gehen, und Thomas hätte Gelegenheit, Heinrich öfter zu sehen und zu sprechen. Allerdings in Begleitung der Kröger, was wiederum misslich. Nach Küsnacht bei Zürich also.

Erika ist schon dort, stellt ihr neues »Pfeffermühlen«-Programm zusammen und findet ein Haus für die Eltern. Eine gediegene kleine Villa in der Schiedhaldenstraße, die rasch mit dem ausgestattet wird, was aus der Poschingerstraße an Wichtigem und Wertvollem gerettet werden konnte. Dort werden Thomas, Katia, Elisabeth und Michael in den nächsten Jahren leben. Golo fährt auch mit, hofft jedoch auf baldigen Bescheid über eine angestrebte Lehrtätigkeit an einer französischen Schule.

Monika bleibt, nicht ungern, allein in Sanary, mietet sich ein »Klavier und eine Hütte« und bereitet sich »vollkommen einsam«[59] auf ihr Musikstudium in Florenz vor. Respekt und Achtung erhält sie dafür von der Familie nicht, obwohl es durchaus etwas Besonderes ist, zukünftige Schülerin von Luigi Dallapiccola zu sein. Kurz vor ihrem Umzug nach Florenz schreibt sie einen Brief an den Familienfreund Hans Reisiger, der darüber offenbar mit Katia spricht. Thomas Mann notiert: »K. berichtete von dem wunderlichen Stimmungsbrief, den Moni kurz vor ihrer Abreise Reisiger hat zukommen lassen:

ein charakteristisches Produkt einer künstlerischen Oberflächenbegabung und halb mystifikatorischer Art, verwandt dem geschickt maskierten Jung-Mädchen-Brief an den Großvater, an dessen Echtheit dieser noch heute glaubt.«[60] Offenbar hat Monika ein Mitteilungsbedürfnis, das sie bei ihrem Großvater und bei Hausfreund Reisiger zum Ausdruck bringt.

Es ist für die Zeit nicht ungewöhnlich, dass Briefe vorgelesen werden. Wer einen Brief schreibt, kann zu Anfang des 20. Jahrhunderts davon ausgehen, dass Familienangehörige und Freunde das Neueste erfahren wollen. Aber es gibt seit jeher Vertraulichkeiten und Sehnsüchte, die man nur einer ganz bestimmten Person mitteilen mag. Ist es daher nicht normal, dass eine junge Frau auf dem Weg zum Musikstudium in Florenz noch ein paar »wunderliche Stimmungszeilen« schreibt? Zu banal? Für Außenstehende ist Monika indes alles andere als gewöhnlich: Kind von Thomas Mann mit Talent, Geld, Bildung, Sprachen, Umgangsformen. Das ganze Ambiente. Trotzdem ist sie nicht unnahbar. In der Familie ist und bleibt sie die Außenseiterin und gilt als wunderlich und sonderbar, »das recht trübe Problem Moni«[61] eben.

Das gibt es wohl in jeder großen Familie, dass ein Kind nicht so recht ins Schema passt. Ob man deshalb gleich von »Antipathie« sprechen muss? Kind Monika wird nämlich krank in Florenz, ein Mandelabszess, und Katia »sehr beansprucht von dem Zwischenfall, trotz ihrer Antipathie«[62]. Am nächsten Tag folgt ein Brief von Monika, »deren Leiden uns leid tun«[63], und die Eltern schicken Geld für die Behandlungskosten. Vier Monate später, die Tochter ist längst genesen, beraten sie »über Moni, die den verfehlten Wunsch zu haben scheint, zu uns zu kommen. K. will es ihr freistellen, nicht gerade gern.«[64] Als Monika dann tatsächlich im Herbst die Eltern und Geschwister in Küsnacht besucht, wird sie wieder krank. Hohes Fieber, Schweißausbrüche. Bemitleidenswert, würde man denken, aber »K. ist enerviert durch die Renitenz, Undankbarkeit und Hypochondrie der Patientin Moni, deren

Krankheit sich als Gelbsucht deklariert hat. Der Arzt, Dr. v. Schultheß, kommt täglich. Es wäre besser, das Kind hätte das in Florenz abgemacht.«[65]

Dies schreibt Thomas Mann, der doch selbst lebenslang jede kleinste Unregelmäßigkeit seiner körperlichen Befindlichkeit seismografisch und mit hypochondrischer Erschütterung in seinem Tagebuch vermerkt. Da schreibt er sich von misslichem Empfinden über zu trockene Kopfhaut bis zu schmerzhaft eingewachsenen Fußnägeln durch den ganzen Körper. Dazu die Nerven, ständig. Von oben bis unten wird an diesem letztlich erstaunlich gesunden Mann alles Körperliche ängstlich registriert. Stets ist Vorsicht geboten und Erschütterung zu verzeichnen. So jemand müsste sein krankes Kind eigentlich bestens verstehen können, trotz Antipathie. Aber das kann Thomas Mann offenbar nicht. Wenn Monika doch wenigstens etwas böte, sich gefällig erwiese.

Wie Golo zum Beispiel. Über den Herbst 1933 schreibt er: »Dem Vater suchte ich mich gefällig zu machen, indem ich die Eltern gelegentlich ihrer Konzert- oder Theaterbesuche in die Stadt chauffierte und wieder abholte, um ihm den gewohnten Fahrer zu ersetzen; ich wußte, daß er sich ungern von der Mutter chauffieren ließ, überhaupt, und weil sie auf seine nervösen Ängste durchaus keine Rücksicht nahm, während ich diese nur zu gut kannte und mich ihnen anpaßte. ›Siehst du‹, sagte er dann, ›fahre nur auch so gewissenhaft wie dein Söhnchen.‹ Sie konnte es nicht, ihr Temperament war nicht so. Übrigens tat sie mir herzlich leid; sie war binnen eines halben Jahres deutlich gealtert, nicht wegen materieller Sorgen oder Unterernährung [...], sondern aus schierem Ekel vor den Ereignissen in Deutschland. ›Wann kommt die Erlösung?‹ mochte sie fragen. Meine Antwort: ›Die kommt so bald nicht‹.«[66]

Nach sechs Wochen in Küsnacht tritt Golo eine Stelle als Lehrer in Saint-Cloud bei Paris an. Nicht gerade das, was er sich während seines Studiums erträumt hat. Aber jetzt, im Herbst 1933, ist es immerhin das, worauf er hofft, wenngleich der Lohn seiner Arbeit sich in frugaler Kost und Logis erschöpft. 120 Schweizer Franken erhält er monatlich von den Eltern, das ist nicht viel, aber auch nicht wenig für die Zeit. Finanziell bleiben, entgegen Erikas schon erwähnter Legende, alle Kinder an die Eltern gebunden. Obwohl die Ältesten sich durchaus alleine finanzieren könnten: Erika verdient mit der »Pfeffermühle« nicht viel, aber ausreichend, um, wie ihre Kollegen, ihr Leben bestreiten zu können. Doch ihr Lebensstil ist kostspielig. Die Hotels, Restaurants, Erster-Klasse-Zugfahrten natürlich – was bei Tourneen des Kabaretts bedeutet, dass das Ensemble zweiter Klasse fahren muss, während Erika und Therese Giehse erster Klasse reisen. Ein »dringendes Verlangen nach einem neuen Fordwagen« hat Erika auch, und der Zauberer notiert »ihre Bitte an die Großeltern, die wahrscheinlich aus gesetzlichen Gründen nicht erfüllt werden kann. Ich schlug für diesen Fall vor, für die Kosten, wenigstens teilweise, unsererseits aufzukommen.«[67]

Auch Klaus ist und bleibt auf elterliche Zuwendung angewiesen. Überdies schreibt er immer wieder unterhaltsame Briefe an Mielein, um doch noch die eine oder andere »schlanke Zweihunderterin«[68] zu ergattern. Höchst drollige Briefe eines Schriftstellers um die dreißig, der auf höchstem intellektuellen Niveau arbeitet, meistens in Luxusherbergen (oder dem Elternhaus) lebt, unter Depressionen leidet, stets suizidgefährdet ist und sehr genau weiß, dass die Mutter ihn nicht als mutmaßlichen Versager sehen will, sondern als Bonvivant, der mit ihr schäkert. Selbstverständlich erhält Kläusgen seine Extragelder. Zum Beispiel für den »Herrenschneider Dirk«, der ihm »ein sehr schönes Kleid zurechtmacht«[69], und für den Arzt, der seine »Zehe« und ihn »auch gepflegt hat. Nun will er Geld haben – ein Sonderling.«[70] Auch, um einen »netten kleinen Damen-Sommer«[71] zu verbringen, wird er schriftlich bei der Mutter vorstellig. Im Gegenzug bleibt er, neben Erika, Mutters Vertrauter, die beste Freundin sozusagen. Gesellschaftlich indes soll er seinen Mann stehen. Eine schwierige

Rolle, in die Klaus sich immer wieder drängen lässt. Die er schließlich annimmt und wechselt, ständig auf der Suche, wer oder was er nun sein kann, soll, muss.

Die Nähe der Mutter. Die scheue Distanz zum Vater.

Der ebenfalls emigrierte Schriftsteller Hans Sahl, zu Gast in Küsnacht, beschreibt unter dem Titel »Audienz« sehr anschaulich das Ambiente: »Auf der Terrasse von Thomas Manns Haus in Küsnacht war der Kaffeetisch gedeckt. Die silbernen Löffel, die silberne Zuckerdose leuchteten in der Sonne. Die Kinder standen hinter ihren Stühlen in Erwartung ihres Vaters und unterhielten sich leise miteinander. Mann hatte sich eine Tageseinteilung auferlegt, von der er selten abwich. Er stand um acht Uhr auf, ging mit seinem Hund spazieren, um neun Uhr saß er an seinem Schreibtisch und arbeitete bis zwölf, dann wieder ein Spaziergang mit dem Hund. Um ein Uhr gab es Mittagessen. Ein kleines Mittagsschläfchen, dann die Beantwortung der Korrespondenz, um fünf Uhr Tee mit den Kindern. Es war fünf Uhr, die Kinder standen hinter ihren Stühlen und warteten auf ihn.

Er sah anders aus, als ich erwartet hatte. Ich hatte mir den Autor des Tonio Kröger eher fragil vorgestellt, zarter, ein wenig leidend, an der Realität leidend, an sich selbst, an seinen Kindern, aber Thomas Mann trat fest auf, ging mit festen Schritten auf den Tisch zu, bei aller Sensibilität wirkte sein Gesicht doch eher robust, fleischlich. Er gab mit einem Kopfnicken seinen Kindern ein Zeichen zum Hinsetzen. Die Kinder flüsterten noch immer miteinander und warteten darauf, daß der Vater das Wort an sie richtete. Golo schien mir in Anwesenheit des Vaters besonders schweigsam zu sein, beinahe scheu. Klaus war etwas zutraulicher, obwohl er keinen Augenblick die Distanz, die ihn von seinem Vater trennte, zu vergessen schien, während Erika ihm eine aus Liebe und Achtung gemischte Nonchalance entgegenbrachte. Es schien mir, als ob Thomas Mann Wert darauf legte, sogar ein Gespräch mit seiner Familie wie eine Buchseite zu komponieren. Da wurde nicht durcheinander geredet, jeder kam an die Reihe zu gegebener Zeit. Thomas Mann hielt Audienz, er erteilte das Wort, er hörte zu, er kommentierte, er sorgte dafür, daß niemand zu kurz kam. Er verteilte die Portionen seiner Liebe gleichmäßig wie ein Küchenchef, der mit einem großen Suppenlöffel die Teller auffüllt. Es ging alles sehr gepflegt zu. Es wurde sogar gelacht, aber niemals zu laut. Es wurde sogar improvisiert, aber niemals über das Ziel hinaus. Thomas Mann sprach druckreif. Er brach das Brot der Grammatik mit den Seinen und verteilte es huldvoll über die Teller.«

Am Ende der Teestunde blickt der Meister auf seine Uhr, »vortrefflich«, sagt er, »in Gedanken bereits bei dem Manuskript, das nebenan aufgeschlagen auf seinem Schreibtisch lag. [...] Er erhob sich, trank schnell im Stehen seine Tasse aus und ging festen Schrittes davon, mit der Hand seine Untertanen zum Abschied grüßend. Die Audienz war beendet.«[72]

Während die älteren Geschwister nur zeitlich begrenzt bei den Eltern leben, erleben Elisabeth und Michael das Ambiente weiterhin hautnah mit. Und orientieren sich eine Zeit lang an den ältesten Geschwistern, an denen sie vor allem das Interessante, Leuchtende und Gloriose wahrnehmen.

Elisabeth bewundert Erikas Schönheit, Charme und Intelligenz und findet sich selbst zu dick, zu schweigsam und überhaupt unattraktiv. In der Schule – seit Oktober 1933 das Freie Gymnasium in Zürich – entwickelt sie sich prächtig, und ihren Wunsch, Pianistin zu werden, verfolgt sie mit verbissenem Ernst, was der Vater mit »Besorgnis« registriert. »Sie gesteht Schluckbeschwerden und Atembeklemmung ein. Es ist klar, daß sie überanstrengt ist durch die Kombination von versessenem Klavier-Üben und Schulpflichten, denen sie nach zu kurzem Schlaf oft von 5 Uhr früh an genügt. Es muß eingeschritten werden.«[73] Früher oder später jedenfalls. Die Wahrheit ist ja, dass die Eltern dem Wunsch der Töchter nach einem Musikerberuf nichts abgewinnen können. Monika nimmt das hin. Elisabeth, das Lieblingskindchen, will weiterhin überzeugen, dass sie nicht nur gut, sondern erstklassig spielt. Das ist, neben dem hochbegabten Michael, mehr als schwierig. Thomas Mann notiert »Sorge und Kummer Medi's wegen und ihres Konfliktes zwischen Schule und Musik. Sehe mit bitterer Enttäuschung die Entwicklung des Kindes sich ins Unselige verlieren.«[74] Um der unglücklichen Elisabeth zu helfen, wird sie zum befreundeten Neurologen Dr. Katzenstein geschickt. »Man hat halt gedacht, es würde mir gut tun«, so Elisabeth später, »denn mit meinen Eltern habe ich mich über solche Probleme nicht unterhalten, und die haben gedacht, ich brauche mal jemanden, mit dem man sich aussprechen kann.«[75] Der Arzt findet »überhaupt nichts Krankes«[76] an ihr, betont sie noch im Alter. Nun, wie auch immer man die Grenze zwischen krank und gesund ziehen mag: Das Mädchen hat ganz offensichtlich Probleme. An wem soll sie sich orientieren? An Erika reicht sie nicht heran, an Monika soll sie sich, bitte schön, keinesfalls ein Beispiel nehmen, und wie die Mutter will sie auch nicht leben. Versuche, sich maskulin zu stylen wie Erika und die verehrte Annemarie Schwarzenbach, wirken an ihr nicht wirklich überzeugend, sondern unbeholfen. Überdies ist sie unglücklich verliebt in Klaus' und Erikas Freund Fritz Landshoff, der in Amsterdam die deutsche Literatur des Querido-Verlages betreut, wo nunmehr Klaus' Arbeiten veröffentlicht werden. Oft und gern kommt Landshoff nach Küsnacht und gesellt sich Cello spielend zum Hauskonzert mit Michael und Elisabeth.

Der attraktive Mann in den Dreißigern ist zu der siebzehn Jahre jüngeren Elisabeth zwar nett und herzlich, aber seine Leidenschaft gilt der großen Schwester Erika. Die wiederum ist an dem melancholischen Landshoff nicht interessiert und lebt in fester Beziehung mit der Giehse.

Nachdem Elisabeth rund vier Jahre wie besessen an ihrer Liebe festgehalten hat, ergibt sich eine Aussprache in Holland, in dem sie ihm ihre Liebe erklärt. »Er antwortete, dass er es nicht könnte wegen seiner Beziehung zu Erika. Es sei zu schwer für ihn.«[77] Ist das von ihm nicht nur ein freundlicher Vorwand, um der Wahrheit auszuweichen? Noch hochbetagt hält Elisabeth sich jedoch an die Erinnerung, dass Landshoff »eben auch sehr zärtlich« war. »Es war nah dran, und genausogut hätten wir wohl auch heiraten können. Hätte ich ein bißchen mehr verstanden, hätte ich ihn verführt, aber ich war ein Kind, völlig naiv und wußte überhaupt nicht, wie das geht.«[78] An dem »nahe dran« hält sie weiterhin fest. Noch 1938, die Manns wohnen in Princeton, notiert der Vater einen Besuch von Landshoff mit seiner Braut und hat »Erbarmen mit Medi, der man den Besuch ihrer Rivalin nicht hätte anzutun brauchen«[79]. Das ist sicher schmerzhaft. Andererseits freilich auch bemerkenswert, dass sich ein Mädchen fünf Jahre lang in eine aussichtslose Liebe verbeißt und sich für andere, vielleicht gewöhnlichere Liebesbeziehungen nicht öffnet.

So wie Michael.

Der wird 1933 sofort im Züricher Konservatorium aufgenommen und findet endlich wenigstens die Anerkennung seines Vaters. Tiefere menschliche Zuwendung ist damit jedoch nicht verbunden. Thomas Mann notiert: »Unglückselige Manier Bibi's auf irgendwelche Vorhaltungen zu reagieren. Er kennt keinen Versuch, ruhige und erklärende Worte, was in Heiterkeit geschehen könnte, sondern wird sofort bockig, frech und grob. Traurig und fremd.«[80] Da ist der Junge fünfzehn und auf der Suche nach Orientierung. Die homosexuellen Brüder und ihre Freunde, das ist nichts für ihn. Aber man wird ihn beobachten, nicht nur diesbezüglich. An Erikas 30. Geburtstag im November 1935 notiert Klaus (zu Gast in Küsnacht), dass man spätabends noch ohne Mielein und Zauberer weiterfeierte: »Bibi schwer betrunken. Interessant, beinah sehr fesselnd zu beobachten. Die Vermischungen von Natürlichkeit und Poseurtum. Die bewusste (bis zu welchem Grade bewusste?) Kopie Rickis. Kinder-Trauma. Wie tief reicht es? – Hinzu kommt der Umstand, dass R. ihn – als *Einzigen* von der Familie – nicht besonders gemocht hat. Noch Unterhaltung mit Golo über B.«[81]

Interessante Beobachtung? Mit solch distanziert-fremdem Blick könnte das auch Thomas Mann geschrieben haben, wie zwei Wochen später, als er über einen halbstündigen Weinkrampf von Klaus nur sachlich vermerkt: »Klaus unpäßlich. Morphin-Reaktion.«[82] In dieser Atmosphäre ist es für einen Jungen wie Michael mit Sicherheit nicht einfach, die seelische Balance zu halten. Er beginnt zu rauchen, sich zu betrinken und mit Selbstmordgedanken zu spielen. Als »harmlosen, das Haus aber einigermaßen verstörenden Fall« bezeichnet Thomas Mann den »Bubenstreich Bibi's mit Phanodorm und anderen Mitteln«[83]. Da schickt man ihn, wie Elisabeth, zu Dr. Katzenstein, der, als Freund des Hauses und Verehrer des Vaters, wohl wenig geeignet ist, das Selbstbild des Jungen auszubalancieren. »Der problematische Bibi in leidlicher Verfassung, obgleich er den Besuch beim Seelenarzt geschwänzt«[84], notiert Thomas Mann am 14. Mai 1936. Nun, ob man es als »Schwänzerei« bezeichnen kann, wenn ein junger Mann einen Tag vor seinem Examen nicht zum Psychologen gehen will oder kann, ist fraglich. Die Prüfung jedenfalls besteht Michael im praktischen Teil mit Auszeichnung, im theoretischen indes ist er schwach, und am Abend feiert man das Ereignis mit »Champagner-Getränk«[85].

Zehn Tage später besteht Medi ihre »Chauffeurs-Prüfung«, wie man seinerzeit noch den Führerschein nennt, und fährt im neuen Wagen mit dem Bruder nach Sanary, wo sie überraschend die Schickeles »überfallen«, um bei ihnen zu »kampieren«[86]. Auf der Hinfahrt verspielt Michael den Großteil des Reisegeldes im Kasino, woraufhin mit schnell arrangierten Konzerten die Rückreise finanziert werden soll. Im Sommer gehen die beiden nochmals mit dem Auto auf eine kleine Europareise: Frankreich, Dänemark. Diemal gesellt sich Elisabeths Schulfreundin Gret Moser dazu, die bald mit Michael eine Liebesbeziehung eingeht und ihn später heiraten wird. Zurück in Zürich, besucht Michael weiterhin das Konservatorium, um sich auf sein Konzertdiplom vorzubereiten. Dabei ergibt sich ein heftiges Zusammentreffen mit dem Direktor des Institutes, der dem jungen Mann energisch verbietet, während der Pause in einem der Unterrichtszimmer zu üben. Es kommt zu Handgreiflichkeiten, in deren Verlauf Michael dem Direktor eine Ohrfeige verpasst, woraufhin er das Konservatorium verlassen muss. Es ist nicht das erste Mal, dass sich der jüngste Mann-Sohn aggressiv, jähzornig und unberechenbar zeigt. Man kann das mit Kindheitsverletzungen erklären, mit unerwiderter Liebe und Wut, die sich letzten Endes (und Anfangs) gegen den Vater richtet. Aus neurophysiologischer Sicht erscheint es auch durchaus plausibel, dass Erwachsene, die schon als Kleinkinder in hohem Maß emotionalem Stress ausgesetzt sind, unter mangelhaftem Regulationsvermögen leiden. Unter großem Druck brennen dann, salopp formuliert, die Sicherungen durch. So auch Ende November 1936: Zu den Manns kommen Michaels ehemaliger Lehrer Willem de Boer und seine Gattin zum Abendessen und geben nach dem Kaffee ein kleines Konzert: »Violine und Gesang. Die Gäste gingen spät. Nachher leider heftige Szene mit dem argen Bibi, gegen den meine Erbitterung groß um des Kummers willen, den er mit seiner albernen Lasterhaftigkeit u. Frechheit seiner ihm soviel Sorge opfernden Mutter bereitet. Bedrohlicher Abgang seinerseits.«[87]

Vordergründig macht Michael eigentlich nichts anderes als Klaus und Erika. Er trinkt zu viel. Er raucht. Spielt mit Schlaftabletten. Aber anders als Klaus, der sowieso kein gewöhnlicher Mann sein will und deshalb keine Probleme hat, sich »üsis« und schäkernd mit Mielein zu geben, will Michael – schon gar nicht in Gegenwart des ehemaligen Lehrers – als Muttersöhnchen dastehen. Und anders als Erika, Adlatus ihrer Eltern, ist er nicht trinkfest genug und seiner selbst so sicher, dass so ein Abend ihn nicht aus der Fassung bringen könnte. Am nächsten Tag notiert Thomas Mann: »Da ich gestern Nacht sah, daß die arme K. doch nicht würde schlafen können, riet ich ihr, mit Medi im Wagen die Suche nach dem törichten

Jungen aufzunehmen. Sie taten es ohne Erfolg. Ich begann die Lektüre von J. V. Jensens ›Dr. Renaults Versuchung‹. – K. die Nacht schlaflos verbracht. Brach beim Frühstück zu meinem Herzweh in Tränen aus vor nervöser Erschöpfung. Während ich mich an die Arbeit machte, fuhr K. wieder aus, wobei auf meinen Wunsch Medi sie wieder begleitete. Nachdem ich einiges an der Novelle geschrieben, kehrte K. zurück: Hatte den Jungen in seinem Stadtzimmer und Bette gefunden, nachdem er die Nacht bei dem jungen Hesse verbracht. Man habe ihn ja fortgejagt.«[88]

Michael wird zwar nicht fortgejagt, aber sein Studium setzt er in Paris fort. Schon kurz nach der Übersiedlung muss der achtzehnjährige Student seine Mutter um Geld bitten: »Ich müßte um meine Schulden zurückzahlen zu können und um bis zum Ende des Monats zu leben, die ganz grauenhafte Unsumme von 110 *Schweizer*franken haben. – Das ist für pauvre emigré *garnicht* angemessen, das weiß ich *recht* wohl und es darf auch nicht mehr vorkommen. Aber ich *schwöre* es Dir […], daß ich das von meinem ersten Konzertverdienst zurückzahle. Ja Maman: ich *schäme* mich, – aber kannst Du es mir gleich schicken? Ich pfeife aus dem letzten Loch. – Das war nichts schönes, kann man nicht sagen. […] – Nimm mir das alles nicht zu übel, ich bin schon beschämt genug. Bald mehr und BESSERES von B.«[89] Überraschend dürfte es für die Mutter nicht sein, dass ihr jüngster Sprössling (noch) nicht haushalten kann. Allerdings, gemessen an Erikas und Klaus' finanziellen Exzessen hält sich die Summe in überschaubaren und nachvollziehbaren Grenzen.

Neckische, freilich höchst amüsante, Verrenkungen wie Klaus macht Michael für seine 110 Franken allerdings nicht. Es macht eher einen sachlichen, verständigen und einsichtigen Eindruck, wie er die Mutter um Geld ersucht. Dennoch, ein Spaß sind solche finanziellen Angänge der Kinder freilich nicht. Bei sechs mehr oder weniger erwachsenen Kindern kann das Elternsein einfacher werden oder sich verkomplizieren, unter normalen Umständen jedenfalls. Seit 1933 gibt es jedoch keine normalen Umstände mehr.

Seit 1933 verändert sich das Leben. Das gilt für alle Emigranten, alle Verfolgten und natürlich auch für die Manns. Da rückt man enger und dankbarer aneinander, da werden indes auch individuelle Grenzen der Persönlichkeit immer stärker zum Ausdruck gebracht. Im Sommer 1933, noch in Sanary, ist Thomas Mann durchaus einverstanden, als zukünftiger Autor für die von Klaus herausgegebene Zeitschrift *Die Sammlung* zu »figurieren«. »Der Prospekt war ja recht lecker«[90], teilt er dem Sohn launig mit.

Drei Wochen später jedoch, das erste Heft der *Sammlung* ist inzwischen erschienen, distanziert sich Thomas Mann von diesem Projekt. Zu deutliche Worte gegen Nazideutschland stehen da, zu deutlich, um Verleger Gottfried Bermann Fischer, Schwiegersohn Samuel Fischers, nicht dringend mahnen zu lassen, den Verkauf vom inzwischen zweiten »Joseph«-Roman nicht zu gefährden. Auch René Schickele, Stefan Zweig, Robert Musil und Alfred Döblin werden diesbezüglich ernsthaft ermahnt und treten von einer Mitarbeit an Klaus' Zeitschrift zurück. Mit dem stillen Rückzug Thomas Manns ist die Sache jedoch nicht geklärt. Als im *Börsenblatt des deutschen Buchhandels* eine Warnung vor der *Sammlung* veröffentlicht wird, beeilt sich Bermann Fischer mitzuteilen, dass seine Autoren über den Inhalt der Zeitschrift getäuscht worden seien und jede Gemeinschaft mit ihr ablehnten. Für Klaus ist das bitter und traurig. Der Vater schreibt »Aissi« einen langen erklärenden Brief, denn gleichgültig ist ihm die Sache nicht. Nur: Er will an Bermann Fischer festhalten, er will seine Bücher in Deutschland verkaufen – welcher exilierte Autor will nicht in seiner Muttersprache gelesen werden? –, und er will – das schreibt er dem entschiedenen Klaus freilich nicht – weiterhin an der Hoffnung festhalten, gegebenenfalls, vielleicht, womöglich wieder nach Deutschland zurückkehren zu können. »Der Verkauf meiner Bücher war in den letzten Wochen besser als seit langem«, schreibt er dem Sohn und Kollegen Klaus, dessen Bücher der Bücherverbrennung im Mai zum Opfer fielen. Ein Erfolg seines neuen »Joseph«-Bandes wäre doch jetzt »für die Machthaber viel ärgerlicher«, es wäre »ein eklatanterer Sieg über sie [...] als ein ganzer Stoß Emigranten-Polemik«[91]. Da kann »herzlich Z.«sich dann doch nicht versagen, seinem Sohn das Gewicht seiner größeren Bedeutung vorzuhalten. Und hofft »auf Nachsicht dafür bei euch stolzen Anti-Opportunisten«[92]. Es ist ja gut, wie Erika und Klaus sich engagieren. Aber bitte ohne ihn.

Auch 1934 und 1935 verharrt Thomas Mann in dieser Haltung, obwohl er weiß, dass es Zeit ist, Stellung zu beziehen. Andererseits, die Nerven immer.

Auf der Rückfahrt von seiner Wien-Prag-Budapest-Reise im Januar 1935 notiert er Eindrücke und Erfahrungen, »ein helles Aufleuchten meiner Existenz« und: »Es ist übrigens keine Frage, daß dem persönlichen Wachstum der Jahresringe sich ein relatives gesellt, das im sinkenden Niveau der Zeit begründet ist. Moralisch und kulturell gewinnt meinesgleichen bei zunehmender Applanierung etwas einsam Ragendes, und ich verkenne nicht, daß viel von den Huldigungen, die ich auf dieser Reise empfing, auf Rechnung der menschlichen Ehrfurcht vor den Überlebenden einer höheren Epoche kommt.«[93] Keine Frage: Thomas Mann steht Huldigungen nicht ratlos gegenüber. Wenn indes Menschen sich ungebührlich verhalten, verliert er allzu oft die Fassung. So im Skiurlaub Februar 1935. Da weigert er sich, an einem Empfang bei einer »Pute«, einer Bekannten Katias, teilzunehmen. Das will er einfach nicht.

Es ist der letzte Urlaubstag, und er ist plötzlich »des Aufenthalts bitter müde. Regte an, schon heute Morgen zu reisen, was gegen K.'s Wünsche war. Dennoch, halb auch gegen meinen eigenen Willen und gegen mein Erwarten, wurde die Abreise heute Morgen in Hast durchgeführt. Überreizung und Depression auf beiden Seiten. Trauriges und enttäuschungsvolles

Ende. Mit der Bahn hinab. Der Zug bis Chur sehr voll. Saß während der 5 Stunden meistens mit geschlossenen Augen in bitterer Niedergeschlagenheit, Furcht und Kummer, während K. hustete.«

Zu Hause in Küsnacht dann das Abendessen mit Katia und Elisabeth »bei müder, bedrückt-gedämpfter Stimmung. Für K. ist es gut, die Kinder wieder zu haben, morgen Erika zu sehen und nicht mehr mit mir allein zu sein.«[94]

Natürlich ist höchst anrührend, wie bekümmert er ist. Wie verletzt sie ist. Stundenlang schweigend und hustend. Dennoch ist dies keine so ungewöhnliche Szene für eine Ehe. Und es besteht kein Zweifel, dass auch Katia zu heftigem Jähzorn neigt. »Bei aller Glückhaftigkeit der Verbindung«, so Michael, sei die Ehe der Eltern »weit schwieriger, als die Legende es will«, gewesen, »und wie oft ist er der Nachgiebige, Milde, sich selbst Beschuldigende gegenüber der zu Heftigkeit und Depressionen geneigten jüngeren Gattin.«[95] Die jüngere Gattin, inzwischen Anfang fünfzig, kümmert sich um all seine Belange. Auch Erika sorgt sich um ihn und ums Mielein und mischt sich immer selbstverständlicher in die elterlichen Beziehungen zu den Geschwistern ein.

Anfang 1936 kümmert sich Erika um etwas anderes, Schwerwiegenderes:

Seit drei Jahren ersucht sie ihren Vater um einen Verlagswechsel. Am liebsten wäre ihr der von Landshoff betreute Querido-Verlag in Amsterdam, bei dem ja auch Klaus veröffentlicht. Dabei übersieht sie offenbar, dass schon allein aufgrund der Verlagsverträge, Rechte und bereits geleisteten Vorschüsse an einen Wechsel nicht zu denken ist. Seit drei Jahren drängt sie ihren Vater auch um eine öffentliche Stellungnahme gegen Nazideutschland, aber die Lossagung fällt ihm schwer. Im Privaten ringt er sich durch: Von Ernst Bertram, dem engen Freund, der dem neuen Deutschland völkisch-freundlich begegnet, löst sich Thomas Mann. »Fremd und bedrückend« ist ihm »die Geistesrichtung, um nicht zu sagen: Geistesverfassung«, in der Bertram sich befindet. Im Januar 1934 betont er dem ehemalige Freund gegenüber, dass seine Haltung »nicht vom Emigrantengeist bestimmt« sei: »Ich stehe für mich und habe mit dem in der Welt verstreuten deutschen Emigrantentum überhaupt keine Fühlung. Im Übrigen hat dieses deutsche Emigrantentum im Sinne irgendwelcher geistigen und politischen Einheit gar keine Existenz. Die individuelle Zersplitterung ist vollkommen.«[96]

Erika moniert immer dringlicher.

Drei Jahre lang verschiebt Thomas Mann sein eindeutiges Abgrenzen und begründet dies mit seiner literarischen Arbeit, Tourneen, Auslandsreisen und überhaupt: Er lässt sich nicht gerne bedrängen und aus dem mühsam ausbalancierten Alltag bringen. Auch im Urlaub nicht. So in Arosa, Januar 1936. Beiläufig registriert er am 14.1. einen Anruf von seinem Verleger Bermann Fischer aus London »in Aufregung über den Tage-Buch-Artikel. Verabredung einer öffentlichen Erklärung von Hesse, mir und der Kolb.«[97]

Die Bedeutung der »öffentlichen Erklärung« unterschätzt er offenbar. Das Erscheinen seiner Werke im deutschsprachigen Raum ist ihm am wichtigsten, und dass das im neu gegründeten Bermann-Fischer Verlag in Wien geschieht, ist ihm recht.

Doch Thomas Manns Verlagswahl war – und blieb – ein Politikum. Immer mehr Titel aus dem Programm des S. Fischer Verlags werden während der nationalsozialistischen Herrschaft verboten. 1934 stirbt Samuel Fischer in Berlin, 1935 ist die Stellung der Verlegerfamilie unhaltbar geworden, sie entschließt sich mit Genehmigung der Behörden zum Exil. Gottfried Bermann Fischer, Schwiegersohn und langjähriger Mitarbeiter Samuel Fischers, gründet 1936 in Wien, später in Stockholm und New York mit den Werken der verbotenen Autoren Exilverlage, während Peter Suhrkamp treuhänderisch den Verlag in Berlin mit unbelasteteren Werken weiterführt. Hermann Hesse, dessen Rechte nicht ins Exil mitgenommen werden dürfen, bleibt bei Suhrkamp, Thomas Mann folgt Bermann Fischer.

Von den verschiedenen Seiten werden diese Entscheidungen aufmerksam verfolgt und kulturpolitisch interpretiert. Leopold Schwarzschild, der Herausgeber des *Neuen Tage-Buches*, schreibt am 11. Januar einen Artikel, der Bermann Fischer verdächtigt, als »Schutzjude« mit Göbbels' Einverständnis einen getarnten Exilverlag zu gründen. Thomas Mann, Hermann Hesse und Annette Kolb veröffentlichen daraufhin am 18. Januar eine Stellungnahme in der *Neuen Zürcher Zeitung* und betonen ihr Vertrauen zu Bermann Fischer und seinen Verlag. Erika ist entsetzt. Was nun folgt, sind innerhalb von zehn Tagen sechs sehr lange Briefe zwischen Thomas, Katia und Erika. Die schreibt am 19.1. an den Vater, dass sein »Protest« ihr »dermaßen traurig und schrecklich vorkommt«, dass sie sich nicht vorstellen kann, ihm »in näherer Zukunft überhaupt unter die Augen zu treten« [...] Doktor Bermann ist, soviel ich weiß, die erste Persönlichkeit, der, seit Ausbruch des dritten Reiches, Deiner Auffassung nach Unrecht geschieht, zu deren Gunsten Du Dich öffentlich äußerst. Für niemanden sonst hast Du es bisher getan. [...] Er bringt es nun zum zweiten Male fertig (das erste Mal anläßlich des ›Eröffnungsheftes‹ der ›Sammlung‹), daß Du der gesamten Emigration und ihren Bemühungen in den Rücken fällst, – ich kann es nicht anders sagen.

Du wirst mir diesen Brief wahrscheinlich sehr übel nehmen, – ich bin darauf gefaßt und weiß, was ich tue. Diese freundliche Zeit ist so sehr geeignet, Menschen auseinanderzubringen – in wievielen Fällen hat sie es schon getan. Deine Beziehung zu Doktor Bermann und seinem Haus ist unverwüstlich, – Du scheinst bereit, ihr alle Opfer zu bringen. Falls es ein Opfer für Dich bedeutet, daß ich Dir, mählich, aber sicher, abhanden komme, –: leg es zu dem übrigen. Für mich ist es traurig und schrecklich. Ich bin Dein Kind E.«[98]

Thomas Mann registriert den Empfang diese Schreibens

mit Leiden bei der Heimkehr von einem Spaziergang in Arosa: »leidenschaftlicher und unbesonnener Brief von Erika in Sachen Bermann-Tagebuch, der mich sehr schmerzte«[99]. Nach drei Tagen wird er ihr antworten. Unverzüglich jedoch reagiert Katia, die noch am 21.1. an ihre »liebe Frau Schatz«, nämlich Erika, schreibt und ausführlich zu erklären versucht: »Ich weiß, daß ich eine duldsamere Natur bin als Du, man kann es natürlich auch Schwäche nennen«, meint die Mutter und fügt an: »Du bist, außer mir und Medi, der einzige Mensch, an dem Z.s Herz ganz wirklich hängt, und Dein Brief hat ihn sehr gekränkt und geschmerzt. Daß er viel Ärger und Unannehmlichkeiten von diesem Schritt haben werde, habe ich ihm vorausgesagt [...]. Daß aber Deine mir selbstverständliche Mißbilligung so weit gehen würde, quasi mit ihm zu brechen, hätte ich wirklich nicht erwartet. Und für mich, die ich nun einmal sein Zubehör bin, ist es auch recht hart. Dein Brief ist ja natürlich kein Abschiedsbrief für immer, und ich nehme an, daß sich in absehbarer Zeit ein Weg finden wird. [...] Adieu, meine Schätzin [...] Es segnet und umarmt Dich Dein Mielein«[100].

Umgehend antwortet dann Erika an »liebste Süsi«, dass sie ihren Brief an den Zauberer » nicht als uneinsichtig bereuen« kann. Es sei »sehr viel Hochmut« in des Vaters »Bescheidenheit, – er will nicht zu uns gehören, so wenig, wie zu jenen in Deutschland; (gewiß, ›wir‹ sind nichts besonderes, – aber er vergißt, daß wir gleich viel besser wirkten, wäre er nur wirklich bei uns!), – er will über den Wassern schweben und das kann nicht erlaubt sein, auf die Dauer, weder ›höheren Ortes‹ noch unten bei uns«[101].

Am 24. Januar beendet Thomas Mann nun einen im Original zwölfseitigen Brief an Erika »und die Nachwelt«[102], wie er im Tagebuch vermerkt. Dieser Brief beginnt väterlich: »Liebe Eri, Dein Brief hat mir natürlich weh getan und das sollte er ja als Revanche für den Schmerz, den ich Dir zufüge – nicht gern und nicht recht wissentlich; denn ich bilde mir immer wieder ein, daß Du mein Verhalten, das seinen persönlich bestimmten Anfang und seine Konsequenzen hat, neben dem Deinen gelten läßt. Du tust es arg kindlicher Weise zwischendurch, aber wenn dies Verhalten wieder einmal in einer Einzelheit akut wird, wie jetzt, geht die Leidenschaft mit Dir durch. Leidenschaft ist schön; blinder Haß, vorsätzliche Ungerechtigkeit sind es nicht. Ich habe Entschuldigungen auch für diese. Schön ist das Ganze nicht, und so ist es kein Wunder, daß heftig Unschönes mit unterläuft in der Reaktion darauf. Eines der Hauptmerkmale für die idiotische Roheit des gegenwärtigen Deutschtums war für mich von Anfang an, schon vor seiner ›Machtergreifung‹, sein Verhältnis – nicht zu mir, sondern zu meinen Kindern, zu Dir und Klaus. Du bist nicht die Erste, der ich das sage.«

Es folgen eine Erklärung über Bermann – »daß es ein Unglück war, daß Bermann sich nicht entschließen konnte, sofort nach Ausbruch des Irrsinns das Land zu verlassen darüber ist kein Streit. Er hat es nicht fertiggebracht. Infamien hat er nicht begangen; keine einzige ist nachweisbar« – und Rechtfertigungen für seine Treue zum Verleger. Gewiss, längst hätte er sich gegen das faschistische »Gesindel« äußern wollen und sollen, aber: »Es ging nicht, es sollte nicht sein – vielleicht noch nicht. Man muß Geduld mit mir haben, ich selbst muß sie haben, meine eigentliche moralische Leistung bestand immer in ihr. Der Tag mag kommen, möge kommen.« Dass die ganze Sache Erika »Kummer« bereitet, weiß er und reagiert auf ihre »dunklen Drohungen« von töchterlichem Liebesentzug gelassen: »Ich bin deswegen ziemlich getrost. Zum Sich-überwerfen gehören gewissermaßen Zwei, und mir scheint, mein Gefühl für Dich läßt dergleichen garnicht zu. Wenn ich denke, wie Du manchmal gelacht und Tränen in den Augen gehabt hast, wenn ich euch vorlas, so scheint mir Deine Ankündigung auch wieder unwahrscheinlich. Du bist viel zu sehr mein Kind Eri, auch noch in Deinem Zorn auf mich, als daß sie sich so recht erfüllen könnte. Meine Ergriffenheit bei Deiner Pfeffermühlen-Produktion beruht immer zum guten Teil auf dem väterlichen Gefühl, daß das Alles eine kindliche Verlängerung meines eigenen Wesens ist, – ich bin es nicht gerade selbst, es ist nicht meine Sache, das zu machen, aber es kommt von mir her. Es kommt im Grunde auch Dein Zorn auf mich kindlich von mir her; er ist sozusagen die Objektivierung meiner eigenen Skrupel und Zweifel.«[103]

Erika antwortet wiederum – um drei Uhr in der Nacht – sehr schnell und ohne auf des Vaters gefühlvolle Zuwendung einzugehen, denn sein Brief hat sie »sehr aufgeregt« und ist ihr »sehr nahe gegangen«. Jetzt will sie die Sache durchziehen, jetzt soll der Zauberer Flagge zeigen. Darum bittet sie ihn sehr, recht sehr, und fügt im Postskriptum an: »Du hast recht: dies alles tut meiner Zugehörigkeit zu Dir im Grunde keinen Abbruch, das aber macht das Ganze nur unleidlicher.«[104]

Am selben Tag wie Erikas Brief an den Vater erscheint in der *Neuen Zürcher Zeitung* ein Beitrag des Chefredakteurs Eduard Korrodi: »Deutsche Literatur im Emigrantenspiegel«, in welchem rigoros sowohl Qualität als auch Relevanz der deutschen Literatur im Exil bezweifelt werden. Als Klaus in Amsterdam diese »infame Entgleisung« liest, will er eigentlich sofort an Korrodi schreiben, zögert dann aber, »da erst versucht werden muß, den Zauberer zu einer Antwort zu kriegen«[105]. Bruno Frank und er telegrafieren an Thomas Mann und »bitten inständigst«[106], auf Korrodis Artikel einschlägig zu erwidern. Es folgt eine Antwort, nicht vom Vater, sondern »Telegramm von Mielein: dass Zauberer antwortet«[107]. Tatsächlich schreibt der Vielbedrängte, inzwischen wieder in Küsnacht, an einem entscheidenden offenen Brief an Korrodi und fühlt sich dabei »benommen und herabgestimmt«[108]. Am nächsten Tag kommt Erika »zu Tische. Liebevoll. Gespräch mit ihr über die Dinge.«[109] Und zwei Tage später fährt man nach Zürich, um den bedeutungsvollen Brief persönlich abzugeben. »Ich bin mir der Tragweite des heute getanen Schrittes bewußt«, schreibt er in sein Tagebuch. »Ich habe nach 3 Jahren des Zögerns mein Gewissen und meine feste Überzeugung sprechen lassen. Mein Wort wird nicht ohne Eindruck bleiben.«[110] Am 4. Februar schließlich erscheint »Zauberers große Erwiderung an Korrodi in der *N.Z.Z.* Sehr entscheidend für ihn, besonders durch den kühnen, die Nazis provozierenden Schluss. Es ist die erste, entschlossene, rührende Tat von seiner Seite«[111], so Klaus. Und Erika, auf Tournee in Prag, telegrafiert: »Dank, Glückwunsch, Segenswunsch. Kind E.«[112] Thomas Manns Worte an Korrodi und die Welt sind klar und souverän:

»Die tiefe, von tausend menschlichen, moralischen und ästhetischen Einzelbeobachtungen und -eindrücken täglich gestützte und genährte Ueberzeugung, daß aus der gegenwärtigen deutschen Herrschaft nichts Gutes kommen *kann*, für Deutschland nicht und für die Welt nicht, – diese Ueberzeugung hat mich das Land meiden lassen, in dessen geistiger Ueberlieferung ich tiefer wurzele als diejenigen, die seit drei Jahren schwanken, ob sie es wagen sollen, mir vor aller Welt mein Deutschtum abzusprechen.«[113]

Diese Stellungnahme des Vaters hat Einfluss auf alle Mitglieder der Familie Thomas Mann, und es ist sicher, dass auch den anderen früher oder später, wie schon Heinrich, Erika und Klaus, die deutsche Staatsangehörigkeit entzogen werden wird. Thomas Manns deutscher Pass ist schon seit drei Jahren abgelaufen, eine Verlängerung erfordert sein persönliches Erscheinen in Deutschland – und ist also unmöglich. Die Schweizer Eidgenossen helfen zwar mit einem sogenannten Fremdenpass, der ihm Reisefreiheit gewährt, aber zu mehr lassen sie sich bei der Flut an Emigranten nicht ein. Da ist er dankbar, wie sein Bruder Heinrich, tschechoslowakischer Staatsbürger werden zu können, und legt im November 1936 mit Katia, Elisabeth und Michael auf dem tschechoslowakischen Konsulat in Zürich den Eid für die Einbürgerung ab. Zwei Wochen später wird ihm die deutsche Staatsangehörigkeit aberkannt, Katia und die vier jüngsten Kinder sind in diese Verfügung eingeschlossen.

Erika, die schon im Juni 1935 für unwürdig erklärt wurde, sich Deutsche zu nennen, löste das Dilemma der Staatenlosigkeit ganz pragmatisch und ließ sich, um britische Staatsbürgerin zu werden, von dem homosexuellen Dichter Wystan Hugh Auden heiraten, der allerdings größten Wert auf beidseitige familiäre Kontakte legt und zum Familienfreund avanciert. Auch für Therese Giehse wird ein britischer Ehemann gefunden: John Hampson-Simpson, ebenfalls homosexueller Schriftsteller und mit der Giehse zeitlebens befreundet und verheiratet. Als Paar, als Liebespaar wähnt sich Therese jedoch weiterhin mit Erika liiert. Dafür nimmt sie die finanziell wenig einträglichen Strapazen von über 1000 Vorstellungen der »Pfeffermühle« in der Schweiz, der Tschechoslowakei, Belgien, Holland und Luxemburg in Kauf. Dafür ist sie auch bereit, mit dem Ensemble nach New York zu reisen, um dort die »Peppermill« zu starten. Erika reist mit Klaus (der ein französisches Visum hat) im September 1936 auf einem komfortablem Passagierschiff voraus, um für das neue Projekt einen geeigneten Agenten und vor allem Räumlichkeiten zu finden. Die Truppe reist im November nach, im Gegensatz zu den Manns reisen die Mitspieler auf einem Zementfrachter. Vierzehn Tage dauert die Fahrt. Anstrengend.

Therese Giehse hofft auf stabile Liebesverhältnisse mit Erika und wird schon bei der Ankunft mit den vielen neuen Bekanntschaften der Geliebten konfrontiert. Von »Komplikationen mit Giesskys Psychele« beichtet Erika enerviert an ihre Mutter »Frau von und zu Obersüßlich«[114], und obwohl die »Peppermill« in New York schon im Februar 1937, nach nur acht Vorstellungen, als gescheitert betrachtet werden muss, will Erika dennoch in den USA bleiben. Ein reicher Verehrer, Maurice Wertheim, bietet jeglichen Komfort. Und die Giehse stört jetzt. Das bespricht Erika schriftlich mit »Frau Süsi, ach, Frau Süsiwert«, nämlich der Mutter: »Erst war doch schon alles so sehr schwierig mit unserer bockbeinigen Spinnurschel, die denn doch so sehr von allem Verstand und jedwedem Einsehen verlassen wurde (angesichts all meiner neuen connaissancen), daß, freilich, natürlich, selbstverständlich, auch ihre Künstlerschaft darunter litt. Es steht dahin, ob ich es feiner und unmerklicher hätte machen können«, schreibt sie. Fest steht, »meine persönlichen Chancen sind gut«, aber »Therese, die arme beese, möchte ums Sterben nicht abreisen, was sie doch müßte, – ach, es sind der Sorgen viele«[115]. Wie mag sich Therese Giehse auf ihrer schließlich Anfang Februar angetretenen Rückreise fühlen? Sie ist Jüdin, ohne festes Engagement, ohne Liebe, ohne Erika. Aber eine geniale Schauspielerin. Völlig unerwartet erhält sie direkt nach ihrer Ankunft in Cherbourg ein Telegramm, dass sie sofort am Schauspielhaus Zürich weiterarbeiten kann. Und Erika macht in den USA Karriere als »lecturer« – als Vortragsreisende. Immer das gleiche Thema: Nazideutschland. Die Frau im Dritten Reich, Kindererziehung im Dritten Reich und die Emigration. Daneben schreibt sie an Berichten über den Hitlerstaat und an Dokumentationen über deutsche Intellektuelle in den USA. Im März 1937 spricht sie auf einer Massenveranstaltung im Madison Square Garden vor über 20 000 Leuten und verliest ein Telegramm des Vaters:

»Zu Deinem Auftreten vor American Jewish Congress beglückwünsche ich Dich herzlich stop Du sprichst dort als selbständige Persönlichkeit zugleich aber tust Du es gewissermaßen an meiner Statt als meine Tochter und als meines Geistes Kind stop es ist eine schöne Gelegenheit für das Gute und Rechte für Wahrheit und Menschenwürde zu zeugen gegen Gewalt und Lüge die heute vielfach so siegreich scheinen und viele verführen stop […] Liebevollen Gruß«[116]. Erikas Reden kommen beim Publikum an. »Meine Erfolge als public speaker number 1 – häufen sich. Meine etwas kindische Art, Geschichten zu erzählen, und, nur an Hand ihrer, Schlüsse zu ziehn, die ungeheuer allgemeinverständlich sind, nimmt die schlichten Amerikaner für sich ein.«[117] Im August 1937 wird sie offizielle Emigrantin in die USA und fühlt sich als »Daughter of« freundlich aufgenommen, ja, es »schmeichelt den lieben amerikanischen Menschen und so steht denn alles sehr emsig«, schreibt Erika an Mutter »Süsilieb«[118].

Für Klaus indes steht nichts emsig, obwohl er ungeheuer fleißig ist. Die drei Monate in den USA waren teuer und deprimierend. Anfang Januar reist er nach Europa zurück, Paris, Amsterdam. Nimmt weiterhin Heroin und die ganzen anderen Mittel zum Beruhigen, zum Aufputschen, arbeitet. Ende Februar 1937 besucht er die Eltern in Küsnacht (»unterwegs reichlich genommen«) und erfährt, dass der Zauberer nun auch eine Zeitschrift herausgibt *(Maß und Wert)*. Darüber ist Klaus natürlich »nicht ganz glücklich« und »etwas verstimmt«, dass er darüber nicht »unterrichtet« wurde. In sein Tagebuch schreibt er: »Empfinde, wieder sehr stark, und nicht ohne Bitterkeit, Z.'s völlige *Kälte*, mir gegenüber. Ob wohlwollend, ob gereizt (auf eine sehr merkwürdige Art ›geniert‹ durch die Existenz des Sohnes): *niemals* interessiert; *niemals* in einem etwas ernsteren Sinn mit mir beschäftigt. Seine allgemeine Interesselosigkeit an Menschen, hier besonders gesteigert. – Konsequente Linie von der ungeheuer *oberflächlichen* – weil un-interessierten – Schilderung in ›Unordnung‹ bis zu der Situation: mich in dieser Zeitschriftensache glatt zu vergessen. [...] Reizende Äusserungen wie etwa gelegentlich ›Flucht i.d.N.‹ oder ›Mephisto‹ *kein* Gegenbeweis. Schreibt an gänzlich Fremde ebenso reizend. Mischung aus höchst intelligenter, fast gütiger Konzilianz – und Eiseskälte. – Dies alles mir gegenüber besonders akzentuiert. Ich irre mich nicht.«[119] Gesprochen wird darüber indes nicht. Das Gefühl bricht dann andernorts immer wieder hervor, etwa sechs Wochen später, als Klaus im Wartezimmer eines Arztes »fast in Tränen« ausbricht, weil er in einer Sportillustrierten die Fotografie eines kleinen Skiläufers sieht. »Schauer der Traurigkeit und Zärtlichkeit. Begreife so klar wie vorher mein Schicksal – dass ich NIE geliebt werden KANN, wo ich lieben MUSS, und dass ich deshalb den Tod will als die Erlösung. Mir das Bild dieser

Die »Poschi«: Die Villa Poschingerstraße 1 in München, gebaut 1914, war bis 1933 Wohnsitz der Familie Mann.

Katia mit ihrer Mutter Hedwig Pringsheim (um 1895).

Thomas Mann mit seiner ältesten Tochter Erika (um 1906).

Katia Mann mit Sohn Klaus auf dem Arm (um 1907).

Die beiden Ältesten: Klaus und Erika Mann (um 1910).

Erika, Klaus, Golo und Monika Mann (um 1915).

Die Kinderschar ist vollständig: Katia Mann mit dem jüngsten Sohn Michael auf dem Arm; daneben (v. l.) Monika, Golo, Klaus, Elisabeth und Erika Mann (um 1919/20).

Die beiden Jüngsten: Elisabeth (rechts) und Michael Mann, Mitte der 20er Jahre.

Thomas Mann genießt den »Wohllaut der Musik«, Mitte der 20er Jahre.

Ankunft der Familie Thomas Mann in Nidden.

Das Haus in Nidden als Urlaubsdomizil – v. l.: Katia, Elisabeth, Thomas und Michael Mann mit zwei unbekannten Jungen. Auf der Bank im Hintergrund sitzt Monika Mann.

Im Ferienhaus in Nidden: Elisabeth, Katia, Monika, Thomas und Michael Mann.

Die Familie am Strand: Monika (mit unbekanntem Mädchen), Golo, Katia, Michael, Elisabeth und Thomas mit Katias Cousine Ilse Dernburg.

Klaus und Erika Mann sowie eine Unbekannte,
Le Lavandou (Mai 1933).

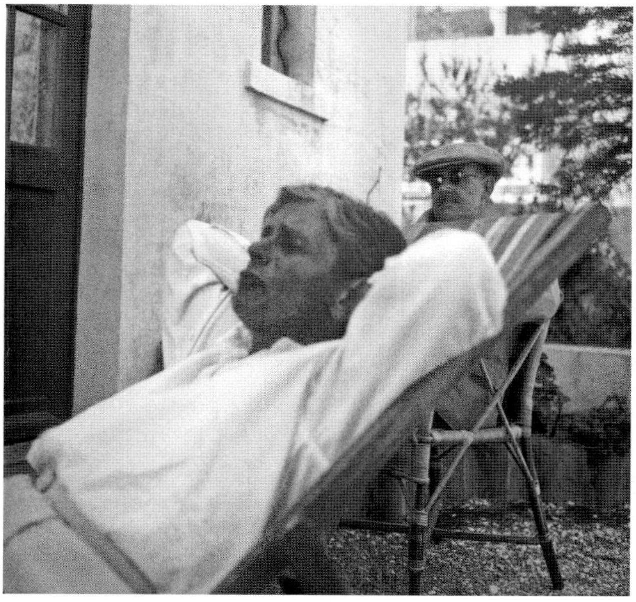

Katia und Thomas Mann in Le Lavandou (Mai 1933).

Weihnachten 1944 in Pacific Palisades: Thomas Mann, sein Schwiegersohn Giuseppe Antonio Borgese, Katia mit Enkelsohn Frido, Elisabeth mit Dominica; Michael, davor Gret (verdeckt) und Angelica; ganz rechts Toni.

Auf der Europareise 1950: Michael, Katia, Erika, Thomas und Golo (v. l.).

Zu Hause in Pacific Palisades: Erika Mann mit ihren Eltern (1951).

Die Beerdigung Thomas Manns in Kilchberg (August 1955).

Erika Manns Zimmer in Kilchberg.

Katia Mann an ihrem 95. Geburtstag 1978.

Das Familiengrab in Kilchberg, in dem Golo Mann ausdrücklich nicht bestattet sein wollte.

lachenden Unschuld, Dummheit, Kraft, Schönheit über dem Schreibtisch befestigt.«[120] Klaus bleibt rund zwei Monate im Haus der Eltern, arbeitet sehr viel, injiziert ständig Drogen in seine »armen zerstochenen Beine«[121] und wartet auf seinen tschechoslowakischen Pass, den er Ende März auf dem Konsulat in Zürich zugesprochen bekommt. In den paar Wochen Familienleben echauffiert Klaus sich absurderweise, dass es »wieder mal eine Lästigkeit mit Bibi – der telegrafisch Reisegeld haben will«[122] gibt. Er trifft Freunde, auch Therese Giehse, die Freundin der Familie Mann bleibt, und kehrt in sein unstetes, beklemmendes Dasein zurück. Im Mai recherchiert er in Budapest und entschließt sich zu einem Drogenentzug. Die Kur muss bezahlt werden und überhaupt, er will sich mitteilen und schreibt an die Mutter einen Brief, in dem er seine Drogenmisere schildert. Katia Mann antwortet hastig:

»Lieber Aissi-Sohn!

Ein wenig regt es mich natürlich auf, daß es so weit kommen mußte. Andererseits überrascht es mich ja nicht so sehr«. Sie habe sich »längst« ihre Gedanken zu seinem Aussehen gemacht. Vom Entzug verspricht sie sich Gutes, verweist auf Tante Julia Mann, deren »Verstand und Lebenswille« nicht hingereicht hätten, um nicht »im Kleinbürgerlichen« (Katia Manns Synonym für Drogensucht) zu versinken und fügt an, dass der Entzug manch anderem gelungen sei, »wie dann wohl nicht einem Sohn von mir?! Bei unserem holden Fräulein freilich wäre ich meiner Sache viel weniger sicher (möge Gott sie vor derartigen Anregungen bewahren), aber ich denke wirklich, ich kann in diesem Fall vertrauensvoll in die Zukunft sehen.« Am Ende des Briefes bemerkt sie noch: »Eigentlich finde ich es sehr nett von Dir, daß Du mir geschrieben hast und Dich sorgst, daß es mich aufregt. Es rührt mich immer, wenn man an mich denkt, und ich erwarte es nicht. Alles Gute, mein lieber Sohn, sei gesegnet«[123].

Ob dieser Brief entlastend ist? Finanziell sicher, die Kur wird – inzwischen ist das selbstverständlich – von der Mutter bezahlt. Der Druck jedoch, als ihr Sohn mit den Drogen fertig zu werden und »männlichen Willen« zu zeigen, ist enorm. Nach drei Wochen indes wähnt er sich gesund, nicht zuletzt wegen einer neuen Liebe, Thomas Quinn Curtiss, amerikanischer Theaterkritiker und nur ein Jahr jünger als Klaus. Mit ihm zusammen reist Klaus im September 1937 wieder in die USA. Dort wieder Drogen und Schlafmittel. Zwischendurch immer das Glück mit Tomski, wie Klaus den neuen Freund nun nennt. Klaus unternimmt wie Erika Vortragsreisen – »a family against a dictatorship« – und findet große Anerkennung beim Publikum. Die Einnahmen sind solide. Davon müsste er eigentlich leben können, aber bei seinem »way of life« ist das unmöglich. Das Leben in Hotels, die Maßanzüge, Drogen, das alles kostet viel, und Mielein zahlt weiterhin. Wenn er finanziell vom Elternhaus unabhängig wäre, würde ihn der ständige Vergleich mit dem Vater wohl auch nicht so hart treffen.

Der veröffentlicht 1938 »Lotte in Weimar«, worin Thomas Mann über den Goethe-Sohn August schreibt: »Der Sohn eines Großen – ein hohes Glück, eine schätzbare Annehmlichkeit und eine drückende Last, eine dauernde Entwürdigung der eigenen Selbstheit doch auch wieder.«[124] Goethes Sohn legt er noch die Worte in den Mund: »Ich bin zwar jung, und er ist alt, aber was ist meine Jugend gegen sein Alter! Ich bin nur ein beiläufiger, mit weniger Nachdruck begabter Abwurf seiner Natur.«[125]

Väter und Söhne.

Golos Verhältnis zum Vater indes ist Ende der Dreißigerjahre »so gut wie nie zuvor; öfter bat er mich, ein Gutachten, eine Rede für ihn zu entwerfen, hielt also etwas von meinem Urteil«[126]. Nach drei Jahren Lehrtätigkeit in Saint-Cloud arbeitet Golo ein Jahr als Lektor für Deutsch an der Universität Rennes und besucht zwischendurch immer wieder die Familie in Küsnacht, wo er 1938 ebenfalls die tschechoslowakische Staatsangehörigkeit annimmt. »Abschied Golos, der sich als Tscheche nach Prag begibt, um dort sein Glück zu versuchen«, schreibt Thomas Mann im Oktober 1936 in sein Tagebuch. »Sah den braven Jungen ungern scheiden.«[127] In Prag lernt Golo nun seine neue Heimatsprache und schreibt politische Essays. Im Dezember beglückwünscht er von dort aus seinen Bruder Klaus zu dessen Roman »Mephisto« und fügt an: »Du hast die Ausbürgerung redlich verdient, während mich die meine etwas klöteriger Weise nur als Sohn betroffen hat, zusammen mit Moni und den Unmündigen.« Das Leben in Prag, schreibt Golo, »ist hier auch recht schwierig und zäh« und überhaupt, »wenn ich meine Geburt durch Geld rückgängig machen könnte, so wollte ich keine Kosten scheuen«[128]. Nach ein paar Monaten kehrt er recht enerviert nach Küsnacht zurück und betätigt sich als redaktioneller Mitarbeiter und Autor bei der Zeitschrift *Maß und Wert*, die von Thomas Mann und Konrad Falke herausgegeben wird. Recht glücklich ist er bei alledem nicht. Er macht sich nützlich, gewiss, bleibt aber nur der »klöterige« Anhang, wenngleich nunmehr endlich vom Vater respektiert.

Anders als Monika freilich, die sich erinnert: »daß ich automatisch mit meinem Vater ausgebürgert wurde – er hatte sich offensichtlich gegen die deutschnazistische Regierung und ihr Unwesen ausgesprochen, ich nicht –, ist läppisch, um so läppischer, da derjenige, welcher das Urteil so famillant über uns verhing, keinen Familiensinn hatte. Doch jene Ausbürgerung war mir bei aller Läppischkeit und bei aller Schrecklichkeit eine Ehre: Und bei aller Ehre war ich staatenlos. Es war einem das Kleid vom Leibe gerissen worden, das man ohnehin nicht mehr tragen wollte, aber jetzt stand man schutzlos im Winde.«[129] Bis 1937 bleibt Monika in Florenz, wo sie ihren späteren Ehemann Jenő Lányi kennenlernt, und siedelt dann mit ihm nach Wien über. Da während ihres Besuches in der Schweiz die deutschen Truppen in Österreich einmarschieren, ist an Rückkehr nach Wien nicht mehr zu denken. Die Entscheidung, wohin Monika mit ihrem jüdischen Verlobten ziehen soll, zieht sich hin. 1938, zu Besuch in Küsnacht, bekommt auch sie die tschechoslowakische Staatsbürgerschaft zugesprochen. »Wir waren Tschechen, so traumhaft es uns anmutete. Ich selbst wußte in meiner dankbaren Befangenheit nichts anderes zu tun, als Smetana zu spielen.«[130] Monikas Vereidigung findet am 22. April 1938 statt. Da sind Thomas und Katia Mann in Begleitung von Michael bereits seit Februar auf Lesereise in den USA. Als Monika und Lányi am 2. Februar in Küsnacht eintreffen, werden die Eltern sie und ihren Verlobten zwei Wochen lang sehen. »Zu Tische Dr. Lanyi«, notiert Thomas Mann fast täglich in diesen ersten Februarwochen des Jahres. Gelegenheiten zum elterlichen Gespräch über die Zukunft des jungen Paares haben sich also reichlich ergeben, wurden aber offenbar nicht genutzt, wie sich ein paar Wochen später zeigen wird. Denn während der fünfmonatigen Amerikatour der Eltern begeben sich im Frühling Erika und Klaus auf Europareise – darunter auch als Reporter ins vom Bürgerkrieg beherrschte Spanien – und geben den Eltern Bericht über die Zustände zu Hause. Aus Küsnacht schreibt Klaus an »Mother dear« am 1. Juni: »Kinder ich sags euch: das Mönnle ist ein ganz feines Ding geworden. Nicht ohne seltsame Züge freilich, aber auch durchaus nicht ohne gewinnende – und wenn ein Mensch von so artigem Niveau, wie der Lányi, ihr mit so schwärmerischer Treue ergeben ist, muß überhaupt etwas an ihr dran sein. Wirklich, sie ist ganz leise und würdig, schwermütig halb, halb humorvoll, nicht ohne bizarre Einfälle, mit Anmut zurückhaltend, auch ziemlich hübsch. (Die seltsamen Züge an ihr kennst Du selber, da brauche ich nicht drauf einzugehen [...]) – Es ist nicht zu verhehlen, daß sie mancherlei vor der Medi voraus hat – diese allerdings auch vielerlei vor ihr. Denn auch die Medi ist natürlich sehr droolig, und, durch Golos strenge Mienen an den Ernst des Lebens gemahnt, auch wieder viel vernünftiger geworden.« Am Ende seines Briefes kommt wieder das leidige Thema Geld zur Sprache, denn »das dear money – welches die Eigenheit hat, bei mir einfach nicht bleiben zu wollen«, sei »schon gar häßlich dahingeschwunden«[131]. Am selben Tag wie Klaus schreibt auch Erika aus dem Elternhaus einen langen Brief an »Allerliebste Leute« und berichtet: »Die vielen Geschwister hier traf ich in Gesundheit und harmonischem Zusammenleben. Gölchen als Hausvater, Medi ganz verständig [...], Möndle (ihr Gesicht ist *wirklich* ziemlich klein, wenn auch freilich ein wenig unjung) scheu, Lanyi ängstlich. Ich sah ihn heute zum ersten Mal, er wird aber zu Abend bleiben. Auf die Fragen in meiner Liste ›hat Lanyi zu leben? Wovon lebt Lanyi? Besitzt Lanyi Geld?‹ habe ich noch keine definitive Antwort. Fest scheint zu stehen, daß die jungen Menschen heiraten, – auch daß seine Gönner die Rente verlängern wollen und sie sogar zu erhöhen beabsichtigen, falls er nach den Staaten verzieht, wird zumindest behauptet. ›Aussprache‹ hat noch keine stattgefunden, – ich gedenke das Schnellfeuer in den nächsten Tagen zu eröffnen.«[132] Warum haben die Eltern das nicht selbst mit dem Schwiegersohn in spe besprochen? Wie kann es sein, dass es Erika gestattet wird, so herablassend und verächtlich über ihre Schwester zu berichten? Dass sie ermächtigt wird, den sechsunddreißigjährigen, intelligenten und sensiblen Lányi über seine finanzielle Situation auszufragen?

Monika gilt nichts in der Familie, so ist das nun mal.

Und aus ihrer Aversion gegen diese Tochter macht Katia gegenüber Thomas, Erika und Klaus (später auch Elisabeth) kein Hehl. Da der Zauberer sich mit solchen Animositäten nur begrenzt auseinandersetzen will, müssen (oder dürfen) eben Erika und Klaus sich immerzu Katias hämische Kommentare über Monika anhören und gegebenenfalls als Delegierte ihrer Eltern in Aktion treten.

Verständlicherweise fühlt Erika sich in dieser Rolle ungeheuer wichtig. Dass sie in dieser familiären Position immer mehr an authentischer Menschlichkeit einbüßt, merkt sie wahrscheinlich gar nicht. Im Gegensatz zu den theatralischen Selbst- und Fremdentwürfen Erikas sind die Briefe Michaels sehr nachdenklich.

Nachdem er Ende 1936 mit den Eltern und Elisabeth zum tschechoslowakischen Staatsbürger geworden war, fährt er wieder nach Paris, um sein Studium fortzusetzen. Wie alle Kinder der Manns hat auch er mit achtzehn Jahren den Führerschein gemacht und ein kleines Auto geschenkt bekommen, nicht gerne offenbar, denn die Mutter ermahnt ihn streng wegen seines Fahrstils. Das könnte man durch Sorge erklären, wenn man nicht wüsste, dass sowohl Katia als auch Erika Mann rasante, wenn nicht rücksichtslose Autofahrerinnen waren. Michael schreibt an die Mutter: »Ich müßte Dir wirklich etwas vormachen, wollte ich Dir anders schreiben: Ich weiß nicht genau, WAS Du mir eigentlich vorwirfst. Daß ich unvorsichtig *fahre*! [...] *Ich* hatte (im Gegensatz zu Medi) noch nicht das *kleinste* Unglück, obwohl ich, was Du immer ableugnest, garnicht so wenig gefahren bin: das spricht doch auch nicht so sehr für meine Unvorsichtigkeit diesbezüglich. Im übrigen will ich ja sicher in Zukunft *noch* mehr aufpassen. – Aber das kann doch nicht *der* Grund sein, weshalb Du mir einen so wirklich von Anfang bis zum Ende *wenig* netten Brief schreibst. Du bist gereizt gegen mich, – weil Du schwach gegen mich warst, und ich mich, wie Du durchblicken läßt, Deiner Schwäche wohl unwürdig gezeigt habe: nun höre mal: glaubst Du denn, daß mir Deine *Schwächen* gegen mich im *Grunde* genommen eigentlich *angenehm* sind? Sicher, in dem Augenblick, in dem Du mir quasi Dinge ANBIETEST, bin ich selbst *schwach*, lasse mich gehen, und nutze es, ohne Böses dabei zu denken, aus. Aber nachher, *schäme* ich mich ja *selbst* und bereue es – *so* oft war das in der letzten Zeit der Fall. Und ich binde und verpflichte mich damit noch mehr – und tue somit das Gegenteil von dem, was ich seit Jahren anstrebe. – Maman: ich will Dich *wirklich* nicht kränken, nichts weniger als das; aber Du sollst mich *auch* nicht verletzen und zumal nicht für eine Sache, an der Du weitgehend selbst schuld bist.«[133] Zwei Wochen nach diesem Brief wird Michael in Küsnacht eintreffen, schwer krank, hoch fiebrig und »völlig appetitlos ist. [...]

Die Krankheit undeklariert – Typhus, Para-Typhus, Vergiftung? Jedenfalls schwere Infektion und große seelische Beanspruchung K.'s«[134], schreibt Thomas Mann ins Tagebuch. Anfang des Jahres 1938 ist der achtzehnjährige Junge auf dem Wege der Besserung. Die Eltern fahren in den obligatorischen Winterurlaub nach Arosa, Elisabeth wird folgen und auch Golo, Michael und seine nunmehr Verlobte Gret Moser kommen zu Besuch. Man diniert im Smoking, »Tisch zu 7 Personen. Erbleichen und Abgang Bibi's, Weinkrampf. Bedenkliche Geschichte mit der Tötung seines Hündchens heute morgen nach gestrigem Champagner-Exzeß. K. zur Beruhigung geredet.«[135]

Michael hat im Alkoholrausch sein Hündchen getötet. Welche Worte sollte es da zur Beruhigung geben können? Wie viel Champagner muss man getrunken haben, bis man so eine Tat begeht? Keine Antwort, denn am nächsten Tag geht alles so weiter, als wäre nichts geschehen: »Smoking-Toilette. Sonntags-Diner zu sieben Personen, mit Gret, die im Abendkleid sehr hübsch aussah.«[136] Über die Sache spricht man nicht mehr. Dadurch sind die Probleme freilich nicht vom Tisch. Pragmatisch wird zwar beschlossen, dass Michael mit den Eltern gemeinsam in die USA fahren wird, aber eigentlich sind die Eltern mit sich selbst hinreichend beschäftigt: »Kamillenthee mit Phanodorm noch gegen Morgen«, vermerkt Thomas Mann am letzten Urlaubstag. »Auch seelisch leidend. K. einige Zeit bei mir. Als sie meine Hand hielt, dachte ich, so möchte es sein in meiner Sterbestunde.«[137] Ungeachtet dessen, dass Katia zweifelsohne der wichtigste Mensch an seiner Seite ist, philosophiert er am 33. Hochzeitstag, den man an Bord der »Queen Mary« feststellt, über seine Gefühle: »das Erschrecken, der Schwindel dabei: Das Leben – ich sagte, ich möchte es nicht wiederholen, das Peinliche habe zu sehr überwogen. Fürchte K. wehgetan zu haben. Solche Urteile über das Leben, das eigene, das ja doch identisch mit einem ist (denn ich bin mein Leben) haben keinen Sinn.«[138] Erschrecken, Schwindel, das überwiegend Peinliche.

Tiefe menschliche Zuneigung kann damit ja nicht gemeint sein. Das Körperliche also, das Sexuelle, die Nerven. Das hat sie alles miterlebt. Und dann diese bitteren Worte. Eigentlich die bittersten, die man einem Lebensgefährten nach Jahrzehnten des Zusammenlebens sagen kann: nicht noch mal. Letztlich auch: nicht so weiter.

Was aber würde er anders gelebt haben wollen? Männerbeziehungen wahrscheinlich. Wie Klaus und Curtiss, ohne Familie, ohne Verpflichtungen. Ohne Kinder also? In Bezug auf des Vaters Überlegung, dass jemand wie er keine Kinder haben sollte, wird Monika später pragmatisch urteilen: »Ja, das hätte er vorher wissen müssen. Naja, das sind aber auch nur so Sachen. So hingesagte, hingeschriebene Sachen. Das halte ich nicht für sehr ernst gemeint. Er war schon Familienvater. Er mußte eine Familie haben, er mußte das schon haben. Ohne Familie hätte er das alles gar nicht geschafft.«[139] In Anbetracht von Thomas Manns ständigen Depressionen, körperlichen Missbefindlichkeiten und den nervlichen Krisen immerzu kann man sich tatsächlich schwer vorstellen, wie er das ohne Beistand überwunden hätte. Der Vater, wird Elisabeth 1998 zu Heinrich Breloer sagen, »war halt sehr zart und anfällig und exponiert irgendwie – vulnerable, wie man sagt«[140].

Elisabeth ist von allen Kindern dasjenige, das am längsten im Elternhaus bleibt. Sie hat schon 1936 die tschechoslowakische Staatsangehörigkeit angenommen. Ihr Musikstudium in Zürich beendet sie im Frühjahr 1937 mit dem Lehrexamen und wird im September 1938 mit den Eltern gemeinsam in die USA emigrieren. Von einer Anstellung als Musiklehrerin, Dozentin oder Privatlehrerin ist nirgendwo die Rede. Auch nicht, wie bei Michael, von einem Weiterstudium zwecks Konzertdiplom. Was macht sie ab Frühjahr 1937? Klavier spielen, einmal wöchentlich weiterhin Privatunterricht. Abgesehen vom jahrelangen Liebeskummer wegen Landshoff verbringt sie, soweit das unter den Gegebenheiten des Exils möglich ist, ein durchaus geborgenes und entspanntes Leben im Elternhaus. Persönliche finanzielle Probleme tauchen da freilich nicht auf. Und um existenzielle oder berufliche Daseinsberechtigung muss sie auch nicht kämpfen.

So ist das nun mal. Ungerecht.

Aber an Ungerechtigkeit sollten sich die Kinder ja schon früh gewöhnen.

7

»Na ja, wir sind halt sehr fein«

1938–1945: das Exil in den USA, drei Hochzeiten und der Krieg

Nach mehreren Reisen in die USA beschließen Thomas und Katia Mann 1938, Europa den Rücken zu kehren und sich in der Neuen Welt niederzulassen. Maßgeblich an dieser Entscheidung beteiligt ist Agnes E. Meyer, die der Schriftsteller bei seinem Amerikaaufenthalt 1937 anlässlich eines Interviews kennenlernt. Schnell stellt sich heraus, dass die fünfzigjährige Journalistin (und Mutter von fünf Kindern) mit einem der reichsten und einflussreichsten Männer der USA verheiratet ist: Eugene Meyer, Großbankier und Besitzer der *Washington Post.*

Agnes, Tochter deutscher Einwanderer, hat in Paris studiert und schreibt für die *Washington Post*, die *New York Times Book Review* und andere wichtige Zeitungen. Von Thomas Mann und seiner Arbeit ist sie hingerissen und verhält sich äußerst hilfreich beim Start ins amerikanische Exil. Sonderbarerweise findet sie in Katia Manns Erinnerungen keine Erwähnung:

»Es war nicht so sehr schwierig für uns, in Amerika neue Heime aufzubauen. Zunächst hatte uns eine Verehrerin von Thomas Mann Miß Caroline Newton [...] ihr Sommerhaus in Rhode Island für den Sommer angeboten. Da waren wir zwei Monate, und inzwischen bin ich herumgefahren und habe mich umgesehen und das Haus in Princeton gefunden. Das haben wir gleich gemietet. Es war ein sehr angenehmes, gut eingerichtetes Haus, wo Thomas Mann sich gleich recht wohl gefühlt hat. Es war ungefähr so schön wie unser Münchner Haus. [...] Dann hatten wir – damals konnte man das immerhin haben – ein schwarzes couple, John und Lucie. Sie kochte, kochte sehr gut, und er war Butler, hat auch unser Auto gefahren, wenn ich gerade nicht konnte, denn ich war ja sehr beschäftigt.« Neben dem »Couple« gehörte auch noch Lucies Bruder Horatio zum Personal: »John und Horatio, beide weißbejackt, servierten die Mahlzeiten. Annette Kolb war damals auch in Amerika und, zu Besuch bei uns, sagte sie: Na, hör mal Katia, bei euch geht's zu! Sagte ich: Na ja, wir sind halt sehr fein. Es ist nun mal so. Es ging uns wirtschaftlich recht befriedigend in Princeton.«[1]

Von Agnes Meyer an dieser Stelle kein Wort. Und auch im restlichen Teil der Memoiren zollt Katia »der Meyer«, wie Thomas Mann sie in den Tagebüchern nennt, keine Anerkennung. Dabei war sie es, durch deren persönlichen Einsatz sich die finanzschwache Universität Princeton überhaupt in der Lage sah, Thomas Mann eine unverhältnismäßig lukrative Gastprofessur, dotiert mit 6000 Dollar im Jahr, zu bieten, gestiftet von mehreren Foundations und Einzelpersonen, zu denen auch sie zählte.

Er dankt ihr herzlich, in vielen Briefen. Auch Katia dankt herzlich. Für viele Geschenke und Einladungen und für 2000 Dollar Zuschuss, damit die Zeitschrift *Maß und Wert* weiterhin finanziert werden kann. Für ihr unbezahlbares Engagement bezüglich der Einreisevisa seiner Kinder.

Am 28. September 1938 beziehen Thomas, Katia und Elisabeth die günstig angemietete Villa in Princeton, Stockton Street 65. »Lucy und ihr John, magerer Nigger, der Kleider, Bücher und Wäsche ausgepackt hatte«, notiert der neue Hausherr. »Luxuriöse Bedienung, Caretaker extra für Heizung und Garten. Waschfrau.«[2]

Ein großes Haus mit vielen Zimmern, sehr repräsentativ. Nette Nachbarn, vorwiegend Professoren, darunter auch Albert Einstein, »sehr sympathisch und nicht besonders anregend«, urteilt Katia Mann. »Einstein hatte eigentlich etwas Kindliches im Wesen, so große Glupschaugen; er hatte etwas Naives an sich, ein lieber Mensch; und er war ja doch ein sehr stark einseitiges Genie, nicht wahr?«[3]

Nun, ein Genie ist Katia zwar nicht, aber Einseitigkeit kann man ihr auch nicht nachsagen. Wie immer hat sie den Umzug organisiert, sich um des Gatten Wohlergehen gekümmert, den laufenden Haushalt geführt, Finanzen verwaltet und Korrespondenzen Thomas Manns getippt. Das spart Zeit und Geld und verschafft Katia die Kontrolle über Thomas' zuweilen redselige Briefe an Außenstehende.[4] Als sie doch nach einer englischen Sekretärin suchen, bietet sich die Professorengattin Molly Shenstone an, kostenlos und also ideal – die Manns können in Bezug auf Personalkosten außerordentlich knauserig sein. Eine nette Gesprächspartnerin für Katia überdies. Im Laufe der Zeit werden sie sich sogar als Freundinnen betrachten.

So groß die materiellen und persönlichen Verluste der Manns in Deutschland auch sind, im Vergleich zu den allermeisten Flüchtlingen leben sie zweifelsohne komfortabel. Das erste Weihnachtsfest in Princeton, fast wie immer.

Michaels Wunschzettel, »zur Auswahl«, gibt davon ausführlich Kenntnis:

»an Praktischem: (grüne) Manschettenknöpfe
Handschuhe (-hell-schweinslederartig)
weite, blaue Haushose
feines Hemd (auch WEISSE Hemden – zum dunklen Anzug)
ein buntes (vielleicht ROSTBRAUNES) Hemd
ein Pyjama: SCHWARZE oder WEINrote SEIDE
englische Pöms-Pantoffel: in der Art wie die letzten, mit Absätzen, aber ROT
eine Joppe in der Art wie meine Braune: vielleicht discret kariert …

Amerikanisches Lederwestchen: nach Art des Letzten:
vielleicht dunkelblau
dunkelblauer Pullover mit Ärmeln – Ärmelloser Pullover
(grün)
graue Schuhe
Schöne sportliche Socken mit innerlichem Gummiband
feine Taschentücher: uni-grün-blau oder rot
bunte Halstüchlein
schöne Mappe (=Notenmappe)
Notenständer
Riemann Musiklexikon
Grammophon
Geigenkasten
Elektrisches Metronom
Portemonai
Zigarettenetui
Desk-füllfederhalter. Schwarze Briefmappe
Armbanduhr
Feuerzeug
Gide'sche Geduldspielchen
Kleiner Arabischer Teppich fürs Zimmer (statt des blauen
Kissens!)
›Soir de Paris‹ Eux de Cologne (hier nicht sehr teuer)
Yardly-Produkte: Badesalze, Blumendüfte und diverse
Seifen.
Rembrandt-Boticelli-Leonardo-Michelangelo oder
Cézanne-Album: (Phaidon-Verlag)«[5].

Was und wie viel daraus beschert wurde, ist unklar, aber Thomas Mann notiert sich nach dem Fest zufrieden: »Reiche Gaben überall«[6]. Champagner, Baumkuchen, Stollen, alles schön.

So schön, dass Monikas Abwesenheit nicht ins Gewicht fällt. Über den »Trubel der Weihnachtstage, zu denen alle Kinder sich einfanden«[7], berichtet der Vater in einem Brief an Stefan Zweig, als wären »alle Kinder« auch ohne Monika komplett.

Nach den Weihnachtstagen fahren Erika und Klaus wieder nach New York, Golo wird vorerst bei den Eltern bleiben (und dem Vater ein wichtiger Gesprächspartner sein), während sich Michael und Gret Moser eine Wohnung in New York einrichten.

Elisabeth lebt weiterhin im Elternhaus, nimmt einmal wöchentlich ihre Klavierstunden, geht aber ansonsten weder Studium noch Beruf nach. Wenn Besuch nach Princeton kommt, darf sie manchmal die Gäste mit dem Auto abholen und zurückfahren, so auch Giuseppe Antonio Borgese, einen gut aussehenden italienischen Professor für Literatur und politische Wissenschaften, der bereits 1931 emigrierte. Diesen Mann, den Autor des Buches »Goliath, der Marsch des Faschismus«, das Elisabeth begeistert gelesen hatte, wollte sie schon nach der Lektüre 1937 sofort heiraten, verbiss sich mit bedingungslosem Ernst in diese Idee.

Als Borgese im November 1938 nach Princeton reist, um mit Thomas Mann über einen Sammelband antifaschistischer Aufsätze zu sprechen, trifft die Zwanzigjährige den sechsundfünfzigjährigen Borgese zum ersten Mal persönlich und setzt alles daran, sein Interesse zu wecken. Schnell entwickelt sich ihre wöchentliche Klavierstunde in New York zum Jour fixe mit Borgese, der nun überlegt, sich von seiner Frau, von der er seit neun Jahren getrennt lebt, scheiden zu lassen. Seine zwei Kinder sind älter als Elisabeth: Der Sohn ist in Italien geblieben, die Tochter studiert in den USA.

Schon im Februar 1939 gibt es Heiratspläne, im Sommer indes wird das ungleiche Paar zunächst für drei Monate nach Mexiko reisen, um sich richtig kennenzulernen. Vorher schreibt Borgese einen formvollendeten Brief an die Eltern. Die antworten dann »gemeinsam«, das heißt, Thomas Mann diktiert seiner Frau »wie wir es gewöhnt sind. Wir haben Ihren Brief mit Rührung und Sympathie gelesen. Er ist ein wirklich gewinnender Ausdruck Ihrer Persönlichkeit, und Sie können sich denken, dass es uns im Augenblick unserer Abreise eine

Freude und eine Beruhigung war, ihn zu empfangen. Es sei alles, wie Sie sagen: Wir lassen unsere Elisabeth zurück im Vertrauen, dass ihr guter Engel oder wie man den Lebensinstinkt nennen will, der uns leitet, ihr das Rechte zu tun eingeben wird. Wir können nur sagen, dass wir eine Verbindung von Herzen begrüssen würden, die uns im Persönlichen glückverheissend und im Überpersönlichen schön und sinnvoll dünkt.« Bedenken hinsichtlich des Altersunterschiedes von 36 Jahren oder bezüglich der Mexikoreise werden keine geäußert, aber: »Sie werden verstehen, dass das ganze Problem seine melancholische Seite für uns hat, und dass wir recht sehr vereinsamen werden, wenn es kommt, wie es scheint, kommen zu sollen, aber das ist das Gesetz der Zeit und des Lebens.«[8]

Gegen eine Verbindung mit dem »munteren Greis«[9], so Erika, haben sich die Eltern also nicht geäußert. Sie schätzen Borgese, auch wenn sein Temperament im Laufe der Familienzugehörigkeit zunehmend enervierend für den höchst empfindlichen Thomas Mann wird.

Die Tage vor der Hochzeit im November 1939 erlebt der Brautvater in »großer Bedrücktheit, Schwermut, Gemütsleiden«. Am Tag der Hochzeit, die in kleinem, aber festlichem Rahmen stattfindet, muss er »vor Nervenschwäche« weinen und fühlt sich »sehr leidend und abgeneigt«[10].

Erika, auf Lesetour, versucht umgehend zu trösten, denn »natürlich ist es, a) melancholisch im allgemeinen, – wenn das Kindchen fortgeht, – und, b) ist es natürlich ein bißchen schreckhaft, daß es gerade dahingeht, das trotzige Sonderlingl.«

Obwohl die Eltern ja bei der Hochzeit anwesend waren und schnell Post von der soeben getrauten Elisabeth erhalten, meint Erika, dass es nötig ist »in alter, erprobter Indiskretion, ein Gekritzel« beizulegen, »nur damit Ihr seht, wie sie ihr Fest genossen hat und doch auch das ›Traurige‹ des Augenblicks nicht verkannte.« Fühlt Erika sich so sehr als Adjutantin ihrer Eltern, dass sie meint, auch noch den an sie gerichteten Brief weiterleiten zu müssen – als wäre das, was Elisabeth den Eltern persönlich gesagt und geschrieben hat, unklar und zweifelhaft? Ist Erikas Loyalität den Eltern gegenüber so groß, dass sie dafür sogar das Vertrauen der Geschwister missbraucht? Im Postskriptum bemerkt sie noch, sie könne »Medis Briefchen soeben nicht finden. War ja aber weiter auch nichts, als eine kindliche Schilderung des schönen Festes.«[11]

Geschwisterliche Eifersucht? Gewiss, auch das. Erika lässt ja keine Gelegenheit aus, um sich – familiensystemisch betrachtet – neben die Eltern zu stellen und gegen einzelne Geschwister zu lästern. Elisabeth wäre ja eigentlich auch ein geeignetes Objekt für spitze Bemerkungen. Die allerdings ist das »Herzensdingerle«[12] der Eltern, unantastbar und sich ihrer Position immer sicherer. Zumal sie nun ein ähnliches Leben wie Mutter Katia beginnt: Schon drei Monate nach der Eheschließung ist sie schwanger, besucht (wie Katia ehemals) Vorlesungen an der Universität, erledigt Borgeses Korrespondenz, kümmert sich um Haushalt nebst Dienstmädchen und lernt kochen. »Ihre Fähigkeiten im Haushalt hätten sich bis dahin auf Geschirrabräumen beschränkt«, erinnert sich Elisabeth gegenüber ihrer Biografin Holzer. »›Ich konnte nichts.‹ Nicht einmal die Betten habe sie im von Personal verwöhnten Zuhause machen müssen.«[13]

Das ist freilich für gehobene Kreise so besonders nicht. Merkwürdig indes, dass die achtzigjährige Elisabeth Mann Borgese im Gespräch mit Heinrich Breloer bemerkt, dass bei Abwesenheit der Domestiken »natürlich alle geholfen« hätten, und noch anfügt: »Und die Monika hat nie geholfen, sie war wahnsinnig faul und hat von sich selber gedacht, sie ist was Besonderes, und sie braucht nicht zu arbeiten.«[14] Unstimmige Erinnerungen? Im Laufe der weiteren Jahre wirkt es innerhalb der Familie Mann immer weniger stimmig.

Michael heiratet am 6. März 1939 in New York seine Verlobte Gret Moser. Zwei Tage vorher notiert Thomas Mann: »nach dem Abendessen Medi mit der Nachricht, dass die jungen Leute am Montag kirchlich getraut werden«[15]. Warum die Eltern nicht persönlich, sondern erst zwei Tage vorher durch Elisabeth informiert werden, ist unklar. Sie sind bei der Trauung sowieso nicht anwesend. Thomas Mann ist krank: »Indefinible Schmerzen hinter dem rechten Ohr«[16], die sich zu »Reißen in Ohr und Kopf« steigern und schließlich zu »Entwicklung eines Knotens rechts am Hinterkopf, Empfindlichkeit der Hautnerven an der rechten Hand«[17] führen. Kurzum: am Tage der Hochzeit »recht sehr gequälte Nacht« und »Auf Deutsch scheints eine Form der Gürtelrose«. Der Arzt verabreicht »Vitamin-Injektion«, und Mann fühlt sich »weniger krank«. Am Abend kommen die Frischvermählten aus New York herüber: »Brachten junges Hündchen mit. Champagner nach Tisch und Lebenswohl getrunken.«[18]

Das war dann Michaels Hochzeit.

Nach wenigen Monaten in Amerika kehren er und Gret wieder nach Europa zurück. Die »wirkliche Wichtigkeit« seines Geigenlehrers Carl Flesch in London ist ihm Grund genug, auf das verhältnismäßig sichere Leben in der Nähe der Eltern zu verzichten. Vorläufig zumindest.

In einem Brief an die Mutter erklärt sich der Zwanzigjährige. Über seine vielversprechende Karriere als Geiger, über die Frage, ob es »sonst irgendwelche stärkere Bindung« in Amerika gibt. »Und all das habe ich nicht; währenddessen aber eine Erfüllung meiner künstlerischen Ambitionen mit der Entwicklung meiner menschlichen Person so sehr verknüpft ist, daß ich wohl endgültig ganz unangenehm, vertrackt und unbrauchbar würde, wenn diese sich NICHT erfüllen könnte. Du wirst, um Gottes Willen, Andeutungen betreffs meiner Bindung an *euch*, an die Familie, nicht falsch verstehn.

Aber muß man es denn doch aussprechen, wie problematisch und schwierig mein Verhältnis zu euch, seit jeher – zumindest aber seit einer ziemlich großen Anzahl von Jahren war? Hat es denn der äußere Schein nicht schon oft genug deutlichst gezeigt, wie immer wieder vom neuen ungünstig der Einfluß war, welchen jede Berührung mit euch auf die Dauer auf mich ausübte. Zu unserm Papa stehe ich nicht weniger fremd, als er zu mir, (wobei ich *mir* nicht die größere Schuld glaube zuschieben zu müssen); die sehr große Angst und Traurigkeit, Dich vielleicht für sehr lange Zeit nicht mehr zu sehen, der Wunsch, in Princeton bei Dir zu sein, – *kann* nicht genügen, alles andere, was dagegen spricht zu kommen, zu überwiegen. Man kann doch nach diesem Gesichtspunkt nicht leben. *Besonders ich* nicht. – Das sind nun allerdings wieder alles recht vage Sätze.«

Ist das so unklar? Seine beruflichen Ansichten und Überlegungen wirken sehr überlegt. Ebenso die Beschreibung seiner Gefühle bezüglich des Elternhauses. Man muss es doch einmal klar aussprechen, fühlt er. Genau dies aber, Michael ahnt es, ist unerwünscht. »*Bitte* verstehe meinen Brief nicht falsch«[19], fügt er notabene einen Tag später noch an. Nachdem die Mutter ihm nun Vorwürfe macht und ein schlechtes Gewissen heraufbeschwört, bleibt er nicht bei seinem Gefühl, sondern begibt sich letztlich wieder in die familiäre Scheinwelt, wo es keine ausgesprochene Kritik an den Eltern geben darf. Einen Monat nach seinem mutigen Brief schreibt er, nicht zuletzt auch unter dem Gesichtspunkt, dass er nun doch mit der schwangeren Gret in die USA emigrieren will: »Es wäre sehr dumm und traurig, wenn meine Torheiten Deine Annahme eines guten und herzlichen Verhältnisses zu mir oder womöglich das Verhältnis selbst hätten beeinträchtigen können, – aber das ist doch alles purer barer Unsinn. Und wenn ich mich bitterlich über unseren Papa geäußert haben sollte, so wäre das ja wohl fast das aller dümmste, denn ganz im Gegenteil hat mir die Art, mit welcher er in allen wichtigen Momenten in meine Angelegenheiten eingriffen hat, immer sehr gefallen. Also ohne noch einmal mein eigenes Verhalten, über welches ich mir schon ganz gut im Klaren bin und dessen immer wieder durchkommende Fehlerhaftigkeit Du mir also nicht einmal vorzuhalten bräuchtest, revidieren zu müssen, kann ich von bitteren Gefühlen von meiner Seite gegenüber dem Elternhaus wirklich nicht die Rede sein lassen.

Aber wie gesagt, diese Ideen wurden in einer Verfassung geboren, die der heutigen so verschieden ist, daß ich mit dem besten Willen nicht mehr für sie einstehen kann – es bleibt also nichts übrig, als um ganz eiliges Vergessen zu bitten.«[20]

Freilich, Mielein wird das nur allzu gern »vergessen«. Aber soll auch Michael seine doch sehr klar geäußerten Gefühle vergessen? Er versuchte doch ziemlich deutlich, seine persönlichen Stärken und Schwächen zu bezeichnen. Eine höchst problematische Natur, sicher, das ist er. Hin und her gerissen, instabil. Brutal teilweise, jähzornig und unbeherrscht einerseits, aber andererseits auch mehr menschliches Mitgefühl zeigend als manch anderes Familienmitglied. Im August 1939 berichtet er vom »unvergesslichen Erlebnis« auf dem englischen Konsulat: »Mit welcher Brutalität man die deutschen Juden, welche dort eng im ganzen Warteraum gedrängt um ein Visum bettelten, flehten und zitterten, hinaus schmiß – die armen, ARMEN Leute.«[21]

Bemitleidenswert sind auch die Großeltern Pringsheim, inzwischen Mitte bis Ende achtzig Jahre alt. Buchstäblich in letzter Sekunde reisen sie am 31. Oktober 1939 von Deutschland in die Schweiz. Die antisemitischen Demütigungen haben sie zwei Jahre lang ertragen. Nun müssen sie aus ihrer Wohnung ausziehen, und es ist ihnen endlich klar, dass sie als Juden keine andere Wohnung mehr bekommen werden. Bevor eine Deportation droht, wollen sie ausreisen. Dass sie ihre Reisepässe erhalten, ist ein Zufall, ein Wunder: Nur mithilfe eines SS-Mannes erhalten die Pringsheims ihre persönlichen Ausweispapiere und sitzen nun im Zug nach Zürich. Zunächst die deutsche Grenzstation. Alfred Pringsheim, mit großen J im Pass, muss sich einer entwürdigenden Kontrolle unterziehen: »Abscheuliche, sadistisch brutale Revision: Alfred ausgezogen, untersucht, misshandelt«, schreibt Hedwig Pringsheim in ihr

Notizbuch. Dann fahren die beiden alten Menschen weiter in die Schweiz. Bei der Ankunft in Zürich stürzt Alfred während des Aussteigens von den Stufen des Zuges, fällt unter den Wagen und muss von zwei Arbeitern wieder heraufgeholt werden. »Ein schlimmer Tag«, notiert Hedwig, nachdem man sich im Hotel niedergelassen hat. Ein schlimmer Tag, »schwarz im Kalender zu verzeichnen«[22].

Als Erika von der grässlichen Begebenheit erfährt, schreibt sie an »Frau Süsifrausüsi« Katia: »Habe schrecklich über Ofei unterm Zug lachen müssen.«[23] (»Ofei« ist der Kosename, den die Enkel dem Großvater Pringsheim gegeben haben.) Der Sturz ist glimpflich verlaufen, aber die seelischen Folgen bleiben verständlicherweise, nicht nur bei den Pringsheims, sondern bei allen Verfolgten, Flüchtlingen, Emigranten. Bei allen, für die sich Erika so engagiert einsetzt. Das bedeutet aber nicht, dass sie Mitgefühl und Mitleid zeigt oder überhaupt empfindet. Es gibt Menschen, die dazu unfähig sind. Statt angemessener Trauer (oder Freude) stellen sie ein tragischkomisches Gebaren zur Schau. Sowohl Hedwig Pringsheim als auch Katia und Erika tendieren zu dieser Ausdrucksweise. Da geht es nicht darum, wie ein anderer Mensch ist oder fühlt, sondern darum, wie er wirkt. Zum Beispiel Monika.

Die heiratet am 2. März 1939 ihren Verlobten Jenő Lányi auf dem Standesamt Kensington in London. Trauzeugen sind der in Berlin geborene und am von Hamburg nach London umgezogenen Warburg Institute arbeitende Kunsthistoriker Rudolf Wittkower und seine Frau. Der Wohnsitz des jungen Paares ist noch 33 Clarendon Road, W 11. Wenig später werden sie eine andere Wohnung in 21 Stanley Gardens, W 11 (Notting Hill) beziehen. Unter anderen Umständen könnte dies eine glückliche Zeit sein. Aber die Furcht vor Krieg, vor deutschen Angriffen ist groß. Überdies müssen beide im Fall einer deutschen Besatzung mit Verfolgung rechnen: Lányi als jüdischer Ungar, Monika als halbjüdisch geltend und wegen Sippenhaft als Tochter von Thomas und Schwester von Erika und Klaus

Mann gefährdet. Das halten beide aus, kampflos, still, tapfer. Ein anrührendes Paar, von dem es kein gemeinsames Foto gibt. Das einzig bekannte Bild, das Lányi zeigt, vermittelt den Eindruck eines eher kleinen, schmächtigen Mannes mit sanften Gesichtszügen und ernstem Blick. Kein exzessiver Mensch, kein Exzentriker. Nicht berühmt und auch nicht reich. Dennoch, Monika liebt ihn und ist »stolz auf eine Verbundenheit mit einem Menschen der Passionen«[24]. Und Lányi ist ihr »mit so schwärmerischer Treue ergeben«[25], dass die Voraussetzungen für eine gute Beziehung durchaus gegeben scheinen. Ob das Monikas Eltern auch so sehen?

Von Juni bis September 1939 reisen Katia und Thomas Mann zum ersten Mal seit ihrer Übersiedlung in die USA nach Europa. Hauptgrund der Reise ist die Teilnahme am Internationalen Pen-Club-Kongress in Stockholm. Davor jedoch wollen die Eltern sich im holländischen Noordwijk erholen, zwischendurch kurz Michael in Paris und dann den in der Schweiz zurückgebliebenen Golo treffen. Auch eine Begegnung mit Katias Eltern ist angedacht, erweist sich jedoch als unmöglich.

Am 18. August 1939 reisen Thomas und Katia Mann dann mit dem Flugzeug nach London.

Schon bei der Landung erblicken sie die Tochter – zum ersten Mal als junge Ehefrau – und den neuen Schwiegersohn von der Terrasse aus winkend. Es folgen ein paar gemeinsam verbrachte Tage und Abende. Ein nettes Programm: Essen im kleinen italienischen Restaurant, Besichtigung von Schloss Hampton Court, abends Besuch im Globe Theatre, wo sie »The importance of being earnest« sehen, und ein vom Schwiegersohn geführter Gang durch das British Museum. Wiedersehen mit Katia Manns emigrierten Cousinen Käthe Rosenberg und Ilse Dernburg. Treffen mit Ida Herz, der Nürnberger Buchhändlerin und Thomas-Mann-Verehrerin, die nun auch nach London geflüchtet ist. Und auch der Besuch bei den Lányis findet Zustimmung. »Nette kleine Wohnung. Selbstgekochtes

Abendessen, Kaffee und Bier im Arbeitszimmer«[26], notiert Thomas Mann am 19. 8. und ein paar Tage später »Abschied von den jungen Leuten, denen im Kriegsfall die Protektion Murrays und Nicolsons zu erwirken. Das zart verkümmernde Wesen Moni's gibt rührend zu denken.«[27]

Solche Sentimentalität ist Katia Manns Sache nicht.

Am 22. August, noch in London, schreibt sie an Klaus: »Ich habe den beifolgenden kl. Brief vom Mönle, die Deine Adresse nicht besitzt, an Dich weiterzubefördern übernommen; einen flüchtigen Blick habe ich darauf geworfen, der mich etwas melancholisch machte. Das Kind ist ein merkwürdiger Fall von Insufizienz.«[28]

Ja, »das Kind« mag aus Katia Manns Sicht nicht genügen, zu genügsam, zu weich, zu gewöhnlich. Mit ihrem selbst gekochten Abendessen, dem Bier. Mit ihrer Angst vor dem Krieg.

Wie sonderbar, sich vorzustellen, dass Katia Mann den Brief der Tochter nicht nur liest, sondern dies auch ganz offen kommentiert, als gäbe es keine Geheimnisse zwischen Mutter und Sohn, als wäre selbstverständlich Klaus der vertraute Mensch, demgegenüber sie aus ihren Gefühlen keinen Hehl zu machen braucht. Kommt ihr gar nicht der Gedanke, dass sich Klaus dadurch zwischen zwei Fronten fühlen könnte, hier die geliebte Schwester, das Mönle, aber dort die intrigierende Mutter?

Ja, es ist wohl eine merkwürdige Art von ignorantem Wir-Gefühl: die Großen und die Mutter, vertraut, schrankenlos, ständig schwankend zwischen der Rolle des armen Mielein einerseits und der scharfzüngig abkanzelnden Mutter andererseits.

Die in einem anderen Zusammenhang von Klaus gerügte »menschenunwürdige Neugier«, fremde Post zu »durchstöbern«[29], gilt hier nicht. Die Mutter darf kontrollieren, kommentieren, und Klaus nimmt es hin, aus welchen Gründen auch immer. Welche Bedeutung hat es da, wenn Katia Mann am Ende ihres Briefes bemerkt, sie sei »fest entschlossen, in meinem Leben keine Unfreundlichkeit mehr über sie [Monika] zu hegen und mich nur noch nett und hilfreich zu verhalten«[30]? Zumal hier ihr Kind im London des Sommers 1939 sitzt und berechtigte Angst vor einem Krieg hat. Denn schon Ende August schließt Großbritannien mit Polen einen Bündnisvertrag, der Polen englische Hilfe im Falle eines deutschen Angriffes zusichert. Am 1. September 1939 marschieren deutsche Truppen in Polen ein. Großbritannien und Frankreich fordern das Deutsche Reich ultimativ auf, seine Truppen zurückzuziehen. Erfolglos. Am 3. September erklären beide Staaten Deutschland den Krieg.

Es beginnen Monate des Wartens auf ein Ausreisevisum nach Amerika. Auch Thomas Mann bemüht sich für Tochter, Schwiegersohn und Golo, der in Frankreich interniert wurde, und scheut sich nicht, an die äußerst hilfreiche Agnes Meyer zu schreiben, um besonders im Fall von Golo, der seinem väterlichen Herzen näher sei, dringend um Hilfe zu bitten[31]. Im Mai 1940 notiert der Vater in sein Tagebuch: »Dringendes Kabel Lanyis, das Moni's Ängste zeigt. Versuche, sie nach Canada zu schaffen.«[32]

Am 8. August erst kann der Vater vermelden, dass sich die kanadische Regierung überraschend entgegenkommend zeigt und ausnahmsweise für Monika und ihren Mann eine Einreisegenehmigung gewährt. Doch die Wochen bis zur Einschiffung dauern lange.

Am 13. August 1940, dem sogenannten Adlertag, beginnt die Luftschlacht um England, der vergebliche Versuch der deutschen Luftwaffe, die Luftherrschaft zu erringen. Das massive Bombardement schreibt als »The Blitz« ein düsteres Kapitel der britischen Geschichte: »Der Himmel über London war eingezirkelt von einem Ballonnetz, in dem die ›Heuschrecken‹ sich verfangen sollten, falls sie kämen: sie konnten ja jeden Augenblick kommen: sie kamen«, schreibt Monika Mann später. »Am gegenwärtigsten von jener Zeit – an die man sich gewöhnte wie an jede Zeit – ist mir jener Gleichmut der düstermonumentalen Stadt – wie sie äußerlich in eine Hölle verwandelt wurde und innerlich eine vollkommene Würde bewahrte. Dem Lärm, der Spannung, der Not und Verwüstung begegnete sie mit einem solchen Anstand, wie wohl nur der Engländer ihn besitzt. [...] Die Gasmasken, die man sich umhängte, als seien sie das Alltäglichste der Welt – ein Opernglas oder Einkaufsbeutel. Ja, so akzeptierte man alles, und mitten im Haarsträubenden ging man seiner Arbeit, ja seinem Vergnügen nach. Wenn einen auch plötzlich das große Grauen, der große, von der Unabänderlichkeit erstickte Protest ergriff. Ja, unter unserer Gefaßtheit war der Protest wie eine Flamme, die sich duckte.«[33]

Sich ducken, hinnehmen, akzeptieren. Das kanadische Visum in der Tasche. Sich dabei »ein wenig als Deserteure«[34] fühlen. »Monika und Lanyi haben sich wahnsinnig gefürchtet, waren immer die ersten im Luftschutzkeller«[35], erzählt Elisabeth Mann Borgese 1999, obwohl sie gar nicht dabei war. Es passt eben ins Bild der sonderbaren Schwester Moni, die keinen Heldenmut zeigt und einen ebenso schwachen Mann an der Seite hat.

Anders als Erika, die im August 1940 Korrespondentin für deutsche Sendungen der BBC in London wird und sich damit entschlossen der Gefahr aussetzt. Während der Bombenangriffe im September sitzt sie im Londoner Senderaum und erklärt den Deutschen, wie unvernünftig und sinnlos dieser Krieg sei, den sie mit Sicherheit verlieren werden. Ihr Engagement ist sicher mutig und bewundernswert – heldenhaft. Aber kann das als Maßstab auch für diejenigen dienen, die sich schwach, menschlich-allzumenschlich verhalten, kreatürliche Angst haben und einfach nur leben wollen?

Auf dem Atlantik herrscht Seekrieg. Am 12. September fahren Monika und Jenő mit dem Zug nach Liverpool, um sich am 13. September auf der »City of Benares« in Richtung Halifax, Nova Scotia, einzuschiffen. Mit ihnen sind weitere 404 Passagiere, darunter 92 Kinder, die aus England nach Kanada evakuiert werden sollen.

Das Schiff wird sein Ziel nicht erreichen.

Ein schreckliches Unglück, das Monika in Zukunft noch »viele Jahre, Tag und Nacht«[36] bedrängen wird:

»Jenes alptraumhaft Wirkliche, jenes in allen Fasern Erlebte und doch völlig Unwahrscheinliche – jenes Kriegsabenteuer, [...] in dem mein Mann zugrunde ging. Es geschah alles in einer Viertelstunde. Die Explosion, die anfängliche Ordnung, die Panik, der Sturz in die Tiefe, das Chaos am brennenden Schiff, unsere Rufe, unser Verstummen [...] aber es hatte in seiner maßlosen Schrecklichkeit das Volum des Ewigen – der Unzeit, es geschah gegen sich selbst, nach rückwärts, gar nicht, unter uns weg, obgleich es in unerbittlicher Schärfe geschah, weit abseits vom Faßlichen, es war das Absolut-Negative und Entsetzliche. [...]

Es gab so einen Ruck, als sei man irgendwo aufgefahren – die Alarmglocke klingelte – nachts, ja, es war halb elf, ich hatte schon geschlafen, er kam aus dem Salon herunter, wo er Klavier gespielt hatte – Bach, das Wohltemperierte Klavier von Bach –, bei der Alarmglocke kam er herunter in unsere Kabine, bleich, – er zog erst mir den Rettungsgürtel an, dann sich selbst – was wir anhatten? Nur Regenmäntel, wir nahmen nichts mit, wir hatten keine Zeit, wir hatten Rettungsboot Nummer sechs, da waren viel zuviel Menschen, viel mehr als in ein Rettungsboot gehen, es fehlten Rettungsboote, die waren durch den Torpedo kaputtgegangen, und wir fielen alle auf den Grund des Meeres fast, weil wir zu viele waren, auch waren die Seile kaputt. Es war ein wahnsinniges Geschrei gewesen von der Mannschaft, schwarze Mannschaft, sie hat nichts als geschrien – und als wir wieder heraufkamen, schrien wir so gut es ging, nahe am brennenden Schiff, wir hatten Petroleum geschluckt und waren zerschlagen und suchten nach etwas zum Anhalten, wir riefen einander, ich hörte seinen Ruf, dreimal, und dann nichts mehr. Und dann waren lauter Tote um mich rum und ganz schwarze Nacht und ganz hohe Wellen [...], tote Kinder gab es, von Schreck und Kälte getötet [...] und sie schwammen wie Puppen herum.«[37]

Ob Monika tatsächlich sechzehn bis siebzehn Stunden auf dem Meer trieb, sich festhielt, »ganz fest. An dem Floß oder Holz, an dem Stück Boot«[38]?

Ein Zeitzeuge erinnert sich, dass er, Frau Lányi und vierzig weitere Personen in Rettungsboot Nr. 6 saßen, als eine Riesenwelle das Boot 400 bis 500 Meter weg vom sinkenden Schiff trieb. Wegen des nächtlichen Gewitters habe das Rettungsboot unter Wasser gestanden. Einer der Schwarzen sei ohnmächtig geworden und vor Frau Lányi versunken. Die Mehrzahl der Insassen des Rettungsbootes seien vor ihren Augen verstorben. Als das schottische Rettungsschiff am nächsten Nachmittag kam, seien nur noch er, Frau Lányi, die Frau des Kapitäns und ihr Sohn sowie drei Schwarze am Leben gewesen[39].

Die Frage, welche der beiden Schilderungen realistischer und weniger dramatisch ist, kann man sicher nicht einfach beantworten. In Monikas Schilderung kämpft sie im Wasser ums Überleben, im Bericht des ungarischen Kaufmannes harren die Menschen im Rettungsboot aus, gottergeben, schicksalsergeben.

Warum hätte Monika lügen sollen?

Der erste Mensch, dem sie diese Geschichte erzählt, ist Erika, die mutige und energische Schwester, die als Reporterin während des Blitzkriegs in England rasch in das Krankenhaus nach Schottland fahren kann. Will Monika, noch unter Schock stehend, der großen Schwester mit ihrer Version imponieren? Wäre die zweite, realistischere Variante für die Manns nicht spektakulär genug, weil es hier nur um das Aushalten von Gefühlen geht? Lebensangst, Unsicherheit, Grausen, Entsetzen?

Kaum vorstellbar, und doch, beim Blick auf Elisabeth Mann Borgeses Kommentar aus dem Jahr 1999 durchaus nicht ausgeschlossen: Lányi und Monika hätten nichts von »Heldenmut« gehabt, »weder er noch sie. Und wie's ja oft so geht, gerade die Leute, die am meisten Angst haben, die sterben dann auch, die kommen dann auch um.«[40]

In diesem Sinne wäre dann das einsame Festhalten am Stück Holz freilich heldenhafter als das starre Aushalten in einer schier ausweglosen Situation.

Entsetzlich ist beides. Ein Trauma. »Tausend Details, das Verworrene kreiste um das eine, um den einen, um den herum, der nicht mehr war.«[41]

Als Thomas Mann am 24. September 1940 vom Tod des Schwiegersohns erfährt, schreibt er in sein Tagebuch: »Morgens Kabel von Erika, daß Moni und Lanyi auf dem torpedierten Schiff waren, der Mann tot ist und Moni sich in einem Hospital in Schottland befindet (in welchem Zustande?!), von wo Erika sie abholt. Sie scheint also transportfähig. – Grauen und Abscheu. Erbarmen mit dem gebrechlichen Kind. – Nicht gearbeitet. [...] Smoking-Toilette und früheres Abendessen. Mit Gumpert zur preview von ›Spring parade‹ in Hollywood. Harmloses Vergnügen, ein paar charmante Einfälle, konnte lachen.«[42]

Dass Thomas und Katia Mann diesen Schwiegersohn nur wenig gesehen und kennengelernt hatten, kann sicherlich ein Grund für diese rasche und recht pietätlose Rückkehr ins Vergnügen sein. Dennoch – und das zeigt sich im weiteren Verlauf sehr deutlich – ist das öffentliche Trauern um Eigenes und Fremdes die Sache der Eltern Mann nicht.

Und wegen eines ertrunkenen Jenő Lányi muss auf abendliche Vergnügungen nicht verzichtet werden. Der mag »ein Mensch von artigem Niveau«[43] gewesen sein, aber nicht wirklich wichtig, nicht genialisch, nicht unterhaltsam. In sein Tagebuch schreibt Klaus Mann nach Erhalt der »sehr grauenvollen Nachricht«, wie er sich an Lányis »weiche, angenehm schmeichlerische, intelligent parasitenhafte, zivilisierte Art«[44] erinnert.

Als Elisabeth Mann Borgese von Heinrich Breloer diese Zeilen vorgelesen werden, um Weiteres über Lányi zu erfahren, mildert sie die abschätzige Schilderung kaum, sondern befindet Klaus' Schilderung als »sehr gut«[45].

Angenehm schmeichlerisch, intelligent parasitenhaft – ja, so herablassend und wenig respektvoll wird wohl in der gesamten Familie über den Verstorbenen geredet worden sein. Am 30. 9. schreibt Thomas Mann in sein Tagebuch: »hübscher Brief von Klaus über das Unglück mit Lanyi«[46].

Infolgedessen wird sich auch das Verständnis der Familie gegenüber Monikas Trauer in überschaubaren Grenzen halten.

Doch zunächst liegt sie noch in einem Hospital in Schottland, Schwester Erika ist bei ihr und versucht, Lösungen zu finden. »Kabel an Erika«, schreibt Thomas Mann am 25. September in sein Tagebuch, »nach ihren Ansichten fragend u. ihre Rückkehr mit der armen Moni urgierend.«[47]

Nun, so schnell geht es nicht. Monika hat kein Visum für die USA, verfügt nur über einen tschechoslowakischen Pass und hat überdies kein Geld mehr. Aber sie hat noch Freunde. »Mit einer Freundin auf dem Lande« soll sie von England via Lissabon »Erika zur Reise herüber erwarten«[48].

Doch der Plan scheitert. Zwar kann Erika nach New York zurückfliegen, aber Monika muss sich nach erfolglosen Bemühungen noch einmal auf die lange Schiffsreise über den Ozean einstellen. Kaum vorstellbar, wie viel Kraft sie das gekostet haben mag. Noch einmal ein Schiff betreten, die Geräusche auf See hören, auf die Wellen blicken, bei jedem auffälligen Geräusch zusammenzucken, an den »der nicht mehr war«[49] denken. Kaum vorstellbar.

Und doch: Monika kommt am 28. Oktober in New York an.

Das Erste, was sie bei ihrer Ankunft in New York sieht, sind Reporter, Blitzlichter. Und Mutter Katia, ungewöhnlich elegant, einen Silberfuchs über den Schultern, der, wie seinerzeit nicht unüblich, mit Kopf und Gliedmaßen verarbeitet wurde. Ruhig und gefasst drückt sie die Tochter an sich, küsst sie auf die Schläfe. Auf einem Foto lächelt Monika. Auf einem anderen Bild wendet sie sich ab, gequälter Blick, verweint, offensichtlich der Situation nicht gewachsen. Ein gehetztes Tier, das man vor die Kameras zerrt. Willkommen in Amerika, home of the brave. Sich glücklich und dankbar zeigen müssen.

Auf sicherem Boden. Gerettet.

Schweigend sitzt sie dann neben der Mutter im Auto. Auf der einstündigen Fahrt vom New Yorker Hafen bis nach Princeton die vielen Autos, die menschenleer schienen, »ein ganz seelenloses Bild«, schreibt Monika, »das tat gut. Oder es brachte die eigene Seele zum Schweigen, die viel zu laut gewesen war.«[50]

Im elterlichen Haus in Princeton wartet indes Thomas Mann, der es vorgezogen hat, die Tochter nicht am Hafen, sondern im Haus zu erwarten. Man hat Gäste, den seit einer Woche ebenfalls in die USA emigrierten Heinrich Mann mit seiner Frau Nelly und Annemarie Schwarzenbach zum Tee »in Erwartung der armen kleinen Witwe, die in kläglichem Zustande eintraf und zu Bette gebracht wurde«, schreibt der Vater, »Erbarmen«[51].

Am nächsten Tag dann ist »Mönchen zart-wohlauf«[52], man bestaunt die rührenden Bilder von ihr und Katia in der Presse, und nun soll alles so weiterlaufen wie geplant. Dass da ein Kind im Haus ist, das so schnell nicht wieder zur Tagesordnung übergehen und sich unauffällig einfügen kann, haben die Eltern nicht in Betracht gezogen. Nun ja, Mönle war immer sonderbar und weder Mutters noch Vaters Günstling. Was auch immer nun käme, wäre nur die Potenzierung des bereits Bekannten. Es wird sich regeln, irgendwie.

Dass Monika nicht nur verstört und hilflos, sondern schwer traumatisiert ist, können oder wollen sie nicht sehen. Man will helfen, pragmatisch, finanziell, klaglos und erwartet dafür ein ebenso klagloses Einfügen ins Leben.

Das funktioniert nicht. Es kann nicht funktionieren.

Was man heute als »postraumatische Belastungsstörung« diagnostiziert, lässt sich in wenigen Worten skizzieren: In wiederkehrenden Albträumen oder in ungebetenen eindringlichen Erinnerungen wird das Ereignis wieder und wieder durchlebt. Eine insgesamt verminderte emotionale Ansprechbarkeit – ein emotionales Abstumpfen – wechselt sich ab mit Übererregung, erhöhter Reizbarkeit und übertriebener Wachsamkeit. Menschen mit traumatischen Erfahrungen haben ihr inneres Wissen darüber, wie sie ihr Leben sinnvoll und angenehm gestalten können, verloren. »Der Überfluß und Übermut Amerikas, Licht, Lärm, Reichtum, Sorglosigkeit, Verschwendung – das sogenannte Glück mutete mich zunächst so zynisch, absurd an, daß ich ganz starr davor wurde«[53], erinnert sich Monika später.

Das ist nachvollziehbar, begründet, verständlich.

Was sich jedoch im Elternhaus in Princeton abspielt, ist weitaus schwieriger zu verstehen. Für Katia und Thomas Mann geht alles nach längst überlegter Planung weiter.

Business as usual. Vorträge, Lesungen, zweiwöchige Reise nach Chicago zu Elisabeth und Antonio Borgese. Wahrscheinlich hoffen sie, dass Monika sich zwischenzeitlich eine neue Verfassung gibt, ihr neues Leben nachvollziehbar plant. Aber so rasch geht das nicht. Nach ihrer Rückkehr aus Chicago gehen die Eltern mit Monika »zur Registration aufs Postamt. Finger-Abdrücke. Freundlich sympathischer Beamter«[54], schreibt Thomas Mann am 29. November ins Tagebuch. Das Kind ist da. Und wird noch lange bleiben.

Auch Golo und Heinrich, mit der inzwischen angetrauten Nelly, sind seit Oktober 1940 in den USA. Im Sommer 1939 war Golo nach längerem Aufenthalt in Princeton wieder in die Schweiz zurückgekehrt und betätigte sich sehr ernsthaft und beflissen als redaktioneller Mitarbeiter bei *Maß und Wert*. Im Frühjahr 1940 herrscht in der Schweiz allgemeine Kriegspanik: »Überall wurde gearbeitet, geschossen, exerziert«, erinnert sich Golo. »Wer hier, als ein Fremder, nicht mittun durfte, der war verloren. In der Stadt, unter Menschen hielt ich es nicht aus, kaum wagte ich, mich auf der Straße blicken zu lassen.

Die Schönheit des Landes, der Rigi im blühenden Frühling, ließ mich stumpf und verzweifelt. Ich mußte fort.«[55]

Nun fährt er nach Frankreich, um sich der tschechischen Legion anzuschließen, aus Treue, aus Pflicht. Um sich nützlich zu machen. Kaum in Frankreich angekommen, wird er interniert, ohne zu wissen, warum und wie lange. »Der Wassermangel, der Staub und Dreck, das buchstäblich stundenlange Anstehen vor der Toilette, und so viel zusammengedrängter Stumpfsinn, Hunger, Wut und Angst – das ist grausam jedenfalls in der Wirkung, und hat etwas Höllenmäßiges.«[56] Nach zwei Monaten wird er freigelassen und muss schnellstens versuchen, aus Europa zu flüchten. Das wollen freilich Tausende von anderen Menschen auch. Den meisten fehlen Ausreisepapiere, Einreisegenehmigungen, finanzielle Bürgschaften und kundige Führer, um von Frankreich über die Pyrenäen nach Spanien zu gelangen. Während Golos Internierung haben die Eltern alles versucht, um seinen Aufenthaltsort zu erfahren und ihm die Flucht in die USA zu ermöglichen. Auch Agnes Meyer bemüht sich bei den höchsten Regierungsstellen um Hilfe.

Gleichzeitig versuchen auch Heinrich und Nelly Mann nach Amerika zu gelangen. Im September treffen sich Golo, Heinrich und Nelly in Marseille. Zusammen mit Franz Werfel und seiner Frau Alma beginnt eine nervenaufreibende Tour, die Golo so gelassen wie möglich absolviert, während der alte Onkel Heinrich von Nelly und dem Neffen mehr getragen als gestützt werden muss. Varian Mackey Fry, der Organisator eines Rettungsnetzwerkes in Marseille, fungiert als Fluchthelfer. Die Angst jedoch kann er den Menschen nicht nehmen. Grenzkontrolle Frankreich–Spanien. Qualvolles Warten mit der Befürchtung, verhaftet zu werden. Golo übt sich in Stoizismus und liest, während der Rest der Gruppe nervös auf der Wartebank ausharrt. Heinrich und Nelly Mann haben falsche Dokumente unter den Namen Herr und Frau Ludwig. Fry wird sich an die Szene auf der spanischen Grenzstation erinnern: »Die Wachtposten prüften ihre Pässe sehr sorgfältig. Sie zeigten kein Interesse an Herrn und Frau Werfel und Herrn und Frau ›Ludwig‹. Aber einer von ihnen hatte ein Auge auf Golo Mann geworfen. Sein ›affidavit in lieu of passport‹ besagte, daß er in die USA reisen wollte, um seinen Vater Thomas Mann in Princeton zu besuchen. ›Sie sind also der Sohn von Thomas Mann?‹ fragte der Wachtposten. Golo Mann dachte sofort an die Gestapo-Listen. Er hielt sein Schicksal für besiegelt, beschloß aber, seinen Part wenigstens heldenmütig zu beenden. ›Ja‹, sagte er. ›Mißfällt Ihnen das?‹

›Im Gegenteil‹, meinte der Wachtposten. ›Ich fühle mich geehrt, den Sohn eines so bedeutenden Mannes kennenzulernen.‹

Und er schüttelte Golo Mann herzlich die Hand. Dann telephonierte er zum Bahnhof und bestellte ein Auto, das sie abholen sollte.«[57]

Die Flüchtlingsgruppe fährt nun nach Barcelona und Madrid. Von dort per Flugzeug nach Lissabon, wo sie mit dem Schiff die Fahrt in die USA antreten. Am 13. Oktober 1940 kommen die Emigranten in New York an, herzlich begrüßt von Thomas, Katia und Klaus Mann.

Golo wird zunächst, wie Monika, im großen Elternhaus wohnen. Heinrich und Nelly werden zwei Wochen später nach Los Angeles, Hollywood, übersiedeln. Wie viele andere deutsche Schriftsteller hat Heinrich einen Jahresvertrag als Drehbuchautor erhalten. Das langt fürs Erste zum Überleben, materiell zumindest. Psychisch jedoch ist die Situation für die meisten Neuankömmlinge extrem belastend. Wer, wie Thomas Mann, in großer Villa lebt und mit komfortablen Bezügen rechnen kann, muss sich mit den elementaren Gas-Food-Lodging-Sorgen nicht quälen. Die große Masse an Emigranten jedoch schon.

Über eine halbe Millionen Deutscher, darunter Zehntausende von Intellektuellen, haben Deutschland verlassen und versuchen, mehr schlecht als recht, zu überleben. Für exilierte

Künstler und Gelehrte ist in den USA unter anderem die »Deutsche Akademie im Exil« und die »American Guild for German Cultural Freedom« (mit Thomas Mann als Präsidenten) zuständig. Helga Maria Prinzessin zu Löwenstein, die Ehefrau des Gründers dieser beiden Hilfsorganisationen, und der ehemalige Geschäftsführer Volkmar Zühlsdorff konnten 1998 von Heinrich Breloer zur Situation des Exils befragt werden. Über die Not der Emigranten, die Flut der Hilfsgesuche und auch über die Familie Mann. Die Bedeutung von Thomas Mann, dessen Ehe auf Außenstehende als »eine ausgesprochene Kameradschaft« gewirkt hat. Katia habe »die Fäden in der Hand gehabt. Sie konnte sehr energisch sein«[58], erinnert sich Prinzessin zu Löwenstein. Thomas Mann erhält täglich Unterstützungsgesuche verarmter Emigranten, Bitten um Einbürgerungsbürgschaften und damit verbundene Formalitätswünsche wie Visa. Daneben wird er um Auftritte bei Wohltätigkeitsveranstaltungen gebeten. Das bedeutet sehr viel Arbeit, aber auch sehr viel Einfluss, nicht nur für Thomas, sondern auch für Katia Mann, die für die Korrespondenzen zuständig ist. »Seine Frau hat ihm ungemein geholfen, die Agnes Meyer hat ihm sehr geholfen; die Erika Mann hatte einen großen Teil dieser Arbeit, die eigentlich auf Thomas Mann zukam, bei der Akademie für ihn übernommen. Sie war sein Sprachrohr gewissermaßen, er hat das, was er vorschlug für die Tätigkeit der Akademie, indem sie bei diesem Direktorium darin saß, zur Sprache gebracht. Thomas Mann kam da praktisch selten dazu, kam eigentlich gar nicht dazu.«[59] So Zühlsdorff.

Erikas Einfluss auf die Eltern ist enorm und grenzenlos. Auf Zeitzeugen wirkt sie »zauberhaft, witzig und lustig und amüsant. Ich meine, es war eine Freude mit ihr«, erinnert sich Zühlsdorff, und Prinzessin zu Löwenstein fügt an: »Sie war sehr selbstbewußt, sehr geradlinig. Also ich meine, sehr energisch. Sie hat nie irgendwie an sich gezweifelt oder irgendetwas.«[60]

So hat Erika auch keine Hemmungen, Agnes Meyer einen Brief zu schreiben und sowohl Geld für das neu zu bauende elterliche Haus in Santa Monica zu erbitten als auch um Zuwendungen für Klaus' neu gegründete Zeitschrift *Decision* zu ersuchen. Doch Erikas »Finanz-Intrigue« ist dem Vater dann recht peinlich. »Nicht zu billigen«[61], notiert er sich. Erika schreibt nun ihren »sehr sehr feinen Goldinen«, den Eltern, einen erklärenden Brief, in welchem sie alles auf Klaus, den »Verblendeten«, schiebt: »So ein arms Verwundts ist völlig unberatbar und hat mich während der hektischen Abschiedswoche in New Yorklingen um die letzten Reste meines Verstandes sowie um *jedwede* Nachtruhe gebracht. Wie hab ich ihn nicht gebeten, Schluß zu machen! Das dreimal verfluchte ›Meyergeld‹, allerliebster Z., war ja auch *mit nichten* ›meine Erfindung‹, sondern vielmehr von eh und je *seine* Wahnidee. Er war auf dem Punkt, nach Washington [Wohnsitz der Meyers, A. d. V.] zu fahren, als ich meinen Ersatz-Anschlag, der mir *relativ* sinnvoll schien, suggerierte.«[62]

Das »arms Verwundts«, Klaus, hat endlose Probleme: die Drogen, die unglücklichen Liebesgeschichten, der ständige Geldmangel. Daneben zeigt er unglaubliche Aktivität und Fleiß.

Warum er nach dem Scheitern seiner ersten Zeitschrift *Die Sammlung* noch einmal das Risiko eingeht, eine literarische Revue zu verlegen? »Ich hätte wohl Lust, es noch einmal zu versuchen [...] Die Zeitschrift, die ich jetzt gründen möchte, müßte natürlich in englischer Sprache erscheinen und durchaus internationalen Charakter haben.«[63]

Aus heutiger Sicht ein wahrhaft tollkühnes Unternehmen. Während *Die Sammlung* noch an den Querido-Verlag gekoppelt war, ist *Decision* ein Unternehmen, das sich ausschließlich selbst organisiert. Sekretärin, Büro, »recht hübsches Briefpapier«[64]. Jeden Monat eine neue Ausgabe in einer Auflage von 5000 Exemplaren bei nur 2000 Abonnenten. Da rutscht man rasant ins Minus. Als Charles Neider, neu ernannter »Managing Editor«, zum ersten Mal die Redaktion betritt, sieht er »absolutes Chaos«[65]. Stapel von Manuskripten und Briefen, die Autoren eingereicht haben, aber von niemandem gelesen und beantwortet werden. Dazwischen Klaus, der mehrere Dinge gleichzeitig macht, telefonieren, tippen, sich rasieren, rauchen, Bettelbriefe an reiche Leute formulieren. Bettelbriefe an Mielein natürlich auch.

Die Eltern sind inzwischen nach Kalifornien gezogen. Im September 1940 wurde ein Grundstück gekauft und der Hausbau begonnen. Das wird nun teurer als gedacht, und der Bau zieht sich dahin. So wohnen sie zunächst in gemieteter Villa und überwachen von dort aus den Hausbau, der durchaus stattliche Ausmaße hat. Aber Katia will mehr. Zimmer für alle sechs Kinder, mehr Platz und überhaupt, »bei dem gänzlichen Versagen der fluchwürdigen Agnes«[66] gäbe es halt Schwierigkeiten, alle Besucher unterzubringen, so Katia an Klaus. Man hat sich also mehr Geld von Agnes Meyer erwartet, mehr Geld fürs Eigenheim und finanzielle Unterstützung für Klaus' Zeitschrift. Die Meyer ist zwar reich, sehr reich, aber sie ist kein Goldesel. Um Thomas Manns Einnahmen zu vergrößern, verschafft sie ihm eine noble und lukrative Ehrentätigkeit als Consultant in Germanic Literature in the Library of Congress. Für Klaus' Projekt indes will sie sich nicht einsetzen.

»Glaubt Ihr nicht, daß man die hochmütige reiche Frau dazu zwingen kann?«[67], fragt Klaus seine Eltern und Golo. »Kann es sein, daß sie Flausen machte?«[68] Zwingen? Womit?

Wahrscheinlich meint Klaus, dass man Meyer mit einer Art Liebesentzug zwingen könnte. Die ganze Familie amüsiert sich, dass die Dame in Thomas Mann wohl mehr als nur den großen Literaten sieht. Mag sein. Unschuldig an diesen Gefühlen wäre Thomas Mann nicht. »Ihr hat er doch den Hof gemacht bis dorthinaus«[69], meint Prinzessin zu Löwenstein. Für Mann ist es Vergnügen und Berechnung. Für die attraktive Meyer ist es wohl nicht undenkbar, dass sich mehr zwischen dem Dichter und ihr ergeben könnte. Das bedeutet für sie nicht, dass sie deswegen die gesamte Familie mit Geld beschenkt. Da kann Klaus sich ruhig ausrechnen, dass er 8000 Dollar braucht, sehr viel Geld, »also muß es von der Meyer kommen – sie ist die einzig wirklich sehr Reiche weit und breit«[70], und trickreich noch überlegen: »Das Ärgerliche ist, daß sie mich ja irgendwie nicht mehr mag. [...] Das muß alles bedacht und einbezogen werden.«[71]

Ja, auch die Meyer mag so allerlei bedenken.

Fakt ist: Sie gibt kein Geld für *Decision*, dieses Projekt, das keine Perspektive hat und nur Schulden anhäuft. Das mag man geizig nennen. Aus Sicht der Verlegersgattin Meyer ist es wahrscheinlich in erster Linie realistisch. Nun versucht Golo, so human wie möglich, den Bruder zur Aufgabe des Unternehmens zu bewegen: »Du solltest dann die Sache dem Anwalt überlassen, sobald es irgend geht, Dich aus dem Staube machen, in diese Gegend kommen, Dich aufs Geldverdienen verlegen; wer will, der kann [...] Soweit, so schlecht. Ratschläge sind leicht, vernünftig handeln sehr schwer. Ich nahm die Dinge immer sehr schwer, stand immer vor dem Nichts, empfand meine Lage in der Welt immer als denkbar übel. Du, im Gegenteil, nimmst die Dinge zu leicht, gehst dann aber plötzlich zur Nervosität über. Wer fände wohl die richtige Mitte?«[72]

Wer will, der kann. Wer kann, der tut. Das sind freilich auch so familiäre Floskeln. Golo weiß das und hinterfragt solche Sätze und sich selbst. Und die Eltern? Sie helfen Klaus finanziell, soweit es ihnen möglich ist, aber das reicht natürlich nicht. Thomas Mann überlässt dem Sohn ein paar Texte zum Abdruck und gestattet sogar, dass Klaus »aus der Gesamtheit etwas zusammen schnitzeln und -kleben« kann. Auch ist er zum besseren Verkauf der Zeitschrift gewillt, sich als »Chairman of the Editorial oder the Advisory Board« zu präsentieren. Überdies versucht der Vater, Geldgeber aufzutreiben, freilich nicht genug, aber er verhält sich nicht gleichgültig, sondern verständnisvoll. »Gute väterliche und mütterliche Wünsche, daß Du glücklich und höchstens mit einem blauen Auge davon kommst«[73], schreibt er an Klaus im Juni 1941. Ein paar Wochen später wird Klaus versuchen, sich das Leben zu nehmen, wird aber von seinem Mitarbeiter Christopher Lazare noch rechtzeitig gefunden. Im September schreibt Katia dem »Aissi-sohn«, dass man schon anfing, sich »recht zu sorgen«, weil keine Nachrichten mehr kommen. Nun aber habe man ein erklärendes Telegramm und das Septemberheft von *Decision* erhalten, »wie wohl brachtest Du das zuwege – dem man die Kämpfe und Sorgen durchaus nicht anmerkt, sondern das man wieder als ein sehr geglücktes und anregendes Stück bezeichnen muß«. Nach diesem formvollendeten Lob schüttet Katia ihrem Ältesten ihr Herz aus. Die Sorgen um den Hausbau, die üblichen Kommentare über Klaus' Geschwister. »Der Knabe ist eigentlich ganz brav und rührend, ernst und überaus bemüht, und wenn nichts aus ihm wird, so kann es nur an mangelnden Gaben liegen«, schreibt Katia über Michael. Vermutlich ist sie sich in ihrer Redseligkeit gar nicht bewusst, dass Klaus das auch auf sich beziehen muss. Er hat ja das Gefühl, ein Versager zu sein, trotz des durchaus respektablen Erfolges, den er hat. Dass er die Zeitschrift einstellen muss, ist zwar ein finanzieller, aber kein literarischer Misserfolg. Mangelnde Gaben? Nein, daran mangelt es keinem der Mann-Kinder. Aber Katia meint, Klaus gegenüber anfügen zu müssen: »Dass auch beim Mönle die Gaben mangeln, ist ja gar kein Zweifel, aber mein Gott, das ist eben nicht das Einzige, und das Zusammenleben mit dem egozentrischen, verstiegenen, narzisstischen, dabei oft sonderbar aggressiven und ungnädigen Geschöpf hat sein Trostloses. Wie anders unser Gölchen, der gewiss auch nicht der Simpelste und Bequemste ist, aber für mich (auch für Z.) ein lieber und stärkender Hausgenosse.«[74]

Dass Monika schwierig ist, verwundert nicht. Ein »stärkender Hausgenosse« wie Golo kann sie in ihrer Verfassung nicht sein. Vielleicht will sie das auch nicht. Vielleicht wollte sie das auch nie sein. Lieb, nützlich, stärkend, das ist eher Golos Rolle. Und Monika passt mit ihren Gefühlen nicht ins Familienbild.

»Wiedersehen mit la pauvre *Moni.* --- Tragik ihrer armen kleinen Miene, die sich ins Altjüngferliche verändert --- ach, wir Armen«[75], schreibt – ausgerechnet – Klaus in sein Tagebuch. Schwer nachvollziehbar.

Unverständlich auch dies: im Juli 1941 stirbt, ein Jahr vor seiner Frau Hedwig, Alfred Pringsheim. Als die Manns in Kalifornien davon erfahren, bricht Monika in Tränen aus, und Katia bleibt ruhig. Am Abend empfängt man wie geplant ein paar Gäste, Cognac, Kaffee, Vorlesungen[76]. So, als wäre nichts geschehen.

Mag sein, dass Katia Mann der längst erwartete Tod ihres Vaters nicht mehr nahegeht. Auffällig jedoch sind, nicht nur an dieser Stelle, Monikas Gefühlsreaktionen, die durchaus natürlich und menschlich anmuten. Anders als Erika jedenfalls, die beim schon erwähnten Sturz des Großvaters (der ja nicht nur physisch, sondern auch psychisch ein Absturz war) lachen muss und nach dessen Tod in einem Brief an die Eltern, »meine sehr sehr feinen Goldinen«, schreibt: »rief mich doch eben die Ida an, um mit beliebter Stimme mitzuteilen, der Ofei sei verstorben, und ich möchte rauskommen zu ihr aufs Land. Sachen gibts.«[77] Nun, des Trostes und der Zuwendung scheint Erika in diesem Fall wohl nicht zu bedürfen.

Die Erika, das wunderbare Kind, das den Vater so prächtig unterhält und ihm in Amerika so unersetzlich wichtig in allen Belangen zur Seite steht. Die Erika, die ihrer Mutter all die Zärtlichkeit gibt, die Thomas Mann nicht zu geben imstande ist.

Dass sie bei so viel familiärer Gebundenheit nicht in der Lage ist, eine tiefe Bindung mit einem anderen Menschen einzugehen, verwundert nicht. Gewiss, sie hat eine neue Beziehung, den Arzt und Schriftsteller Martin Gumpert, aber Freud und Leid will sie nicht mit ihm teilen. Der acht Jahre ältere Gefährte ist gut aussehend, bei der Familie Mann beliebt und, gelinde gesagt, Erika zutiefst ergeben: »Und der Gumpert trottelte so ein bisschen hinterher«, erinnert sich Prinzessin zu Löwenstein. »Also man hatte so das Gefühl, so das Hündchen.«[78] Zu Erikas Entourage gehören auch immer noch Fritz Landshoff, auch er immer abhängiger von Drogen und überdies suizidgefährdet wie Klaus, und die Schweizer Freundin Annemarie Schwarzenbach, die aus New York Artikel für Schweizer Zeitungen schreibt. Annemaries psychischer Zustand ist katastrophal. Jähzornige Gefühlsausbrüche wechseln ab mit Bewusstseinsverlust und Weinkrämpfen. Manchmal läuft sie tränenüberströmt durch New Yorker Straßen. Ihre Liebesbeziehungen können sie nicht halten, nicht retten. Drogen und Alkohol. Klammern an Erika immer noch. Eigentlich wie Klaus. Im Januar 1941 versucht sie, sich das Leben zu nehmen, und wird in die geschlossene Abteilung einer Klinik gebracht. Nachdem die Ärzte sie für geisteskrank erklären und dauerhafte Unterbringung in der Psychiatrie für unabdingbar halten, verlässt sie mithilfe ihres Bruders die USA und kehrt in die Schweiz zurück. Von dort aus schreibt sie an Klaus: »Ich habe mich manchmal gefragt, was Du, auch was Eri Euch wohl vorgestellt haben mögt – wer sich wohl meiner annehme – wer mich aus den Händen der Polizei hole –, oder gibt es solche Grenzen der Freundschaft – daß, wenn einer wirklich in trouble ist, man ihn in solchem Elend einfach umkommen läßt.«[79] Bittere Worte. Von Klaus, das müsste sie wissen, war keine Hilfe zu erwarten. Aber Erika, hätte sie sich nicht um die treue Freundin kümmern können? Wahrscheinlich schon, aber sie hat sich nun ganz und gar ihrem politischen Engagement hingegeben. Kühn, energisch und radikal. Daneben kann sie sich nur um die Eltern und Klaus kümmern und den gloriosen Ruf der »amazing family«[80] vermehren. Wer kann, der tut …

Santa Monica, Pacific Palisades 1941.

Das wird nun langjähriger Wohnsitz der Manns sein. Ein Blick auf die Landkarte zeigt berühmte Orte und Straßen der näheren Umgebung: Los Angeles, Hollywood, Beverly Hills, Sunset Boulevard. Die Berge ringsum. Der Pazifische Ozean vor der Haustür. Malibu. Palmen.

Die Manns wohnen ein Jahr am Amalfi Drive, bis sie im Februar 1942 in ihr neu gebautes Eigenheim am San Remo Drive ziehen. Wie sie hat es auch Hunderte von emigrierten Künstlern, Intellektuellen und Wissenschaftlern nach Kalifornien gezogen oder verschlagen – je nachdem. Wer erfolgreich ist, kann trotz der Umstände, die sie hier hergebracht haben, etwas genießen. Wer erfolglos ist, wird deprimiert – wenn er (oder sie) es nicht schon vorher war.

Die vielen bekannten Namen: Feuchtwanger, Werfel, Brecht, Chaplin, Döblin, Otto Klemperer, Erich Maria Remarque, Billy Wilder natürlich, Adorno, Horkheimer, Schönberg, die Walters, die Franks. Die Drehbuchautorin Salka Viertel, in deren Heim man sich gerne trifft. Eva Herrmann, Freundin der Familie Mann, Geliebte von Feuchtwanger – und wegen ihrer Schönheit »die Gemme« genannt – wohnt auch in der Nähe. Heinrich Mann nicht zu vergessen.

Er und seine Nelly wohnen 1941 noch recht ansprechend in Beverly Hills. Das ist noch finanzierbar, weil Heinrich ein Jahr lang durch den European Film Fund gefördert wird, eine gemeinnützige Organisation, in deren Kasse Filmgesellschaften und gut verdienende Emigranten einzahlen, um das Überleben der Neuankömmlinge zu sichern. Die Sache soll, zumindest vordergründig, keine Spende, sondern eine Chance sein: Man erwartet Drehbücher, Manuskripte und Präsenz in den Filmstudios. Freilich nicht von allen Autoren, freilich nicht von jedem, dem so ein Posten gegeben wird. Für den siebzigjährigen Heinrich Mann ist es wohl eher eine Arbeitsbeschaffungsmaßnahme. Das sitzt er ab, hoffnungsvoll zunächst und im Laufe der Zeit immer resignierter feststellend, dass man nicht wirklich eine Meinung, geschweige denn Texte von ihm erwartet.

Nach Ende des deprimierenden Script-Writer-Jahres müssen Heinrich und Nelly in eine kleinere Wohnung ziehen, Nelly kauft Möbel auf Kredit. Monatlich 13,50 Dollar. Kein einfaches Leben, wirklich nicht.

Daneben mutet Tommys Existenz glamourös an. Gewiss, er hat Hypotheken auf dem neu erbauten Haus, jammert Katia. Nur, welcher Reiche hat nicht irgendwelche Besitztümer auf Kredit erworben? Das gehört dazu. Dem Heinrich würde keine Bank das Baugeld geben.

Die Feier zu seinem 70. Geburtstag muss verschoben werden, »ein arges Dilemma«[81], so Tommy, aber er muss an diesem Tag, dem 27. März, eine Ehrendoktorwürde annehmen und dann auch weiteren Verpflichtungen nachgehen, und am besten schiebt man die ganze Feier um zwei Wochen auf.

Heinrich hat keine Ehrendoktorwürde und keine weiteren Verpflichtungen. Keine repräsentative Wohnung. Da muss er dankbar sein, dass die erfolgreiche Salka Viertel das Fest ausrichtet. Da muss er dankbar sein, dass Thomas ihm zum Jahresende 500 Dollar schenkt und ihn ab und zu mit kleineren Beträgen bedenkt. In so einer Lebenssituation voller Notlösungen werden Zahnarztrechnungen zur Angstpartie. Man wahrt dennoch das Gesicht, auch wenn es immer schwerer fällt. Heinrich wird immer stiller und deprimierter, für Nelly ist der Alltag nur noch alkoholisiert zu ertragen, was in so einem engen Emigrantenkreis rasch auffällt. Polizeikontrollen wegen Autofahrens unter Alkoholeinfluss. Strafgelder. Ausnüchterungszelle.

Thomas Mann und seine »amazing family« sind pikiert. Verständlich.

Sicher, die Schwägerin entspricht nicht dem Niveau des Clans, und mit schwer alkoholisierten Menschen ist nicht zusammenzuleben, dennoch befremdet es, mit welcher Häme sich Katia über Nelly auslässt. Die macht auf Fotografien einen ganz sympathischen Eindruck: Mittvierzigerin, etwas füllig, kurze blonde Haare, sehr burschikos und natürlich wirkend. »Heinrichsbraut« nennen die Manns diesen Typ Frau. Nun ja, so unverhohlen weiblich sieht man bei Thomas nicht aus.

Solche Jobs wie Nelly macht man nicht. In Deutschland war sie Bardame, in den USA arbeitet sie in einer Wäscherei. Und so hat sie sich das Leben in Amerika auch nicht vorgestellt: Ehemann Heinrich sitzt deprimiert zu Hause und schreibt Bücher, die niemand mehr lesen will. Ein ziemliches Elend.

Indes, wer die Situation erfolgloser Emigranten ansieht, merkt, dass das kein Einzelfall ist. Manche können ihre Not besser verbergen. Oder nehmen sich das Leben. Lustig ist das nicht. Und schwer nachvollziehbar, was Katia an Klaus nach Thomas' Geburtstagsfeier 1943 schreibt: »Wir hatten ja eine etwas melancholische Feier, mit Fränkels und Heinerles, aber Nelly zeigte sich von ihrer dezentesten Seite und spendete aufmerksamer Weise einen prächtigen Kalbsbraten und zwei Pfund Speck (offenbar treibt sie es mit dem Metzger), und es verlief ganz würdig.«[82]

Ob und mit wem Nelly in Amerika außereheliche Beziehungen führte, ist unklar. Sicher ist, dass Klaus es mit Matrosen, Strichjungen und Liftboys »treibt« und dass auch Golo sich trotz seiner tiefen Sehnsucht nach Liebe »auf das Geschäftsmässigste«[83] mit Matrosen beschränkt.

Sicher ist auch, dass Nellys Leben mit dem bekannten und ehemals so erfolgreichen Schriftsteller Heinrich Mann nunmehr bedrückend und belastend ist. Die Schulden. Das Abrackern um des schieren Überlebens willen. Der alte Mann zu Hause, der hochintellektuelle Arbeiten schreibt, die nur wenige lesen und niemand bezahlen will. Ab und zu zeichnet er sich pornografische Bildchen, für entsprechende Zeitungen ist kein Geld vorhanden. Auf so ein Leben lässt sich leicht herabsehen.

Das gute »Heinerle«, wie Katia ihn en famille gerne bezeichnet, während sie ihn persönlich freilich siezt und Nelly siezend hinterrücks »die Kröger« nennt, trotz Heirat. Heinerle und die Kröger gehören aber zum Mann-Clan dazu. Und an ihnen zeigen sich, wie in einem Zerrspiegel, die ganzen Schattenseiten der gloriosen Großfamilie. Vereinfacht zeigen sich an Nelly und Heinrich die verdrängten und ausgeblendeten Probleme der Familie Thomas Manns: Erikas und Michaels Alkoholabhängigkeit, Klaus' Drogensucht, seine Armut, Schulden und teilweise zwanghaft anmutende Sexgier, Elisabeths problematische Ehe mit einem um sechsunddreißig Jahre älteren Mann, Katias rücksichtsloses Autofahren, das ihr ständig Warnbescheide beschert. Monikas erstarrtes Dasitzen.

Von alledem dringt nichts nach außen. Das wird auch familienintern meistens nur über dritte Familienmitglieder besprochen. So Katia mit Erika, Klaus und Elisabeth über die anderen, wahlweise. Ein fein gesponnenes Netz aus Meinungen, Kommentaren und, man muss es in Bezug auf Monika so nennen, auch Gehässigkeiten.

An Elisabeth schreibt Katia über Klaus: »Dies ist ja leider auch ein quälendes Kapitel. Wie Du mit Recht sagst, ist er zu dem, was ihm wahrscheinlich erreichbar wäre, zu hochmütig, und wie dies auf Dauer gehen soll, sehe ich gar nicht.«[84]

So im Mai 1942.

Vor einem halben Jahr haben die USA an Japan eine Kriegserklärung abgegeben, woraufhin Deutschland und Italien den Vereinigten Staaten den Krieg erklärten. Klaus ist »gleichsam gelähmt durch die unendliche Traurigkeit des Krieges«[85].

Und überhaupt:

Das Projekt *Decision* ist gescheitert. Seine zweite Autobiografie »The Turning Point« hat er soeben fertiggestellt. Ständig Selbstmordgedanken. In dieser Verfassung meldet er sich zur US Army, »als ob die amerikanische Uniform ein Talisman gegen die bösen Geister wäre, die mich verfolgen und quälen«[86]. Aber die Army will ihn noch nicht. Es gibt FBI-Akten, die seinen Lebenswandel dokumentieren und neben dem verzögerten Militärdienst auch den Erhalt der amerikanischen Staatsbürgerschaft behindern. Klaus' Tagebuch 1942: Keine täglichen Einträge mehr. Ständige Selbstmordgedanken. Zweimal versucht er, sich die Pulsadern durchzuschneiden, aber das Messer ist zu stumpf. Mit Eva Herrmann besucht er spiritistische Sitzungen und beschäftigt sich eine Zeit lang mit Esoterik. Dann will er einen »spiritistischen Roman« schreiben, aber »allzu oft, habe ich das Gefühl, ich kann es nicht. Bin erschöpft, verzagt, äußerst entmutigt. Am Ende.«[87]

Dass Klaus kraftlos ist, nimmt nicht wunder. Er arbeitet trotz des Raubbaus, den er an seiner Gesundheit treibt, unglaublich viel. Jeder Autor, jede Autorin wäre bei diesem Pensum erschöpft: fast jedes Jahr ein Roman, daneben Aufsätze, Kritiken, das zermürbende Ende von *Decision.* Immerhin erntet er für die im Herbst erschienene Autobiografie freundliche Aufmerksamkeit und Lob, auch vom Vater, der »The Turning Point« ein »ungewöhnlich charmantes, gemütvoll-sensitives, gescheites und redlich persönliches« Buch nennt. Auf das autobiografische Ich und die ihm innewohnende Problematik geht Thomas Mann nicht ein, etwas peinlich scheint ihm das Angeknackste, »die vielen angeknacksten Freunderln, die Dein Schicksal waren«. Nun gut, was soll er seinem sechsunddreißigjährigen Sohn auch schreiben? Dessen Not kann und will er wohl nicht sehen. »Wir Elterlein können ja zufrieden sein mit den Figuren, die wir machen«, schreibt er an »Eissi« und meint: »Die Schilderung unserer Erziehungs-›Methode‹ mag in sofern gefährlich sein, als sie unter ungeeigneten Bedingungen Nachahmung finden könnte. Aber die schöne Stelle über das Mütterliche, Mutterliebe und Kindesdankbarkeit wird selbst Böswillige versöhnen, und der Papa, der doch so krank war, kommt auch ganz gewinnend, wenn auch etwas geheimnisvoll weg mit seiner absentmindedness [Geistesabwesenheit, A. d. V.] und seiner melancholischen Scherzhaftigkeit.«[88]

Eine freundliche Beurteilung. Mehr ist von Thomas Mann nicht zu erwarten. Und wahrscheinlich ist es Klaus im Herbst 1942 sowieso egal wegen des »ständigen, erniedrigenden, fast unerträglichen Mangel an Geld. Total pleite seit Tagen. […] Von Selbstmordgedanken verfolgt. Alle Einzelheiten für die düstere Zeremonie vorbereitet. Was hat mich dann im allerletzten Augenblick davon abgehalten?«[89]

Irgendein Anruf, irgendein Besuch, irgendeine Idee wahrscheinlich. Dann geht alles für ein paar Tage, für ein paar Stunden weiter. Ablenkung durch die konzentrierte Weiterarbeit an seinem Buch über André Gide, das er zu Ende schreiben kann. Die letzten Monate des Jahres 1942 schlägt er sich so durch. Mielein schickt hier einen Scheck, da einen Scheck, aber es reicht alles nicht. Also die üblichen Notlösungen und Überlebenstricks von armen Künstlern: mit jedem Cent rechnen, Pfandflaschen einlösen, Geld leihen. Für den nunmehr Sechsunddreißigjährigen eine bittere Erfahrung mehr.

1943 wird er zum Militärdienst zugelassen und muss zunächst die Basisausbildung in verschiedenen Camps über sich ergehen lassen.

Thomas Mann ist überrascht, dass sein »dear son« das schafft: »Weder das Schreiben noch die Liebe haben offenbar der Gesundheit Deiner Grundsubstanz etwas anhaben können, sondern Du bewährst Dich nun, wenn auch unter Beihilfe einer humoristisch-achtungsvoll-nachsichtigen Volksgesinnung, ganz richtig und tapfer wie ein Mann. Ich finde das ausgezeichnet«, schreibt »Z.«[90].

Als Agnes Meyer kritische Bemerkungen über Klaus verlauten lässt, schreibt ihr Thomas Mann einen deutlichen Brief. »Ich habe viel und bitter darunter gelitten, daß Sie für meine Kinder nichts als unverhohlene Geringschätzung und Ablehnung hegen, da ich doch diese Kinder liebe, mit demselben Recht, mit dem Sie Ihre Kinder lieben. […] Mit Recht waren Sie der Meinung, daß wenigstens einer meiner Söhne der Armee angehören müsse. Klaus hat um den Eintritt geradezu gekämpft. Als er ihn erreicht hatte, hat er, der 36jährige, ganz ungeübte Intellektuelle, sich dem harten basic training mit der Willenskraft der Begeisterung unterworfen und ist überraschend schnell zum staff-sergeant avanciert. Mit humoristischem väterlichen Stolz habe ich Ihnen davon berichtet. Kein Wort der Anerkennung, des Glückwunsches ist mir von Ihnen gekommen.

Jetzt habe ich einen begabten, fleißigen und mutigen Sohn gegen den meiner Meinung nach ungerechten Vorwurf in

Schutz genommen«[91], so der gekränkte Vater, und es besteht kein Zweifel, dass er das auch so fühlt. Die Kinder, mit Ausnahme der ihn enervierenden Monika, sind ihm wichtiger denn je. Das liegt vielleicht am Älterwerden, an der Entwurzelung, am Krieg. Und daran, dass er sich wohl kaum – auch als junger Mensch – wie Erika, Klaus und Golo freiwillig zum Militärdienst gemeldet hätte.

Nachdem Golo zehn Monate Geschichte am Olivet College in Michigan unterrichtet hatte, wird er im August 1943 ebenfalls für kriegstauglich befunden und absolviert sein basic-training in Alabama. Klaus erhält im September, Golo im November die amerikanische Staatsbürgerschaft. Ab 1944 ist Golo in Europa stationiert, Klaus wird über Casablanca, Algier, Tunis in Italien landen. Beide Brüder werden in der psychologischen Kriegsführung eingesetzt, das heißt: Flugblätter schreiben, Radiotexte formulieren, Interviews mit gefangenen Soldaten führen.

Erika ist von 1943 bis 1944 als Kriegsberichterstatterin mit der Armee in Ägypten, Persien, Palästina, Frankreich, Belgien und Deutschland. Vor ihrem Einsatz ist sie weiterhin erfolgreich als Lecturer unterwegs, sehr energisch und sehr bewundernswert und doch oft auch fanatisch. Ihr Kampf gegen den Faschismus ist ein Kampf für Freiheit und Demokratie. Da ist es ihr gar nicht recht, wenn zu ihren Vorträgen in der Mehrzahl jüdische Emigranten kommen und verständlicherweise im Kampf gegen den Faschismus zunächst den Kampf gegen den Antisemitismus sehen. »Das *ungeheuerliche* Pack gerät außer sich über und gegen jeden, der den geringsten Zweifel daran aufkommen läßt, daß die Araber eine bösartige Erfindung der Engländer seien und sie, die Juden, die master race und genau und ausschließlich, what we are fighting for«[92], schreibt sie an den Vater. Dass sie eine Kämpferin ist, steht außer Frage. Dabei scheut sie sich auch nicht, den erst zweijährigen Neffen für Propagandazwecke zu missbrauchen: »Gestern hat Fridolin meinem Vortrag beigewohnt, und den ersten Applaus seines Lebens geheimst. Nachdem er, mäuschenstill und faszinierten Engelgesichtschens, eine volle Stunde gelauscht, habe ich ihn der Masse präsentiert, bemerkend, die Nazis bemächtigten sich der Kleinen, wenn sie drei sind, ich finge früher an, – ›meet Fridolin Mann, aged two‹. And he did steel the show!«[93], schreibt sie an die alte Jugendfreundin Lotte Walter. Der schreibt sie oft und viel, über Politik, ihre Auftritte, Erfolge und Misserfolge.

Was sie ihr nicht schreibt, ist die Sache mit Lottes Vater, dem Dirigenten und Komponisten Bruno Walter. Erika, die den rund dreißig Jahre älteren Freund der Familie seit ihrer Kindheit kennt, hat nun eine intime Beziehung mit ihm. Heimliche Treffen in Hotelzimmern. Für Erika ist es Liebe, und sie hofft, nach dem Tod von Walters Frau an seiner Seite leben zu können. Das vertraut sie der Mutter an, die ihre Meinung über Erika, den Kuzi (wie Bruno Walter in der Familie Mann genannt wird) und Muzi (dessen Frau Elsa) dem besten »Aissisohn« kundtut: »Ach und Kuzi? Daraus wird, für mein Gefühl, nichts werden, er t r a u t es sich bestimmt nicht, Lottens wegen – die ja ein Problem ist, eifersüchtig nach zwei Seiten, – unseretwegen, der Welt wegen – ist ja doch ein ängstlicher Mann, und so recht wünschen kann man es im Grunde genommen auch nicht, obgleich Du es ein ganz feines Frauen-Schicksal finden sollst. Z. übrigens a h n t von der ganzen Sache nichts, und soll es bei Leibe nicht wissen. Zur Zeit vegetiert Muzi ja übrigens noch immer, und es kann sich wohl immer noch eine Weile hinziehen, wenn es auch ständig und unaufhaltsam bergab geht. Es ist ja wirklich seltsam, wie sie es auch noch fertig gebracht hat, dem Kuzi durch ihren Dauer-Tod das Leben zu verderben. Aber er soll ja auch diesen Zustand relativer Freiheit schon entschieden geniessen. Soviel von den Walterschen«[94], schreibt Katia Mann.

Elsa Walter hatte im September 1944 einen Gehirnschlag erlitten und lebte noch neun Monate weiter. Fünf Jahre vorher wurde ihre Tochter Gretel von deren Ehemann erschossen.

Annette Kolb schreibt einmal: »Katia, obwohl so nett, ist mir zu fanatisch. Früher wollte sie ihre Kinder im Haß erziehen.«[95] Das ist freilich übertrieben. Dennoch, wenn überhaupt etwas von dieser Idee übergesprungen sein sollte, dann ist es Erika, der dieser Fanatismus zu eigen wurde. Als Bruno Walter sich nach dem Tod seiner Frau für eine offizielle Beziehung mit der Sängerin Delia Reinhardt entscheidet und das intime Verhältnis zu Erika abbricht, empfindet die Zurückgewiesene verständlicherweise tiefen Schmerz. Aber sie kann nicht trauern und loslassen. Da schreibt sie dann anonyme Briefe an *»die zweite Frau Walter wie ›Ich bin ein Verehrer Ihres Mannes …‹ da hat sie so eine Rolle angenommen, die Briefe auch an anderen Bahnhöfen eingeworfen«*[96]. Das soll alles lustig sein und ulkig oder so. Ist es aber wirklich komisch, wenn eine erwachsene Frau, die von ihrem Geliebten verlassen wird, anonyme Briefe an dessen neue Frau schreibt und diese von unterschiedlichen Bahnhöfen verschickt?

Katia an Klaus: »Aber, dass ich das Mönle so lange nicht soll erwähnt haben. Schrieb ich garnichts von dem langen, verzweifelten, aber höchst unechten und peinlichen Erguss, in dem sie plötzlich ihr verfehltes Leben beklagte […] Sie scheint auch zu kochen – was entschieden sittlich höher zu werten ist als das Stenografieren –, einige Menschen um Monika Mann haben sich auch gefunden, und ihre Briefe klingen eigentlich ganz vergnügt. Am Ende wird sie in New York noch ein ebenso ehrenvolles Renommée hinterlassen wie in Florenz. Es ist seltsam, die Leute finden ja auch ihre Briefe reizend, und am Ende bin ich es, die bees und ungerecht ist. Glaubs aber nicht.«[97] Der Empfänger dieses Schreibens hat andere Sorgen.

1945. Kriegsende.

Golo erlebt es in Luxemburg, wo er als politischer Kommentator beim Radio eingesetzt ist. Klaus ist bis Mai 1945 noch in Italien, wird aber bereits einen Tag nach der Kapitulation als Sonderkorrespondent ins zerbombte München fahren.

Nun steht er vor der Poschingerstraße 1, das ehemalige Elternhaus sieht äußerlich halbwegs unversehrt aus. Im Inneren jedoch findet er zerbombte Gemäuer und ein paar Flüchtlinge, die er befragt. Der Rassezuchtanstalt »Lebensborn« habe die Villa gedient, erfährt Klaus. Über das Haus, München, über Dachau und die Deutschen, die alle behaupten, nichts von den infernalischen Gräueltaten der Nazis gewusst zu haben, schreibt er dem Vater einen langen Brief.

Thomas Mann notiert am 7. Mai 1945 über die Niederlage Deutschlands: »Es ist nicht gerade Hochstimmung, was ich empfinde. [...] Die Verleugnung und Verdammung der *Taten* des Nationalsozialismus innen und außen, die Erklärung, zur Wahrheit, zum Recht, zur Menschlichkeit zurückkehren zu wollen, – wo sind sie? Die alberne Zerrissenheit der Emigration, der neidische Haß auf mich und meine Haltung kommen hinzu, die Freude niederzuhalten.«[98]

Dass der Großteil der im zerbombten Deutschland überlebenden Menschen nicht dankbar über die Befreiung vom Faschismus sind, sondern sich in erster Linie als Opfer eines verlorenen Krieges sehen werden, war vorauszusehen. Es jetzt zu erleben ist beklemmend. Das ganze Ausmaß der Gräueltaten im Hitlerstaat.

Erika, die im Frühjahr 1945 in den USA fast 100 Vorträge gehalten hat, kehrt im Sommer des Jahres als Berichterstatterin nach Deutschland zurück und wird im Internationalen Prozess gegen die Kriegsverbrecher in Nürnberg akkreditiert. An Mutter »Süsi« schreibt Erika: »Gerade ist Dein überaus liebenswürdiger Brief gekommen und ich beeile mich, etwas von dem Schaden zu reparieren, den ich mir in Deinen Augen zugefügt habe. Was für einen häßlichen Satz mußte ich in einem Deiner Briefe an Liebling Bébé [gemeint ist Golo, A. d. V.] lesen. Es verfolgte mich eine Weile in meinen Träumen, während ich in meinem schmutzigen Feldbett in einem Kriegsgefangenenlager in Stenay (Frankreich) fror.

Sie hat sogar zugegeben, dass sie keinerlei Anstrengungen unternommen hat, sich mit Dir in Verbindung zu setzen‹ schreibst Du und meinst damit die arme E.-Maus. Aber ich habe mich mit ihm in Verbindung gesetzt«[99], beteuert Erika.

Und was, wenn nicht?, möchte man fragen. Sie ist fast vierzig Jahre alt, in wichtiger und anstrengender Funktion unterwegs. Bébé alias Golo, und durchaus nicht Liebling der Mutter, war nicht in Not. Er hat die Schwester wohl auch getroffen und ihr den Brief der Mutter gezeigt, die mit ihrer Formulierung recht geschickt Unfrieden stiftete. Hier Golo, der auf die Seite der Mutter gezogen wird, dort Erika, die Lieblingstochter, die stets alles perfekt machen will und wegen einer solchen Bagatelle Albträume bekommt. Die ganzen familiären Intrigen. Der Unfrieden. Erikas obsessives Bemühen, tadellos zu sein.

Auch bei Klaus harmoniebeflissenes Bestreben, allen gerecht und gütig zu begegnen.

Immer wieder will er der Mutter auch Gutes über Monika berichten: »Gestern abend habe ich mich der erstaunten römischen Öffentlichkeit zum ersten Mal wieder als Zivilist präsentiert – zum Teil dank Dir, zum Teil dank der Effizienz unserer geschätzten Monika: die – glaub es oder nicht! – tatsächlich geschafft hat, mir zwei ganz gut erhaltene Anzüge und ein paar andere Sachen zu schicken.«[100]

Monika, die seit 1942 in New York lebt, hat ihrem Bruder Pakete geschickt, Kleidung, Seife, Nachschub folgt, schreibt sie. Er weiß das zu schätzen. Nachkriegszeit in Rom. Dort will er bleiben und sich als Drehbuchautor versuchen. Die Armee hat er nach Kriegsende verlassen.

Golo, inzwischen zum Sergeant befördert, wurde von Luxemburg nach Deutschland versetzt, wo er in Bad Nauheim beim Aufbau des Senders Radio Frankfurt hilft.

Monika lebt bescheiden in New York, so wie Tausende von erfolglosen Künstlern auch. Keine Drogen, kein Alkohol. Unspektakulär. Keine Darbietungen. Keine Kinder. Gegen Erika und Elisabeth hat sie in der Familie keine Chance.

Als Thomas Mann anlässlich seines weltweit mit Berichten bedachten siebzigsten Geburtstages seine drei Töchter trifft, beschreibt er Erika als »belebend, warmherzig, hilfreich« und »poor Mönchen, welkend-lieblich, sobald geredet wurde in Tränen schwimmend«, während »Medi-Eisenstirnchen [...] überall anmutig genießend und Sympathie erregend«[101] gewesen sei.

Elisabeth, nun Mutter zweier Töchter, führt ein anderes Leben als Monika: Professorengattin in Chicago, große Wohnung, Dienstmädchen und eifrig daran interessiert, eigene wissenschaftliche Wege zu gehen. Ein Studium absolviert sie allerdings nicht.

Michael war der Einberufung zum Militär nur knapp entkommen, was dem überzeugten Pazifisten nicht unrecht war. Nun lebt er mit Gret und seinen beiden Söhnen in Mill Valley nördlich von San Francisco, wo er Mitglied des Symphonieorchesters ist.

Dass der Zweitgeborene Anthony, genannt Toni, leicht behindert[102] ist, wird bis heute meistens verschwiegen. Warum eigentlich? Leben ist nun einmal unberechenbar.

Das weiß natürlich auch Thomas Mann. Dennoch ist er immer wieder mit bestimmten Zahlen beschäftigt, die in seinem Leben Bedeutung haben. Und so ist er auch nach wie vor mit der Idee beschäftigt, dass er wohl im selben Alter wie seine Mutter sterben wird. Das wäre im Zeitraum Juni 1945 bis Juni 1946, genau genommen. Das erste Jahr geht nun langsam seinem Ende zu, und Mann ist verständlicherweise nervös. Im Dezember 1945 schreibt Thomas Mann an seine »beste Freundin« Agnes Meyer noch einen Brief zum Fest. »Die Nerven sind mitgenommen (ist es denn ein Wunder?) und ein schon chronischer Bronchialkatarrh und Schnupfen ermüden mich, sodaß ich mich oft schlechter fühle, als es erlaubt ist. Übrigens wundere ich mich nicht, daß in diesem Jahre, wo ich das Alter erreichte, in dem meine Mutter starb, mein Leben auf einen Tiefpunkt kommt, – aus dem es sich immerhin noch wieder erheben mag. Ich habe ja für dieses Jahr meinen Tod prophezeit – das braucht sich und scheint sich ganz wörtlich nicht zu erfüllen. Aber wenigstens andeutungsweise tut es das doch.«[103]

8

»So ist es, wenn man sich überlebt«

1945–1955: der Tod von Klaus Mann und die Rückkehr nach Europa. Fünfzigerjahre: der Tod Thomas Manns

Im März 1946 hat Thomas Mann hohes Fieber. Der Hausarzt vermutet zunächst eine schwere Grippe, aber hinzugezogene Spezialisten stellen einen Tumor an der Lunge fest. Katia sorgt dafür, dass dem Patienten dieser Befund nicht mitgeteilt wird, sondern lediglich von einem kleinen Abszess an der Lunge die Rede sein soll. Der müsse dringend entfernt werden, und zwar am besten in Chicago, wo Elisabeths Nähe sicher auch beruhigend wirke.

Über die Schwere des Eingriffs, der eine Operation auf Leben und Tod bedeutet, wird der Patient nicht in Kenntnis gesetzt. Die Familie weiß, wie viel auf dem Spiel steht. Nur er nicht. Mag sein, dass er die Wahrheit weiß, aber er will nicht damit konfrontiert werden und überlässt die Entscheidung lieber seiner Frau.

»Aber wie gesagt«, so Elisabeth später, »ich hab das mit meiner Mutter ganz frei und offen besprochen, meinen armen Vater einer langsamen und qualvollen Krankheit auszusetzen oder ein Risiko auf sich zu nehmen. Es mag gelingen oder es mag nicht gelingen. Aber selbst wenn es nicht gelingt, ist es die bessere Lösung für ihn.«[1]

Während die beiden Frauen also über das weitere Leben und mögliche Sterben des Vaters und Ehemanns entscheiden, lebt dieser zunächst seinen Alltag weiter. Man kann das als Schonung des Patienten bezeichnen, kann es andererseits aber auch fragwürdig finden, dass Ehefrau und Tochter einen siebzigjährigen Mann, der geistig bei vollem Bewußtsein ist, nicht die Verantwortung für sich selbst übernehmen lassen. Als wäre der Nobelpreisträger ein unmündiges Kind, ein Wunderkind, das nicht mit der Realität konfrontiert werden darf. Sicher, Thomas Mann neigt zur Hypochondrie, aber ist es angemessen, ihm eine Entscheidung wie diese abzunehmen? Nachdem alles gut verlaufen ist, können die Frauen sich leicht sagen, sie hätten richtig entschieden über Vaters Leben. Vielleicht jedoch hätte sein Leben durch die Grenzerfahrung auch eine neue Qualität im Umgang mit Gesundheit und Tod, eine wahrhaftige Kraft gewinnen können. Aufrichtige Gefühle, die der Situation angemessen sind. Durch das Verschweigen ist das verspielt.

Nach der gelungenen Operation, zu der auch Erika aus Deutschland herbeigeeilt kommt, wird weiterhin an der Abszessversion festgehalten. Sechs Wochen später kehren Thomas und Katia in Begleitung von Erika nach Pacific Palisades zurück, man erfreut sich des paradiesischen Gartens und der Zufriedenheit des Pudels. »Schlief bald ein. Erwachte ½ 2 u. nahm Thee und Ypral Calcium. Träumte schwer und litt unter wehem Finger. Erwachte in ängstlichem Nerven-Zustand«[2], schreibt der Zauberer in sein Tagebuch. Er ist also wieder gesund. Halbwegs.

Erika wohnt monatelang bei den Eltern, eine gern gesehene Hausgenossin. Nach ihrer Rückkehr schreibt der Vater einen Brief an sie: »Du fehlst uns sehr, das wisse! Es ist ein guter, belebender Geist im Hause, mehr vigor, wenn Du da bist. [...] Gestern war Abschied von den San Francisco-Leutchen. Die Eltern waren ja fast die ganze Zeit in Mexico und haben uns die Bübchen gelassen, die auch das Beste sind. Sie haben mich so manchesmal gestört [...], wenn ich ruhig sitzen wollte, aber nun ist mir doch ganz weh, da sie weg sind, und mit Segensküssen habe ich sie entlassen. Dafür stehen ja die Mittleren vor der Tür. Moni, haben wir beschlossen, soll sich in der Schweiz niederlassen, wo das Arbeiten untersagt ist und sie also ein ehrenwertes Leben führen kann. Vor der Tür aber stehen, entsetzlich, auch die Kläuse.«[3]

Nun, Monika, inzwischen sechsunddreißig Jahre alt, lässt sich nicht einfach in die Schweiz abschieben. Und die »Kläuse«, über deren Kommen sich Thomas Mann so gar nicht recht freuen kann, sind Katias Zwillingsbruder Klaus und dessen gleichnamiger Adoptivsohn, der Junior. Seinen Verdruss über den Logierbesuch vertraut der Vater auch weiterhin seiner Tochter an. Die Pringsheim-»Schwägerle« gehen ihm »auf die Nerven«, schreibt er nach zwei Monaten, »weniger die Hausbelastung [...] als eine gewisse scherzhafte und illusionsvolle Unseligkeit, spitzfindig, besserwisserisch und töricht, für die man die Verantwortung mit auf dem Halse hat, oder über deren schwer vorstellbare Zukunft man sich doch mit Gedanken macht.«[4]

Ja, Erika kann man alles anvertrauen, auch Manuskripte, Essays, Überlegungen. Den neuen Roman, »von wegen seiner supervision«[5].

Der neue Roman ist »Doktor Faustus«. Das Kind, das darin unter grausamen Schmerzen stirbt, ist Nepomuk Schneidewein, genannt Echo, »ein elfenhaft idealisierter Frido, ist gewiß das Schönste im ganzen Buch, und dann holt ihn der Teufel. Wir waren alle garnicht weit von Tränen«[6], bekennt der Großvater ungeniert. Da müssen Sentimentalitäten eben hinter der Kunst zurückstehen. Für das Kind allerdings ist es schwierig zu verstehen, warum die Leute es so merkwürdig anschauen. Das ist doch der Junge, der im Buch auf so fürchterliche Weise stirbt, sagen die verstohlenen Blicke der Besucher. Das ist doch der entzückende Frido, den sein Großvater so über alle Maßen liebt, sagen die Blicke der Familie. Alles verwirrend für das Kind und seinen Bruder Toni sicher auch. Und die Eltern Michael und Gret? Spricht man über das Ungeheuerliche der Todesszene? Nein. Keine Kritik am Zauberer. Keine Aussprachen wagen. Keine Gefühle zeigen. Und wie reagiert Michael darauf, dass die Blicke seines Vaters auf seinen

Sprössling so liebevoll, warm, zärtlich und entzückt fallen wie seinerzeit auf Elisabeth? Das muss er jetzt noch einmal miterleben. Wie schmerzlich das ist, darf er sich nicht anmerken lassen. Unverarbeitete Gefühle aus der Kindheit hat ein Erwachsener auszublenden. So denkt man Mitte des 20. Jahrhunderts, so denkt man heute mancherorts noch. Die Auswirkungen sind häufig verheerend. Sein Vater Michael sei »im Grunde wie ein riesiges Kind mit völlig unberechenbaren und daher sehr anstrengenden, extremen Stimmungsschwankungen« gewesen, erinnert sich Frido Mann. »Ich habe aber nie erlebt, dass er mit seiner sich manchmal plötzlich und brutal entladenden Wut wirklich mich meint.«[7]

Das wirkt auf ein Kind grauenhaft und unheimlich zugleich. Nicht gemeint zu sein im Bösen, bedeutet das auch, nicht gemeint zu sein im Guten? Wie soll Frido das verstehen? Ich werde geschlagen, bin aber nicht gemeint. Werde liebkost, bin aber nicht gemeint. Ich werde angeschaut wie ein qualvoll gestorbenes Kind, bin aber nicht gemeint.

»Und nun gar Echo, das Kind«, schreibt Erika nach Lektüre des entsprechenden Kapitels an ihren Vater. »Ich müßte mich gründlich irren, gäbe es in der Literatur aller Zeiten und Länder etwas Ähnliches und ähnlich Ergreifendes. Und wie verwunderlich es ist, daß Dir da, immer mal wieder, ein Modell erwachsen, wie Du es Dir unheimlich passender nicht hättest träumen lassen können. Allein, daß es – das Modell – auf seine Art gut kumpfisch (himmels-kumpfisch) spricht, ist eine Fügung. Daß ich geweint habe wie nicht gescheut, sodaß mir die soeben vom Friseur für Silvester fein aufgepinselte Augentusche in schwarzen Bächen die Wangen hinunterlief, deutete ich drahtlich an und hätte es wohl nicht einmal anzudeuten brauchen.«[8]

Es ist Silvester 1946. Das neue Jahr wird für Erika kein erfreuliches werden. Nach ihrer bewundernswerten Arbeit als Kriegskorrespondentin, Lecturer und Autorin will sie sich weiterhin an politischen Auseinandersetzungen beteiligen, stößt aber auf wenig Interesse. Die Amerikaner wollen von ihr nicht beraten, geschweige denn kritisiert werden, die Deutschen noch weniger. Sie wird nicht mehr gebraucht, sie kommt nicht mehr an, jedenfalls nicht auf dem Gebiet, auf dem sie unerbittlich weiterkämpfen will. Im Sommer 1947 fährt sie nach Europa, von wo sie an »allerliebster Z.« schreibt: »Wieviel lieber wäre ich bei Euch als draußen in der bösen Welt.«[9]

Dieser Wunsch wird sich 1948 dauerhaft erfüllen. Thomas Mann notiert mit Genugtuung: »Nach dem Thee bei mir Gespräch mit Erika über die Frage ihrer Zukunft, ihren Plan, ein Buch über mich zu schreiben [...] Mein Wunsch im Grunde, daß Erika als Sekretärin, Biographin, Nachlaßhüterin, Tochter-Adjutantin bei uns lebt. Unterredung bewegend.«[10] Tatsächlich zieht die Zweiundvierzigjährige ins Elternhaus als Vaters wichtigste Mitarbeiterin und Mutters Vertraute. Aber auch als süchtiger Mensch: Alkohol, Aufputschmittel, Schlafmittel. Darüber wird freilich nicht gesprochen, man merkt es ihr tagsüber auch nicht an. Und abends, nun ja, Geselligkeiten. Da schauen die alten Eltern nicht hin. Vielleicht wollen sie auch gar nicht hinsehen? Hilde Kahn-Reach, die regelmäßig Sekretariatsarbeiten für die Manns erledigte, erinnert sich, dass Erikas Zimmer stark nach Paraldehyd roch[11], ein Sedativum, das auf Dauer zu Knochenerweichung führt. Die vielen Mittel braucht sie wohl, um ihre Gefühle unter Kontrolle zu halten und weiterhin ihre Rolle auszufüllen. Schwer einzuschätzen, wie Erika sich fühlt. Es gibt keine Tagebücher von ihr. Auf Fotografien dieser Zeit wirkt sie frühzeitig gealtert und resigniert. Vielleicht verbittert. Die böse Welt. Wie viel schöner ist es da, zur Abwechslung im Elternhaus eine lustige Welt zu inszenieren. Darbietungen.

So zum Beispiel die Geschichte mit Till, einer Gestalt, die Erika in Gesprächen mit des Vaters Lieblingsenkel Frido wohl so überzeugend ins Leben gerufen hat, dass der Junge an die Existenz des Wunderwesens Till glauben musste. Anfang 1948 schreibt sie dem siebenjährigen Frido aus Ohio einen sehr langen Brief[12] und berichtet ausführlich, dass sie Till besucht habe. Das ist lustig und höchst drollig erzählt. Eine phantastische Kindergeschichte, ein Spaß, gewiss. Unheimlich wird die Sache jedoch, als Till selbst aus Columbus, Ohio, Briefe an Frido schreibt, die offenbar so überzeugend wirken, dass der Junge sie beantwortet. Warum treibt Erika die Geschichte so weit? Da schreibt sie als Till bezaubernde Briefe, schickt sie an jemanden in Ohio zum Versenden, damit der Poststempel stimmt, und arrangiert eine fingierte Postadresse von Till, warum das alles?

»Warum soll ich nicht wissen, daß Frido an Till geschrieben hat?«, fragt Thomas Mann. »Das stört doch das Traumgebilde nicht.«[13] Ja, warum soll er das nicht wissen? Und wieso hat Katia es ihm dennoch hinterbracht? Vermutlich aus Eifersucht. Die spielt ja eine unübersehbar große Rolle in der Familie. Die Eifersucht der Geschwister aufeinander. Daneben, darüber gewissermaßen, der Vater, der zutiefst gekränkt ist, wenn er, sowohl gesellschaftlich als auch innerhalb der Familie, nicht an erster Stelle steht. Über Katias Argwohn bemerkt Kahn-Reach: »Katia legte großen Wert darauf, dass sie, dass ihre Familie die vorwiegende Rolle spielte und dass alles eben das Beste war, irgendwie.«[14] Auch bei ihren Kindern kann Katia herzliche Bindungen zueinander nur ertragen, wenn sie als Mutter dabei die zentrale Figur bleibt – wie bei Erika und Klaus. Ist das nicht der Fall, dann werden einzelne Geschwister durch die Mutter entweder so gelobt, dass es bei den anderen Eifersucht erweckt, oder – besonders krass bei Monika – mit gnadenloser Häme bedacht. Im Januar 1948 schreibt Katia an Klaus: »Ich muß noch meine depressiven Bemerkungen über unser Mönle berichtigen, das versatile Kind schrieb mir neulich einen jubilanten, mit Freuden-Rotstift hingeworfenen Zettel mit der Meldung, die Rundschau habe einen Artikel von ihr angenommen. Der Eri wurde ganz schlecht. So schlimm kann ich es nicht finden und gönne dem armen Ding ja auch die Genugtung, deren Bedeutung sie natürlich weit überschätzt. Natürlich hat ihre literarische Ambition ewas Anstössiges, aber was in der Welt sonst kann sie, schwach, träge und hochmütig, wie sie einmal ist, mit sich anfangen? Und dass es irgend einem der übrigen Mitglieder der amazing family schadet, das glaube ich nicht. Über Mahlers Lied der Erde hat sie allerdings anlässlich der Aufführung von Kuzi in ihrem letzten Brief ein so widerlich verstiegenes Geschwafel losgelassen [...], dass einem wirklich schlecht werden konnte und ich dies der Eri nicht zeigen darf. [...] Immerdar Dein innigst treues Mielein.«[15]

Zu lesen, was und wie Monika später über Klaus schreiben wird, ist ebenso berührend wie beeindruckend: »Was er als Mensch und Künstler in einer kunst- und menschenarmen Zeit bedeutete, maße ich mir nicht an, zu sagen. Ich überlasse es denen, die durch Distanz mehr Recht auf Urteil haben. Daß mir seine ›Pathétique‹ (der Tschaikowsy-Roman) das Liebste aus seinem Werk ist, erlaube ich mir, hier zu bemerken. Ich will nur sagen was er als Bruder mir bedeutete. Ach, der Klaus war so nett! Er war im tiefsten und besten Sinn, was man ›drüben‹ einen ›good sport‹ nennt: Seine Verbindlichkeit, die mit Konvention nichts zu tun hatte, verband: Er war ein Mann der echten und graziösen Solidarität. [...] Ein schwesterliches Problem moralisierte er nicht, auch hütete er sich, es zu bagatellisieren oder gar zu frivolisieren, er schien es gefällig und schlicht auf seinen Schultern davonzutragen. Der Klaus verstand es, zu erleichtern und zu teilen. Was ich mit ihm unternahm und tat, trug den Stempel der hübschen, ja rührenden Gemeinsamkeit. [...] Zusammensein mit ihm war von graziöser Herzlichkeit und warmem Humor nie bar. Schlechter Laune, ›brummig‹, passiv kannte ich ihn nicht – was er zu dulden und zu leiden hatte, litt und duldete er allein.«[16]

Dies einsame Leiden wird in den Nachkriegsjahren immer deutlicher erkennbar. Sein Versuch, als Drehbuchautor zu reüssieren, mißlingt. Mit Roberto Rossellini wollte er zusammenarbeiten – Neorealismo, schwarz-weiß. Doch man trennt sich im Unguten.

Dann schreibt er das spiritistische Drama »Der siebente Engel« und hofft vergeblich, damit an die alten Bühnenerfolge seiner Jugend anknüpfen zu können. Ein paar Monate schreibt er Reportagen über Deutschland. Einen festen Wohnsitz hat er nach wie vor nicht. Im Sommer 1946 reist er in die USA, zuerst New York, dann Kalifornien natürlich, zu den Eltern. Vor der Reise teilt er der Mutter schon mal brieflich mit, wie sich der Aufenthalt für ihn gestalten könnte, bestenfalls. Am nettesten wäre es doch, wenn Mielein für ihn eine nettes kleines Junggesellenhäuschen fände. »Ein gar zu ausgedehnter Besuch im Elternhause hat auch wieder sein Bedenkliches«, und er fürchte mangels Auto, »eine Art Haft-Psychose«[17] zu bekommen.

Wie befremdlich muss er es finden, dass Erika zwei Jahre später zu den Eltern zieht. Seine Eri, die wieder mit ihm gemeinsam »nimmt«, wie er den Drogenkonsum in seinen Tagebüchern bezeichnet. Injektionen, gemeinsam, so wie früher. Jetzt sitzen da zwei Vierzigjährige, die einmal alles hatten, was man sich wünschen kann: Schönheit, Brillanz, Erfolge, Intelligenz, Mut. Auch Mut zur Wahrheit, zu ihrer Realität?

Die ist so schwer zu ertragen. Für Klaus wohl noch schwerer als für Erika. Das Älterwerden ist für ihn unerträglich. Früher war er ein atemberaubend schöner junger Mann, und jetzt? Schütter werden die Haare, etwas zugenommen hat er. Auf Kleidung legt er weiterhin größten Wert, aber es passt alles nicht mehr perfekt. Mit derartigen Problemen müssen alle Menschen umgehen lernen, Klaus fällt es besonders schwer. Golo bemerkt später, Klaus »besaß herzbelustigenden Humor, aber wenig Ironie, mithin auch wenig Neigung zur Selbstkritik. Er beobachtete Welt und Menschen schärfer als sich selber, dachte genauer über Welt und Menschen nach, als über sich selber.«[18] Zu diesen Widersprüchen gehört auch Klaus' absurde Reaktion auf Nelly Manns Selbstmord mit Alkohol und Schlaftabletten. Ausgerechnet er, der seit Jahren Drogen zu sich nimmt und nicht nur suizidgefährdet ist, sondern schon mehrere Selbstmordversuche unternommen hat, kommentiert »das Kröger-Unglück« so: »Wie beschämend! Was für eine peinliche, überflüssige, häßliche Tragödie! Es muß ein schrecklicher Schlag für den armen alten Heini gewesen sein – der ihr möglicherweise bald nachfolgt. Konnte sie nicht noch ein paar Jahre warten? Was für ein bedauernswerter, ungebührlicher Mangel an Einsicht und Selbstbeherrschung! Dennoch tut sie mir leid. Sie hätte in Deutschland bleiben sollen, bei Leuten ihresgleichen. [...] Sie war ein dummes Ding! Aber damals in Nizza kochte sie wirklich köstliche Abendessen für uns. Es ist alles sehr traurig.«[19] Fühlt er das wirklich so, oder will er es nur seiner Mutter recht machen?

Wenn er sich vom familiären Hochmut lösen könnte, dann wäre er wohl auch nicht so verzweifelt darüber, dass seine literarische Produktion ins Stocken gerät. Gemessen an anderen Schriftstellern, die ab 1945 nichts mehr publizieren, werden von ihm Werke veröffentlicht. Die »Symphonie pathétique« wird ins Englische übersetzt, sein Buch über André Gide erscheint fünf Jahre nach dem englisch geschriebenen Werk in deutscher Übersetzung. Auch »The Turning Point« soll in erweiterter Ausgabe ins Deutsche und Italienische übersetzt werden. Das ist nicht viel, aber auch nicht nichts.

Sommer 1948 in Pacific Palisades.

Katia Mann wird Ende Juli ihren 65. Geburtstag feiern, und schon einige Wochen vorher treffen nach und nach alle Kinder ein. Erika ist ja schon vor Ort. Ebenso wie Golo, der seit 1947 als Dozent am Claremont Men's College unterrichtet und sich für den Sommer ein kleines Haus in Palo Alto, nahe San Francisco, gemietet hat. Klaus reist Ende Mai aus Europa an und wohnt zunächst bei den Eltern. Kaum angekommen, kontaktiert er Harold, den jungen Freund, der sich seine Zuneigung bezahlen lässt und neben Klaus noch andere Kunden hat. Der nimmt das hin, nolens volens, glaubt sogar, den Jungen zu lieben, »oui, je l'aime beaucoup«[20] – ich liebe ihn sehr. Das macht sich der offiziell als Matrose arbeitende Freund zunutze. Anfang Juni ruft er aus dem Gefängnis bei den Manns an und bittet Klaus um eine Bürgschaft über 500 Dollar, die tatsächlich hinterlegt wird – wohl eher von den Eltern als von Klaus selber. Thomas Mann scheint sich über diese Art von Darbietung (noch) zu amüsieren: Eissi und sein »Sailor-Freundchen«, notiert er in sein Tagebuch. Der könnte sich dem Sohn »schon dankbar erweisen«[21]. Ein paar Tage danach muss sich Erika einer glimpflich verlaufenden Unterleibsoperation unterziehen. Vorher überlässt sie Klaus noch eine Dosis Drogen, »spät, Inj.(D): Geschenk von E.«[22], notiert er. Eine Woche später ist es Morphium und Atropin, die er sich spritzt.

Dann trifft Monika aus New York ein. Im Haus wird es eng.

Klaus mietet sich eine Wohnung am Amalfi Drive, nahe bei den Eltern. Da wohnt er mit seinem Harold, der gleich in der ersten Nacht einen Freier mitbringt. Über diese ganzen Umstände wissen die Eltern Bescheid, aber es ist eben Klaus, man gibt sich tolerant.

Umso befremdlicher wirkt die Strenge gegenüber Monika und Michael. Dieser und die Seinen treffen Anfang Juli in Pacific Palisades ein. Gret Mann erinnert sich, dass sie »ganz spät, nach elf Uhr nachts« angekommen seien und Michael es für ausgeschlossen hielt, um diese Zeit noch im Elternhaus vorstellig zu werden. »Wir haben uns deshalb mit den Kindern in den Sand am Badestrand von Santa Monica vergraben, um dort den Morgen abzuwarten. Aber die Polizei hat uns von dort vertrieben, so haben wir hinten im Garten des elterlichen Hauses übernachtet.«[23] Eine kaum vorstellbare Szene, und doch, beiläufig, in Klammern, notiert Thomas Mann in sein Tagebuch: »(Die Familie hatte am Strand übernachtet)«[24].

Eine merkwürdige Atmosphäre muss man sich in dem Haus vorstellen: Erika, die Tochter-Adjutantin, ihre Rolle sicher perfekt ausfüllend. Klaus, getrieben von Sehnsucht nach Harmonie, nach Erfolg, nach Harold, nach Drogen. Monika, deprimiert und unter Liebeskummer leidend, ihre Beziehung zu dem gut aussehenden, höchst erfolgreichen und zu Monikas Kummer weiterhin verheirateten Drehbuchautor Richard Schweizer ist kompliziert. Daneben Michael, der im Elternhaus den strahlenden Musiker gibt, während er zu Hause sowohl seiner Frau als auch seinen zwei Kindern gegenüber zu körperlichen Gewaltausbrüchen neigt.

Bald wird auch Elisabeth mit ihren Töchtern aus Chicago eintreffen, selbstbewusst und von den Eltern mit besonderer Aufmerksamkeit bedacht. Warum auch immer Monika einen hysterischen Anfall bekommt – »in Tränen aufgelöst«[25], notiert Klaus –, ihr Gefühlsausbruch zeigt letztlich nur, dass sie mehr wahrnimmt als das, was im Hause vordergründig abläuft.

Drei Tage später schneidet Klaus sich die Pulsadern auf, legt sich in die Badewanne und versucht, sich mit einer umgeleiteten Gasleitung zu töten. Eine Nachbarin kann das Unglück, das wegen des Gases eventuell auch die Nachbarn gefährdet hätte, verhindern. Der Notarzt kommt. Die Presse wird informiert. Und die Familie natürlich. Monika erinnert sich: »Ich war dabei. Die Reaktion meines Vaters war: ›Das macht die Kröger.‹ […] Ohne das leiseste Mitgefühl, also das hat mir einen Schock versetzt: ›Das macht die Kröger.‹ Das werde ich nie vergessen.«[26]

Und wie reagiert die Mutter auf Klaus' grausame Tat? Sie fährt sofort ins Krankenhaus, angespannt, nervös wahrscheinlich. Dennoch, dass sie, wie Elisabeth Mann Borgese lachend erzählt, in dieser Situation sagt: »Also ich verstehe nicht, wenn man sich umbringt, wie man das so schlecht machen kann«[27], ist nicht nur makaber, sondern gedankenlos, auch bezüglich der Nachbarn, die Klaus unter Umständen mit in den Tod gerissen hätte. Thomas Mann versucht, sich zunächst mit Arbeit abzulenken. Als er Klaus besucht, ist er beim Anblick des Sohnes »gerührt von seinem gutartig zarten Wesen. Die Handgelenke verbunden. Sehr, sehr müde nachher.«[28]

Klaus soll danach ein paar Wochen in Palo Alto bei Golo verbringen, irgendwie wird sich ja alles lösen, oder?

Das Familienleben läuft weiter wie vorgehabt. Medi und ihre Töchter sind inzwischen eingetroffen. Gespräche, Strandbesuche. Vorlesungen des Zauberers: »Mußte selbst viel lachen«[29], schreibt er.

Zwei Wochen nach der Tat wird Mieleins 65. Geburtstag gefeiert, Champagner mit allen Kindern (außer Golo) und Enkeln. Eine fröhliche Gesellschaft, trotz oder vielleicht gerade wegen Klaus' Anwesenheit. Nur »Moni verstört und leidend aussehend, dabei kritisch, – unselig. Armes Kind. Wünsche sehr ihre Niederlassung in der Schweiz«[30], notiert der Vater. Im Laufe des Sommers wird Monika immer mehr zum Problem für die Familie: »Monika, wunderliche Hausgenossin, bedrückt und reizt K. so sehr, daß ihr Weggang zu wünschen«, notiert Thomas Mann am 10. August. »Beim Frühstück mit K. über das trübe Problem Moni. Lehnte die Hypothese eines physischen Gehirnleidens ab« (15. August). »Verstimmungen und Mißlichkeiten mit der armen Monika, die möglichst bald fort muß. Golo mit der Verhandlung dringend beauftragt« (24. August).

»Beschluß, die arme Moni eine Stunde weit in das anthroposophische Guest House zu expedieren« (27. August). »Moni nach arger Szene, blöde Gebahren, von Gret zu größter Erleichterung K.s expediert« (28. August)[31].

Was ist da passiert? Wie konnte das Zusammenleben so entgleisen?

Charles Neider, ehemaliger Mitarbeiter bei *Decision* und wie seine Frau Vivian gut mit Monika befreundet, erzählt: »Monika, die eine Weile bei mir gewohnt hat, erzählte mir diese furchtbar traurige Geschichte. Damals hat Klaus versucht, sich umzubringen«, und nach misslungenem Versuch hörte Monika »zufällig, wie Katia sagte: ›Nun ja, es ist Klaus' Leben. Es steht ihm frei, damit zu tun, was er für richtig hält‹. Ich weiß ja nicht, ob sie das wirklich so gesagt hat, aber Monika hat es felsenfest behauptet. Okay? Doch selbst wenn man Selbstmordabsichten hegt, selbst wenn man so dunkle Gefühle hat, ist es nicht gerade leicht, wenn man hört, dass die eigene Mutter es in Ordnung findet, dass sie bereit ist, sich von einem zu verabschieden, dass sie sagt, man hat die Freiheit zu sterben, man kann sich ruhig umbringen.«[32] In solch einer Atmosphäre ist es sicher schwer, die Fassung zu wahren. Vor allem, wenn man nüchtern ist.

Wie »expediert« man einen erwachsenen Menschen gegen seinen Willen? Gewaltsames Zerren, Tragen, Stoßen? Schwer vorstellbar. Monika lässt sich in dem Guest House abliefern und flüchtet von dort sofort wieder zu einer Bekannten nach Los Angeles, wo sie einen Nervenzusammenbruch erleidet. Verwunderlich ist das nicht. Bis zum Jahresende wird sie bei den Freunden bleiben.

Ein paar Briefe an die Eltern, Erklärungsversuche. Weihnachten verbringt sie wieder im Elternhaus, an Silvester soll sie mit den Landshoffs nach New York zurückfliegen und weigert sich, vielleicht auch, weil die beiden stark drogenabhängig und beunruhigend sind. Thomas Mann notiert Monikas »hysterisches Benehmen« und »schwachsinnige Liebesaffaire dazu. Abneigung mich um das alles zu kümmern.«[33] Verständlich. Und als väterliche Reaktion eher normal. Monika wird im benachbarten Hollywood untergebracht und fliegt erst ein paar Wochen später wieder nach New York.

Klaus fliegt im August 1948 nach Amsterdam, um als Lektor im Bermann-Fischer-/Querido-Verlag zu arbeiten. Daneben schreibt er weiter am »Wendepunkt«. Weiterhin Injektionen. Weiterhin nächtliches Suchen und Finden der üblichen Kontakte. Und immer wieder von Todesgedanken getrieben. Zu seinem 42. Geburtstag schickt ihm »Z.« einen herzlichen Brief, »von Herzen dankbar, daß wir Deinen Tag zusammen, wenn auch weit voneinander, verleben, daß Du uns und den Vielen, die Dir zugetan sind, geblieben bist und bleiben wirst in Deiner begabten und gescheiten und darum natürlich innerlich traurigen, aber doch freundlich mithaltenden und immer emsig tätigen Liebenswürdigkeit.

Du planst ja einen neuen Roman, das ist schön, und da bin ich neugierig, sodaß ich fast wünsche, es käme Dir sonst nichts Verlockendes in den Weg, Dich davon abzuhalten.«[34]

Dieser Brief wird Klaus nachgesendet, denn er hat Amsterdam schon verlassen und ist unterwegs in die USA. Aus New York ruft er die Mutter an, »die sich nicht sehr begeistert anhört«[35]. Trotzdem fährt er wieder für ein paar Monate nach Pacific Palisades. Ob Thomas Mann an Klaus gedacht hat, als er am Ende seines »Doktor Faustus« schreibt: »Schauerlich Rührenderes und Kläglicheres ist nicht zu denken, als wenn ein von seinen Ursprüngen kühn und trotzig emanzipierter Geist, nachdem er einen schwindelnden Bogen über die Welt hin beschrieben, gebrochen ins Mütterliche zurückkehrt. Meine Überzeugung aber, die auf unmißverständlichen Eindrücken beruht, ist, daß dieses, das Mütterliche, solche tragische Heimkehr bei allem Jammer nicht ohne Genugtuung, nicht ohne Zufriedenheit erfährt. Einer Mutter ist der Ikarusflug des Helden-Sohnes, das steile Mannesabenteuer des ihrer Hut Entwachsenen, im Grunde eine so sündliche wie unverständliche Verirrung, aus der sie auch immer das entfremdet-geistesstrenge ›Weib, was habe ich mit dir zu schaffen!‹ mit heimlicher Kränkung vernimmt, und den Gestürzten, Vernichteten, das ›arme, liebe Kind‹, nimmt sie alles verzeihend, in ihren Schoß zurück, nicht anders meinend, als daß er besser getan hätte, sich nie daraus zu lösen.«[36]

Was Klaus beim Lesen dieser Zeilen gedacht haben mag? Keine Antwort. Es geht ihm nicht gut, ob in Amsterdam, Paris, New York oder bei den Eltern. Denen genügt er nicht mehr so wie früher. Sich selbst genügt er leider auch nicht.

Golo erinnert diese Zeit so: »Besuchte ich am Wochenende meine Eltern, sah ich ihn meistens und kam jedesmal in grauer Stimmung von ihm. Er war einsam geworden. Es ging abwärts mit ihm, mit mir ein wenig aufwärts. Mein erstes Buch, die Gentz-Biographie, war in Zürich erschienen und von der Schweizer Presse gelobt worden. Ein Kritiker hatte die Taktlosigkeit, den Autor als ›das begabteste unter den schreibenden Mann-Kindern‹ zu bezeichnen. Dergleichen mußte ihn kränken, und so sehr unnötiger Weise. Als ob er nicht wenigstens so gut gewesen wäre wie ich. Als ob nicht für uns beide reichlich Platz gewesen wäre.«[37] In seiner Deprimiertheit kann Klaus das freilich nicht sehen. Da wirkt jede Verletzung um ein vielfaches schwerer. Alles zu viel, alles zu wenig.

Sein Tagebuch des Jahres 1949 beginnt er mit den Worten: »Ich werde diese Notizen nicht weiterführen. Ich wünsche nicht, dieses Jahr zu überleben.«[38] Zwei Wochen später notiert er sich darin fortlaufend nur noch das Nötigste. Mitte März beendet er den »Wendepunkt«. Dann fliegt er nach Europa, Amsterdam, Paris, Nizza, Cannes. Versuche, zu arbeiten. Ende April: »Fühle mich schlecht, schlecht, schlecht [...] völlig niedergeschlagen, unfähig *irgend etwas* zu tun [...]«[39]

Nochmals unternimmt er eine Entziehungskur in einer Klinik, hält das zehn Tage durch und wird zwei Tage später wieder rückfällig. Durch den Klinikaufenthalt gibt es natürlich wieder gravierende finanzielle Probleme. Und Schreiben an die Mutter, die wie immer Geld überweist und mahnt: »Wenn es mit dem Arbeiten nun vorerst nicht ganz das Wahre ist, so liegt das nicht am Mangel an Stimulantien, sondern am Abklingen ihrer Entziehung, und es wäre der größte Fehler, auf sie zurückzugreifen! Das weißt Du ja alles selbst, was soll das müßige Gerede?!«[40]

Auch Erika schreibt ihm. Dass er aufhören soll, Drogen zu konsumieren (obwohl sie selbst weiterhin nimmt), und man müsste sich auch mal wieder treffen und »ein wenig gesunden fun«[41] haben.

Gesunder Spaß, das ist gut gemeint, bestimmt. Wie solche Floskeln auf Klaus wirken, ist fraglich. Lass uns gesunden »fun« haben, kann auch heißen: Komm mir bloß nicht mit Problemen.

Die hat er ja reichlich. Das Geld kommt nicht so schnell an wie erhofft. Am 20. Mai schreibt er einen Brief an »dearest Mom and Sis«. Über den dauernden Regen und dass ein avisiertes Treffen mit Michael und Monika, die zum Erstaunen der Mutter eine gemeinsame Mittelmeerreise unternahmen, nicht zustande kam. Als etwas »Heiteres« erzählt er, dass sein »Mephisto« in Deutschland nun doch nicht gedruckt würde, weil Gründgens dort schon wieder eine »sehr bedeutende Rolle« spiele und nicht düpiert werden dürfe. Wie es ihm wirklich geht, schreibt er nicht.

»Alles Liebe, Treue, Schöne, dem Papa und Euch vom lieben, treuen, schönen K.H.«[42], beendet er sein letztes Schreiben.

Am nächsten Tag bringt er sich mit einer Überdosis von Barbituraten um. Die Eltern und Erika sind auf Europatournee. Am 22. Mai befinden sie sich in Stockholm, und Thomas Mann notiert: »Bei Ankunft im Hotel schwerster Chock. Telegramm, daß Klaus in der Klinik von Cannes in verzweifeltem Zustand liege. Bald darauf Telephonat von seiner u. Erikas Freundin dort: Mitteilung seines Todes. Langes Beisammensein in bitterem Leid. Mein Mitleid innerlich mit dem Mutterherzen und mit E. Er hätte es ihnen nicht antun dürfen. [...] Viel über ihn und den von langer Hand unwiderstehlich wirkenden Todeszwang. Das Kränkende, Unschöne, Grausame, Rücksichts- und Verantwortungslose.«[43]

Es wird beschlossen, die Vortragsreise nicht abzubrechen und auch für die Beerdigung keine Termine zu streichen. »Verschleierte Tage«, schreibt der Vater zwei Tage später, »Eri sehr traurig und leidend. K. gefaßt. [...] Golo empfiehlt vernünftig Fortsetzung der Reise.«[44] Wie gesagt, Trauern ist nicht Sache der Manns.

Die Beerdigung von Klaus findet ohne seine liebsten und engsten Menschen statt. Kein Mielein, keine Eri, kein Zauberer. Keine Geschwister, außer Michael. Der kommt in letzter Sekunde zum Begräbnis und spielt ein Largo für den toten Bruder. Ein großer Liebesdienst und sicherlich ein großer emotionaler Kraftakt. Den leistet er ohne Beistand.

Erika wird erst Anfang Juni nach Cannes fahren und den Grabstein bestellen. Auf Englisch steht da: »For whosoever will save his life, the same shall lose it; but whosoever will lose his life … the same shall find it. St. Luke IX.24.« (Denn wer sein Leben erhalten will, der wird es verlieren; wer aber sein Leben verliert …, der wird's erhalten. Lukas 9,24) Diese Zeilen aus dem Neuen Testament hatte Klaus sich als Motto für einen neuen Roman aufgeschrieben. Bezeichnenderweise hat er das Entscheidende dieses Satzes ausgeklammert: for my sake – um meinetwillen. Christus sagte: »Wer aber sein Leben verliert um meinetwillen, der wird's erhalten.«

Klaus Mann hat nicht um eines Höheren willen sein Leben aufgegeben, sondern weil er keine Kraft mehr hatte, sein anstrengendes Leben weiterzuführen. Tragischerweise lautet der im Lukasevangelium folgende Vers: »Denn welchen Nutzen hätte der Mensch, wenn er die ganze Welt gewönne und verlöre sich selbst oder nähme Schaden an sich selbst?« (Lk 9,25)

Die ganze Welt gewinnen? Nun, Erika wird sich nach Klaus' Ableben vehement dafür einsetzen, dass Klaus »das reichste, blühendste, übrigens gescheiteste und ehrlichste Talent war oder besaß, das diese Generation aufzuweisen hatte«[45]. Thomas Mann ist die Tochter-Adjutantin dabei denn doch zu fanatisch. »Ihre bittere Einstellung der Dinge, auch was Klaus und das eigene Leben betrifft. Beschämend in seiner Rigorosität noch in seiner Halb-Wahrheit. Aber zuviel Charakter macht ungerecht. Toleranz heute freilich wohl nicht erlaubt.«[46]

Nun ist Klaus tot, und Erika kann alle Nähe, die im lebendigen Dasein mit ihm nicht mehr spürbar war, heraufbeschwören. Keine unübliche Reaktion. Aber Golo erinnert sich, dass Klaus in den letzten Lebensjahren »auch zu seiner Schwester nicht mehr ganz so stand wie ehedem. Sie unternahmen nichts Gemeinsames mehr. Erika hatte sich nun ganz auf den Vater konzentriert, seine Assistentin und Editorin, seine Unterhalterin und Hofnärrin.«[47] Auch gab es den Widerspruch zwischen ihrer Ermahnung, keine Drogen mehr zu nehmen, während sie ihm nicht nur einzelne Ampullen schenkte, sondern auch mit ihm gemeinsam nahm. Der labile Klaus konnte damit nicht umgehen, denkt sie wohl und wiegt sich in Bezug auf ihren eigenen Drogenkonsum im sicheren Glauben, alles unter Kontrolle zu haben. Im Sommer 1950 notiert Thomas Mann nach dem Besuch eines Arztes: »Diskret-indiskrete Erkundigung nach Erika und ob sie etwas gern ›spritze‹. – Anschließend an ein Gespräch mit ihr über ihren mäßig-gelegentlichen Genuß von Morphium-Derivaten gegen ihre Gallen-Beschwerden. Ist wenigstens subjektiv überzeugt, sich vollständig in der Hand zu haben.« Der Arzt in Santa Monica habe sogar »konziliant« zu ihr gesagt: »Erika, you need it.«[48]

Nun ja, solche Ärzte und Apotheker lassen sich wohl immer finden. Sie braucht es wirklich, subjektiv, versteht sich.

Sie braucht auch das Gefühl, noch etwas für Klaus zu tun, nun, da er gestorben ist. Unmittelbar nach seinem Tod animiert sie verwandte und befreundete Intellektuelle, einen Beitrag für ein von ihr herausgegebenes Gedächtnisbuch zu schreiben. Auch Monika will sich an der Sammlung beteiligen, vergeblich: »Fatale Einsendung Monis für das Klaus-Gedenkbuch. K. duldsamer in der Beurteilung«[49], so der Vater. In seinem Vorwort zu dem 1950 erscheinenden Memorandum bemüht sich Thomas Mann, den verstorbenen Sohn angemessen zu würdigen: »Ich will auch seinen Fleiß rühmen, der außerordentlich war.« Das sagt freilich wenig über die künstlerische Qualität aus. Da windet sich der Vater etwas, »ich glaube ernstlich, daß er zu den Begabtesten seine Generation gehörte, vielleicht der Allerbegabteste war«[50]. Großes Talent, große Begabung – urteilt man nicht so über jemanden, der am Anfang seiner Karriere steht? Was aber am Ende bleibt, ist das Werk.

Was der geniale Vater nicht ins Gedenkbuch schreiben will, teilt er seinem Freund Hermann Hesse mit: »Dies abgekürzte Leben beschäftigt mich viel und gramvoll. Mein Verhältnis zu ihm war schwierig und nicht frei von Schuldgefühl, da ja meine Existenz von vorn herein einen Schatten auf die seine warf. Dabei war er als junger Mensch in München ein recht übermütiger Prinz, der viele herausfordernde Dinge beging. Später, im Exil, wurde er viel ernster und moralischer, auch wahrhaft fleißig, arbeitete aber zu leicht und zu rasch, was die mancherlei Flecken und Nachlässigkeiten in seinen Büchern erklärt. Wann der Todestrieb sich zu entwickeln begann, der so rätselhaft mit seiner augenscheinlichen Sonnigkeit, Freundlichkeit, Leichtigkeit, Weltläufigkeit kontrastierte, liegt im Dunkeln. Unaufhaltsam, trotz aller Stütze und Liebe hat er sich selbst zerstört und sich zuletzt jedes Gedankens an Treue, Rücksicht, Dankbarkeit unfähig gemacht. Trotzdem, er war eine ausgezeichnete Begabung.«[51]

Hochbegabt sind zweifelsohne alle Mann-Kinder.

Klaus und Erika natürlich. Golo, dessen schriftstellerisches Talent nun auch Ausdruck gefunden hat. Seine überarbeitete Dissertation, eine Biografie des Staatsmannes und Publizisten Friedrich Gentz (1746–1832), erscheint 1946 in den USA und ein Jahr später in der Schweiz. Der Vater lobt, wie er jedes Werk seiner Abkömmlinge lobt, mit einer Aneinanderreihung positiver Eigenschaften, die in ihrer Häufung die Bedeutung eher zu verringern, denn zu vergrößern scheinen: »ein vortreffliches, wohltuend gescheites, geistig originelles, faszinierendes Buch, das seinem Verfasser alle Ehre macht«[52].

Auch Monika ist eine hochbegabte Pianistin und Malerin. Dass sich daraus keine erfolgreiche Karriere entwickelte, schmerzt sie zwar, hindert aber nicht, an ihrer großen poetischen Begabung zu arbeiten. Die ersten Texte sind wohl eher ein Versuch, in Abgrenzung an die Familie einen eigenen Stil zu entwickeln. Da scheut sie sich auch nicht, dem enervierten Vater ein »Manuskriptchen« zur Beurteilung zu schicken, das er schon einen Tag nach Empfang freundlich kritisiert. Wenn ihm diese Tochter ernstlich fern stünde, würde er wohl kaum umgehend ausführlich antworten: »Ja, gutes Mönle, was läßt sich da sagen? Es ist nicht ganz recht von Dir, daß Du mich so direkt mit der Sache befaßt. Deine auch schreibenden Geschwister haben das nie getan, und nie habe ich mit einem Urteil über ihre Produkte dem der Redaktionen vorzugreifen gehabt. Als Papa bin ich ja auch zum Urteil wenig berufen, denn ich *wünsche* als solcher zu sehr, daß es gut sein möge und muß mich gewaltsam zur Objektivität anhalten, was mich dann womöglich wieder zu kritisch macht. Deine ›Gedanken‹ sind ja ein feines lyrisches Stückchen, etwas dünn wohl, aber oft nicht ohne Reiz und von ganz stimmungsvollem Tonfall.« Es folgen kritische Anmerkungen zum Text und die Mitteilung, dass Monika mit der Rechtschreibung »nicht durchaus auf dem besten Fuß« steht, aber dennoch: »Es hat was von Träumerei und Poesie [...] Gut Glück! Herzlich Z.«[53]

Der Vater ist nicht enthusiasmiert, aber warum soll er das sein? Seine Kritik ist begründet, das Lob auch und der Umgangston letztlich weitaus väterlicher und realistischer als in den grenzüberschreitenden Korrespondenzen mit anderen Kindern.

Und Michael? Auch dessen Arbeit als Musiker sieht der Vater nicht ungern. Der Geiger macht nun als Bratscher eine vielversprechende Solokarriere, um deretwillen er und Gret auch gewillt sind, die beiden Söhne auf längere Zeit bei den Großeltern in Pacific Palisades zu lassen. Der Werdegang Michaels entspricht eigentlich dem, den sich jeder Musiker wünscht: Konzerte, Tourneen, Plattenaufnahmen, das ist ja alles nicht selbstverständlich. Und auch wenn der Familienname und allerlei Beziehungen förderlich sein mögen, so ist es doch eine große eigenständige Karriere, die er vorzuweisen hat. Dann 1951 der Knick.

Michael unternimmt eine USA-Tournee mit der Pianistin Yaltah Menuhin, der jüngsten Schwester des Geigers Yehudi Menuhin. Die Beziehung zu der sehr attraktiven und verheirateten Musikerin überschreitet wohl deutlich die Grenzen der Kollegialität. »Mit K. beim Frühstück über das Besorgniserregende der Konstellation Bibi-Gret-Yalta und deren Gatte. Kann kaum zu Gutem führen«[54], vermerkt Thomas Mann im Oktober 1951. Vor einem gemeinsamen Konzert Anfang November kommt es dann zu einem Eklat: »Schreckensnachricht von Yalta M.'s Gatten, daß auf der Fahrt zum Konzert die hysterische Spannung zwischen ihr und Bibi zu einer häßlichen Entladung gekommen ist. Yalta überm Auge verwundet, beim Arzt und bettlägrig. Bibi zunächst abgängig.« Menuhins Ehemann ruft an, bezeichnet Michael als »mental case und läßt über Fortsetzung des ausgedehnten Konzertprogramms (nach Ausfall des gestrigen Auftretens) nicht mit sich reden. Die Lage sehr schwierig«[55], so Thomas Mann. Am nächsten Tag fragt sich der Vater, was aus dem »fatalen jungen Menschen« werden soll. »Bibi niedergeschlagen, faßt aber das Ganze als Kinderei auf, was die Dinge in nicht ganz geheuerer Weise zu leicht nehmen heißt. [...] Gestehe mir, daß ich froh sein werde, wenn er weg ist. Sein Wesen ist mir nicht lieb, einschließlich seines Lachens. Aber ich redete ihm bei Tische gut zu und sagte, er brauche die Verbindung mit Yalta nicht.«[56] Aber, und das ist wohl der Grund für die freundliche Zuwendung, Thomas Mann braucht weiterhin die Verbindung mit seinem Lieblingsenkel Frido. Diesen Kontakt will er nicht durch zu große Härte gegen Michael gefährden. Der fliegt schnellstmöglich nach Paris, in der Hoffnung, den von den Menuhins angekündigen Prozessen zu entgehen. Damit müssen sich nun die Eltern auseinandersetzen. Diese schicken Erika vor, die mit dem Rechtsanwalt von Yaltah Menuhin verhandelt und berichtet, dass sie den Advokaten »die andere Seite der Sache hat sehen und ziemlich betroffen zurückgelassen hat«[57]. Vermutlich also Liebesbriefe der Klägerin, die nach drei Wochen ihre Ärztin bei den Manns anrufen und ausrichten lässt, dass sie sich »Briefe von Michael verbittet. Dieser töricht in seinem Gezappel nach Wiederherstellung des alten Zustandes, der keineswegs haltbar gewesen wäre.«[58] Immerhin gibt es keinen Prozess, aber die Reputation von Michael hat natürlich Schaden gelitten.

Hat er tatsächlich gedacht, dass er Yaltah schlagen und nach ein paar begütigenden Briefen alles weiterlaufen kann wie bisher? Vermutlich. Er kennt es nicht anders: Seine Frau schlägt er, auch seine Kinder, unkontrolliert, das geschieht eben, warum nicht auch die Geliebte? Menschen, die andere schlagen, sind meistens nicht bei sich selbst. Da schlägt dann etwas in ihnen ein Etwas im Gegenüber. Das Fremde im Schlagenden schlägt dann das Fremde im Anderen. Gret nimmt das hin. Frido und Anthony bleibt sowieso nichts anderes übrig, als hinzunehmen, was das Leben ihnen bietet. Yaltah Menuhin nimmt das nicht hin. Nun muss Michael in Europa nach neuen Möglichkeiten zu konzertieren und neuen Begleitern suchen. Das klappt. Vorerst. Er ist eben hochbegabt.

Und Elisabeth? Auch sie hat lange an eine musikalische Karriere geglaubt. Nach Hochzeit und Geburt der zwei Kinder war daran aber nicht mehr zu denken. Nun ist sie höchst ehrgeizig an der wissenschaftlichen Arbeit ihres Mannes beteiligt: nichts Geringeres als die Ausarbeitung einer Weltverfassung ist seine Idee, und er hat das große Glück, vom Kanzler der Universität Chicago für diese Arbeit fünf Angestellte finanziert zu bekommen. Eine davon wird Elisabeth. Aus heutiger Sicht mutet das eher fragwürdig an: Da erhält die Ehefrau ohne entsprechendes Studium eine Stelle als wissenschaftliche Mitarbeiterin beim Forschungsvorhaben eines ordentlichen Professors. Das wäre heute nicht mehr denkbar.

Elisabeth nimmt ihre Arbeit sehr ernst und nutzt, als Tochter von Thomas Mann, alle Möglichkeiten, berühmte Namen für die Unterschriftsaktionen der Weltföderalisten zu erhalten. 1950 wird die Zweiunddreißigjährige zur Präsidentin der »International Organisation of World Federalists« gewählt, eine beachtliche Leistung. »Ich war eben sehr aktiv und hatte mehr Ideen als die anderen. Es waren lauter Professoren in der Organisation. Aber besonders viele Vorschläge gemacht habe ich«[59], erinnert sich Elisabeth Mann Borgese. Ihr Ehemann indes hat sich das wohl alles anders vorgestellt.

Nun gibt es häufig Streit, der temperamentvolle Gatte wird laut, und Elisabeth schweigt. Dadurch jedoch gerät er immer mehr in Rage. Am Anfang ihrer Beziehung mag das Schweigen der Zwanzigjährigen noch verschüchtert gewirkt haben, nun jedoch, bekleidet mit Amt und Würden, kann ihr Schweigen auch herablassend wirken. Elisabeth denkt über Scheidung nach, verwirft das wieder und beginnt eine Affäre mit dem gleichaltrigen Pierre Hovelaque, den sie zum Generalsekretär der Weltorganisation gemacht hat.

Im November 1950 erzählt sie ihrem Mann von dieser Beziehung, woraufhin Borgese sich nicht mit ihr auseinandersetzt, sondern aufgeregt bei den Schwiegereltern anruft: »Große telephonische Aufregung. Borgese teilt mit, daß Medi ›has a lover‹ und ›she told him so‹. [...] B. ruft dringlichst K.'s Vermittlung an. Will alles vergeben, aber nach Italien, um dort ›ein neues Leben anzufangen‹. Großes Problem. Die Scheidung der Kinder wegen fast unmöglich«[60], resümiert Thomas Mann in Kürze. Die ganze Sache wird nun zu einer »family affair«, Katia Mann reist umgehend nach Chicago und kehrt nach einer Woche mit der Nachricht heim, dass vielleicht doch noch Möglichkeiten bestehen, die Ehe zu retten, weil Elisabeth an ihrem Liebhaber doch eigentlich nicht so recht hängt. Jedoch, an den folgenden Weihnachtstagen erfahren die Eltern über die in Chicago Weilenden, dass der »tolle Borgese« ohne Medi, aber mit den Kindern nach Italien fahren will. »Bedenklichste Zustände dort«[61], notiert der Vater. Wie wäre die Scheidung abgelaufen? Seinerzeit war ein Ehebruch der Frau noch Grund genug, ihr die Kinder zu entziehen. Inwieweit beeinflusst das Elisabeths Entscheidung für ein weiteres Zusammenleben? »Ich habe es nicht fertiggebracht, ihn zu verlassen. Er tat mir zu leid, ich schätzte ihn zu sehr und habe ihn wohl auch zu sehr geliebt«[62], so Elisabeth in ihrer Erinnerung. Ein entscheidender Grund für die gemeinsame Übersiedlung nach Italien war aber sicherlich auch das Zersplittern ihrer Organisation und die Tatsache, dass politisierende Intellektuelle während der McCarthy-Ära in den USA nicht gut gelitten sind. Im Laufe der nächsten Jahre werden alle Manns die USA wieder verlassen.

Heinrich wäre dabei wohl theoretisch der Erste gewesen. Nach Nellys Tod 1944 ist er immer mehr vereinsamt. Seine einzigen Bezugspersonen sind Bruder, Schwägerin und deren Kinder. Mit seiner Tochter Leonie, die in der Tschechoslowakei lebt, hat er nur brieflichen Kontakt. In die Organisation seines Alltags müssen Thomas und Katia beständig Zeit und Geld investieren und sind mehr und mehr enerviert. Als Heinrich 1949 von der Ost-Berliner Akademie der Künste zum Präsidenten berufen wird und schwankt, ob ein Leben in der Ostzone Deutschlands für ihn sowohl politisch als auch menschlich angemessen ist, raten Thomas und Katia, trotz besseren Wissens, dringlich zur Abreise. »Aktionsplan für den Besuch bei Heinrich«, nennt Bruder Tommy das. »Mißliches Geschäft, sanft betrieben. Von Aufschub abgeraten, wenn er fahren will. Technikalien besprochen. Seefahrt mit Bücherkiste bevorzugt, nach Danzig. Sein Kind in Prag wünscht er offenbar nicht zu sehen. Modi der Pflege erwogen, im Fall daß er ganz oder bis Frühjahr bleibt. [...] Lebensauftrieb oder beschleunigtes Ableben? Dunkle Angelegenheit. Denke nicht aufrichtig daran, ihn in Berlin zu besuchen, was ebenfalls dunkel.«[63]

Heinrich fährt dann doch nicht, sondern wird krank und verbringt die meiste Zeit in seiner Wohnung. Katia fährt ein-, zweimal in der Woche zu ihm, kurze Gespräche, Lebensmittel, immer seltener holt sie ihn zu einem Besuch nach Pacific Palisades. Im März 1950 schließlich stirbt der arme große Bruder. »Natürliche Erschütterung ohne Widerstand gegen dieses Geschehen, da es nicht zu früh kommt und die gnädigste Lösung ist.«[64]

Thomas und Katia bezahlen die Beerdigung, die Schulden und kümmern sich um den Nachlass. Erika holt aus der Wohnung des Verstorbenen eine Menge »obszöne Zeichnungen« und ein »fragw. Manuskript über Klaus«[65]. Das Übrige der Hinterlassenschaft wird zugunsten von Heinrichs Tochter Leonie versteigert. So erhält Leonie in die Tschechoslowakei eine Abrechnung über ersteigerte 1958 Dollar sowie nicht ersteigerte Gegenstände im Schätzwert von 1212 Dollar geschickt: Kleidung von Nelly, Taschenuhren, Manschettenknöpfe, Koffer, Bücher[66] und andere Habseligkeiten von Heinrich. Nein, fein ist dieses Nachspiel auf den Tod des großen Schriftstellers Heinrich Mann nicht. Dafür war seine Beerdigung würdig. »Sorgfältigste Trauer-Toilette«, vermerkt der Bruder. »Bis ½ 11 etwas gearbeitet. Fahrt zum Mortuary in S. Monica. [...] Die Feier würdig. Orgel-Vorspiel. [...] Die Teilnehmer nicht eben zahlreich. Kränze und Blumen ein schöner Anblick. Mein Kranz mit ›Meinem großen Bruder in Liebe‹. Kondolationen.«[67]

Heinrich Mann wäre also der Erste gewesen, der die USA verlässt. Dann folgen Michael und Elisabeth, aus schon genannten Gründen. Thomas Mann würde auch gerne das Land verlassen. Der Koreakrieg. Die Hetzkampagnen gegen Erika. Es ist die Zeit des Kalten Krieges, da wird jeder, der sich jemals politisch geäußert hat, scharf beäugt. Der Autor Herbert Mitgang spricht von 800 Hinweisen, die das FBI allein über Thomas Mann angesammelt hat[68]. Das wissen die Manns zwar nicht, aber sie befürchten es.

Wohin also? Im Herbst 1950, nach einer Europatournee zurück in Kalifornien, wird überlegt: »Haben wir recht getan, zurückzugehen? Wie jetzt wegkommen? Der Verkauf des Hauses ist eine große Schwierigkeit. Die gegenwärtige Krise muß abgewartet sein. Sie wird vielleicht noch einmal beigelegt werden. Dann sollten entschlossene Schritte geschehen zum Ab- und Aufbruch. Es wäre absurd, hier sitzen zu bleiben und einen Krieg (mit seinen unmittelbaren persönlichen Bedrohungen) herankommen zu lassen, in dem nach meiner Überzeugung dies Land geschlagen werden wird. Doch bin ich in tiefster Seele fatalistisch. Warum soll ich nicht zugrunde gehen? Mein Leben ist ausgelebt. Angenehm war es nicht. Und K. und Erika hängen, glaube ich, noch weniger am Leben, als ich.«[69]

Sowohl psychisch als auch physisch sind Thomas, Katia und Erika Mann höchst angegriffen. Die Tochter streitet immer häufiger mit der Mutter, was den Vater ebenso schmerzt wie enerviert. Im März 1951 schreibt er in sein Tagebuch, dass für Erika »ernstlich Gefahr besteht, hier zugrunde zu gehen. England für sie das Rechte, wenn nicht die schlechte Nahrung wäre. Soll man ihr Indien anraten?«[70] Drei Tage später und immer wieder macht sich der Vater Sorgen um Erikas »körperlichen und seelischen Zustand, der zu einem für ihre Mutter schwer erträglichen Verhalten führt und so ihr Unglück noch vergrößert. Ihre Treue zu uns, und wie sie es als Aufgabe ihres Lebens betrachtet, uns zu helfen und zu dienen, ist für mich rührend genug, um tiefen Schmerz für sie zu empfinden. – – Regen.«[71]

Nun, freilich ist das für den melancholischen Vater anrührend. Nüchtern betrachtet jedoch ist Erikas Funktion in der Familie eine überfordernde, ausbeutende und zugleich mystifizierende. Es ist ja sehr anstrengend, dem Mielein und dem Zauberer gegenüber stets interessant aufzutreten, aufzuheitern, Stimmungen aufzufangen, zu »dienen«, wie es der Vater nennt. Erika entwickelt eine chronische Hautkrankheit und leidet unter ständigen Juckbeschwerden und Schlaflosigkeit. Spezialisten in Chicago wollen eine Behandlung vornehmen, erkennen aber, dass wegen des Drogenkonsums keine Heilung der Haut stattfinden kann. Da gibt es dann »Haßausbrüche« gegen den Arzt, und nur durch Elisabeths Eingreifen kann verhindert werden, dass Erika ihm einen »hemmungslosen beleidigenden Brief«[72] schickt. Erika ist nun ebenso hilfreich wie lästig: »Infantile Eifersuchtsäußerungen Erikas gegen K. Schmerzlich, aber nicht zu schwer zu nehmen.«[73] So geht das weiter. Mit ihr wird das Zusammenleben zwar zunehmend schwierig, aber ihre uneingeschränkte Zuwendung ist für den Vater unersetzbar.

Als die Manns 1952 die USA verlassen und in der Schweiz eine neue Bleibe finden, eskaliert die Situation zwischen Erika, den Eltern und den sie besuchenden Geschwistern immer mehr.

Ende November kommen Golo und Elisabeth nach Zürich und diskutieren in Abwesenheit der Ältesten über deren »Verfinsterung und ›Bösheit‹«[74]. Ein paar Tage später verkündet Elisabeth, dass ihr Gatte mit Gehirnthrombose im »Todesschlaf« läge, und ihre Eltern machen sich Gedanken über »Medis Zukunft im Falle von B.'s Hinscheiden. Das bedrückende Problem von Erikas Verhältnis zu ihr – und überhaupt zu den Geschwistern. Sorge.«[75] Fünf Tage später, Borgese ist gestorben, geht das weiter: »Abends durch E.'s Überreiztheit und Bitternis gegen ihre Geschwister traurige Trübungen. Noch spät langes, aber heilloses Gespräch K.'s mit E. Kummer.«[76] Welch unselige Allianzen. Erika, die offenbar weder auf der Geschwister- noch auf der Elternebene ihren Platz finden und sich der väterlichen und mütterlichen Zuwendung nicht mehr sicher sein kann. Hinzu kommt, dass Thomas Mann im Alter immer milder und gütiger zu werden scheint, während Mutter Katia deutlich härtere Züge aufweist. Für Erika ist dies eine bittere und schier unauflösbare Entweder-oder-Situation. Da sind die Eltern, die ihr einerseits zeigen, dass sie eine feste

Größe im Haus ist, jemand, der sich kümmert und dient, während sie gleichzeitig vermittelt bekommt, dass eine eigenständige Existenz wie die von Elisabeth doch recht bewundernswert ist. Im März 1954 muss der Vater wieder schmerzlich »die Reizbarkeit Erikas« feststellen, »ihre Eifersucht auf Medi, und daß K. oft unter ihrer leidenschaftlichen Schwierigkeit, Übertreibung, Hypochondrie zu seufzen hat. Sie sollte Stütze sein, ist es auch oft, aber für K.'s Gemüt ebenso oft eine Belastung. Suche auszugleichen, zu beruhigen.«[77]

Eine Woche später hat Katia ein Gespräch mit Erika, »wenig ermutigend wieder für die Zukunft unseres Zusammenlebens. Gereiztheit, krankhaftes Mißtrauen, beständiges auf dem Qui vive, Eifersucht, ja Haß auf die Geschwister u.s.f., gekleidet in Fürsorge für K., ohne zu bedenken, daß sie ihr schlaflose Nächte bereitet. Kummer und Sorge.«[78]

Nun, da hat Katia Mann jahrzehntelang Zwietracht unter ihren Kinder gesät und wundert sich offenbar, dass die Saat aufgegangen ist. Und Erika spielt in diesem tragischen Familienstück weiterhin für den Vater die unentbehrliche Beraterin, Lektorin und Unterhalterin, für die Mutter mal angenehme Stütze, mal lästig und aggressiv. Unter den gegebenen – und offenbar sowohl von den Eltern als auch von Erika akzeptierten – Umständen ist das nicht verwunderlich. Da lebt sie wie ein altes kluges Kind im Elternhaus, und selbst wenn sie zur Kur, im Urlaub oder aus Arbeitsgründen auf Reisen ist, bleibt der tägliche telefonische oder briefliche Kontakt stets erhalten. Auch dies ein merkwürdig gespaltenes Bild: das betuliche Leben zu Hause und die großen Auftritte in der Außenwelt. Anatol Regnier, Sohn von Erikas geliebter Jugendfreundin Pamela Wedekind (mit der Erika nach Klaus' Tod wieder in Kontakt steht), erinnert sich an einen Besuch recht genau. Tief beeindruckt sei er gewesen, als ein weißer Sportwagen mit roten Ledersitzen vor dem Haus hielt und Erika ausstieg, passenderweise mit weißem Hosenanzug, roten Lippen und rot lackierten Fingernägeln[79]. Wie kann eine Frau, die so viel Wert auf solche Auftritte legte, gleichzeitig im Dachgeschoss des elterlichen Hauses eine Art Mädchenzimmer mit Bad bewohnen und sich dabei stimmig fühlen? Kein schönes Zimmer wohlgemerkt, sondern eine stillose und miefige Zusammenstellung ausgedienter Möbelstücke. Ist ihr das gleichgültig? Lebt sie primär in den ansprechenden luxuriösen Elternwohnräumen? Vermutlich schon. Geäußert hat sie sich dazu nicht. Was ist schon Realität, wenn es um Literatur geht, die Kunst des Vaters und des Bruders Klaus, mag sie sich fragen. Denen gilt ihr ganzer Einsatz, da muss alles, was sie selber darüber hinaus schaffen will, zurückstehen. Das merkt man auch ihren Briefen an den fast achtzigjährigen Vater an. Der hätte ohne Erikas Hilfe und Aufmunterung bei der Beendigung seiner letzten Arbeiten, zum Beispiel den »Bekenntnissen des Hochstaplers Felix Krull« oder der berühmten Schiller-Rede, größte Schwierigkeiten gehabt. »Am Roman. Überaus schlaff, träge, lust- und glaubenslos. Wie oft drängt der Gedanke sich ein: ›Das Beste wäre …‹«[80] Zudem fühlt er sich in der gemieteten Villa in Erlenbach nicht wohl und überhaupt: Die Ruhe der Nacht ist ihm »zum besten Teil des Tages« geworden. »So ist es, wenn man sich überlebt.«[81]

In dieser Stimmung verfasst er dann 1953 seine anrührende Rede zum 70. Geburtstag von Katia: »Wenn dann die Schatten sich senken und all das Verfehlte und Ungeschehene und Ungetane mich ängstet, dann gebe der Himmel, daß sie bei mir sitzt, Hand in Hand mit mir, und mich tröstet, wie sie mich hundertmal getröstet und aufgerichtet hat in Lebens- und Arbeitskrisen, und zu mir sagt: ›Laß gut sein, du bist ganz brav gewesen, hast getan, was du konntest‹.«[82]

Auch Erika hat für die Mutter allerlei initiiert. Dank ihrer Hinweise werden freundliche Berichte über die Mutter veröffentlicht, darunter auch einer aus ihrer Feder. Am Festtag selbst führen die Enkel auf der Veranda des Erlenbacher Hauses ein von ihr gedichtetes und arrangiertes Festspiel auf. Das Publikum: Thomas, Katia, ihr Zwillingsbruder Klaus Pringsheim, Golo, Monika, Elisabeth. Michael und Gret fehlen, da sie sich auf eine Fernosttournee vorbereiten. Grets Eltern jedoch sind dabei und ein paar weitere Freunde der Familie. Abends folgt ein großes Festdiner im Restaurant, Champagner und geselliges Beisammensein. »Herzliche Teilnahme des freundwilligen Kreises«[83], vermerkt Thomas Mann danach zufrieden.

Der »guten Medi« wird eine Woche später »Lebewohl«[84] gesagt. Nach dem Tod ihres Mannes hat sie ihr Leben in Italien gut eingerichtet, schönes Haus mit Pool, Haushaltshilfen, Gesellschaften, lukrative Tätigkeiten als Redaktionsleiterin zweier Kulturzeitschriften, die sich gerne mit der Tochter Thomas Manns und Witwe Giuseppe Antonio Borgeses schmücken. »Ein bißchen Erfahrung hatte ich [...]. Ich mußte nur einen italienischen Mitarbeiter haben, der gut schreiben konnte. Mein Italienisch reichte aus, um zu kontrollieren, ob die Übersetzungen korrekt waren«[85], so Elisabeth. Den passenden Kollegen und baldigen neuen Lebensgefährten findet sie in Corrado Tumiati, mit seinen siebzig Jahren ebenfalls bedeutend älter als sie.

So rasch geht das bei Monika nicht. Sie weiß nicht, wo sich eine neue Heimat finden lässt. Ende August notiert Thomas Mann »das Problem Mönchen, die klebt und nicht geht«[86]. 1952 hatte auch sie die USA verlassen und versucht, sich in Italien ein neues Leben aufzubauen. Fest steht, dass sie schreiben will und inzwischen einen eigenen Stil gefunden hat, der sich deutlich von Thomas, Klaus und Erika Mann abhebt. Erfolg hat sie mit ihren poetischen Arbeiten noch nicht, aber sie kann immerhin regelmäßig Artikel in deutschen und schweizerischen Zeitschriften veröffentlichen. 1953 besteht ihr größtes Problem darin, nicht zu wissen, wohin sie gehen soll, und vor allem: mit wem? Zu wem? Die vielen Bekannten, Freunde und Liebesgeschichten können nicht darüber hinweghelfen, dass sie sich einsam fühlt. Sehnsucht nach Geborgenheit: »Sein, in der Nähe eines Menschen, dem ich traue«[87] wünscht sie sich. Diesen Menschen wird sie 1954 auf Capri treffen: Antonio Spadaro, ein einfacher Fischer und ehemaliger Maurer, mit dem sie sich »ganz natürlich sofort irgendwie gebunden«[88] fühlt. Die Anziehung besteht gegenseitig, und nach ein paar Monaten wird Monika beschließen, auf Capri mit Spadaro zusammenzuleben. Wie kann man sich dieses Paar vorstellen? Er, nur drei Jahre älter als sie, sieht sehr gut aus (Typ Arthur Miller) und strahlt eine seltene Mischung aus Intelligenz und Herzlichkeit aus. Sie, die attraktive und kluge Frau, der man ansieht, dass sie über sehr viel nachdenkt. Die Verbindung wird dreißig Jahre, bis zu Spadaros Tod, bestehen.

Von solchen Beziehungen kann Golo nur träumen. Während Eltern und Geschwister schon die USA verlassen haben, hält er an seiner ungeliebten Lehrtätigkeit am Claremont Men's College fest, nicht zuletzt auch deshalb, weil er eine Beziehung zu einem fünfzehn Jahre jüngeren Studenten namens Ed Klotz eingegangen ist. Der junge Mann, gut aussehend und von jener properen Lebensfrische, wie man sie aus amerikanischen Unterhaltungsfilmen kennt, ist von allem begeistert, was Golo ihm bietet: Besuche im prominenten Elternhaus, Champagner, das Ambiente. Schöne Reisen. Das Zusammenleben in Claremont. Homosexualität gilt jedoch sowohl in den USA als auch in Europa als schwere Unzucht, und zwar nicht nur nach den Moralvorstellungen der Gesellschaft, sondern auch vor dem Gesetz. Da drängen Familien ihre Söhne schon mal, endlich eine Braut zu finden. Die Leute wundern sich schon, heißt es dann. Und früher oder später heiraten dann eben die meisten dieser jungen Männer. Auch Ed teilt Golo Ende 1952 mit, dass er eine Braut gefunden hat und heiraten wird. Aber man könne ja weiterhin kameradschaftlich Kontakt haben, zu dritt, versteht sich. Nein, Golo versteht nicht, wird sich aber geradezu masochistisch auf gesellige Zusammenkünfte mit dem offenbar verliebten Klotz-Paar einlassen.

Auch an der Collegearbeit hält er eisern fest, obwohl es ihm »miserabel« geht, schreibt er dem Freund Erich von Kahler. »Geht jetzt etwas besser. So werde ich denn wohl Deinem Rat folgen und bis Juni durchhalten (aber fragt mich nur nicht wie). Aber dann habe ich gekündigt. ›Es‹ wollte nicht mehr in mir und ich glaube, dass es ganz recht hat. Ich selber, aus Trägheit, Angst vor Geldsorgen, Sicherheitsdurst etc. hätte den Entschluss immer hinausgeschoben; aber da wollte plötzlich das Pferd nicht mehr, was im Grunde ein gutes Verhalten ist. Ich darf das bisschen Talent, das ich habe, nicht in dieser Weise verwüsten.«[89]

Im Spätsommer 1953 kehrt er nun fürs Erste wieder in die Schweiz zurück, lebt zunächst im Haus der Eltern, was »aus vielen Gründen ganz unerträglich« ist, und nimmt sich dann ein Appartement in Zürich, wo er politische Artikel und sein Buch über Amerika schreibt. Eine Zeit wie die letzte Phase in den USA will er »nicht noch einmal durchmachen. Im allgemeinen bleibt aber die Lebenslust arg reduziert. Too much pain, too little fun, darauf läufts hinaus …«[90] Zu viel Schmerz, zu wenig Spaß. Wie anders? Im Gegensatz zu Klaus bewegt sich Golo nicht vornehmlich in der Boheme oder dem, was man in bürgerlichen Kreisen als Homosexuellenmilieu bezeichnet. Bloß das nicht bitte, alles soll dezent ablaufen. Er wahrt die Form, das bietet ja auch Schutz. Was freilich nichts daran ändert, dass Golo ein Mensch ist, der sich nach Liebe, Teilhaftigkeit und Zusammengehörigkeitsgefühl einer Lebensgemeinschaft sehnt. Mit einem Mann natürlich. Alles schwierig.

Erlenbach, Januar 1954.

Thomas Mann begrüßt das neue Jahr in schlechter Verfassung. Das Schreiben fällt ihm schwer. Nicht zu arbeiten indes ist ihm auch undenkbar. Ist der »Krull«-Roman, an dem er gerade sitzt, wirklich seinem Alter und Status angemessen?, fragt er sich. Ohne Erikas Zuspruch würde er die Hochstaplergeschichte wohl kaum weitererzählen. Ohne Katias mütterliche

Zuwendungen auch nicht. Die beiden Frauen sorgen dafür, dass bald ein neues Haus gefunden wird, ein etwas größeres, komfortableres als das jetzige, das ihm nicht recht behagt. Am Geld soll es nicht scheitern: Das Haus in Pacific Palisades ist verkauft, verschiedene Literaturpreise waren gut dotiert, und seine Einnahmen sind weltweit so gut wie nie. Thomas Mann ist inzwischen ein Klassiker, da gibt es immer wieder Neuauflagen sowie Ausgaben der gesammelten Werke (»Habe wohl zu notieren vergessen, daß vor Jahresschluß der russische Gesandschaftssekretär wieder da war und 28 000 Franken überbrachte, die ich im Schreibtisch habe«[91]). Durch die Verfilmung von ›Königliche Hoheit‹, nach strengster Drehbuchkorrektur und Begutachtung von Erika, die darin auch eine kleine Rolle spielt, fließen weitere stattliche Summen hinzu. Beim neuen Haus muss also nicht gespart werden. Ein Objekt, »das nicht unmöglich ist«[92], findet Katia in Kilchberg am Zürichsee. Die ansprechende Villa wird nach Besichtigung von Thomas, Erika, Golo und Elisabeth für ebenso schön wie praktisch erklärt und das Anwesen Ende Januar 1954 gekauft. Bis zum geplanten Einzugstermin im April gibt es noch viel zu tun. Den bevorstehenden Umzug und die Renovierungsarbeiten in Kilchberg organisiert wie immer Katia und wird dabei von Erika und Golo tatkräftig unterstützt. Der Zauberer geht währenddessen seiner Arbeit nach. Ganz dringlich gerade: Das »Felix-Krull«-Manuskript muss überarbeitet werden, nach Durchsicht von Erika natürlich, keiner macht das gründlicher und liebevoller. Da sie gerade zur Kur in Arosa weilt und ein neues Jugendbuch schreibt, werden ihr die väterlichen Abschriften zugeschickt. »Nimm es aber nur nicht zu genau mit dem Manuskript und mach Dir nicht zuviel Mühe«, schreibt der Vater an sein »geliebtes Kind«[93]. So resigniert und müde würde der Zauberer nicht an sie schreiben, wenn er gut bei Kräften wäre, das weiß Erika und schickt nach genauester Arbeit einen seitenlangen Brief samt überarbeitetem Manuskript an den »beloved Dad«. In genauer Kenntnis seiner Empfindlichkeit fügt sie am Ende an: »Ich weiß *alles*! Weiß, wie *sehr* zum Verdruß Dir Brief und ›Liste‹ gereichen müssen und bin *sehr* betrübt bei dem Gedanken, daß soviel Liebesmüh von meiner kleinen Seite geeignet sei, Dich (vorübergehend, Dieu merci!) herabzustimmen. Nachdem aber die Arbeit getan war, habe ich *jedes* ›item‹ nochmals auf seine größere und kleinere Wichtigkeit hin geprüft, einiges nicht wirklich *Nötige* eliminiert und nur stehen lassen, was mir noch immer erwähnenswert schien. Die Winzigkeiten, sehr natürlich, sind samt und sonders winzig. Da aber Deine Mühewaltung bei ihrer Betreuung gleichfalls minim, habe ich an *ihnen* umso weniger gerüttelt, als sie ja eben doch, so einzeln, wie besonders in ihrer Gesamtheit, ein wenig stören. Und warum sollte ihnen gestattet sein, dies zu tun?

Im übrigen und nochmals meine Glückwünsche! Das ist ein reicher, bunter, tief unterhaltender, niemals langweiliger, offen und untergrundig komischer, von neuartigen Einfällen, Beobachtungen und Einsichten (Weisheiten, meine ich wohl) *strotzender* Band. *Jede* seiner Figuren *lebt*, jede ist ›originell‹, mit Dichteraugen gesehen, und aufs natürlichste ordnet die Fülle der Gesichte sich im Bei- und Nacheinander der Erzählig. Sei mir also, *bitte*, nicht griesgrämig und wolle bedenken, daß (kleine Ursache, große Wirkung!) die Quisquilien, mit denen ich Dich behellige, nicht ganz unwichtig sind der so wichtigen Sache!«[94]

Der Vater bedankt sich umgehend herzlich, wenngleich er seinem Tagebuch anvertraut: »Gestern von Erika das Manuskript und 3 Briefe die Vorschläge für Korrekturen betreffend. Erregung, Sorge und Schwäche. Schrieb gleich an sie für ihre gewissenhafte Mühe.«[95] Die Überarbeitung zieht sich nun zäh wochenlang hin und findet erst ein Ende, als die Manns Ende April in ihr neues Heim einziehen: Kilchberg, Alte Landstraße 39. Die letzte Adresse, das letzte Elternhaus. »Ein eigenes Haus überm Zürichsee – der alte Traum war erfüllt. Von den fünf Räumen des Erdgeschosses bildeten drei eine schmucke Suite.

Bei geöffneten Flügeltüren ging ein Zimmer ins andere über. Dem Arbeitszimmer benachbart, gab es die Bibliothek mit dem Ausgang zum Garten. Und von der geräumigen Wohndiele ging es bequem hinauf zu den oberen Stockwerken, in deren ersterem T.M.'s Schlafzimmer gelegen war. Alles ›paßte‹ wie angemessen, und gleich schien es, als hätten wir hier schon lang, schon immer gewohnt, oder als sei genau dies Haus uns vorherbestimmt gewesen von Anbeginn«[96], erzählt Erika ohne eine Trennung zwischen sich und den Eltern, von wir, uns und ich vorzunehmen. Unser Haus also. Sie selbst hat eigenen, intimen Raum nur wieder im Dachgeschoss, was im Laufe ihres Älterwerdens und durch übergroße Mengen an Alkohol und Schlafmitteln zu einem Problem wird. »Schrecken mit Erika, die nach Schafmitteln an Gleichgewichtsstörungen leidend, mit Gepolter hinstürzte, während wir im Theezimmer saßen. Gram und Sorge.«[97]

Einen Monat später fährt Erika zur Kur. Keine Zigaretten, kein Alkohol, keine Schlaf- oder sonstigen Mittelchen. In ihrem Geburtstagsbrief an »geliebter Dad« berichtet sie von einer Schlafkur, während der sie halluziniert hätte; eine Darbietung der besonderen Art, die für den Vater darin gipfelt, dass sie einer Krankenschwester »Halten Sie den Mund, Sie GOTTVERFLUCHTE DRECKSAU« entgegenbrüllte. Aber: »Gleichviel. Es ist vorbei«, beruhigt sie und gedenkt der Eltern »inniglich«[98]. Thomas Mann schreibt unverzüglich an sein »arm-liebes Erikind«. Ihr Zustand geht ihm nahe, zweifelsohne. »Jedenfalls bin ich jetzt ruhiger und zuversichtlicher Deinetwegen, denn wenn Du auch zur Zeit ein recht klägliches Dasein führst, so sehe ich zu meinem Trost Deinen guten, geduldigen, tapferen Willen und fasse mir ein Herz zum Vertrauen in Deine Zukunft, wenn das Nächste, Gröbste einmal überstanden ist. [...] Geschehen mußte ja etwas, wir fühlten alle, daß Du ziemlich weit abgetrieben warst und es so nicht mehr weiter ging und mußten auch wissen, daß es mit dem Zurechtrücken keine Kleinigkeit sein werde. Zum Erstaunen ist ja und berechtigt zu jeder Hoffnung, wie Liebes, Anmutiges, Gewinnendes Du noch in der letzten Zeit vor dem Entschluß zu radikalem Einschreiten mit Deinen Zugvogel-Erzählungen hervorbringen konntest! Die Fähigkeit, noch aus der Trübsal heraus, Freude zu machen, kann doch wohl immer als Gewähr dafür gelten, daß man selber noch die Ressourcen in sich hat, um zu eigener Freudigkeit zurückzufinden.«

Das ist gut gemeint, wirklich – »liebevoll Z.« –, aber es steckt darin freilich auch wieder der alte Anspruch auf Darbietungen, auf Freude »noch aus der Trübsal heraus«. Das kennt sie nicht anders, er kennt sie nicht anders. Und auch, wenn der Vater weiß, dass er die kranke Tochter nicht mit seinen »Grillen plagen und bedrücken« sollte, muss er ihr dann noch im selben Schreiben anvertrauen, dass er dem Erscheinen des »Krull«-Romanes »mit einiger Geniertheit« entgegensieht. »Sehr würdig steht es doch nicht darum. Begeht man mit solchen kompromittierenden Scherzen sein 80stes Wiegenfest? Müder Übermut – tut nicht gut, sprichwörtlich geredet. Oft muß ich denken, daß es besser gewesen wäre, wenn ich nach dem Faustus das Zeitliche gesegnet hätte.«[99] Natürlich tröstet Erika wieder und weiter. Nach der Rückkehr aus der Kur sind die guten gesundheitlichen Vorsätze rasch vergessen, was, allgemein betrachtet, eher die Regel als die Ausnahme ist. Im Sommer verbringt sie mit den Eltern drei Urlaubswochen in Sankt Moritz und Sils Maria. Später wird sie diesen Aufenthalt als Beginn von Thomas Manns letztem Jahr datieren. Sein 80. Lebensjahr.

Krönende, höchst erfolgreiche Monate: »Die Bekenntnisse des Hochstaplers Felix Krull« erscheinen 1954, werden überwiegend positiv rezensiert und verkaufen sich glänzend. Viele Ehrungen und Preise werden ihm zugedacht – »überhaupt kommt jetzt viel Geld von vielen Seiten, und große Summen stehen aus fürs nächste«[100] –, und wenn er auch im Sommer 1954 noch etwas verstimmt über ihm unzureichend anmutenden Applaus geklagt hat (»starker Beifall trotzdem, aber kein Abgang und Wiederkommen, nicht Theater genug, was mir nie gefällt«[101]), so empfindet er im Verlauf seiner letzten Lebensmonate doch überwiegend Genugtuung und Dankbarkeit für das Erreichte. »Das Gefühl, in ein Festjahr eingetreten zu sein«, notiert er im Oktober. »Wunderlich, wie ich gestern im Theater und Hotel (die Angestellten!) selbst ganz wie eine Königliche Hoheit behandelt wurde und so reagierte. Wunderlicher Lebenstraum, der bald ausgeträumt sein wird. Kurios, kurios. Das habe ich früh gesagt und werde es zuletzt sagen. – Völlig unfähig zu arbeiten. Den ganzen Tag krank. Nachmittags im Bett. Qualvolle Erregung statt Ruhe. Aber abends ins Theater, was mich eher zerstreute und belebte.«[102] Ja, so ist das wohl, wenn man sich selbst überlebt, wenn ein Lebenstraum in Erfüllung gegangen ist. Da denkt man vielleicht auch an das, was sich nicht erfüllt hat, nicht erfüllen konnte. Die jungen Männer, die Hingabe. Melancholie, wenn man alt wird. Die Arbeit lenkt ab und gibt weiterhin Struktur. Selbstverständlich versucht er auch weiterhin, täglich zu schreiben, im Herbst 1954 an seinem Schiller-Vortrag, der für eine Redezeit von einer Stunde ungefähr zwanzig Manuskriptseiten umfassen sollte, schließlich aber einen Umfang von 120 Seiten hat. »Aber sei es darum, ich schütte nun erst einmal rücksichtslos das Ganze aus, und Deine Sache wird es dann sein, ich kann Dir nicht helfen, aus der Masse die Rede zu destillieren«, schreibt der Zauberer an sein »liebes, teueres Kind«[103] Erika. Welch große Herausforderung, aus 120 Seiten rund 100 herauszukürzen und dabei dem Anspruch und Genie Thomas Manns gerecht zu bleiben. Erika jedoch gibt sich optimistisch. »Deine Sachen kann ich!«, lacht sie, »und wirklich war mir nicht angst um das schließliche Gelingen. Ein wenig Begabung und viel Liebe zur Sache vorausgesetzt, macht auf diesem bescheidenen Gebiet Übung in der Tat den Meister. Und wenn ich mich freilich nur darin geübt wußte, T.M.'s Essays fürs Mündliche um ein Drittel oder – schlimmstenfalls – auf die Hälfte zu kürzen, nicht aber ein bloßes Fünftel zur Rede zu destillieren, wie es jetzt meine Aufgabe war, so bestand ein Unterschied doch ausschließlich nach Graden und nicht dem Wesen nach. Nicht zwanzigmal also, wie frühere Aufsätze, – fünfzig – oder sechzigmal würde ich den ›Versuch‹ lesen müssen, zur Gänze erst, wobei für den Vortrag offensichtlich Entbehrliches zu eliminieren war, und dann wieder und wieder in all den Übergangsformen, deren jede mir neue, bisher ungeahnte ›Verknappungen‹ ermöglichte.«[104] Eine große Aufgabe, die in schlaflosen Nächten und gereizten Tagen gelöst wird. Zwischendurch wird Erika immer wieder auffällig und ausfällig, hat sich selbst aber soweit im Griff (oder ihre Mittelchen in Griffnähe), dass sie präzise wie ein Automat alle an sie gerichteten Forderungen erfüllen kann. Die Arbeit für den Vater ist ein Fulltimejob. Da redigiert sie hervorragend seine Arbeiten und gibt überdies den beliebten Hofnarren. »Lachte sehr über Golo-Kindergeschichten, die Erika erzählte«[105], so der Vater im Dezember 1954.

Es ist das erste und letzte Mal, dass Thomas Mann das Weihnachtsfest in der Kilchberger Villa begeht. Mit Katia, Erika, Golo, Frido und Toni. Monika ist auf Capri geblieben, Elisabeth mit ihren Töchtern auf Skiurlaub in Chantarella.

Michael und Gret ziehen es vor, alleine zu bleiben. Oder nicht? Es entgleitet so viel und ist so schwer nachvollziehbar, was diese beiden Menschen fühlen. Seit die beiden Söhne Frido und Toni auf der Welt sind, wird immer mal wieder ein gemeinsames Familienleben versucht, aber offenbar wissen Michael und Gret nicht, wie es funktionieren soll. Wahrscheinlich sind beide zu sehr mit sich selbst und ihrer problematischen Ehe beschäftigt, unfähig, mit den Kindern eine stabile familäre Gemeinschaft zu bilden. Sicher, das Unstete ist so ungewöhnlich nicht für Künstlerkinder. Sie wechseln alle paar Jahre den Wohnsitz, gehen zwischendurch auf ein Internat oder leben auch mal monatelang bei den Großeltern. So auch

Frido und Toni. Das könnte gut gehen, wenn durch alle Phasen hindurch ein sicheres Fundament an zuverlässiger Zuwendung gegeben wäre. Genau dies können Michael und Gret jedoch nicht bieten. Für ihn ist es wohl normal, er kennt es nicht anders. Und Gret ist ihren Kindern gegenüber sowieso distanziert, die Ehe mit dem gewalttätigen und unberechenbaren Michael ist schwierig genug, und letztlich stören die Kinder nur. Beim Leben, beim Leiden, beim Lieben. Bei der ständigen Frage, ob sie bleiben oder gehen soll. Der Michael kann so nett sein, so menschlich. Und dann wieder die Einbrüche von Zorn und Brutalität. Kein Mensch jedenfalls, der ein dauerhaftes Gefühl von Geborgenheit vermitteln kann. Genau das erwarten und erhoffen die Kinder aber, nicht zuletzt, weil sie genau dies bei den Großeltern bereits erlebt haben. Frido freilich weitaus mehr als Toni. Recht häufig erwähnt Thomas Mann, dass er – obwohl beide Buben anwesend waren – Frido ein Märchen vorgelesen habe, er sei mit Frido spazieren gegangen und so weiter[106]. Die Konstellation ähnelt der früheren Beziehung zwischen Elisabeth, Michael und Thomas Mann, wenngleich der nun weitaus milder und menschlicher erscheint. Das ändert jedoch nichts am Eindruck der minderen Zuwendung, die Toni im Vergleich zu Frido zuteil wird. Wenn sich schon Frido erinnert: »Nimmt denn das nie ein Ende? Diese ständige Fremdbestimmung, dieses unaufhörliche Hin-und-her-Geschubse? Panische Angst vor dem Alleingelassenwerden und dem Alleinsein«[107], wie mag der jüngere Toni das empfunden haben? Anderthalb Jahre sehen sie ihre Eltern nicht. Es werden Briefe geschrieben, aber Papier ist kein Ersatz für menschliche Wärme. In den Ferien fahren die Jungen zu den Großeltern Mann und Moser. 1954 werden sie vom Internat genommen und mit den Eltern nach Fiesole bei Florenz verpflanzt, Tante Elisabeth und die Cousinen wohnen in der Nähe, immerhin. Im März 1955 gehen Michael und Gret wieder auf eine längere Konzertreise und machen Andeutungen, dass sie eventuell für immer nach Amerika gehen werden, ohne Kinder. Die sind nun eine Zeit lang sich selbst überlassen, eine Nachbarin verköstigt sie, Elisabeth schaut nach dem Rechten, und schließlich kommt Onkel Golo, um sich um die Neffen zu kümmern.

Wie fühlen die beiden Jungen, der fünfzehnjährige Frido und der dreizehnjährige Anthony, sich dabei? Verlassen, ungewollt, störend? Sie werden sich fragen, was der Grund für die Lieblosigkeit der Eltern ist. Dass sogar »die eventuelle Adoption der Kinder durch Medi«[108] erwogen wird, wissen sie nicht. Wie fühlt sich das an, die nachdenklichen Blicke der Tante Medi und des Onkels Golo? Mitleidig, kritisch? Wie sollen zwei Jungen, die in der Pubertät stecken und eigentlich genug mit sich selbst zu tun haben, auf diese unruhige, unselige Situation reagieren? So etwas kann man nur überleben, wenn man alles ausblendet. Weil die Wahrheit einfach unerträglich wäre. So spielen eben auch diese beiden Kinder weiterhin ihre Rolle, es bleibt ihnen auch keine Alternative. Zur Adoption durch Elisabeth wird es dann doch nicht kommen, und die Trennung von Eltern und Kindern wird herausgeschoben, vorerst.

Zunächst stehen andere Termine an, darunter, wichtig, der 80. Geburtstag von Thomas Mann im Juni 1955. Da wird drei Tage lang gefeiert werden, offiziell, privat und privatissimo. Schon im Februar des Jahres schreibt der zu Ehrende an die gute alte »Fürstin und Freundin« Agnes Meyer, die immer noch eine wichtige Förderin seiner Werke in den USA ist, einen langen Brief, in dem er ihr – man muss es wohl so nennen – durchaus plump von dem »kindlichen Wunschtraum« erzählt, »daß Sie mir nämlich zum Geburtstag einen Ring schenkten mit einem schönen Edelstein, es war ein Smaragd, und der Ring sollte das Symbol sein einer Kette, die von hier und mir hinüberreichte über den Ozean zur Stadt Washington D.C.«[109]. Seinem Tagebuch vertraut er an, dass er die Sache mit dem Smaragdring »in aller Treuherzigkeit [...] einwob«[110], und vermerkt eine Woche später zur erhofften Preziose: »K.

und Erika werden sich amüsieren, wenn er wirklich kommt.«[111] Nun, Agnes Meyer wird das wissen oder zumindest ahnen, und sowohl die Damen als auch der Jubilar werden um das Vergnügen eines Smaragdringes gebracht. Aber der Geschenke, Blumen, Ehren und Huldigungen wird es dennoch von allen Seiten überreichlich geben, darunter auch einen Turmalinring von der Familie, angemessen. Nach den schönen, aber anstrengenden Feierlichkeiten kehrt die gewohnte Verfassung nur mühsam zurück. Ende Juni schreibt Thomas Mann eine »Letztwillige Verfügung [...] Ich setze meine Gattin zur Universalerbin ein und vermache ihr soviel an Eigentum als ich ihr von Gesetzes wegen zuzuwenden berechtigt bin. [...] Meine übrigen gesetzlichen Erben, die ich hiermit zugunsten meiner Ehefrau auf den Pflichtteil setze, erben zu gleichen Teilen. An die Stelle verstorbener Kinder treten ihre Nachkommen, und zwar in allen Graden nach Stämmen.«[112] Warum er ausgerechnet zu diesem Zeitpunkt ein Testament aufsetzt, ist unklar. Vielleicht wegen der beständig fließenden Geldmengen, »wir sind sehr reich und müssen hohe Steuern zahlen«[113], notiert er ins Tagebuch. Misslich indes wieder die Auseinandersetzungen zwischen Katia und Erika. »K.'s Kräfte werden übermäßig beansprucht u. sind gleichfalls den Anforderungen nicht mehr gewachsen. Sie ist gequält von Erikas Zuständen und ihrer leidenschaftlichen Negativität.«[114] Fünf Tage später vermerkt er: »Unheimliche Vorkommnisse mit Erika vermöge ihrer Schlafmittel vorm Essen. Doch stellt sie sich zwischenein lebendig wieder her.«[115] Und zwar so überzeugend, dass das kein weiteres Thema mehr ist, zumindest, solange der Vater lebt.

Er und Katia verbringen den Juli in Holland. Nach drei Wochen wird er krank, Beinschmerzen, Thrombose. Der Patient wird nach Zürich geflogen, in Begleitung von Katia selbstverständlich, aber die dortigen Ärzte können nicht mehr viel für ihn tun. Schwere Arteriosklerose lautet der Befund. Golo wird später einem Freund berichten, der Vater »suchte mit letzter

Kraft zu verdrängen, was ihm bevorstand, er wollte es nicht sehen, nicht wissen. Wenn die Mutter ihm die Hand auf die Stirne legte: ›Ach, lass doch.‹ Keine Abschiedszärtlichkeiten. Woraus sie schloss, er hätte wirklich nicht gewusst, dass er verloren war. So doch wohl nicht, aber er tat, was er irgend konnte, um es nicht zu sehen. Zu dem behandelnden Arzt einmal: ›Helfen Sie mir‹«[116]. Hilfe ist nur noch in Form von Schmerzlinderung durch Morphiumspritzen zu leisten, aber eine Heilung des Patienten ist nicht mehr möglich.

Am 12. August 1955 stirbt Thomas Mann.

Die Welt trauert.

Das Begräbnis findet am 16. August statt.

Einen Tag vorher schreibt Erika »auch im Namen der Meinen« an den Gemeindepräsidenten einen Brief mit der Bitte, das Fotografieren bei der Beerdigung zu verbieten. »Die Gemeinde am Grabe – nachdem der Herr Pfarrer den letzten Segen gegeben hat – darf dagegen fotografiert werden.«[117] In aller Stille will die Familie den geliebten Zauberer denn doch nicht zu Grabe getragen wissen. Die Trauerfeier mutet an wie ein Staatsbegräbnis. Reporter aus aller Welt, Kamerateams, Fotografen. Viele Trauergäste, viele Schaulustige. Unzählige Kränze und Blumengebinde. Golo erzählt, er habe die Mutter nur ein einziges Mal weinen gesehen, und zwar, »als wir zur Beerdigung aufbrachen. [...] Selber besaß ich auch damals weniger Selbstbeherrschung und mußte schließlich meine Schwester Erika bitten, mir eine Morphiumspritze zu machen – die einzige, die ich je bei gesundem Leibe erhielt.«[118] Dies erklärt, warum Golo auf den Begräbnisfotografien ein merkwürdig entrücktes, verklärtes Lächeln zeigt. Die Bilder, die Gesichter. Michael und Gret stehen nicht zusammen. Frido wird das später erklären: Auf der Zugfahrt von Italien nach Kilchberg schlägt Michael »völlig außer Kontrolle« seine Frau, die »bricht wimmernd zusammen«. Bei der erstbesten Haltestation des Zuges zerrt Frido seine Mutter und Toni aus dem Waggon und schafft es überdies, das Gepäck auszuladen. Man steuert auf einen Gasthof zu und entdeckt, dass auch Michael den Zug verlassen hat und »in geduckter Haltung« folgt. Gret wird verarztet, man geht in den Speiseraum, wo sich Michael »traurig und schuldbewusst« an den Familientisch setzt und sich rasch wieder das Gefühl einstellen wird, als ob nichts Dramatisches passiert sei. Auf Fridos Frage, wie die Mutter denn mit den Blessuren an der Beerdigung teilnehmen wolle, antwortet sie nur: »Dann sage ich, dass während der Bahnfahrt ein Koffer auf mich gefallen sei.«[119] Dies erkärt den dunklen Fleck auf der Stirn von Gret. Darauf achtet man kaum, sie steht im Hintergrund. Der Blick des Betrachters geht in die erste Reihe: Katia Mann, mit Witwenschleier, daneben Erika, ebenfalls schwarz verhangen, und Elisabeth (ohne Schleier), bei der sich die Mutter unterhakt. Golo dann. Und Monika, die mit italienisch inspirierter Eleganz ein schwarzes Spitzentuch über ihr Haar drapierte und etwas verloren zwischen ihren Angehörigen und ihrem ehemaligen Liebhaber Richard Schweizer steht, der als Freund der Familie eine Grabrede hält. Michael in zweiter Reihe, streng blickend neben Frido und Toni. »Unser Schmerz ist groß«, beginnt Schweizer seine Ansprache und schließt: »Wenn auch unter dem Leben Thomas Manns das Wort ›Ende‹ geschrieben steht, will das nicht sagen, nun sei alles abgeschlossen. Sein Geist ist gegenwärtig, hier und jetzt – wer unter uns würde ihn nicht spüren?«[120]

Den Verstorbenen hätte das alles mit Genugtuung erfüllt.

Nun ist der Zauberer, der König, tot.

Es leben die Königinnen.

9

»Auflösen kann man das hier nicht mehr«

1955–1980: Katia Mann und die Ihren

»Mein Vater ist am zwölften August neunzehnhundertfünfundfünfzig gestorben. Ich habe an der Stelle des Buches, wo mich beim Schreiben die Trauernachricht traf, ein Kreuz gemacht«[1], schreibt Monika Mann vor ihre Erinnerungen, die sie einige Zeit vor dem Tod des Vaters begonnen hat. Offenbar weiß das niemand von der Familie. Nun sitzt sie wieder auf Capri und schreibt ebenso poetisch wie menschlich an ihrem Buch weiter. Bis zur Fertigstellung wird noch einige Zeit vergehen.

Golo ist wieder nach Claremont zurückgeflogen. Unglücklich hier wie dort. Zu wenig Liebe, die ihm zuteil wird. Viel Liebe, die er geben will. Im März 1955 hat er bei einer Zugfahrt in Süddeutschland einen jungen Mann kennengelernt, Hans Beck, ein sympathischer, schlaksiger Abiturient. Was das für eine Beziehung ist und wird, kann Golo wohl selbst noch nicht einschätzen. Auch die Beziehung zum verstorbenen Vater muss immer wieder überdacht werden. Am Ende war sie friedlich und respektvoll. Der Vater schätzte ihn, das wusste der Sohn. Mehr war da nicht zu erwarten. Und jetzt ist es auch eine Befreiung, dass Thomas Mann tot ist. Bitter, aber verständlich.

Elisabeth wird nach der Beerdigung wieder nach Italien zurückkehren. Die Arbeit, die Kinder – viel zu tun. An der Liebe des Vaters musste sie nie zweifeln, der Kampf um sein Lächeln, um Zuwendung ist ihr fremd. Da kann man den geliebten Vater in ihm sehen, sich als Tochter ein eigenes Leben aufbauen und leichter loslassen.

Michael versuchte das auch, er versucht es noch und verliert sich dabei immer mehr in seinem Befreiungskampf. Nach der Beerdigung fahren er, Gret und die Jungen wieder nach Italien. Gret lässt sich nicht scheiden, sondern will nach wie vor mit Michael nach Amerika ziehen, ohne die Kinder. Denen wird im September mitgeteilt, dass sie zunächst einige Monate bei Großmutter Katia und Tante Erika leben werden. Danach sollen die Jungen getrennt werden, Toni wird »endgültig« zu den Großeltern Moser nach Zollikon ziehen, die – so Frido – »seine ganze weitere Schulausbildung und sein Leben überhaupt begleiten. Dadurch trennen sich ab jetzt unsere Wege weitgehend.«[2] Warum dürfen die beiden Brüder nicht gemeinsam in dem großen Kilchberger Haus aufwachsen? Wohl braucht der Jüngere besondere Zuwendung und Förderung, viel Geduld. Die hatte Katia Mann nur mit ihrer genialen Ehehälfte Thomas, aber nicht mit Kindern und Enkeln. Doch zeigt sie sich als liebevolle Großmutter, schließlich braucht auch sie dringend Zuwendung, Zärtlichkeit und das Gefühl, eine gute Großmutter zu sein. Frido erinnert sich ihrer »oft schwer erträglichen Strenge und Ungeduld«, die im extremen Gegensatz zu Mieleins »Überfürsorglichkeit« steht. »Ihre gleichzeitig hochfahrenden und unduldsamen Züge und vor allem der manchmal fast gewalttätige Jähzorn machen mir ebenfalls schwer zu schaffen.«[3] Da bricht dann etwas Fremdes in ihr durch, das sie rasch durch Verwöhnen und Geschenke zu kompensieren trachtet. Oder es wird eine Gegenwelt aufgebaut wie in der folgenden Szene. Der Enkel erinnert sich, dass schon in den USA wegen Katias zu schnellem Autofahren oder Falschparken »häufig« Polizeikontrollen folgen, auf die sie »jedes Mal mit erschreckend aufbrausendem Jähzorn reagiert. Als umso amüsanter empfinde ich dann beim folgenden Mittagessen ihre theatralisch vorgetragene Wiedergabe des Streitdialogs mit dem Polizisten, in dem sie, immer genau vorhersehbar, die Rollen vertauscht und das angebliche furiose Gebrüll des ›Schutzmannes‹ mit ihrer eigenen ausgesuchten Sanftmut beantwortet.«[4]

Nun, das muss ein Kind »amüsant« finden. Um in der Gemeinschaft zu bleiben, muss es sich der theatralischen Atmosphäre anpassen und Teil der verrückten Welt werden. Ein fünfzehnjähriger Junge im Witwenschloss. Katia ist Anfang siebzig und eher über als unter ihren Jahren. Erika ist Anfang fünfzig. Eine neue fremde Situation für alle. Für den Jungen freilich mehr als für die erwachsenen Frauen. Für ihn ist es ein Dasein ohne den geliebten Großvater, ohne Vater und Bruder. Der Schulwechsel überdies. Das alles bedeutet schlaflose Nächte und angespannte Tage. »Zu dieser Zeit versorgt mich meine Großmutter vor allem während der anstrengenden Eingewöhnungszeit im Gymnasium fast täglich mit starken Schlaftabletten. Am Ende des Winters fühle ich mit zunehmender Panik, dass ich davon abhängig zu werden beginne. Immer deutlicher empfinde ich eine instinktive Abwehr. Eines Tages beschließe ich, die Tabetten einfach abzusetzen.«[5]

Was wäre geschehen, wenn er nicht diese bewundernswerte Kraft besessen hätte? Warum hat Katia Mann, als Mutter mehrerer süchtiger Kinder, dem Enkel den Einstieg in die Abhängigkeit so leicht gemacht?

Schon in den letzten Tagebüchern des Großvaters gibt es Einträge wie »Frido rauchte mit ruhiger Würde eine Cigarette«[6]. Da war der Knabe dreizehn.

Und Weihnachten 1954, Frido hat gerade eine schwere Gelbsucht überstanden, vermerkt Thomas Mann, dass der Junge »wohl sechs kleine Gläser«[7] Bowle trank. Da mag man von festiven Ausnahmen sprechen, wie sie wohl in den meisten Familien vorkommen. Aber hier, wo ganz offensichtlich drei Kinder von Drogen, Medikamenten und Alkohol abhängig sind und eines bereits gestorben ist, sollte man da nicht mehr Vorsicht und Verantwortungsgefühl erwarten? Die Gefahren sind ja bewusst und bekannt. Klaus Pringsheim junior erzählt aus der

Zeit um 1946: »Nach dem Mittagessen oder nach dem Abendessen gab es immer einen Likör [...] – eines Tages kam es mir in den Sinn, dass ich noch einen haben wollte, einen zweiten Likör, und da hab' ich meine Hand ausgestreckt und habe nach der Likörflasche gegriffen, und da sagte Frau Mann: ›Nein.‹ Und ich war ganz entsetzt, dass sie mich daran hindern wollte, und da sagte sie: ›Das ist keine gute Idee, wenn du jetzt den zweiten Likör trinkst; allmählich wirst du dich daran gewöhnen, dann wirst du noch ein Säufer, und das wäre nicht gut für dein Leben. Also bleibe immer bei einem Likör nach dem Essen.‹ Und so hat sie mich betreut, wie eine Mutter.«[8] Ob Tante Katia hier tatsächlich Sorge hatte oder lediglich ihre Sparsamkeit unter dem Deckmäntelchen der Drogenvorsorge verstecken wollte, sei dahingestellt. Klar ist: Sie weiß, wie Abhängigkeiten entstehen. Trotzdem gibt sie dem Enkel starke Schlaftabletten. Das ist ja auch für sie eine simple Lösung: kein schlafloser, angespannter Enkel, keine Krisen und Probleme.

Auch Erika glaubt noch immer, die Kontrolle über ihre Süchte zu haben. Alle ihr gestellten Aufgaben erledigt sie präzise, wenn nicht fanatisch. Gleich nach dem Tod des Vaters übernimmt sie den Auftrag, ein Buch über dessen letztes Jahr zu schreiben und seine Briefe herauszugeben. Die Briefe, Tausende sind es, müssen gelesen, geordnet, kommentiert und gekürzt werden. Eine sehr aufwendige Arbeit: Vaters Briefe an Kollegen und Freunde, an Verleger und Übersetzer, an die Herkunfts- und auch an die selbst gegründete Familie. Da liest nun Erika, was der Vater an die Geschwister schreibt, als wäre das selbstverständlich. Das mag bezüglich des verstorbenen Klaus noch akzeptabel sein, aber die anderen Geschwister leben ja noch. Deshalb müssen missliche Stellen in den Familienbriefen gestrichen werden. Überall wird Erika, in Zusammenarbeit mit Katia, bald Unliebsames aus der gesamten Korrespondenz Thomas Manns streichen. Tausende von Briefen, weltweit, das ist eine Arbeit, die sich über Jahre erstreckt. Zunächst jedoch wird »Das letzte Jahr. Bericht über meinen Vater« geschrieben und 1956 veröffentlicht. Nur wenige Wochen vorher erfährt Erika, dass gleichzeitig auch Monikas Erinnerungen – die bereits im Mai 1955 begonnen wurden – erscheinen werden. Die jüngere Schwester trägt es mit Fassung. Erika indes tobt: »Misslich ist das Wort. Wenn ich Dir raten darf, so veranlasst Du noch heute Deinen Verleger, Z.s Namen auf Bauchbinde, im Klappentext, etc. nicht zu nennen, soweit nicht die Tatsache betroffen ist, dass Du als viertes seiner Kinder zur Welt kamst. [...] Z.s Beziehung zu Dir war durchaus unvermögend, auch nur einer Seite dieses Buches Inhalt und Gewicht zu geben, und ein Akt tiefer Unredlichkeit wäre es, wolltest Du – wie es nach den Anzeigen und Vorabdrucken (auch nach Deinem Brief) den Anschein hat – mit einem Pfunde wuchern, das Dir niemals gehört hat. Das leidigste Gerede und Geschreibe wird keinesfalls ausbleiben. [...] Nein, wirklich, dies Ganze ist zu ekelhaft.«[9]

Monika schreibt zurück, teilweise etwas schrullig, teilweise nüchtern. Beides gut voneinander getrennt: »Liebe Eri! Warum sich an die Schuld klammern? Und wäre sie ein eiserner Knoten, würde sie am Mißlichen jener Coinzidenz etwas bessern oder ändern? Es fügt sich, daß der Knoten aus Asche – ein Gespinst, ein Nichts ist ... (weder Schutzumschlag noch Vorabdruck mit identischen headlines habe ich je gesehen oder geahnt: das erkläre ich unter Eid.) Glaubst Du, mir hat es Spaß gemacht, als mein Verleger mir die Anzeige von Deinem Büchlein schickte? Auch mich überrascht und schockierte das Zusammentreffen. [...] Doch da es nun mal geschehen war, nahm ich es mit Fassung. Denn was ist denn im Grunde geschehen? Geht diese Fatalität nicht im ›Strudel der Welt‹ unter, und steht nicht jeder für sich selber ein, hängen wir denn von dem (eventuellen!) Gerede ab? Ist nicht ein bißchen Humor am Platz? Wobei ich weiß, daß es nichts zu lachen gibt, – Humor im Sinn von Überlegenheit? – [...] Mielein schreibt mir, am 12. zu kommen da Du am 11. verreist. Ist das Versteckenspiel unser würdig, I ask. Findest Du? Was willst Du? Ich will nicht durch meine Gegenwart in K. Ungemütlichkeit und Peinlichkeit hervorrufen. Andererseits scheint mir das Meiden des Elternhauses ebenso absurd wie traurig. Es erscheint mir aber nötig, von Dir ein Wort der Gleichgütigkeit und des Friedens zu erhalten, ehe ich mich zu einem Besuch in Kilchberg [...] entschließe.«[10]

Nun, an Frieden ist nicht zu denken. Die Bücher der Schwestern sind auf dem Markt. Erikas Bericht, schön geschrieben, ein sehr gediegenes Porträt der letzten zwölf Monate von Thomas Mann. So sehen Hofberichterstattungen aus, man erzählt dem Volk ein wenig vom König und übermittelt den Wissenschaftlern die sachlichen Details über die Todesursache. Zwischendurch menschelt es auch hier und da, man gibt sich Mühe. Monikas Buch indes ist eine Suchbewegung. Erinnerungsbilder mit beseeltem Blick, »kleine Bilder, abgerissene Begebenheiten und Gedanken [...]. Scheinbar-Nichtiges, im Licht der Ewigkeit.«[11]

Sowohl Erikas als auch Monikas Buch werden positiv rezensiert, sehr zum Ärger und Verdruss von Katia und der Ältesten. »Von allen sechs Kindern stand sie ihm am fernsten«, meint die Mutter, und was in Monikas Buch »an Tatsächlichem über ihn gesagt ist – viel ist es ja nicht – entspringt ausschließlich ihrer Phantasie«[12].

Sollte Katia Mann ihren Gatten so wenig kennen? Der genaue menschliche Blick von Monika auf ihren Vater zeigt oft erstaunliche Übereinstimmung mit dem, was Thomas Mann in seinen Tagebüchern notierte (die sie ja noch nicht gelesen haben konnte). Ihre Eindrücke vom zutiefst bewegten Vater bei der Papstaudienz zum Beispiel. Die innige Freude beim Spiel mit seinem Hund. Seine tiefe Rührung über sprachliche Eigenheiten der Enkelbuben, die bei einigen Worten schweizerischen Einfluss zeigen. Oskar Maria Graf, der in einer Doppelrezension Erikas »schriftstellerische[r] Meisterung« zwar Respekt zollt, aber Monikas Buch »interessanter« und in einigen Charakterisierungen sogar »großartig« findet, schreibt: »Rebellische Selbstbehauptung, störrisches Ressentiment, schneller Verstand und ein äußerst geschärfter weiblicher Instinkt wirken bei ihr zusammen und führen zu überraschend eindringlichen Beobachtungen und Erkenntnissen, die sie ausgezeichnet formuliert. [...] Monika stellt nicht originalitätssüchtig bloß, sie entlarvt nicht etwa weibisch verwichtigend, sie durchschaut und ist von dem, was sie entdeckt, gleicherweise erstaunt und beunruhigt, weil sie bei aller Scharfsicht dem rätselhaften Genie ihres Vaters doch nicht auf den Grund kommt.«[13]

Katia und Erika sind verärgert, Monika indes fühlt sich durch Kritiken wie diese bestätigt, nun ihren Stil gefunden zu haben. Im Gedenken an Klaus' 50. Geburtstag schreibt sie einen Essay, in dem der Bruder so plastisch und menschlich beschrieben wird wie in keinem anderen Bericht. Die Erinnerung, wie er, zum Aufbruch bereit, neben ihr steht: »›Gehen wir?‹, wiederholte er mit jener ein wenig hohen, unternehmenden Stimme, und aus diesen zwei Worten tönte gleichsam ein Irgendwohin. Wie oft hatte er sie ausgesprochen, zu wie vielen Menschen, in wie vielen Situationen – in Schiffshäfen, Hotels, auf Flugplätzen und Bahnhöfen, im Hause eines Freundes, des Vaters? Für ihn war es ja immer ein ›Gehen wir?‹, und oft mochte er es in aller Stille und Einsamkeit für sich selber ausgesprochen haben. Und er ›ging‹, bis er nicht mehr konnte«[14]

Monika ist nun also auch Schriftstellerin – scrittrice. Ihr Lebensgefährte Spadaro schenkt ihr ein Türschild, in klassischer Ausführung mit gestanzten Lettern: »Monika Mann, SCRITTICE«. Das hängt sie an die Fliegengittertür und lacht.

»What's humour? A kiss in spite of all«, schreibt sie 1964 an »big good sis« Erika. Trotz allem ein Kuss, und »übrigens« will Monika eine Anthologie herausgeben, »wir sind elf«, da sollen alle schreibenden Manns aufgenommen werden und Erika ihr Einverständnis dazu geben. »Let me know. Kein no, if possible! Love Monnile.«[15]

Nein, das ist nicht möglich, da kennt Erika keinen Spaß, schon gar nicht Küsse. Rasch schreibt sie nach Capri einen Drohbrief, der damit beginnt, dass nicht nur sie, sondern auch Mutter und Golo die Idee einer solchen Anthologie »für völlig abwegig« halten. Der Hauptgrund für Erikas Schreiben ist jedoch die Mitteilung, dass man nach »Familienberatung (Mielein, Golo, Medi, ich)« zu folgendem Entschluss gekommen ist: »Solltest Du noch ein einziges Mal ›Erinnerungen‹ öffentlich auskramen, in denen Z. oder (und) sein Haus figuriert oder figurieren und die Unwahres enthalten, so werden Mielein und ich an die Presseagenturen eine Notiz versenden, der zufolge solche Erinnerungen – völlig unabhängig von ihrem literarischen Wert – als Quellenmaterial unbrauchbar und daher unzulässig sind. Von Herzen hoffe ich, Du wirst es zur Versendung dieser Notiz nicht kommen lassen und lieber davon absehen, Lügenhaftes oder falsch Erinnertes zu verbreiten. [...] PPS. Dies Mühschreiben wurde von Mielein gelesen und gebilligt.«[16]

Worum geht es da? Erika meint zu Recht, dass alles, was Angehörige von Thomas Mann über ihn und seine Familie schreiben, von Philologen als wichtiges Quellenmaterial behandelt wird, und moniert an Monikas Essays über die Familie die »gröbsten Unzulässigkeiten« wie zum Beispiel die falsche Verortung von Zauberers Zigarrenschränkchen, die irrtümlich als Schwarzkauf deklarierte Weihnachtsgans im Ersten Weltkrieg oder auch: »Du stellst es so dar, als hätten wir nur eine Köchin gehabt – außer dem Kinderfräulein also keine weiteren Hausangestellten.«[17] Petitessen also im Vergleich zu dem, was Erika in der Öffentlichkeit als Wahrheit verbreitet. Ihre Arbeit als Herausgeberin der väterlichen Briefe ist zweifelsohne eine höchst respektable Leistung. Da hat sie nun mit Mutters Hilfe knapp zehntausend Briefe gelesen, eine Auswahl getroffen, einen editorischen Anhang erstellt, aber etwas Wichtiges unterlassen, nämlich: die in den familiären Briefen vorgenommenen Kürzungen als solche kenntlich zu machen.

Das Argument, dass die geneigte Leserschaft auf gestrichene Briefstellen »allzu Privates, – Dinge, auf welche die Öffentlichkeit – noch! – kein Anrecht hat«[18], quittieren die Kritiker mit berechtigtem Ärger. Erikas Anspruch auf präzisen Umgang mit Quellenmaterial ersten Ranges ist so nicht eingelöst worden. So ansprechend die Komposition der Briefe auch sein mag, als Herausgeberin kann Erika damit nicht brillieren. Als wahrhaftig auch nicht. Wie immer, wenn es um den Reichtum des Vaters und seiner Erben geht, wird weiterhin die Mär vom armen Dichter kolportiert. »Erst der überraschende Erfolg des ›Krull‹ hatte ihn finanziell halbwegs wieder ›saniert‹. Freilich: hinterlassen würde er nun nichts«[19], erzählt sie in der Einleitung des dritten Briefbandes. Das ist schlicht die Unwahrheit. Katia und ihre Kinder erben stattliche Summen und können für den Rest ihres Lebens auf Tantiemen in beträchtlicher Größenordnung rechnen. Damals wie heute gilt, dass bis siebzig Jahre nach Tod eines Autors die anfallenden Honorare an dessen Erben ausgezahlt werden. Das bedeutet, bis zum Jahr 2025 werden die Tantiemen für die Werke Thomas Manns an dessen Erben bzw. deren Nachfolger fließen. Laut Testament ist zunächst Katia mit 75 Prozent Universalerbin. Das ändert sich. Wer viel erbt, muss auch hohe Steuern zahlen. Deshalb verzichtet Katia auf ihren Universalanspruch und überlässt 75 Prozent den fünf Kindern, die mit ihren jeweils 15 Prozent immer noch auf mehrere Zigtausend Mark pro Jahr rechnen können. Davon, dass der Zauberer »nichts hinterlassen« habe, kann also keine Rede sein. Genauso wenig wie von der schon erwähnten vermeintlichen Mittellosigkeit zu Beginn des Exils in den Dreißigerjahren. Aber es entspricht eben Erikas mystifizierendem Bild vom genialen Meister, der sich sowohl für die Kunst als auch für Deutschland aufopferte. Dass der Reichtum weder Werk noch Engagement Abbruch tut, will sie nicht sehen. Thomas Mann kann sich gegen die übertriebene Heiligsprechung nicht mehr wehren, und Katia spielt das Spiel mit, was kaum verwundert. Aber die Geschwister, ist ihnen das nicht unangenehm? Gewiss, aber man lässt sie walten. Wer will sich schon mit Erika anlegen?

Auch Frido ist irritiert, dass sich die Tante, die ihm zu »Opapas« Lebzeiten so freundlich zugewandt war, nun immer kritischer und verdrossener geriert. Da ist sie nun plötzlich enerviert von des Neffen »allzu große[r] Sissyhaftigkeit« und verwickelt ihn in Phantastereien, zum Beispiel, dass Mielein für ihn einen kostbaren Brillantring beim Juwelier anfertigen ließe[20].

Wie soll ein Halbwüchsiger darauf reagieren? Will die Großmutter, was ja nicht völlig undenkbar ist, ihm tatsächlich einen Ring schenken, oder will Erika ihn narren? Ist sie jemand, der mit subtilen Mitteln einen anderen Menschen quält? Da werden dann die »kleinsten Ausrutscher«[21] zum Anlass genommen, die vermeintliche Unfähigkeit des Gegenübers bestätigt zu sehen. Das Witwenschloss – kein ruhiger Ort.

Thomas Manns Schlafzimmer bleibt jahrelang verschlossen. Katia ist nicht in der Lage, den verstorbenen Gatten ein Stück weit loszulassen.

Als Golo Mann im Januar 1956 für einige Monate die USA verlässt und zunächst in Kilchberg wohnt, muss er mit einem Dachkämmerchen neben Erikas Zimmer vorliebnehmen. Warum nimmt er sich keine Wohnung? Weil er nicht weiß, wohin er gehen soll, und vor allem, mit wem, zu wem? Überdies kann er schlecht allein sein. Ein Problem, das ihm immer mehr zu schaffen macht. Da helfen dann auch Alkohol und Beruhigungsmittel wenig. Mielein und Erika sind zwar anstrengend, aber vertraute Gesellschaft, gewohntes Terrain. Gemeinsam werden Familienferien in der Nähe von Medis Haus in Italien verbracht. Dorthin bestellt Golo auch seinen Freund Hans Beck. Der ist nett, steht jedoch dem gesellschaftlichen Rang und Anspruch der Manns recht gleichgültig gegenüber. Frido wird später daran erinnern, wie der Endvierziger Golo neben dem zwanzigjährigen Hans am italienischen Strand den Sonnenuntergang betrachtet. »Golo legte ihm die Hand um die Schultern und sagte: ›Hans, was sagst du zu so einem wunderschönen Sonnenuntergang‹ Hans antwortete: ›Im Schwimmbad von Geislingen find' ich es schöner.‹«[22]

Was hätte Thomas Mann beim Anlick dieses Paares gedacht? An Klaus Heuser vielleicht? Die Konstellation ist ähnlich, wenngleich Golo weitaus lockerer damit umgeht. Melancholiker wie er zeigen sich oft lässig und höchst unterhaltsam, bleiben aber im Stillen in ihrer betrübten, »harzenden«[23] Verfassung. Mutter Katia lässt sich gerne darüber aus. Golo sei »ein schwacher Mensch«[24], schreibt sie an Feuchtwanger. Schärfer ist ihre Einschätzung seiner »schier pathologischen Unentschlossenheit«[25], so Katia an ihren Zwillingsbruder Klaus, der in den Jahren nach Thomas Manns Tod immer mehr zum Vertrauten wird und sich in vielen Briefen anhören darf (oder soll), was die alte Schwester so denkt. Im Alter wird Golo Mann über seine Mutter bemerken: »Sie war gescheit, aber überaus – ich wiederhole: überaus – naiv und völlig unfähig, sich in Andere zu versetzen. Auf diese Weise ist sie auch mir oft tief lästig gefallen. Zu ihren Kindern hielt sie, ebenso wie sie für ihren Gatten durch dick und dünn ging. [...] Was nicht hindert, daß auch sie enorm egoistisch war. Nun, das sind wir am Ende alle, mehr oder weniger, und in sehr unterschiedlichen, oft gar nicht zu erkennenden Formen.«[26]

Zu solchen Einsichten ist Katia Mann, vor allem im Alter, nicht fähig. Sie sieht nur: Der Golo war doch so nützlich, so stabilisierend früher. Jetzt ist er so empfindlich und gequält. Dass er das auch schon in seiner Kindheit und Jugend war, will sie wohl nicht wissen.

Golo in Kilchberg also, fast fünfzig Jahre nun. Warum er immer wieder lange Aufenthalte in der mütterlichen Villa auf sich nimmt, sogar gemeinsame Urlaubsreisen mit der Familie unternimmt und dabei seine intimen Freunde mitbringt, ist schwer nachzuvollziehen. Vielleicht ist es ein tiefsitzendes Gefühl, sich nützlich machen zu müssen, die alte Liebedienerei.

Erika nutzt dies jedenfalls im Frühjahr 1958 recht geschickt, um ihn aus den USA nach Kilchberg zu locken. Sie selbst sei »ziemlich pausenlos und sehr zu Nutzen der ›Familie‹ beschäftigt« und könne daher der »lieben Mutter« nicht bei den »Geschäften« helfen. So soll sich Golo der Firma Mann annehmen und Mielein beistehen: »Du wärest für uns alle von grösstem Nutzen und machtest es mir möglich, von all dem geringen Nutzen zu sein, den ich beisteuern könnte.«[27] Nun, so schnell, wie Erika das wünscht oder will, geht es freilich nicht. Erst im Sommer wird Golo in die Schweiz kommen und bei Mutter wohnen, obwohl andere Wohnstätten »natürlich ideal« wären, »und natürlich geht es nicht. Solange meine Mutter in Kilchberg haust, kann ich in der dortigen Gegend nichts Eigenes haben. Das ist so, kein Wort darüber zu verlieren.«[28]

Immerhin muss er bei den Seinen seine Männerbekanntschaften nicht erklären. Hans Beck und er sind inzwischen eng verbunden. Elisabeth Mann Borgese erzählt später: »Er war sehr nett, ich hab' ihn auch gern gehabt. Und er war dem Golo sehr ergeben, er hat den Golo sehr geliebt. Und der Golo hat auch sehr an ihm gehangen.«[29] Geliebt, gehangen? Beides, von beiden Seiten wohl. Aber Hans ist sehr jung und Golo ein älterer Herr. Frido erinnert sich, dass nach des Onkels allerletztem Lehrjahr in Claremont und der endgültigen Rückkehr nach Europa »immer häufiger und länger« Hans Beck in Kilchberg auftaucht und der Neffe von Eifersucht und der »Angst vor dem Verlust« des »Ersatzvaters« Golo übermannt wird: »Daraufhin bleibt auch seine Reaktion nicht aus. Ich fühle jedenfalls von Jahr zu Jahr, dass sich mein Patenonkel immer weniger für mich interessiert und sehr viel ungeduldiger mit mir ist als früher.«[30] Ungeduld und einseitiges Interesse erfährt Frido auch, als er und Toni die Sommerferien bei den Eltern in den USA verbringen dürfen. Da Frido Musik studieren will, verpflichtet Michael ihn, täglich am Strand auf einem mühsam dorthin transportierten Harmonium zu komponieren. Beweise dich erst mal, bevor du in meine Fußstapfen trittst, mag

Michael denken. Vielleicht hält er das für väterlich oder männlich. Eigentlich soll der Sohn sowieso nicht Musiker werden. Michael selbst ist des Berufes überdrüssig und wird noch im amerikanischen Cambridge Germanistik studieren.

An Mutter Katia schreibt er nach dem Besuch seiner Söhne einen resümierenden Brief. Er habe in den Ferien nichts getan, »sondern nur den daddy gespielt«. Dabei habe es auch »zulänglich Anlass für elterliche Sorge« gegeben. Der Status als Enkel von Thomas Mann und überdies der Reichtum der Großeltern Moser sei wohl wenig förderlich für die Söhne, schreibt er. Dass es »förderlicher« wäre, selbst die Erziehung in die Hand zu nehmen, steht nicht zur Debatte. Er schreibt Mutter Katia über den angehenden Musiker Frido, dieser solle »vorallem einmal richtig Klavier-spielen lernen [...]; und alles, was er lernt, sollte, wenn irgend möglich, nicht in Privatstunden, sondern in Kursen, im Vergleich mit Anderen erworben werden. Außerdem möchte man ihm das Elend des heutigen Musiker-berufes drastischst vergegenwärtigen – und die Tatsache, daß er bald auf eigenen Füßen wird stehen müssen. [...] Die beschränkte Existenz eines Provinz-Kapellmeisters, zu der seine mittelmäßige Musikalität und die von Jahr zu Jahr ungünstigeren Umstände allenfalls führen könnten, möchte ich ihm nicht wünschen. Und wenn man ihn doch nur lehren könnte zwischen dem Musik-beruf und Musik-liebe zu unterscheiden!«[31]

Die Bemühungen greifen nicht. Frido wird ab 1959 das Züricher Konservatorium besuchen und Ende 1962 sein Klavierdiplom erhalten. Der Enkel wohnt noch mit Großmutter und Tante unter einem Dach, was er als »immer sinnloser und leerer« empfindet. Anfang 1963 erleidet er eine schwere Sinnkrise und kann sich niemandem anvertrauen. Depressionen, Hilflosigkeit und Verwirrung sind kein Thema im Witwenschloss. Auf dem Höhepunkt seiner psychischen Krise erleidet Frido »furchterregende optische und akustische Halluzinationen«[32]

und glaubt, bald sterben zu müssen. Das ist wie ein Sog. Im letzten Augenblick hat er eine Vision, Gott, Jesus Christus, der Glaube daran wird ihn retten. Was auf dem Grabstein des verstorbenen Onkels Klaus ausgeklammert wurde, wird nun beim Neffen zum Über-Lebensinhalt: Wer sein Leben – in meinem Namen – verliert, der wird es finden.

Zur gleichen Zeit wie Frido erleidet auch Golo schwere Depressionen und begibt sich für ein paar Wochen in eine Nervenklinik. Beruflich kann der Historiker auf erfolgreiche Jahre zurückblicken. Nach der endgültigen Rückkehr aus den USA erscheint seine zweibändige Ausgabe »Deutsche Geschichte des 19. und 20. Jahrhunderts« und findet ebenso viel Beachtung wie Käufer. Er lehrt als Gastdozent in Münster, ist Herausgeber der mehrbändigen Propyläen-Weltgeschichte und erhält zunehmend öffentliche Aufmerksamkeit. Seine Vorträge und Zeitungsartikel werden heftig diskutiert, was den Querdenker kaum verwundern dürfte. Im Wintersemester 1960/61 wird er als Ordinarius für Politische Wissenschaften nach Stuttgart berufen und fühlt sich von den dortigen Kollegen angefeindet. Allzu sehr sollte ihn das nicht erstaunen, denn seine Forderung, die Oder-Neiße-Linie als Grenze zwischen der DDR und Polen anzuerkennen, ist im auf deutsche Einheit hoffenden Westdeutschland ebenso unpopulär wie umstritten. Das weiß er freilich selbst. »Der ganze Wirbel von Vorträgen Artikelchen etc., in dem ich da Jahre gelebt habe, ermüdet oder vielmehr deprimiert mich plötzlich so, dass ich's einfach nicht mehr kann. November/Dezember war ich einen ganzen Monat in einer Nervenklinik in Tübingen, hauptsächlich um mich auszuruhen und erhielt auch einige ermutigende oder beruhigende, ich weiss nicht, Spritzen. Nun ist's etwas besser, aber so ganz über den Berg bin ich noch nicht und ziehe daraus die Konsequenz, dass ich mein Leben anders ordnen muss. Kein Firlefanz mehr und sehr wahrscheinlich auch keine Universitäts-Tätigkeit mehr; dafür, so Gott will, Arbeit an einem Werk, mit dem ich bestehen kann.«[33]

Die Professur in Stuttgart gibt er nun auf und zieht im Sommer 1963 nach Kilchberg zu Mutter und Erika. Frido hat das Haus verlassen, um einen Dirigierkurs in Rom zu absolvieren und sich Klarheit darüber zu verschaffen, ob er doch Theologie studieren will. Warum zieht der inzwischen vierundfünfzigjährige Golo Mann wieder zurück? Angst vor dem Alleinsein? Pflichtgefühl? Auf der Suche nach der verlorenen Zeit? Oder ist es der Wunsch, seiner Mutter als Mann im Hause dienlich zu sein? Ein unglücklicher älterer Mann, der als gutes altes Kind sich nochmal nützlich machen will und zur alten Mutter zieht, die weder krank noch einsam, sondern eine recht agile alte Dame ist. Sie fährt auch mit achtzig noch unverdrossen rasant Auto und verursacht einen Unfall nach dem anderen. Dass sie zur Gefährdung wird, will sie nicht einsehen. Erst 1964 wird der rücksichtslosen Chauffeuse der Führerschein entzogen. Dass das höchst berechtigterweise zum Schutz aller Verkehrsteilnehmer geschieht, bezweifelt sie. Frau Thomas Mann, wie sie immer noch auf gedrucktem Briefpapier oder auch handschriftlich vermerkt, wird im Alter zunehmend hybride. Die bekannte Arroganz der Pringsheims …

Ihrem Zwillingsbruder Klaus gegenüber teilt sie sich mit über Gott und die Welt. Zum Beispiel über Erika. Die sei »maßlos empfindlich und mißtrauisch, hängt dabei in übertriebenem Maße selbst an mir, was mir gar nicht recht ist, da ich beständig Rücksicht auf sie nehmen muß. Wer weiß, ob ich ohne sie nicht längst zu einem Besuch nach Japan gekommen wäre.«[34]

Es ist dies sicher eine der tragischsten, bittersten Verstrickungen, die man sich zwischen Eltern und Kind denken kann: Da war Erika jahrzehntelang die herrliche Tochter, die für Zauberer und Mieleinlieb immer wichtiger wurde, sich schließlich so wichtig nahm, dass sie eine überragende Rolle in der Familie spielte, und gerade sie wurde nun in ihrer dominanten Fürsorge lästig. Ein Problem ist freilich auch Erikas gesundheitlicher Zustand. Anfang 1958 stürzt sie die Treppe hinunter und muss wegen einer komplizierten Mittelfußknochenfraktur mehrfach Ärzte aufsuchen, weil die Heilung ungewöhnlich lange dauert. Schließlich diagnostizieren die Ärzte Atrophie von Knochen, Muskel und Drüsen, ein beklemmendes Urteil. Ausgerechnet sie, die kraftvolle, dominante Erika, soll nicht mehr auf eigenen Füßen stehen können und schwach und hilfsbedürftig werden? Das will sie nicht zulassen, keinesfalls. Frischzellenkuren und Heilbäder sollen dem geschwächten Körper helfen, mit einem Mix aus Alkohol, Schlaf- und Beruhigungsmitteln wird weiterhin die Psyche sediert. Für die Familie ist es besorgniserregend, Erika so schwach zu erleben. Außenstehende indes können die Schwere der Situation nicht einschätzen und beschreiben nur das, was sie sehen. So auch Heinz Saueressig, der 1959 wegen Gründung einer Thomas-Mann-Gesellschaft in Kilchberg vorstellig wird und notiert: »Frau Erika, 54 Jahre jetzt, lebhaft, mit Lust am Agieren, bot Sherry und Port an [...] Sie selbst nahm nichts, holte jedoch ein gröseres Wasserglas mit einer Flasche Steinhäger aus dem Schrank, goss dieses Glas voll und nahm davon zwischen den unendlich vielen amerikanischen Zigaretten [...] Frau Katja kam hinzu. Wenn einer 76 ist, so mag er nicht mehr schön sein, eindrucksvoll ist Katja Mann auch heute noch [...] Das Gespräch war kurz. Es ging um (Walter) Jens und andere mögliche Präsidenten der Gesellschaft. Den Tübinger Professor lehnte sie ab. Als sie mir Auf Wiedersehen sagte, gab es ein Abschiedsritual zwischen Mutter und Tochter, die sich Wange an Wange legten; freundliches Theater.«[35]

Das wird so beibehalten. Repräsentativ.

Selbst als Erika nach einem Oberschenkelhalsbruch nur noch auf Krücken gehen kann, gibt sie sich Außenstehenden gegenüber nicht schwach, sondern präsentiert sich stolz und ungebeugt. Es gibt noch so viel zu erledigen, das will sie schaffen. Die Briefedition. Und eine, DIE Biografie über den Vater will sie schreiben. Daneben noch eine Autobiografie – I of all people – (ausgerechnet ich) soll sie heißen. Überdies Drehbucharbeit für Verfilmungen, Suche nach einem Verleger von Klaus Manns gesammelten Schriften und Hilfestellung für die Mutter bei der Verwaltung des Werkes von Thomas Mann – eine Aufgabe, welche die meisten Autoren bzw. deren Erben vertrauensvoll ihrem Verlag überlassen, was für die geschäftstüchtige und misstrauische Katia freilich undenkbar wäre. Zwischen den dominanten Frauen kommt es unvermeidlich oft zu Streitigkeiten. Der Umgang mit dem körperlichen Verfall der jeweils anderen gestaltet sich auch durchaus heikel. Gut, dass Golo da ist. Als Diener zweier Herrinnen gewissermaßen. »Ein besonders lieber Hausgenosse«[36], findet Katia nun. Ob er ohne die inzwischen tägliche Einnahme von Beruhigungsmitteln und Alkohol auch so »lieb« wäre, ist fraglich.

Wie kann man sich das Zusammenleben dieser drei Menschen vorstellen?

Nun, Golo verzieht sich häufig, um Vorträge zu halten, und hat sich ein bescheidenes Haus in Berzona gekauft, um in Ruhe zu schreiben, zu wandern und Hans Beck oder andere Freunde zu empfangen.

Auch Erika ist oft außer Haus, entweder beruflich oder krankheitsbedingt im Hospital oder zur Kur.

Katia verbringt regelmäßig Urlaubswochen in Elisabeths neu erbautem Ferienhaus in Forte dei Marmi und reist mit Erika mehrfach zur Kur. 1967 wird sie – vierundachtzigjährig – noch einmal in die USA fliegen.

Ununterbrochen leben die Drei also nicht zusammen. Aber meistens doch. Bilder und Vorstellungen: Die hochherrschaftliche Villa, an deren Gartentür noch immer »Dr. Thomas Mann« steht. Eine dominante Hausherrin, die wie eine alte Königin nur noch bodenlange Gewänder trägt. Daneben die alten Kinder, en famille mit abgewetzten Strickjacken und Hausschlappen, aber wenn Besuch kommt, hochstilisiert zum Klischee der stolzen Amazone bzw. des lässigen Professors. Daneben die Haushälterin, Putzhilfen, ab und zu ein Gärtner. Ein merkwürdig verwunschenes Ambiente. Die Firma Mann also: Katia verwaltet Geld und Rechte, Erika den geistigen Nachlass von Vater und Bruder Klaus, und Golo macht dem Familiennamen weiterhin Ehre, indem er sein Opus magnum, den »Wallenstein«, schreibt. Dazwischen gemeinsame Mahlzeiten mit Gesprächen über Politik, Kultur und Familie. Abends Fernsehen. Da kann es auch einmal vorkommen, dass nach einer populären Tiersendung ein gemeinsames Schreiben von »Frau Thomas Mann, Prof. Dr. Golo Mann, Erika Mann und Frido Mann, Student der Theologie« (Frido lebt wieder in Zürich, aber nicht im großmütterlichen Haus) an den Premierminister von Kanada geschrieben und um Abschaffung des Robbentötens gebeten wird[37]. Der wohlgemeinte Protestbrief war Erikas Idee[38].

Auch in anderen Belangen schreibt, kritisiert und prozessiert sie weiterhin. Vieles ist bewundernswert, manches fragwürdig – so schreibt sie dem sehr entfernt bekannten Pablo Picasso ungefragterweise en détail vor, wie er sein bis zur Gründung einer zukünftigen spanischen Republik im Museum of Modern Art hängendes Gemälde »Guernica« gegen den Vietnamkrieg einsetzen sollte. Obwohl sie nunmehr eine chronische Schmerzpatientin ist, hält sie besessen an der Arbeit fest. Alles für die Firma Mann. Mielein weiß das zu schätzen und nimmt dafür auch Erikas gelegentliche Ausfälle hin. Die Tochter, und auch Golo, müssen dafür Katias zunehmenden Altersstarrsinn in Kauf nehmen. Für persönliche Hausgäste ist das befremdend. Als Hans Beck – es war vorauszusehen – 1965 heiratet und mit seiner Frau Ingrid nach Kilchberg zu Besuch kommt, muss die junge Frau sich von Erika anpöbeln lassen, weil sie die Tochter eines Offiziers des Zweiten Weltkriegs ist. »Tochter eines Mörders« wird sie beschimpft. Auch Katia Manns Launen bekommt Ingrid Beck zu spüren: »Sie war arrogant und ist ständig vom Mittagstisch aufgestanden und hat den Metzger angerufen, das Fleisch sei mal wieder nicht in Ordnung: ›Wenn Sie wollen, dass wir weiter bei Ihnen einkaufen, müssen Sie sich zusammenreißen.‹ Aber das Fleisch war tadellos. Einmal hat mein Mann den Dessertlöffel eher erhoben als sie. Da hat sie ihn angebrüllt.«[39] Ob sich die Hausherrin ein solches Verhalten auch im Haus des Sohnes getraut hätte, ist zu bezweifeln. Es gibt Mütter und Väter, die – alters- oder krankheitsbedingt – ins Haus ihrer erwachsenen Kinder ziehen und sich dort ins bestehende System einordnen müssen. Das ist für alle Beteiligten gewiss nicht einfach. Bei den Manns jedoch herrschen noch dieselben Verhältnisse wie zur Kinderzeit. Mutter regiert, und Vater dominiert – als Toter – immer noch Tagesgeschehen und Hausgestaltung. So ist es wohl ausgeschlossen, dass Erika ein Zimmer im Erdgeschoss bewohnt, anstatt täglich auf Krücken in ihre Dachetage zu humpeln (was durch abendlichen Alkoholeinfluss nur noch mithilfe von Mutter oder Bruder bewerkstelligt werden kann). Vielleicht reden sich auch alle ein, dass es Besserung geben könnte. Die Kuren, Massagen und Gymnastik helfen zwar ein wenig, und schubweise glaubt man an Besserung. De facto jedoch schreitet Erikas Verfall deutlich voran. Im März 1969 klagt sie über ungewöhnliche, heftige Kopfschmerzen. Die Ärzte diagnostizieren einen Gehirntumor und operieren, obwohl keine große Hoffnung auf Heilung mehr besteht. Nach dem gefährlichen Eingriff siecht Erika elend dahin, monatelang. Im Juni 1969 schreibt Golo: »Die Schwester lebt immer noch, leider: denn leben kann man es eigentlich nicht nennen. Seit vielen Wochen schon hat sie kein einziges Wort mehr gesprochen: nur ihre Augen blicken unsagbar traurig, angstvoll, fragend, vorwurfsvoll. Ich gehe nun garnicht mehr hin, muss aber der Mutter beistehen. So mag es, entsetzlich zu sagen, noch Monate gehen, kann auch jeden Tag plötzlich aufhören, die Ärzte wissen es nicht.«[40]

Zur gleichen Zeit bittet er Martin Gregor-Dellin, Lektor der Klaus-Mann-Werkausgabe, vorsorglich um eine Totenrede: »Wenn es aus ist, werden meine alte Mutter und ich so niedergeschlagen sein, daß wir nicht mehr organisieren können, was doch organisiert werden muß: Die Beerdigung. Glauben Sie, Sie könnten ein paar Worte sprechen? Einer sollte es doch. [...] Ich selber brächte es, glaube ich, nicht hin, da meine Nervenkraft gering und auch ein Bruder in solchen Fällen der Rechte nicht. [...] Irgendwas muß doch sein. [...] Auf jeden Fall muß man's vorbereiten.«[41]

Erika wird erst zwei Monate später sterben, am 27. August 1969.

In der Todesanzeige steht sie als Erika Mann-Auden, und für alle Hinterbliebenen zeichnet »Frau Katia Thomas Mann«[42]. Drei Tage später die Trauerfeier in Kilchberg. »Kindertotenlieder« von Mahler, Ansprachen von Albrecht Goes und Gregor-Dellin. Dessen Gedenkrede würdigt Erikas beeindruckende politische und literarische Tätigkeiten und erinnert an sie als einen leidenschaftlichen Menschen mit leuchtenden Augen. Am Ende der Rede wird der geliebte Vater heraufbeschworen. »Kühnes und herrliches Kind, hätte er gesagt, der hier begraben liegt und sie zu sich zurücknimmt: Habe Dank und ruhe aus.«[43] So schön das auch formuliert und von der Verstorbenen liebgeheißen wäre: Es kann nicht der Sinn eines Menschenlebens sein, es ganz auf den verstorbenen Vater zu beziehen. Erikas Leben. Das war extrem.

Viele hat sie geliebt, viele auch gehasst. Sowohl politisch als auch privat hat sie vielen Menschen geholfen, nicht minder jedoch ist das Ausmaß der Verletzungen, die sie anderen zufügte. Golo Mann schreibt: »Der Tod meiner Schwester als solcher konnte keine scharfe Cäsur mehr machen: nicht, weil er längst sicher war, sondern, weil sie längst wie tot war, gar kein Kontakt mehr mit ihr möglich. [...] Was denn in einem Menschen vorgeht, der noch lebt, aber gar nicht mehr denken kann, wer kann sich das vorstellen? [...] Im letzten Jahr war ihre Reizbarkeit und Depressivität schier unerträglich, weil, was man nicht wissen konnte, der Tumor schon in ihr wütete. Man muß sich daran erinnern, wie sie früher war, wie begabt, intelligent und strahlend [...] – So recht wohl ist mir trotz allem mit ihr nur selten gewesen. Das tut mir nicht nur jetzt leid, es tat es immer: aber ich konnte es nicht ändern. Sinnlos, zu fragen, wer schuld war.

Praktisch fehlt sie. Ich bin nun allein in dem öden Haus mit der Mutter und einer Sekretärin [...]. Das wird noch mehr Isolierung bedeuten als bisher, meine Bewegungsfreiheit noch stärker einschränken Es ist aber nichts daran zu ändern, denn auflösen kann man das hier nicht mehr, dazu ist's zu spät, und ehe ich meine Mutter in etwas Altersheim-Ähnliches brächte, würde ich mich totschiessen.«[44]

Alternativen? Dass Monika in die Kilchberger Villa zieht oder Katia sich auf Capri niederlässt, ist – zum töchterlichen Glück – nicht erwünscht. Monika sei eine »freche Törin«[45], urteilt die Mutter über diese Tochter. Wenn sie »mit sonderbar flacher, eingerosteter Stimme ab und zu ein schiefes, apodiktisches Urteil abgibt, muß man si tacuisses denken. Und dann hat sie eine besonders bedrückende, ostentativ unbeteiligte bis mißbilligende Art zu schweigen, die auch schwer erträglich ist.«[46]

Aber Elisabeth? Mit dem »Herzensdingerle« versteht sich »Frau Mamale« doch so gut, warum zieht die Tochter nicht nach Kilchberg oder Katia nicht nach Kalifornien (zurück), wo Elisabeth inzwischen wieder wohnt? Undenkbar wohl. Die Mutter will ihr eigenes Reich nicht aufgeben, die Tochter das ihre ebenfalls nicht.

Wie sieht Elisabeths Leben in den Sechzigerjahren aus? Bis 1964 wohnt sie in Florenz, ein durchaus unangestrengtes Leben. 1962 erscheint in den USA ein Band mit Kurzgeschichten »To whom it may concern«, der wenig Beachtung findet, nicht zu Unrecht. Ein Jahr später erscheint dann das Buch, an dem sie seit dreißig Jahren arbeitete: »Ascent of Woman« (dt. 1963 »Aufstieg der Frau – Abstieg des Mannes?«): ein verquaster Versuch, ein neues Frauenideal zu propagieren. Eine Frau solle, so Elisabeth Mann Borgese, sich einen alten Mann zum Gatten nehmen, sich von diesem anleiten lassen, um geistig zu wachsen, um nach Aufzucht der gemeinsamen Kinder gleichsam durch Metamorphose selbst zum Mann zu werden. Das ist freilich ein Stück weit Selbstbeschreibung und charakterisiert überdies, zumindest was die Vermännlichung angeht, auch Mutter Katia. Die kommt gerne zu Besuch und bewundert, wie die jüngste Tochter ihr Leben meistert: zwei Häuser, zwei Jobs, zwei wohlgeratene Töchter, die studieren. Und, ganz wichtig für eine Mutter wie Katia Mann, es muss auch immer etwas geboten sein, ein publikumswirksamer Spleen, etwas Skurriles, Interessantes, Ungewöhnliches. Auch das bietet Elisabeth reichlich.

Sie bringt nämlich ihren Hunden das Schreiben und Musizieren bei. Dafür wird auf einer speziell angefertigten Schreibmaschine mit übergroßen Buchstaben dem Tier Gelegenheit gegeben, mit der Nasenspitze zu tippen oder in die Tasten einer Art Hundeklavier zu stupsen. Für solche Experimente, so drollig sie auch sein mögen, ist kein Platz in Kilchberg. Und überhaupt, aus Medi soll noch etwas ganz Großes werden … 1964 erhält sie von Robert Hutchins, einem alten Bekannten, das Angebot, am »Center for the Study of Democratic Institutions« in Santa Barbara bei Los Angeles mitzuarbeiten. Elisabeth sagt zu, obwohl der inzwischen greise Lebensgefährte Tumiati nicht mitkommen kann. So pendelt sie zwischen Kalifornien und Italien hin und her, bis Tumiati 1967 stirbt und sie ganz in Santa Barbara bleibt. Die Arbeit am Forschungscenter erledigt sie mit Ehrgeiz, ihre privaten Tierforschungen ebenso. Die schreibenden Hunde. Und auch dies: ein Schimpanse, den sie sich mit der Behauptung, eine »erfahrene Tierforscherin« zu sein, ins Haus holt und Bob nennt. »Er war damals vier Jahre alt, ein Kind sozusagen, und dem morgendlichen Unterricht mit allerlei Dressuren (Schreibmaschine lag ihm nicht) aufgeschlossen. Der Affe lebte zwar zum Teil im Käfg, belegte aber bald das ganze Haus mit Beschlag, aß mit Elisabeth am Tisch, schwang sich auf die Vorhangstangen, tobte mit dem Hund. Elisabeths abendliche ›Schimpansen-Partys‹ wurden zum Renner in Santa Barbara. Bob betrachtete ernst die Gäste, applaudierte, wenn einer förmlich und gestelzt sprach und war auch den angebotenen Martini-Cocktails nicht abgeneigt. ›Das hat ihm nicht geschadet‹, sagt Elisabeth, ›nur einmal gab er mir eine bildliche Vorstellung von einem ›hangover‹. Da hing er am nächsten Tag eine ganze Weile schlaff und kopfüber auf einer Stuhllehne.‹ Die Wohngemeinschaft mit dem Schimpansen währte immerhin zwei Jahre, bis Elisabeth das Tier an eine Forschungsanstalt in Atlanta abgab.«[47] Ob man das als Liebe zum Tier bezeichnen kann? Aus heutiger Sicht mit Sicherheit nicht. Zwei Jahre Spaß für die Affenhalterin, und danach kommt das Tier in keine artgerechte Umgebung, sondern in eine »Forschungsanstalt«. Eigentlich ziemlich egoistisch und grausam. Skurrile Vorstellung, dass Elisabeth dieses Leben in Kilchberg eingebracht hätte.

Ihr Leben: Das wird 1967 eine entscheidende Wendung nehmen. Arvid Pardo, UN-Botschafter von Malta, spricht vor der Versammlung über die Notwendigkeit eines internationalen Seerechts, das die Ozeane zum gemeinsamen Erbe aller Völker erklären soll. Elisabeth ist überzeugt, dass dies ein Projekt ist, für das sich ihr Institut unbedingt einsetzen sollte. Und tatsächlich bekommt sie ein neues Drei-Jahres-Budget mit dem Arbeitsthema »Pacem in Maribus«. Das Meer, das Seerecht, das wird nun die große Aufgabe ihres Lebens. Nach Kilchberg zur Mutter zu ziehen kann da gar nicht zur Debatte stehen. Und wird von der Mutter wohl auch nicht erwartet, lebt Elisabeth doch das, was Katia Mann selbst gerne geleistet hätte: eigene Arbeit, wichtige Gespräche mit wichtigen Leuten, Haus, Pool, das ganze Programm. »Verstehst es besser, Dein Leben zu gestalten als Bruder Golo, der im Grunde doch wohl schwermütig ist«[48], so Katia an die Tochter.

Ja, man wird wohl schwermütig, wenn man mit der greisen Mutter unter einem Dach lebt und sich wie ein kleines Kind von ihr mal verwöhnen, dann wieder drangsalieren lassen muss. Der Mann ist über sechzig Jahre alt, hoch geehrt inzwischen, höchst erfolgreich. Aber langweilig, leider. Keine Darbietungen. Trotzdem, Golo soll im Haus wohnen bleiben.

Michael wäre noch eine Option, oder nicht?

1964 hat er sein Germanistikstudium mit Promotion abgeschlossen und unterrichtet in Berkeley. Beachtliche Leistung. 1967 erhält er einen Lehrstuhl für Deutsche Literatur, keine unumstrittene Wahl aus Sicht seiner Kollegen. Der Sohn von Thomas Mann, klar, dass so einer schneller Karriere macht als andere. Es spricht wohl für Michael, dass er die Freundschaft ausgerechnet desjenigen Kollegen (Frederic C. Tubach) sucht, der unverhohlen seine Bedenken mitteilte. Das zeugt von Charakter, Stil und Form. Darauf legt er Wert. Auch als einer seiner Söhne, mit denen er sonst so gut wie gar keinen Kontakt mehr hat, heiratet, werden alle Formen des gehobenen gesellschaftlichen Umganges auf das Feinste gewahrt. Fridos Hochzeit findet 1966 statt, die Braut ist Christine Heisenberg, eine Tochter des Physikers und Nobelpreisträgers Werner Heisenberg. Eine gediegene Feier, an der auch Michael und Gret teilnehmen, und comme il faut bedankt sich der Vater des Bräutigams danach noch mal schriftlich für die Gastfreundschaft. Man wahrt die Etiketteregeln. Der Kontakt zu Frido und Toni indes bleibt so distanziert wie vorher. Dafür gibt es nun engeren Kontakt zu Mutter Katia, bei der Michael freilich keineswegs leben will. Aber er möchte sie überreden, ihre Memoiren zu schreiben, was sie rigoros ablehnt. Im Januar 1969 aber wird die Schriftstellerin Elisabeth Plessen ein ausführliches Interview mit ihr führen, keine einfache Angelegenheit. Zunächst muss ein Fragenkatalog erarbeitet werden, damit sichergestellt ist, dass unliebsame Fragen ausbleiben, das ist Katia Manns Bedingung. Und überhaupt lasse sie sich nur aus »Schwäche und Gutmütigkeit«[49] auf das Interview ein, betont die Witwe. Dass das Betonen der eigenen Gutmütigkeit auch als durchaus unbescheiden ausgelegt werden kann, scheint ihr nicht klar zu sein, ebenso wenig wie die

Tatsache, dass Plessen wichtige Arbeit leistet. Ein gutes Interview zu führen ist eine Kunst, dafür muss man viel über das Leben des Befragten und auch viel über das Leben überhaupt wissen. Wo anfangen, wo genauer nachfragen, wann überleiten zum nächsten Thema? Was der Fernsehzuschauer dann in Schwarz-Weiß zu sehen und zu hören bekommt, ist höchst unterhaltsam. Eine kultivierte alte Dame erzählt mit tiefer Männerstimme aus ihrem Leben, und sie erzählt nicht ungern. Nach der Film- und Tonbandaufnahme wird das Interview in eine chronologische Reihenfolge und in Textform gebracht. Daraus will Michael nun ein Buch machen und kann die Mutter überreden, sich des stabilen Textgerüstes ausführlich anzunehmen und die Erinnerungen so zu ergänzen, dass es schließlich, wie Katia Mann selbst befindet, »eine recht amüsante Erzählung«[50] wird. Dafür lässt sie sich auch gleich das Copyright sichern, während Plessen und Michael sich mit der finanziell bescheidenen Rolle des Herausgebers begnügen müssen, obwohl sie durchaus als Koautoren zu bezeichnen wären. Das Buch erscheint 1974 und wird ein großer Erfolg. Für die noch lebenden Kinder Golo, Monika, Elisabeth und Michael steht dort nichts Neues. Oder doch? Was mag in Monika vorgehen, als sie das Buch in den Händen hält, und liest, dass sie im Vergleich zu den Geschwistern darin eigentlich gar nicht vorkommt. »Erika, Klaus, Golo kamen immer zu Besuch; die jüngsten Kinder hatten wir bei uns«[51], erzählt die Mutter über das Züricher Exil. Als gäbe es Monika gar nicht. Befremdend auch ihre schon mehrfach erwähnte Verärgerung über die Geburt eines Mädchens. Und grausam sicher dies: »Mein Mann war viel mehr für die Mädchen. Obgleich er ein Mädchen für nichts Ernsthaftes hielt, war Erika immer sein Liebling; und dann die Jüngste, Elisabeth. Die beiden Mädchen hatte er bei weitem am liebsten; sie standen ihm entschieden näher als die Söhne.«[52] Punkt. Sie bedauert nicht, dass es nur zwei von drei Mädchen waren, sondern belässt es bei »die beiden«.

Warum erzählt sie dies, wohl wissend, dass Golo, Monika und Michael das lesen werden? Sicher, Elisabeth, der von Geburt an liebevolle Zuwendung zuteil wurde, hat gut reden, wenn sie gegenüber Golo und Monika betont, dass es ab einem bestimmten Alter kindisch sei, noch immer Kindheitskonflikte herumzutragen oder gar den Eltern im Stillen oder expressis verbis Vorwürfe zu machen[53]. Fakt jedoch ist, dass Kindheitstraumata sich mit dem Älterwerden nicht einfach auflösen und logischerweise nicht einmal ansatzweise verarbeitet werden können, wenn das Kind, egal welchen Alters, im Elternhaus noch einmal das Gleiche erlebt wie vor Jahrzehnten (so Golo mit Mutter Katia) und schweigt. An deren 90. Geburtstag kommt es zu einem Eklat. Golo organisiert die Feier im Hotel Baur au Lac, Michael, Elisabeth und Frido spielen etwas von Schubert vor, alles nett. Man speist sehr gut, und Golo hält eine Rede, die freundlich beginnt und bitter endet. Peter Härtling, als Repräsentant des Fischer Verlags anwesend, erinnert Golos Beschreibung von Kindheitsverletzungen, das Lieblose und Unbeherrschte, das der Sohn seiner Mutter vorwirft. Am Ende der Rede rennt er hinaus. Betretenes Schweigen[54]. Danach läuft alles weiter. Ein Fest eben. Mieleins Fest.

Immer wieder erinnern Szenen aus der Familie Mann archetypisch an Märchenbilder oder Filmszenen[55]. Der Auftritt, das Dramatische ist in theatralischen Familien oft der einzige Weg, um sich Gehör zu verschaffen, um endlich die eigene Wahrheit auszusprechen. Das Resultat freilich ist ein schlechtes Gewissen des anklagenden Kindes. Wie kann man der neunzigjährigen Mutter so etwas sagen? Vor allem: Wie kann man so naiv sein, zu hoffen, dass durch solche Mitteilungen ein Verstehen, ein Erkennen und schlussendlich auch Veränderungen eintreten werden? Eine Königin wie Katia Mann duldet keine Kritik und keinen Widerspruch. Schließlich führt sie, selbstredend, mit dem alten Golo eine »ganz nette Ehe«[56], lässt ihm doch Freiraum, und überhaupt, sie selbst will nur sagen: »Ich habe in meinem Leben nie tun können, was ich hätte tun wollen.«[57] Was geht in Kindern vor, wenn sie so etwas hören? Wolltest du auch unseren Vater nicht heiraten, wolltest du auch uns nicht haben und erziehen? So ein großes Opfer hast du, Mutter, gebracht, wie können wir Kinder das nur wieder ausgleichen? Einen von Natur aus melancholischen Menschen wie Golo kann man mit solchen Worten nur allzu leicht verunsichern. Alte Wunden. Monika indes reagiert pragmatisch auf solcherlei Mutterreden: »Wie scheinen Sein und Wollen hier heimlich und koboldhaft auseinanderzugehen! Doch letzten Endes kann niemand gegen seinen Willen fünfzig Jahre lang etwas so vollendet sein, was er nicht ist, und so hat meine Mutter letzten Endes *dies* Leben gewollt.«[58] Auch wenn das selbstverständlicherweise nicht für alle Menschen und alle Zeiten gilt, in Bezug auf Katia Mann ist diese Einschätzung sicher nicht falsch.

Zurück zu Golo. Der lebt nun Jahr um Jahr mit der Mutter, die immer mehr vergreist. In der Zweisamkeit geht sie allzu oft barsch und taktlos mit ihm um. Professor Golo Mann, Bestsellerautor, mit Preisen und Ehren überhäuft, erleidet wieder schwere Depressionen. Das kann ja nicht ewig so weitergehen mit der Mutter. Nachts träumt er oft von der Kindheit, alte Ängste, alte Verletzungen. Kein Ausweg. Er trinkt zu viel und kommt ohne Sedativa nicht über den Tag. Jetzt ist es zu spät, die Mutter sich selbst zu überlassen. Dass sie immer seniler wird, merkt sie selbst freilich nicht.

1975. Thomas-Mann-Jahr. Sein 100. Geburtstag, sein 20. Todestag jähren sich. Katia gibt Interviews und nimmt an Feierlichkeiten teil. Glaubwürdig spielt sie die Rolle der rüstigen Witwe, zu Hause indes benimmt sie sich immer sonderbarer, herrschsüchtiger und für Golo unerträglich. Wenn er ihr Paroli bietet, zieht sie sich in die Rolle des verwirrten traurigen Mielein zurück. Enerviert schreibt der Sohn an seinen alten Freund Adolphe Dahringer über seinen Kummer mit der Familie, »die ich nie wirklich mochte, in der ich mich immer fremd fühlte, von der loszureissen ich aber doch die Kraft nicht hatte – bis zum heutigen Tag: nun ist wieder die greise Mutter wie ein Mühlstein an meinem Halse«[59]. Von den Geschwistern fühlt er sich im Stich gelassen. Keine Unterstützung. Vielleicht ist es in diesem Sinne verständlich, dass er 1975 erste Versuche unternimmt, seinen Freund Hans Beck zu adoptieren und sich mit dessen Frau und Töchtern eine Art Ersatzfamilie zu schaffen. (1976 wird die Adoption amtlich.) Frido Mann erinnert sich, dass sein Onkel mit »hassverzerrtem Gesicht« die Adoption damit erklärte, dass er seinen Geschwistern, Neffen und Nichten nichts vererben wolle[60]. Mag sein, dass dies in der nervenaufreibenden Situation eine Rolle spielt. Andererseits kennt Golo unzählige junge Männer und Frauen, die er unter diesen Voraussetzungen ebenso gut hätte adoptieren können. Hans Beck aber kennt er seit zwanzig Jahren, die beiden sind eng verbunden. Warum soll ein alleinstehender Mensch, der sich nach eigener Familie sehnt, nicht einen anderen Menschen adoptieren, um die Zugehörigkeit offiziell zu machen? Etwas heikler mutet da Michaels und Grets Entschluss an, im Jahr 1970 ein indisches Waisenkind namens Raju zu adoptieren, obwohl sie offensichtlich der Aufgabe des Elternseins bislang nicht nachkommen wollten. Frido und Toni haben aus beliebigen Gründen nicht gepasst, waren der Karriere im Wege, aber das fremde Kind soll nun all das bekommen, was sie entbehren mussten. Das müssen die erwachsenen Söhne nun hinnehmen. Was sollen sie auch gegen eine moralisch so löbliche Tat sagen? Ihre eigene schmerzliche Wahrheit etwa? Die wollte und will weder Gret noch Michael hören.

Michael hat auch genug damit zu tun, seine eigene Vaterbeziehung zu bewältigen. Dass nun ausgerechnet er 1975 die Herausgabe der Tagebücher von Thomas Mann übernimmt, kommt dem Versuch gleich, den Teufel mit Beelzebub auszutreiben. Warum hat Mutter Katia das zugelassen? Und aus welchem Grund hat der Vater seine Tagebücher mit dem Vermerk versehen, dass diese erst (schon!) zwanzig Jahre nach seinem Tod geöffnet werden dürfen? In aller Regel überleben

Kinder ihre Eltern um einiges länger als zwanzig Jahre, bei Thomas Mann, der ja erst mit dreißig Jahren Vater wurde, allemal. Hatte der Zauberer Angst, dass die Welt, die doch erfahren sollte, wer er wirklich ist, nach über zwanzig Jahren gar nicht mehr daran interessiert ist, ihn kennenzulernen? Möglich.

Die Tagebücher also. Bis zu seinem Tod waren die Jahrgänge 1918 bis 1921 sowie 1933 bis 1955 erhalten. Die Hefte seiner Jugendjahre verbrannte er schon als junger Mann. Die Diarien seit der Jahrhundertwende hatten sich bis 1933 erhalten und wurden im Exil von Thomas Mann persönlich vernichtet, mit Ausnahme der Jahre 1918 bis 1921. Was Michael, der ambitionierte Herausgeber, also gleich zu Beginn seiner Arbeit zu lesen bekommt, sind die Überlegungen des Vaters zu einem sechsten Kind und die Erwägung eines Schwangerschaftsabbruches. Zwar ist das für Michael schmerzlich, andererseits kämpfen im Jahr 1975 weltweit Millionen von Frauen für die Abschaffung des Paragrafen, der Abtreibung als schweren Gesetzesbruch ahndet. Women's Liberation oder mein Bauch gehört mir, sagen sie. Da kann Michael nicht allzu sehr verwundern, dass auch seine Eltern bei einer sechsten Schwangerschaft einen Abbruch diskutierten. Es ging ja nicht um die Person Michael, sondern zunächst um ein anonymes Wesen, ein unbekanntes Kind. Weitaus schwerwiegender ist indes Thomas Manns Erwähnung, dass ein sechstes Kind seine persönliche, einmalige Liebe zum Kindchen Elisabeth trüben könnte. Es ist wahrhaftig ein Schock, schon vor der Geburt in persönliche Konkurrenz gesetzt zu werden. Gegen Elisabeth hatte er nie eine Chance, das muss Michael nun, mit sechsundvierzig Jahren, schwarz auf weiß lesen. Alle Bemühungen um väterliche Zuwendung und Liebe waren von Anfang an vergeblich. Da liest Michael nun die hymnischen Eintragungen über Elisabeth und daneben die kühlen Notizen über sich selbst als Kleinkind. Er liest auch, wie begehrlich der Vater sich seinerzeit in Bruder Klaus verliebte. Wie er sich nach jungen Männern umschaute. Das Rührende, Liebevolle und Schwache des Vaters. Das seismografische Notieren von körperlichen Befindlichkeiten. Menschliches und Unmenschliches so nah beieinander. Die ganze Vergangenheit taucht deutlicher auf, als ein so abgelehntes Kind wie Michael es wohl ertragen kann. Im November 1975 schickt er an Golo die ersten Abschriften der Tagebücher. Der ältere Bruder notiert: »Peinlichstes Gefühl der Indiskretion, beinah Leichenschau. Warum hat er's nicht vernichtet?«[61] Oder: Warum hat der Vater nicht verfügt, dass die Tagebücher erst nach dem Ableben aller Kinder veröffentlicht werden dürfen?

Monika schreibt: »*Ich* werde ja nicht gefragt – und *würde* den ganzen Kram dem Deifi überlassen!!! Offen gestanden graut mir vor dem Ganzen. [...] Aber, gut. Oder schlecht.«[62]

Für Michael eindeutig schlecht. Er trinkt zu viel. Er nimmt zu viele Barbiturate. Sein Freund und Kollege, der Germanist Andrew Jaszi, meint: »Bei der Tagebucharbeit endlich verlor er sich selber. Diese Tagebücher seines Vaters haben ihn verrückt gemacht, umgebracht. Ich wünschte, er hätte sie verbrannt.«[63] Michael hat die Arbeit als Herausgeber Ende 1976 beendet. In der Silvesternacht 1976/77 stirbt er an einer Überdosis von Alkohol und Barbituraten, vermutlich zu jenem Zeitpunkt unbeabsichtigt. Es gab Pläne, Verabredungen. Man wollte den Abschluss der Editionsarbeit feiern, einer Arbeit, die seelisch grausamer nicht sein kann, nicht zuletzt deshalb, weil Thomas Mann sich darin überwiegend nicht als kalter und hartherziger, sondern als schwacher und sehnsüchtiger Mensch zeigt. Umso verletzender wirken dann die abschätzigen Blicke auf den jüngsten Sohn. Der wusste nun gewiss, dass es Liebe gab. Aber eben nicht für ihn.

Bei der Todesnachricht ist Golo schwer erschüttert. Er und die Geschwister wollen die greise Mutter schonen und schweigen. Aber sie ahnt, dass etwas geschehen ist. Ob sie jetzt gar keine Kinder mehr habe, fragt sie die Haushälterin. Doch, drei, antwortet diese[64]. Katia Mann sucht die Eri und ihre Mutter Hedwig. Führt Gespräche mit Tommy, als wäre man noch in der Poschingerstraße der Dreißigerjahre. Ohne Zeit und Raum. Golo ist hin und her gerissen zwischen tiefem menschlichen Mitleid und Zorn wegen der mütterlichen Taktlosigkeit und Brutalität ihm gegenüber. Das schreibt er alles in sein Tagebuch, auf Französisch, als würde er so etwas in der eigenen Muttersprache nicht denken wollen.

Grausamerweise – wie häufig bei altersdementen Menschen – ist die Mutter zwischenzeitlich wieder rüstig und bei klarem Verstand. Das macht das Szenario umso gespenstischer. Elisabeth kann das Ausmaß des Verfalls auch nicht richtig einschätzen. »Ich sehe nicht, dass Du Opfer bringst, ich sehe nur Vorteile«, schreibt sie Golo in einem »abstoßenden, nahezu infamen«[65] Brief. Erst als sie sich selbst ein Bild über den wirren und verwirrenden Zustand ihrer Mutter macht, versteht sie Golos Qualen, die im Herbst 1978 darin gipfeln, dass er sich notiert: »Du Tote! Geh doch endlich zu den Toten, zu denen du gehörst!«[66] Schließlich zieht Golo aus, während die Mutter rund um die Uhr in ihrer Villa betreut wird. Eine Königin im Schattenreich. Mit Toten redend. Die Lebenden vergessend. Keine Liebe mehr. Kaviar zum Frühstück. Habe ich jetzt gar keine Kinder mehr? Doch, drei. Die müssen sich immer noch mit den Tagebüchern ihres Vaters beschäftigen. Nach Michaels Tod wird dessen Editionsarbeit als unzureichend angesehen. Zu viele Kürzungen, zu wenig Erklärungen. Golo quält sich nun eine Zeit lang mit den Diarien herum und notiert über den Vater: »Es ist offensichtlich, dass ein Mensch seiner Art keine Kinder hätte haben dürfen; er gibt ohne sich zu schämen zu, dass sie ihm nichts bedeuten [...] im Vergleich mit seinen geheimen und nicht realisierten Liebschaften. Man sollte in der Lage sein, die Tatsache, sein Sohn zu sein, zu abstrahieren, was leider nicht möglich ist.«[67]

Die Herausgabe der Tagebücher wird nun an Peter de Mendelssohn übergeben. Zu dessen editorischer Arbeit gehören auch Anfragen an einzelne Personen bezüglich ihrer Erwähnung in den Tagebüchern. Auch an Monika schickt er gelegentlich Abschriften wie zum Beispiel diejenigen Passagen aus dem Jahr 1942, wo ihr Vater sich erbittert über sie äußert und ihre Entfernung aus dem Elternhaus wünscht. Hat Monika Einwände gegen solche Veröffentlichungen? Ja.

»Wäre über mich genug *überhaupt* bemerkt, ich meine, stünde jenes ›Unfreundliche‹ innerhalb eines Ganzen (und Freundlichen), wäre natürlich nichts dagegen zu sagen. Jedoch: in seiner Ausschließlichkeit ist es *nicht* zulässig als Publikumsfraß. [...] Unter uns gesagt, Z. war mir gegenüber zu gewissen Zeiten gereizt – wie denn auch nicht? – hatte aber – wiederum unter uns gesagt – einen gewissen ›Glauben‹, eine gewisse ›Erwartung‹, mich betreffend. [...] Daß ich meinerseits sehr distanziert zur Familie stand seit früher Jugend, wußte er auch wohl, was mein inneres Verhältnis bestärkte ...

Na und so weiter.«[68]

Einwände hat sie also, genehmigt aber trotzdem, dass betreffende Passagen veröffentlicht werden können. Unter die Abschrift der genannten unangenehmen väterlichen Notiz schreibt sie handschriftlich: »Liquidierung. *Noch* schöner! Mir völlig WURSCHT Herzlichst Ihre Moni.«[69]

Das sagt sich so einfach, mir wurscht. Die enervierten, erbosten Notizen des Vaters kann sie wohl hinnehmen. Was sich in den väterlichen Tagebüchern jedoch von Mutter Katias Gedanken über Monika offenbart, übersteigt wohl deren Vorstellungen. Kann Mielein tatsächlich so gehässig, lieblos und hämisch über sie gesprochen haben? Es verwundert nicht, dass Monika gegen Ende der Siebzigerjahre plötzlich sehr zynisch und bitter auf die Familie reagiert. Hatte sie sich bislang nur positiv oder verhalten über die Ihren geäußert, so finden sich zunehmend kritische und provozierend ausfallende Bemerkungen. In einem Interview des Jahres 1979 sagt sie: »Michael hat sich leider zu Tode gesoffen, er war ein reizender Kerl, hochbegabt. Wir haben viel zusammen gelacht, und das ist in meinen Augen das Wichtigste. Er und Klaus waren meine Lieblingsgeschwister. Meine Schwester Elisabeth schwirrt in der Welt herum, wirft all ihr Geld in den Ozean. Manchmal schreiben wir uns böse Briefe, weil sie nicht genug bekommen kann, aber das verraucht dann auch wieder. Mit Golo habe ich sehr wenig Verbindung, weil er wenig kontaktbegabt und etwas einsiedlerisch ist. Er ist ein Hagestolz, von Natur aus griesgrämig.« Damit wird sie sich freilich keine Lorbeeren in der Familie holen. Aber na ja, »wir sind eben alle etwas meschugge, das liegt ja auch im Blut«[70]. Ein Porträt über Schwester Erika beendet sie mit den Sätzen: »Kurz nach ihrem Tod erklärt Michael – unser Benjamin, der geigende Bibi – bei einer seiner sporadischen Elternhausvisiten: ›Jetzt ist es eigentlich ganz gemütlich hier‹. – Trifft das Pietätlose den Nagel auf den Kopf, so hier.«[71]

Solch derbes Gebaren in der Öffentlichkeit liegt Golo nicht, und überhaupt: Er kam und kommt mit Monika nicht gut aus. Zu faul sei sie, zu wenig beflissen, noch nicht mal versuchsweise liebedienerisch wie er. Auch Elisabeth findet keine guten Worte über die Schwester. Keinen Ehrgeiz, keine Ausdauer habe Monika, sie sei zwar nicht unbegabt, »aber sie war ein kleines Talent, und sie hat auf keinem Gebiet ernstlich weitergearbeitet. Sie hat Malerei versucht, sie hat Musik versucht, sie hat Literatur versucht. [...] Aber sie hat halt nie die Energie gehabt, irgendetwas wirklich durchzuführen. Nie, nie, nie eine größere Arbeit gemacht. Auf keinem Gebiet«[72], behauptet Elisabeth, was freilich nicht stimmt. Es gibt Hunderte von literarischen Texten Monika Manns, von denen viele in Zeitungen, Zeitschriften und Literaturmagazinen veröffentlicht wurden, und fünf Buchveröffentlichungen. In einem davon (»Der Start«) steht der Satz: »Ich liebe nicht mich in der Welt, [...] sondern die Welt in mir.«[73]

So etwas kann Elisabeth wohl gar nicht verstehen. Man muss doch etwas aus sich machen, sich einbringen, Ziele verfolgen. Der Neffe Frido Mann wird sich später an seine Tanten so erinnern: »Monika ist und bleibt die Verfemteste unter allen Geschwistern, über den Tod ihres Vaters hinaus. Auch ihre Mutter verhält sich entsprechend. Sich über Monikas Schriftstellerei herablassend, ja angewidert zu äußern, gehört die ganzen Jahre und Jahrzehnte hindurch zum guten Familienton. […] Ich denke heute ausgesprochen gern an unsere gemeinsamem Abende zurück«, so der Neffe.

An Tante Elisabeth erinnert er sich als hilfsbereite und gesellige Tante, die jedoch »hinter ihrer stets leutseligen und hilfsbereiten Fassade letztlich immer ein wenig undurchsichtig« bleibt. »Wärme habe ich von ihrer Seite nie gespürt.«[74] Das mag eine subjektive Empfindung sein. Allerdings, aus den Briefen und Äußerungen von Elisabeth erschließt sich der Eindruck, dass sie, wie die Mutter, nur über ein sehr geringes Maß an Empathie verfügt. So macht man vielleicht einen unherzlichen Eindruck, aber man kommt leichter durchs Leben. Wie die Mutter schlussendlich.

Katia Mann stirbt im April 1980 in ihrem 97. Lebensjahr.

Golo, in Icking lebend, kam selbstverständlich immer wieder nach Kilchberg, so auch, als die Mutter starb. Dem befreundeten Verleger Ernst Klett vertraut er an, dass, da »die Kräfte de la sorcière, de la bruja, della strega, of the witch« (das deutsche Wort für Hexe schreibt er nicht) groß waren und sie »auch in den letzten Tagen sich derart an dies Leben klammerte, dass, im Einverständnis mit dem bravängstlich-konservativen Hausarzt, leider auch mit meiner stets optimistisch verblendeten Schwester Elisabeth, nichts Linderndes gegeben werden durfte, was, vielleicht, um ein paar Tage hätte verkürzen können. Morphium erst am letzten Morgen, nach einer schrecklichen Nacht. Das hätte nicht sein müssen. Aber die Welt hat wieder einmal nicht auf mich gehört.«[75]

Die Mutter, von der er längst innerlich Abschied nehmen musste, ist nun nicht mehr. Nach der Beerdigung verschickt er Dankeskarten: »Für Ihre Teilnahme am Hinscheiden meiner

Mutter danke ich Ihnen herzlich. Man kann ja nicht sagen, daß es zu früh kam; so diesmal nicht. Aber:

Ach, es ist so dunkel in des Todes Kammer,
Tönt so traurig, wenn er sich bewegt
Und nun aufhebt seinen schweren Hammer
Und die Stunde schlägt«[76], zitiert er Matthias Claudius.

Das Familiengrab. Ein großer rechteckig geschliffener Grabstein mit den Großbuchstaben:

THOMAS MANN / MDCCCLXXV – MCMLV

Etwas kleiner darunter:

KATIA MANN / MDCCCLXXXIII – MCMLXXX

Auf dem Beet einzelne Gedenktafeln, auf denen jeweils der Name sowie, in arabischen Ziffern, Geburts- und Todesjahr des jeweiligen Kindes steht. Bislang Erika und Michael. (Klaus' Grabstätte bleibt weiterhin in Cannes.)

Letzte Ruhestätte nennt man das.

Da stehen nun die letzten drei Geschwister am offenen Grab und wissen, dass auch sie irgendwann dort liegen sollen. Golo indes will dort nicht begraben sein, das weiß er jetzt schon. Und überhaupt wird sich einiges ändern.

10

»Bei mir ist wohl viel Ersatz, letzten Endes«

Nach Katia Mann

Frau Thomas Mann hinterlässt ein stattliches Vermögen: rund drei Millionen Schweizer Franken, die Villa, die sie noch zu Lebzeiten ihren Kindern überschrieben hat, und ihre Anteile an den Tantiemen. Golo überlegt, wieder nach Kilchberg zu ziehen. Sein Leben in Icking, wo er sich 1979 ein Haus gekauft hat, erregt das Interesse der Nachbarn, die neugierig sind, was beim distinguierten Professor Mann so los ist. Der hat nun einen marokkanischen »Diener« und einen neuen mexikanischen Geliebten, das können ruhig alle sehen, einerseits. »There is no sex-life in the grave«[1], schrieb sein Freund und Schwager W. H. Auden einst. Wohl wahr. Das heißt aber nicht, dass er zum prominenten Gespött der Leute werden will. Was will der hinkende alte Mann mit den schicken jungen Männern, fragt sich das neugierige Volk. Alles unangenehm.

1980 zieht er zunächst versuchsweise nach Kilchberg zurück, ohne den immer frecher werdenden »Diener«, aber mit neuer Hausangestellten, neuer Sekretärin und der Überlegung, zur Gesellschaft ein paar Zimmer an Studenten zu vermieten. Der Versuch ist ein gelungener, und in Kilchberg will er nun bleiben.

Das Haus in Icking kann schnell und gewinnbringend verkauft werden, einer Auszahlung der Geschwister steht nichts im Weg. Elisabeth ist einverstanden, Michaels Witwe Gret und deren Söhne ebenfalls. Nur Monika weigert sich partout. Sollte ihr Lebensgefährte Antonio Spadaro sterben, dann will sie auch nicht mehr auf Capri bleiben, und es wäre doch schön, wenn sie in Kilchberg dann noch ein Zuhause hätte, sagt sie. Nun, zwingen kann Golo sie nicht, und vielleicht löst sich das Problem auch auf natürliche Weise, die Jüngste ist Monika ja auch nicht mehr. Darauf lässt er es jetzt halt ankommen.

Inge Jens, die nach dem Tod Peter de Mendelssohns die weitere Herausgabe der Tagebücher von Thomas Mann übernimmt, erinnert sich an einen Besuch in Kilchberg, der einen recht entspannten Eindruck vermittelt. Junge Leute, Schwimmen am See, gemeinsames Spaghettiessen, das sowohl der Hausherr als auch sein Besuch als »buchenswert« empfinden. »Es war ein wunderbarer Abend, voller Serenität, Grazie und Harmonie«[2], so Inge Jens.

Buchenswert seien wohl auch Monikas Gerichte gewesen. Kochen, das kann sie. Und putzen, das macht sie allein, ohne Hilfe. Dass es ruhig ist, darauf kommt es ihr an. Wenn Interviewer anreisen, wird sie nervös. Heinrich Breloer befragt sie für seine Dokumentation über Klaus Mann. Ihre Stimme ist hoch, brüchig und scheint leicht ins Weinerliche zu kippen. Zwischendurch sehr energisch, sehr empört. Immer wieder die visuelle Rückmeldung des Befragers suchend. Das dumme Mönle will nun zeigen, dass sie ebendies nicht ist.

Die Tagebücher des Vaters hinterlassen ihre Spuren.

»Mit meiner Mutter hatte ich Schwierigkeiten. Mit meinem Vater nie. Mit meinem Vater hatte ich überhaupt so gut wie gar nichts. Da war nicht viel Verhältnis, jedenfalls äußerlich nicht«[3], sagt sie nun. Und auch, dass sie sich nicht erinnern könne, jemals ein persönliches Gespräch mit dem Vater geführt zu haben. Wahrheit oder Verstiegenheit? Es ist wohl wahr. Auch die Söhne haben sich vor Gesprächen mit Thomas Mann gerne ein Thema zurechtgelegt, damit kein unangenehmes Schweigen entsteht, und Elisabeth erzählt: »Ich habe natürlich auch eine gewisse Scheu gehabt, ich hätte mich nie mit ihm so von gleich zu gleich unterhalten über ein ernstes Thema. Ich kann mich erinnern eigentlich, dass ich mich nur einmal mit ihm unterhalten habe, und das war bei seinem

70. Geburtstag, wo ich recht betrunken war. […] Und ich muss sagen, das war eben die einzige Gelegenheit, an die ich mich erinnern kann in meinem Leben, in dem ich mich frisch und fröhlich mit meinem Vater so von gleich zu gleich unterhalten habe. Über Kunst, über Dichter, über Musik …«[4]

Elisabeth ist seit Ende der Siebzigerjahre sehr erfolgreich. 1976 veröffentlicht sie in den USA ihren Bestseller über das Meer (»The Drama of the Oceans«) und investiert ihr Honorar in das nächste Projekt zum Schutz der Weltmeere. Durch diese Arbeit entwickelt sich auch eine enge Beziehung zu Arvid Pardo. »Er, mein Mann und mein Vater sind die drei Menschen, die den größten Einfluß auf mein Leben genommen haben.«[5]

Männliche Vorbilder. Und wie Mutter Katia sieht auch Elisabeth im Älterwerden immer männlicher aus, vielleicht wollen sie das so. Der Aufstieg der Frau …

Im Gegensatz zu ihren Eltern legt sie keinen allzu großen Wert auf engen familiären Kontakt zu ihren Töchtern und Enkelkindern. Oberste Priorität hat ihre Arbeit, der sie sich weiterhin ambitioniert und durchaus ehrgeizig widmet. 1978 hört sie in Kalifornien von einer zeitlich begrenzten Gastprofessur in Kanada, bewirbt sich und wird genommen. Nun zieht sie nach Halifax, schönes Haus am Meer, vier Hunde. Zum Ende des angedachten Zeitraumes wird ihr gar ein Lehrstuhl angeboten. Politikprofessorin ohne Studium? »Das war mir immer wurscht, ich hatte Politikwissenschaft durch das Leben gelernt und immer viel geschrieben und veröffentlicht.«[6] Nun, das haben sicher endlos viele Kolleginnen und Kollegen auch, ohne sich auch nur im Entferntesten als Aspiranten für einen Lehrstuhl betrachten zu dürfen. Beruht ein Großteil von Elisabeth Mann Borgeses Karriere nicht auf Beziehungen, Glück und »amazing grace«? Noch nicht einmal ihr akademisches Curriculum Vitae muss sie selbst schreiben, das erledigt ihr Vorgänger, der aus ihren Erzählungen und Berichten »den schönsten Lebenslauf«[7], den sie je gesehen hat, zurechtbastelt. Dieses Leben wird noch lange währen, erfolgreich, erfüllt.

Auf Schwester Moni kann die jüngere Schwester da nur abfällig blicken. Monikas Leben auf Capri entspricht nicht dem Niveau der Familie. Unprätentiös erzählt sie, dass ihr Tagesablauf von Hausarbeit, Kochen, Schreiben und Musikhören bestimmt sei. Große Reisen unternimmt sie nicht mehr. Bis zum Tod der Mutter kam sie noch regelmäßig nach Kilchberg, von Katia Mann mehr geduldet als erwünscht. Daneben Sommerurlaube in Bozen, nichts Mondänes, Logis in Pension. Lange Jahre begleitet sie ihr Lebensgefährte, bis er aus gesundheitlichen Gründen nicht mehr reisen kann. Antonio Spadaro stirbt im Dezember 1985 an Herzversagen.

Golo fühlt sich verpflichtet, der trauernden Schwester eine Woche lang beizustehen, »eine anstrengende und deprimierende Woche«, schreibt er an Marcel Reich-Ranicki. Das wäre aber noch »das geringste. Das aller- aller- allergeringste. Ganz andere dunkle Wolken seh ich da am Horizont aufziehen ...«[8] Die dunklen Wolken: Monika will tatsächlich, wie vereinbart und juristisch rechtens, in die Kilchberger Villa übersiedeln. Wie soll das Zusammenleben von so alten Geschwistern zur Zufriedenheit beider verlaufen? Sie müssen sich mögen zumindest, vielleicht könnte eine Wohngemeinschaft funktionieren, wenn jeder seine Grenzen absteckt und erfüllt ist von dem, was war und ist.

Aber Golo Mann will auf gar keinen Fall die Wiederholung eines Zusammenlebens wie jenes mit der Mutter. Zur Wohngemeinschaft hat er seine Studenten, zur Gesellschaft die Besuche seiner Leverkusener Familie, seiner Freunde und Kollegen. Er hat sich in Kilchberg ein eigenes Revier geschaffen. Was will auf einmal Monika? Zunächst mal ihr Wohnrecht einfordern. Das hat sie, und das weiß er. Überdies braucht sie Nähe und Gesellschaft wie er, aber er leider nicht die ihre. Fassungslos schreibt er an den befreundeten Peter Marxer: »Aber sie ist gemütskrank, viel schlimmer, als ich wusste, und ich kann mit ihr nicht leben. Ich muss da eine Lösung finden und, wohl zum ersten Mal in meinem Leben, ›hart‹ sein. Sie hat 32 Jahre auf Capri gelebt mit einem echten Capreser, der nun gestorben ist. Da sie dort äusserst billig lebte, keine Steuern zahlte und niemandem auf Erden etwas schenkte, so ist sie sehr reich und könnte sich also hier jede beliebige Wohnung suchen. Warum muss es gerade in meinem Haus sein? Ich denke, sie will mich ausnützen, wie sie noch jeden ausgenützt hat, ohne ihm irgend etwas dafür zu geben. Und diesmal tue ich es nicht. Mein Recht auf das Haus habe ich mir erworben, nicht so sehr, weil ich alle anderen Erben auskaufen konnte (nur sie wollte nicht), sondern weil ich zwanzig schwere Jahre mit der alten Mutter und ihr zuliebe hier verbracht habe; ich will über die Umstände meines Lebens damals schweigen. Das gibt mir ein moralisches Recht, in dem Haus zu leben und es so zu beleben, wie es mir liegt, was mir ja auch in den letzten sechs Jahren gelungen ist, es fühlen sich alle meine Gäste hier wohl. Nun noch einmal und während der letzten produktiven Jahre, die mir vielleicht bleiben mögen, mit jemandem zu leben, mit dem ich nicht leben will – nein, diesmal nicht, coute que coute.«[9]

Nun, solche Argumente gibt es in Familien immer wieder. Böse Vorwürfe und Anklagen. Das Einfordern von Rechten aller Art. Schließlich auch die Beleidigungen: Monika Mann war wohl sparsam, aber nicht geizig. In einem Brief an de Mendelssohn ist die Rede davon, dass sie ihm – grundlos – 4000 Schweizer Franken schenkt[10], keine Kleinigkeit.

Freilich ist es nachvollziehbar, dass Golo die Schwester nicht im Haus haben mag. Andererseits hat er das auch einkalkulieren müssen. Oder er hätte sein »moralisches Recht« unmittelbar nach dem Tod der Mutter geltend machen müssen, wenngleich mehr als fraglich ist, ob alle Erben auf ihren finanziellen Anteil am Haus verzichtet hätten. Als Monika jeden Widerspruch ignoriert und im Dezember 1986 in Kilchberg eintrifft, wird sie unwirsch empfangen. Hans Beck-Mann, der Adoptivsohn, ist gerade gestorben, und Golo braucht Ruhe. Monika indes sucht Gemeinschaft, kommt ständig in seinen Wohnbereich, gesellt sich hinzu, wenn er Besuch bekommt und »frißt« angeblich für vier[11] – kaum vorstellbar bei der sehr schlank wirkenden Frau. Ob das Wahrheit oder übertreibende Legende ist, sei dahingestellt. Klar ist: Weder das von Monika angestrebte Zusammenleben noch die von Golo notgedrungen tolerierte reine Wohngemeinschaft funktionieren. Nun zieht Monika wieder aus, wohnt zunächst bei Freunden in Zürich, dann in Pensionen und zwischendurch doch immer wieder kurz in Kilchberg, wenn der Bruder verreist ist. Ihre körperliche und seelische Verfassung ist schlecht. Schließlich hat Golo die Idee, dass sie zu seiner Schwiegertochter Ingrid Beck-Mann, einer ausgebildeten Krankenpflegerin, und deren Töchter nach Leverkusen ziehen könne.

Monika im 80. Lebensjahr: verwirrt, anhänglich, schwach.

Bei den Beck-Manns hat sie Familienkontakt und wird gut versorgt. Ingrid Beck-Mann erinnert sich: »Sie hatte ja niemanden. Die meisten aus ihrer Familie hielten es nicht aus mit ihr. Aber ich fand sie lieb. Nachts rief sie manchmal: ›Ingrid, haste gerade einen Apoll im Bett, oder willste mal zu mir kommen?‹ Sie wollte einfach nur gedrückt sein.«[12]

Am 17. März 1992 stirbt Monika Mann mit fast zweiundachtzig Jahren in Leverkusen und wird im Familiengrab in Kilchberg beigesetzt. Ihr Alleinerbe ist Golo, worüber es in der Familie zum Prozess kommt, der mit außergerichtlicher Einigung endet, eine Einigung im juristischen Sinne nur. Moralisch ist Golo nun an dem Punkt, wo er nichts mehr mit der Familie zu tun haben will. Seine letzten Jahre: 1986 werden seine »Erinnerungen und Gedanken. Eine Jugend in Deutschland« veröffentlicht, viel gelobt und viel gekauft. Er ist nun ein Monument, ein Großer. Genießen kann er das nicht. Während er am zweiten Teil seiner Memoiren schreibt, geht es ihm schlecht. Nach einem Vortrag in Bonn 1989 bricht er zusammen. Herzinfarkt. Wenig später werden Parkinson und Prostatakrebs diagnostiziert. Nicht nur der Körper, auch der Geist

ist geschwächt. Bis 1992 kann er sich noch in der Welt und im Kilchberger Haus zurechtfinden. Dann ereilt auch ihn, was er als das fürchterlichste Unglück befürchtete: Er wird altersdement wie Mutter Katia und Schwester Monika. Die Schwiegertochter holt auch ihn zu sich nach Leverkusen und pflegt ihn bis zum Ende. Am 7. April 1994 stirbt er, kurz nach seinem 85. Geburtstag, in Leverkusen. Für den Fall seines Todes hatte er schon vorab Regelungen getroffen: Er will zwar in Kilchberg begraben werden, aber keinesfalls im Familiengrab. Und zur Beerdigung soll auch niemand von seiner Verwandtschaft erscheinen, hatte er bitter verfügt. Elisabeth, Frido, dessen Frau Christine und Toni Mann nehmen trotzdem an der Abdankungsfeier teil.

Die einzelne Grabstatt, warum eigentlich nicht? Kilchberg war ja nun auch sein Kilchberg geworden und er ein alter, berühmter Mann. Warum am Ende wieder ins Familiengrab tauchen, sich mit einer kleinen Gedenkplatte begnügen, während obenauf ein massiver Grabstein nur Vater und Mutter nennt? Vielleicht war ihm auch die Vorstellung, selbst im Grab keine Ruhe vor der Familie zu haben, so schrecklich, dass er dort nicht begraben sein wollte. Jetzt hat er sein eigenes Grab, seinen eigenen Grabstein: ein Findling, ohne Ecken und Kanten. Schlicht, aber beeindruckend: »Golo Mann 1909–1994«.

Nach Golos Tod gehen die Erbschaftsauseinandersetzungen weiter. »Ja, das Unglück war, dass mein Bruder Golo die letzten Jahre nicht mehr zurechnungsfähig war«, so Elisabeth Mann Borgese. Das bedeutet ja nichts anderes, als dass man ihn ihrer Meinung nach hätte entmündigen sollen. »Er war die letzten Jahre nicht mehr zurechnungsfähig und hat nicht mehr richtig verwalten können und sich um die Sachen kümmern.«[13]

Golo Mann hat, wie seine Mutter, weiterhin die literarischen Rechte des Clans verwaltet, eine große, mühsame Arbeit, die er, wenn auch mit finanziellen Einbußen, an die Verlage hätte abgeben können. Dass ihm das neben seiner eigenen Arbeit irgendwann über den Kopf wuchs, verwundert nicht und kann also schwerlich der Grund sein, ihn als unzurechnungsfähig zu bezeichnen. Worauf die letzte noch lebende Schwester hinaus will, ist wohl eher dies: Golo hat sein gesamtes Vermögen an die Beck-Manns in Leverkusen vermacht.

Das Haus in Kilchberg also, Golos und Monikas Anteile an den Tantiemen von Thomas, Katia, Klaus und Erika sowie selbstverständlich auch Golos und Monikas gesamte Tantiemen. Das ist ungewöhnlich, aber nicht unverständlich. Die Leverkusener waren ihm ans Herz gewachsen. Nach Hans' Tod – und sicher voll zurechnungsfähig – schrieb er an Freund Marxer über die hinterbliebenen Beck-Manns: »Mit ihnen und ihren Sorgen werde ich verbunden bleiben, ich glaube sogar noch stärker als je.«[14] Wäre es nicht eher befremdend, wenn er im Testament plötzlich einen Unterschied zwischen Bluts- und Adoptivfamilie gemacht hätte? Will man nicht mit zweierlei Maß messen, so haben Adoptivkinder dieselben Rechte wie leibliche Kinder. Und Ingrid Beck-Mann nimmt sich das Recht, ihr Erbe anzutreten. Dazu gehört auch, dass sie das legendäre Haus in Kilchberg, Alte Landstraße 39, verkauft. Das Ende einer Ära.

Von den Geschwistern lebt nun nur noch Elisabeth Mann Borgese.

Bei Golos Tod ist sie sechsundsiebzig Jahre alt, immer noch sehr rüstig und täglich ihrer Arbeit nachgehend. Auch ihren Hunden gibt sie weiterhin Unterricht im Schreiben und Klavierspielen.

1997 kann Heinrich Breloer sie überzeugen, für seinen Film »Die Manns«, der ein Jahr später gedreht wird, mit ihm gemeinsam eine Lebensreise durch Orte und Gefühle ihrer Familie zu unternehmen. Die Geschichte entwickelt sich zu einem international hochgelobten Film, und die letzte Mann-Tochter, die bislang nur in Fachkreisen bekannt war, erhält nun breite öffentliche Aufmerksamkeit. Was sie über Thomas und Katia Mann erzählt, entspricht ihrer Rolle als Lieblingskind, das seine Eltern anders erleben durfte als die Geschwister. Simplifiziert könnte man sagen: Sie hatte andere Eltern als die Schwestern und insbesondere die Brüder. An ihr zeigt sich, was aus allen Mann-Kindern hätte werden können, wenn allen das gleiche Maß an verlässlicher Zuwendung, Liebe und Geborgenheit zuteil geworden wäre. »Bei mir ist wohl viel Ersatz, letzten Endes«[15], schrieb Golo Mann einmal. Solche Klagen kann und will die Schwester nicht hören. Es war doch alles schön zu Hause. Das ist keine Verklärung, das ist ihre Realität, ihre Wahrnehmung der Atmosphäre im Elternhaus. Wie sich die Geschwister fühlten, hat sie wohl gar nicht gemerkt. Vielleicht auch nicht wissen wollen. Ihr Schicksal sei »wohl das glücklichste gewesen«, sagt sie hochbetagt. »Ich bin auch kein ganz sonniges Temperament. Mir fiel vieles schwer. Aber letztlich habe ich wohl immer mehr meiner Mutter nachgeschlagen.«[16] Elisabeth Mann Borgese stirbt am 8. Februar 2002 im 84. Lebensjahr während eines Skiurlaubs in Sankt Moritz und findet im Familiengrab in Kilchberg ihre letzte Ruhestätte. Die Letzte der Familie, die Einzige auch, die wirklich unbeschwert Kind sein durfte. Das ist wohl das Schönste und Wichtigste, was Eltern einem Kind geben können. Nicht nur einem, sondern einem jeden Kind.

Epilog

Michael Manns Witwe Gret starb im Mai 2007 mit neunzig Jahren in ihrem Haus in Kalifornien, das sie zusammen mit ihrer Adoptivtochter Raju und deren Tochter bewohnte. Eine Aussprache oder gar Versöhnung Gret Manns mit ihren Kindern Frido und Toni hat nicht mehr stattgefunden, ganz im Gegenteil. Auch hier gab es wieder Erbstreitigkeiten. Ingrid Beck-Mann starb 2005 in Leverkusen. Ihre Erbinnen sind die Töchter Claudia Beck-Mann und Katja Geb-Mann. Frido Mann hat Musik, Theologie, Medizin und Psychologie studiert, promoviert, habilitiert und mehrere Bücher geschrieben, darunter den autobiografischen Roman »Parsifal« und seine Autobiografie »Achterbahn«. Das Verhältnis zu seinem einzigen Sohn ist ein völlig anderes als das zu seinem Vater.

Sein Bruder Toni war bis zu seiner Pensionierung Gärtner in Zürich, wo er ein sehr zurückgezogenes Leben führt.

Elisabeths Tochter Dominica ist Professorin für Biologie und hat eine erwachsene Adoptivtochter. Die andere Tochter, Angelica, ist Professorin für Physik und hat zwei erwachsene Kinder. Was sie alle noch über Jahrzehnte verbinden wird, ist nicht nur der große Name, sondern auch Werk und Geld: das Erbe der Manns.

Dank

Mein erster Dank gilt allen im Anhang genannten Autorinnen und Autoren, ohne deren Arbeit mein Buch nicht hätte geschrieben werden können.

Dem Verlag danke ich für das Vertrauen in mein Projekt, Ulrich Wank, Kristin Rotter und Regina Stein für die gute Zusammenarbeit sowie Katrin Pollems-Braunfels für das Lektorat.

Gerrit Sasse hat mir während dieser Arbeit sowohl fachlich als auch menschlich zur Seite gestanden, wofür ich ihm auch an dieser Stelle – und immer – sehr herzlich danke.

Hilfreiche Gespräche, Anregungen und bibliographische Hinweise verdanke ich Susanne Schwertinger, Hannah Lamberti, Dr. Nikolaus von Ranta und Walther Bredow.

Dank an alle Verwandten, Freundinnen und Freunde, die mich begleiten.

Oktober 2009
Andrea Wüstner

Anmerkungen

Vorsatz S. 5:
Zitat Thomas Mann: Tagebücher (Bd. 3), 1918–1921. S. 11.
Zitat Katia Mann in: Golo Mann: Erinnerungen und Gedanken. S. 19.

1
»Einzupassen, einzuleben (soweit es geht)«

1 Thomas Mann an Heinrich Mann, 27.2.1904. In: Thomas Mann/ Heinrich Mann: Briefwechsel. S. 50.
2 Ebd.
3 Katia Mann: Meine ungeschriebenen Memoiren. S. 25.
4 Ebd.
5 Ebd. S. 15 f.
6 Hedwig Pringsheim: Kinderbüchlein 4.9.1881. Zitiert nach: Jens: Katias Mutter. S. 78.
7 Hedwig Pringsheim: Kinderbüchlein 30.12.1891, Zitiert nach: De Mendelssohn: Der Zauberer. Bd. 1. S. 901.
8 Golo Mann: Erinnerungen und Gedanken. S. 219.
9 Hedwig Pringsheim: Kinderbüchlein 1888. Zitiert nach: De Mendelssohn: Der Zauberer Bd. 1. S. 908.
10 Ebd. 8.7.1888, S. 908.
11 Katia Mann: Meine ungeschriebenen Memoiren. S. 10.
12 Katia Mann in einem Brief an Molly Shenstone, 5.2.1941: »for if I recollect all the friendships of my – alas – already so long life I have to realize that I never had a friend I really liked«. Zitiert nach: Jens: Frau Thomas Mann. S. 225.
13 Thomas Mann: Das Bild der Mutter. In: Ders.: Über mich selbst. S. 152.
14 Ebd. S. 153.
15 Sowohl Viktor als auch Thomas Mann erwähnen, dass ihre Mutter gerne auf Fotografien und gemalten Porträts »Verbesserungen« vornahm. Dass die Mutter ihr Kinn kürzer malte, verschweigen beide taktvoll.
16 Julia Mann: Ich spreche so gern mit meinen Kindern. S. 17.

17 Thomas Mann an Agnes Meyer, 29.6.1936. Thomas Mann/Agnes Meyer: Briefwechsel. S. 162.
18 Thomas Mann: Lebensabriß. In: Ders.: Über mich selbst. S. 102.
19 Ebd. S. 101.
20 Ebd.
21 Thomas Mann: »Im Spiegel«. In: Ders.: Über mich selbst. S. 165.
22 Ebd.
23 Ebd. S. 166.
24 Thomas Mann: Lebensabriß. In: Ders.: Über mich selbst. S. 105 f.
25 Thomas Mann an Heinrich Mann, 8.1.1901. In: Thomas Mann/Heinrich Mann: Briefwechsel. S. 16.
26 Thomas Mann an Heinrich Mann, 13.2.1901. In: Thomas Mann/Heinrich Mann: Briefwechsel. S. 19.
27 Ebd.
28 Thomas Mann an Otto Grautoff, 22.2.1901. In: Thomas Mann: Briefe an Otto Grautoff und Ida Boy Ed, S. 136.
29 Thomas Mann an Heinrich Mann, 7.5.1901. In: Thomas Mann/Heinrich Mann: Briefwechsel. S. 27.
30 Ebd. 27.2.1904. S. 50.
31 Thomas Mann an Kurt Martens, 9.6.1904. In: Thomas Mann: Briefe 1889–1936 (Bd. 1.) S. 46.
32 Thomas Mann an Katia Pringsheim, Anfang Juni 1904. In: Thomas Mann, Briefe 1889–1936 (Bd. 1) S. 46.
33 Ebd. 6.6.1904. S. 46.
34 Ebd. an Katia Pringsheim, Ende Juni 1904. S. 48.
35 Ebd. an Katia Pringsheim, Mitte August 1904. S. 52.
36 Hedwig Dohm: Ehemotive und Liebe. In: Dies.: Die neue Mutter. S. 55.
37 Thomas Mann an Heinrich Mann 27.3.1904. In: Thomas Mann/Heinrich Mann: Briefwechsel. S. 52.
38 Ebd. 23.12.1904. S. 54.
39 Ebd.
40 Ebd. S. 55.
41 Ebd. S. 53.
42 Julia Mann an Heinrich Mann, 16.2.1905. In: Julia Mann: Ich spreche so gern mit meinen Kindern. S. 144.
43 Julia Mann an Heinrich Mann, 4.1.1905. In: Julia Mann: Ich spreche so gern mit meinen Kindern. S. 134 f.
44 George W. F. Hallgarten: Als die Schatten fielen. S. 48.
45 Julia Mann an Heinrich Mann. In: Julia Mann: Ich spreche so gern mit meinen Kindern. S. 134 f.

46 Ebd.
47 Ebd.
48 Julia Mann an Heinrich Mann, 16. 2. 1905. In: Julia Mann: Ich spreche so gern mit meinen Kindern. S. 144.
49 Ebd. S. 146.
50 Ebd. S. 145.
51 Ebd. S. 146.
52 Ebd.
53 Ebd.
54 Katia Mann: Meine ungeschriebenen Memoiren. S. 25.
55 Golo Mann: Erinnerungen und Gedanken. S. 19.
56 Katia Mann: Meine ungeschriebenen Memoiren. S. 162.
57 Thomas Mann an Heinrich Mann, 18. 2. 1905. In: Thomas Mann/Heinrich Mann: Briefwechsel S. 56.
58 Ebd. S. 57.
59 Hedwig Pringsheim an Maxmilian Harden, 15. 2. 1905. In: Hedwig Pringsheim: Meine Manns. S. 30.
60 Hedwig Dohm: Die neue Mutter. S. 21.
61 Ebd.
62 Beschreibung dieser Wohnung bei Viktor Mann: Wir waren fünf. S. 112.
63 Thomas Mann: Notizbuch 7. In: Notizbücher 7–14. S. 119.
64 Thomas Mann an Heinrich Mann, 18. 2. 1905. In: Thomas Mann/Heinrich Mann: Briefwechsel. S. 57.
65 Hedwig Pringsheim an Maximilian Harden, 22. 6. 1905. Hedwig Pringsheim: Meine Manns. S. 31.
66 Ebd. S. 32 f.
67 Ebd. Brief v. 6. 9. 1905. S. 29.
68 Thomas Mann: Little Grandma. In: Ders.: Über mich selbst. S. 188.
69 Katia Mann: Meine ungeschriebenen Memoiren. S. 29.
70 Thomas Mann: Little Grandma. In: Ders.: Über mich selbst. S. 189.

2

»Fortsetzung und Wiederbeginn meiner selbst«

1 Thomas Mann an Heinrich Mann, 20. 11. 1905. In: Thomas Mann/Heinrich Mann: Briefwechsel. S. 64.
2 Katia Mann: Meine ungeschriebenen Memoiren. S. 29.
3 Thomas Mann an Heinrich Mann, 17. 1. 1906. In: Thomas Mann/Heinrich Mann: Briefwechsel. S. 68.

4 Katia Mann: Meine ungeschriebenen Memoiren. S. 68.
5 Thomas Mann an Heinrich Mann, 17.1.1906. In: Thomas Mann/Heinrich Mann: Briefwechsel. S. 68.
6 Hedwig Pringsheim an Maximilian Harden, 12.3.1906. In: Dies.: Meine Manns. S. 44.
7 Thomas Mann an Heinrich Mann, 8.6.1906. In: Thomas Mann/Heinrich Mann: Briefwechsel. S. 77 f.
8 Thomas Mann an Heinrich Mann, 11.6.1906. In: Thomas Mann/Heinrich Mann: Briefwechsel S. 79.
9 Thomas Mann an Samuel Fischer, 15.7.1906. In: Thomas Mann: Briefe 1948–1955 (Bd. 3). S. 451.
10 Hedwig Pringsheim: Notizbuch 4. Zitiert nach: De Mendelssohn: Der Zauberer, Bd. 2. S. 1204.
11 Erika Mann im Gespräch mit Roswitha Schmalenbach (1968). In: Erika Mann: Mein Vater, der Zauberer. S. 15.
12 Thomas Mann an Heinrich Mann 5.7.1907. In: Thomas Mann/Heinrich Mann: Briefwechsel. S. 84.
13 Hedwig Pringsheim an Dagny Langen-Sautreau, 8.3.1907. Zitiert nach Wiedemann: Thomas Manns Schwiegermutter erzählt. S. 25 f.
14 Hedwig Pringsheim an Maximilian Harden, 3.12.1908. In: Hedwig Pringsheim: Meine Manns. S. 90.
15 Klaus Mann: Kind dieser Zeit. S. 11.
16 Thomas Mann: Tagebücher Bd. 3 1918–21. Eintrag vom 28.9.1918, S. 18.
17 Katia Mann: Meine ungeschriebenen Memoiren. S. 56.
18 Inés Schmied an Heinrich Mann 6.1.1909. In: Die Familie Mann. Dargestellt von Hans Wißkirchen. S. 42.
19 Thomas Mann an Heinrich Mann 1.4.1909. In: Thomas Mann/Heinrich Mann: Briefwechsel. S. 98.
20 Erika Mann: Blitze überm Ozean. S. 462.
21 Erika Mann: Gespräch mit Roswitha Schmalenbach. In: Erika Mann: Mein Vater, der Zauberer. S. 26 f.
22 Hedwig Pringsheim an Maximilian Harden, 11.5.1909. In: Hedwig Pringsheim: Meine Manns. S. 92.
23 Jens: Frau Thomas Mann. S. 80.
24 Klaus Mann: Kind dieser Zeit. S. 15.
25 Klaus Mann: Der Wendepunkt. S. 49.
26 Hedwig Pringsheim an Maximilian Harden. 19.11.1909. In: Hedwig Pringsheim: Meine Manns. S. 101.
27 Thomas Mann: Karte an W. Opitz, 6.6.1910. Zitiert nach: De Mendelssohn: Der Zauberer, Bd. 2. S. 1378.

28 Monika Mann: Autobiographisches. In: *Neue Deutsche Hefte*, 1980 (27.Jg.) Heft 2, Nr. 166. S. 275.
29 Hedwig Pringsheim: Notizbucheintrag 7. 6. 1910. In: Jens: Frau Thomas Mann. S. 78.
30 Katia Mann: Das Monika-Büchlein. In: De Mendelssohn: Der Zauberer, Bd. 2. S. 1378.
31 Thomas Mann an Ida Boy-Ed. In: Thomas Mann: Briefe an Otto Grautoff und Ida Boy-Ed. S. 170.
32 Viktor Mann: Wir waren fünf. S. 218.
33 Ebd. S. 219.
34 Ebd. S. 224.
35 Ebd. S. 217.
36 Ebd. S. 219.
37 Julia Mann an Heinrich Mann, 22. 12. 1908. In: Julia Mann: Ich spreche so gern mit meinen Kindern. S. 178.
38 Julia Mann an Heinrich Mann, 20. 1. 1911. Ebd. S. 202.
39 Thomas Mann an Heinrich Mann 4. 8. 1910. In: Thomas Mann/Heinrich Mann: Briefwechsel. S. 111 f.
40 Klaus Mann: Der Wendepunkt. S. 48.
41 Thomas Mann: Tagebücher Bd. 3 1918–1921. Eintrag vom 28. 6. 1921. S. 534.
42 Ebd. 15. 6. 1921, S. 531.
43 Ebd. 28. 6. 1921, S. 534.
44 Monika Mann: Autobiographisches. S. 275.
45 Dort begegnete Thomas Mann dem später in »Tod in Venedig« beschriebenen polnischen Knaben, der ihm über alle Maßen gefiel.
46 Katia Mann: Meine ungeschriebenen Memoiren. S. 72.
47 Hedwig Pringsheim: Notizbuch. In: Jens: Frau Thomas Mann. S. 85.
48 Katia Mann: Meine ungeschriebenen Memoiren S. 78.
49 Ebd.
50 Hedwig Pringsheim an Maximilian Harden, 2. 8. 1912. In: Hedwig Pringsheim: Meine Manns. S. 118.
51 Katia Mann: Meine ungeschriebenen Memoiren. S. 25 f., vgl. Kap. 1, Anm. 6.
52 Katia Mann: Das Monika-Büchlein. Zitiert nach: De Mendelssohn: Der Zauberer. Bd. 2. S. 1474.
53 Ebd.
54 Golo Mann: Erinnerungen und Gedanken. S. 13.
55 Katia Mann: Das Monika-Büchlein. Zitiert nach: De Mendelssohn: Der Zauberer. Bd. 2. S. 1475.
56 Golo Mann: Erinnerungen und Gedanken. S. 13.

57 Ebd. S. 22.
58 Klaus Mann: Kind dieser Zeit. S. 20.
59 Ebd. S. 21.
60 Ebd. S. 22.
61 Klaus Mann: Der Wendepunkt. S. 36.
62 Ebd.
63 Zitiert nach: De Mendelssohn: Der Zauberer. Bd. 2. S. 1475.
64 Michael Mann: Erinnerungen an meinen Vater. In: Ders.: Fragmente eines Lebens. Darin erzählt Michael Mann, wie er die Handbremse des geparkten neuen Autos löste, woraufhin Thomas Mann seinem Sohn mit dessen Spazierstock »einige empfindliche Schläge« versetzte. S. 148 f.
65 Klaus Mann: Der Wendepunkt. S. 31 und Tagebuch Golo Mann 16.10.1931, wo er rückblickend von Prügel spricht. In: Lahme: Golo Mann. S. 22.
66 Klaus Mann: Kind dieser Zeit. S. 17.
67 Ebd. S. 37.
68 Siehe Klaus Mann: Kind dieser Zeit, S. 37, und Erika Mann: Mein Vater, der Zauberer. S. 14.
69 Klaus Mann: Kind dieser Zeit. S. 37.
70 George W. Hallgarten berichtet darüber in seinen Memoiren. Er und sein Bruder Ricki waren sprachlos. In: Hallgarten: Als die Schatten fielen. S. 46.
71 Golo Mann: Erinnerungen und Gedanken. S. 15.
72 Ebd. S. 16 f.
73 Ebd. S. 14.
74 Klaus Mann: Der Wendepunkt. S. 86.
75 Monika Mann: Vergangenes und Gegenwärtiges. S. 12.
76 Ebd. S. 23.
77 Golo Mann: Erinnerungen und Gedanken. S. 362.
78 Klaus Mann: Kind dieser Zeit. S. 24 f.

3

»Wir waren alle vorwiegend nett«

1 Klaus Mann: Kind dieser Zeit. S. 17 f.
2 Klaus Mann: Der Wendepunkt. S. 33.
3 Elisabeth Mann Borgese: Aufstieg der Frau. S. 239.
4 Erika Mann: Gespräch mit Roswitha Schmalenbach. In: Mein Vater, der Zauberer. S. 18.

5 Klaus Mann: Kind dieser Zeit. S. 18 f.
6 Ebd. S. 22.
7 Klaus Mann: Der Wendepunkt. S. 36.
8 Ebd. S. 34.
9 Ebd. S. 38.
10 Klaus Mann: Kind dieser Zeit. S. 28 f.
11 Ebd. S. 31.
12 George W. Hallgarten: Als die Schatten fielen. S. 48.
13 Golo Mann: Erinnerungen und Gedanken. S. 48.
14 Ebd. S. 12.
15 Ebd. S. 16.
16 Erika Mann: Gespräch mit Roswitha Schmalenbach. In: Erika Mann: Mein Vater, der Zauberer. S. 13.
17 Ebd. S. 18.
18 Klaus Mann: Der Wendepunkt. S. 59.
19 Ebd. S. 62.
20 Golo Mann: Erinnerungen und Gedanken. S. 35 ff.
21 Klaus Mann: Der Wendepunkt. S. 67.
22 Klaus Mann: Kind dieser Zeit. S. 51.
23 Thomas Mann an Peter Pringsheim, 18.12.1915. In: Thomas Mann: Briefe 1948–1955 (Bd. 3). S. 464.
24 Golo Mann: Erinnerungen und Gedanken. S. 33.
25 Ebd. S. 41 f.
26 Hedwig Pringsheim an Maximilian Harden, 7.4.1917. In: Hedwig Pringsheim: Meine Manns. S. 197 f.
27 Monika Mann: Vergangenes und Gegenwärtiges. S. 16 f.
28 Katia Mann: Meine ungeschriebenen Memoiren. S. 38 f.
29 Heinrich Mann an Thomas Mann, 30.12.1917. In: Thomas Mann/Heinrich Mann: Briefwechsel. S. 136.
30 Thomas Mann an Heinrich Mann, 3.1.1918. In: Thomas Mann/Heinrich Mann: Briefwechsel. S. 137.
31 Heinrich Mann an Thomas Mann, Entwurf einer Antwort, nicht abgeschickt. Ebd. S. 139.
32 Thomas Mann an Heinrich Mann, 3.1.1918. Ebd. S. 138.
33 Golo Mann: Erinnerungen und Gedanken. S. 54.
34 Ebd.
35 Hedwig Pringsheim an Maximilian Harden, 27.4.1918. In: Hedwig Pringsheim: Meine Manns. S. 223.

4
»Erziehung ist Atmosphäre, weiter nichts«

1 Hedwig Pringsheim an Maximilian Harden 27.4.1918. In: Hedwig Pringsheim: Meine Manns. S. 224.
2 Hedwig Pringsheim an Maximilian Harden, 24.5.1918. Ebd. S. 228.
3 Ebd.
4 Thomas Mann: Gesang vom Kindchen. In: Ders.: Sämtliche Erzählungen. Bd. 2. S. 106.
5 Ebd. S. 101.
6 Ebd. S. 103.
7 Thomas Mann: Tagebücher Bd. 3 1918–1921. Eintrag vom 14.9.1918. S. 5.
8 Ebd. Eintrag vom 20.9.1918. S. 11.
9 Ebd. Eintrag vom 30.9.1918. S. 20.
10 Ebd. Eintrag vom 28.9.1918. S.17 f.
11 In: Katia Mann: Meine ungeschriebenen Memoiren. S. 56.
12 Klaus Mann: Bildnis des Vaters. In: Ders.: Woher wir kommen und wohin wir müssen. S. 213 f.
13 Thomas Mann: Tagebücher Bd. 3 1918–1921. Eintrag vom 11.10.1918. S. 30.
14 Ebd. Eintrag vom 13.11.1918. S. 76 f.
15 Klaus Mann: Kind dieser Zeit. S. 76 f.
16 Ebd. S. 78.
17 Bruno Walter: Thema und Variationen. S. 294.
18 Klaus Mann: Kind dieser Zeit. S. 80.
19 Monika Mann: Vergangenes und Gegenwärtiges. S. 18.
20 Thomas Mann: Tagebücher Bd. 3 1918–1921. Eintrag vom 21.4.1919. S. 208.
21 Katia Mann: Meine ungeschriebenen Memoiren. S. 29.
22 Thomas Mann Tagebücher Bd. 3 1918–1921. Eintrag vom 22.4.1919. S. 209.
23 Ebd. Eintrag vom 23.4.1919. S. 210.
24 Ebd. Eintrag vom 27.4.1919. S. 213.
25 Katia Mann an Thomas Mann, 4.6.1920. Thomas Mann Archiv Zürich.
26 Thomas Mann Tagebücher Bd. 3 1918–1921. Eintrag vom 13.2.1920. S. 378.
27 Ebd. Eintrag vom 3.5.1920. S. 430.
28 Ebd. Eintrag vom 5.5.1920. S. 431 f.
29 Klaus Mann: Kind dieser Zeit. S. 98 f.

30 Thomas Mann: Tagebücher Bd. 3 1918–1921. Eintrag vom 22. 6. 1920 S. 448.
31 Ebd. Eintrag vom 14. 6. 1920. S. 447.
32 Ebd. Eintrag vom 5. 7. 1920. S. 451.
33 Ebd. Eintrag vom 14. 7. 1920. S. 453.
34 Ebd. Eintrag vom 25. 7. 1920. S. 454.
35 Ebd. Eintrag vom 27. 7. 1920. S. 455.
36 Ebd. Eintrag vom 3. 9. 1920. S. 464.
37 Ebd. Eintrag vom 17. 10. 1920. S. 470.
38 Ebd. Eintrag vom 3. 9. 1920. S. 464.
39 Katia Mann an Erika Mann: 26. 9. 1920 Thomas Mann Archiv Zürich.
40 Klaus Mann: Kind dieser Zeit. S. 106.
41 Ebd. S. 108 f.
42 Katia Mann: Meine ungeschriebenen Memoiren. S. 54.
43 Klaus Mann an Thomas Mann, 6. 6. 1922. In: Klaus Mann: Briefe Bd. 1. S. 9.
44 Klaus Mann an Thomas Mann, 17. 6. 1920. Ebd. S.10.
45 Klaus Mann: Kind dieser Zeit. S. 133.
46 Marina Ewald an Paul Geheeb, 11. 8. 1922. Archiv der Odenwaldschule.
47 Christian Eggers: Entwicklungspsychologische Aspekte aggressiven Verhaltens. In: Lehmkuhl, Ulrike (Hrsg.): Aggressives Verhalten bei Kindern und Jugendlichen. Göttingen 2003. S. 38 f.
48 Klaus Mann: Der Wendepunkt. S. 141.
49 Klaus Mann: Kind dieser Zeit. S. 158.

5

»Dem Leben und dem Tode vertrauensvoll entgegensehen«

1 Golo Mann: Erinnerungen und Gedanken. S. 91 f.
2 Ebd. S. 95.
3 Ebd. S. 113.
4 Ebd. S. 119.
5 Katia an Erika Mann, 5. 10. 1924. Thomas-Mann-Archiv Zürich.
6 Monika Mann: Vergangenes und Gegenwärtiges. 2001. S. 40.
7 Golo Mann: Erinnerungen und Gedanken. S. 145.
8 Monika Mann: Vergangenes und Gegenwärtiges. 2001. S. 49.
9 Ebd. S. 50.
10 Ebd. S. 52.
11 Michael Mann: Erinnerungen an meinen Vater. In: Ders.: Fragmente eines Lebens. S. 150.

12 Klaus Mann: Der Wendepunkt. S. 156 f.
13 Ebd.
14 Ebd.
15 Ebd. S. 150 f.
16 Thomas Mann: Erinnerungen aus der deutschen Inflation. In: Ders.: Über mich selbst. S. 373.
17 Klaus Mann: Kind dieser Zeit. S. 171 f.
18 Thomas Mann: Unordnung und frühes Leid. In: Thomas Mann: Sämtliche Erzählungen Bd. 2. S. 141.
19 Ebd. S. 166.
20 Ebd. S. 151.
21 Ebd. S. 152.
22 Klaus Mann an Pamela Wedekind, 24. 6. 1924. In: Klaus Mann: Briefe und Antworten. Bd. 1. S. 18.
23 Klaus Mann: Kind dieser Zeit. S. 192.
24 Erika Mann an Pamela Wedekind, 23. 7. 1924. In: Erika Mann: Briefe und Antworten. Bd. 1. S. 11.
25 Katia Mann: Meine ungeschriebenen Memoiren. S. 47.
26 Klaus Mann: Kind dieser Zeit. S. 192.
27 Klaus Mann: Der Wendepunkt. S. 182.
28 Thomas Mann an Erika Mann, 7. 5. 1925. In: Thomas Mann: Briefe 1889–1936 (Bd. 1) S. 239.
29 Thomas Mann an Erika Mann, 6. 11. 1925. Ebd. S. 248 f.
30 Gustaf Gründgens: Entwurf zu einer Selbstbiographie. Zürich 29. 8. 52 In: Gustaf-Gründgens-Ausstellung. S. 7.
31 Erika Mann an Pamela Wedekind, datiert Juni, tatsächlich aber Ende Juli 1926 geschrieben. In: Erika Mann: Briefe und Antworten. Bd. 1. S. 13.
32 Katia Mann: Meine ungeschriebenen Memoiren. S. 109.
33 Klaus Mann: Mephisto. S. 171 f.
34 Golo Mann: Erinnerungen und Gedanken. S. 258.
35 Klaus Mann: Die neuen Eltern. In: Klaus Mann: Woher wir kommen und wohin wir müssen. S. 36.
36 Die neuen Kinder. Ein Gespräch W. E. Süskinds mit Thomas und Klaus Mann. In: Klaus Mann: Woher wir kommen und wohin wir müssen. S. 38 f.
37 Thomas Mann an Erika Mann, 17. 10. 1926. In: Thomas Mann Briefe 1889–1936 (Bd. 1). S. 259.
38 Klaus Mann: Der Wendepunkt. S. 197.
39 Golo Mann: Erinnerungen und Gedanken. S. 198.
40 Ebd. S. 211.

41 Ebd. S. 219.

42 Siehe Regnier: Du auf deinem höchsten Dach, S. 237, wo aus dem Tagebuch Kadidjas zitiert wird.

43 Elisabeth Mann Borgese im Gespräch mit Heinrich Breloer. In: Breloer: Unterwegs zur Familie Mann. S. 474.

44 Michael Mann: Erinnerungen an meinen Vater (1975). In: Ders.: Fragmente eines Lebens. S. 148.

45 Elisabeth Mann Borgese im Gespräch mit Heinrich Breloer. In: Breloer/Königstein: Die Manns. S. 35

46 Monika Mann: Vergangenes und Gegenwärtiges. 2001. S. 19.

47 Golo Mann: Erinnerungen und Gedanken. S. 82.

48 Ebd. S. 85.

49 Ebd. S. 220 f.

50 Monika Mann: Vergangenes und Gegenwärtiges. 2001. S. 26.

51 Karl Werner Böhm im Interview mit Ursula Benser, geb. Heuser. In: Böhm: Zwischen Selbstzucht und Verlangen. S. 375 f.

52 Karl Werner Böhm im Gespräch mit Klaus Heuser. Ebd. S. 378. Da als Klaus Heusers Alter verschiedentlich 17 Jahre angegeben wird, sei auf Böhms Information hingewiesen, dass Klaus Heuser am 12. 4. 1909 in Rom geboren wurde.

53 Thomas Mann an Ernst Bertram, 4. 9. 1927. In: Thomas Mann an Ernst Bertram. Briefe aus den Jahren 1910–1955. S. 160.

54 Ebd. S. 379.

55 Elisabeth Mann Borgese im Gespräch mit Heinrich Breloer. In: Breloer: Unterwegs zur Familie Mann. S. 61.

56 Thomas Mann: Tagebücher Bd. 1 1933–1934. Eintrag vom 24. 1. 1934. S. 296.

57 Thomas Mann an Erika und Klaus Mann, 19. 10. 1927. Erika Mann: Mein Vater, der Zauberer. S. 70 f.

58 Katia Mann an Erika Mann, 19. 10. 1927. Thomas Mann Archiv Zürich.

59 Sie veröffentlichen ihre Erlebnisse 1929 unter dem Titel: Rundherum. Reisebericht der Geschwister Klaus und Erika Mann durch das Amerika der zwanziger Jahre (New York, Hollywood), Japan und »Russland« bei S. Fischer.

60 Thomas Mann: Lebensabriß. Erstveröffentlichung Juni 1930. In: Thomas Mann: Über mich selbst. S. 142 f.

61 Ebd. S. 145.

62 Thomas Mann an Erika Mann, 6. 6. 1929. In: Thomas Mann: Briefe 1889–1936 (Bd. 1). S. 293 f.

6
»Eine kindliche Verlängerung meiner selbst«

1 Klaus Mann: Der Wendepunkt. S. 242.
2 Monika Mann: Vergangenes und Gegenwärtiges. 2001. S. 24.
3 Thomas Mann an Ernst Bertram, 28.12.1926. In: Thomas Mann/Ernst Bertram: Briefwechsel. S. 154.
4 Golo Mann: Erinnerungen und Gedanken. S. 431. Augustinus von Hippo, einer der Kirchenväter, geboren 354, ist im Jahr 430 n. Chr. gestorben.
5 Ebd. S. 362.
6 Klaus Mann: Der Wendepunkt. S. 277 ff.
7 Golo Mann: Erinnerungen und Gedanken. S. 433.
8 Ebd. S. 277.
9 Monika Mann: Der Start. S. 108.
10 Thomas Mann: Mein Sommerhaus. In: Thomas Mann: Über mich selbst. S. 394.
11 Klaus Mann: Der Wendepunkt. S. 246 f.
12 Klaus Mann: Bildnis des Vaters.(1938) In: Klaus Mann: Woher wir kommen und wohin wir müssen. S. 218.
13 Golo Mann: Erinnerungen und Gedanken. S. 431.
14 *Völkischer Beobachter*, 16.1.1932. Zitiert nach Irmela von der Lühe: Erika Mann. S. 88.
15 Klaus Mann: Der Wendepunkt. S. 302.
16 Golo Mann: Erinnerungen an meinen Bruder Klaus. S. 377.
17 Klaus Mann: Der Wendepunkt. S. 313.
18 Thomas Mann an Erika und Klaus Mann, 25.5.1932. Thomas Mann: Briefe 1889–1936 (Bd. 1). S. 318.
19 Klaus Mann: Der Wendepunkt. S. 273.
20 Ebd. S. 273 f. Der Dirigent Arturo Toscanini hatte sich 1931 geweigert, im faschistischen Italien die Hymne Mussolinis zu spielen, woraufhin es tätliche Angriffe des Publikums gab.
21 Golo Mann: Erinnerungen an meinen Bruder Klaus. S. 376.
22 Ebd.
23 Golo Mann: Erinnerungen und Gedanken. S. 440.
24 Klaus Mann: Tagebücher 1931–1933. S. 108. Eintrag vom 3.1.1933.
25 Ebd. Eintrag vom 5.1.1933. S. 109.
26 Ebd. Eintrag vom 30.1.1933. S. 113.
27 Ebd. Eintrag vom 2.2.1933. S. 114.
28 Ebd. Eintrag vom 6.2.1933. S. 115.
29 Michael Mann an Katia Mann: 31.1.1933. In: Michael Mann: Fragmente eines Lebens. S. 11 f.

30 Klaus Mann: Tagebücher 1931–1933. Eintrag vom 21. 2. 1933. S. 119.
31 Ebd. Eintrag vom 19. 2. 1933. S. 118.
32 Katia Mann: Meine ungeschriebenen Memoiren. S. 126 f.
33 Thomas Mann: Tagebücher Bd. 1 1933–1934. Eintrag vom 15. 3. 1933. S. 3.
34 Ebd. Eintrag vom 16. 3. 1933. S. 6.
35 Ebd. Eintrag vom 19. 3. 1933. S. 11.
36 Elisabeth Mann Borgese im Gespräch mit Heinrich Breloer. In: Breloer: Unterwegs zur Familie Mann. S. 75.
37 Holzer: Elisabeth Mann Borgese. S. 35.
38 Viola Roggenkamp hat in ihrem Buch »Erika Mann. Eine jüdische Tochter« sehr ausführlich »Über Erlesenes und Verleugnetes in der Familie Mann-Pringsheim« geschrieben.
39 Monika Mann: Der Start. S. 108 f.
40 Katia Mann: Meine ungeschriebenen Memoiren. S. 65.
41 Erika Mann im Gespräch mit Roswitha Schmalenbach. In: Erika Mann: Mein Vater, der Zauberer. S. 39.
42 Thomas Mann: Tagebücher Bd. 1 1933–1934. Eintrag vom 17. 6. 1933. S. 114.
43 Golo Mann: Erinnerungen und Gedanken. S. 526.
44 Ebd. S. 536.
45 Thomas Mann an René Schickele, 23. 4. 33. In: Thomas Mann: Briefe 1889–1936 (Bd. 1). S. 330 f.
46 Golo Mann: Erinnerungen und Gedanken. S. 541.
47 Thomas Mann: Tagebücher Bd. 1 1933–1934. Eintrag vom 10. 5. 1933. S. 81.
48 Golo Mann: Erinnerungen und Gedanken. S. 541.
49 Golo Mann: Lehrjahre in Frankreich. S. 14.
50 Auch René Schickele erzählt davon in seinen Tagebüchern. Siehe: Schickele: Werke in drei Bänden. 3. Bd. S. 1055.
51 Golo Mann: Lehrjahre in Frankreich. S. 15.
52 Thomas Mann: Tagebücher Bd. 1 1933–1934. Eintrag vom 20. 7. 1933. S. 132.
53 Ebd. Eintrag vom 21. 7. 33. S. 134.
54 Klaus Mann an Katia Mann: 19. 7. 1933. In: Klaus Mann: Briefe und Antworten. Bd. 1. S. 113 f.
55 Katia Mann: Meine ungeschriebenen Memoiren. S. 106.
56 Tagebucheintrag René Schickele am 4. August 1933. In: René Schickele: Werke in drei Bänden. 3. Bd. S. 1053.
57 Elisabeth Mann Borgese berichtet darüber in ihren Gesprächen mit Heinrich Breloer. Es handelt sich dabei um »Blähungen und solche

Sachen, da hat sie sich schiefgelacht.« Siehe Breloer: Unterwegs zur Familie Mann. S. 46. Nebenbei bemerkt litt Thomas Mann lebenslang unter quälenden Blähungen und wird solche Witze nicht gerne gehört haben.

58 Tagebucheintrag René Schickele am 4. August 1933. René Schickele: Werke in drei Bänden. 3. Bd. S. 1052.

59 Monika Mann im Gespräch mit Gabriel Laub. NDR Mai 1979. In: Monika Mann: Das fahrende Haus. S. 15.

60 Thomas Mann: Tagebücher Bd. 1 1933–1934. Eintrag vom 24. 1. 1933. S. 297.

61 Thomas Mann: Tagebücher Bd. 2 1935–1936. Eintrag vom 19. 10. 1936. S. 382.

62 Thomas Mann: Tagebücher Bd. 1 1933–1934. Eintrag vom 3. 3. 1934. S. 346.

63 Ebd. Eintrag vom 4. 3. 1933. S. 347.

64 Ebd. Eintrag vom 5. 7. 1934. S. 460.

65 Ebd. Eintrag vom 13. 9. 1934. S. 526.

66 Golo Mann: Lehrjahre in Frankreich. S. 40 f.

67 Thomas Mann: Tagebücher Bd. 1 1933–1934. Eintrag vom 24. 1. 1934. S. 297.

68 Klaus Mann an Katia Mann, 5. 7. 1934.

69 Klaus Mann an Katia Mann, 28. 11. 1934.

70 Klaus Mann an Katia Mann, 11. 8. 1935.

71 Klaus Mann an Katia Mann, August 1939.

72 Hans Sahl: Das Exil im Exil. S. 43 f.

73 Thomas Mann: Tagebücher Bd. 1 1933–1934. Eintrag vom 1. 7. 1934. S. 455.

74 Ebd. Eintrag vom 12. 11. 1934. S. 565.

75 Elisabeth Mann Borgese im Gespräch mit Heinrich Breloer (1998). In: Breloer: Unterwegs zur Familie Mann. S. 80.

76 Ebd.

77 Zitat Elisabeth Mann Borgese. In: Holzer: Elisabeth Mann Borgese. S. 89.

78 Ebd. S. 89 f.

79 Thomas Mann: Tagebücher Bd. 4 1937–1939. Eintrag vom 23. 10. 1938. S. 312.

80 Thomas Mann: Tagebücher Bd. 1 1933–1934. Eintrag vom 10. 7. 1934. S. 466.

81 Klaus Mann: Tagebücher 1934–1935. Eintrag vom 9. 11. 1935. S. 143.

82 Thomas Mann: Tagebücher Bd. 2 1935–1936. Eintrag vom 22. 11. 1935. S. 210.

83 Ebd. Eintrag vom 14. 4. 1936. S. 291.
84 Ebd. Eintrag vom 14. 5. 1936. S. 302.
85 Ebd. Eintrag vom 15. 5. 1936.
86 René Schickele an Gräfin Ilse Seilern, 11. 6. 1936. In: René Schickele: Werke in drei Bänden. 3. Bd. S. 1236.
87 Thomas Mann: Tagebücher Bd. 2 1935–1936. Eintrag vom 28. 11. 1936. S. 400.
88 Ebd. Eintrag vom 29. 11. 1936. S. 401.
89 Michael Mann an Katia Mann: vermutlich 18. 3. 1937 (von den Herausgebern Tubach mit Fragezeichen versehen). In: Michael Mann: Fragmente eines Lebens. S. 15.
90 Thomas Mann an Klaus Mann, 24. 8. 1933. In: Klaus Mann: Briefe und Antworten. Bd. 1. S. 124.
91 Thomas Mann an Klaus Mann, 13. 9. 1933. Ebd. S. 133 f.
92 Ebd.
93 Thomas Mann: Tagebücher Bd. 2 1935–1936. Eintrag vom 31. 1. 1935. S. 25.
94 Ebd. Eintrag vom 21. 2. 1935. S. 41.
95 Michael Mann: Die eröffneten Tagebücher Thomas Manns. Zum Todestag des Dichters (12. August 1955). In: Michael Mann: Fragmente eines Lebens. S. 159.
96 Thomas Mann an Ernst Bertram: 9. 1. 1934. In: Thomas Mann: Briefe 1889–1936 (Bd. 1). S. 346 f.
97 Thomas Mann: Tagebücher Bd. 2 1935–1936. Eintrag vom 14. 1. 1936. S. 240.
98 Erika Mann an Thomas Mann, 19. 1. 1934. In: Erika Mann: Briefe Bd. 1. S. 72 f.
99 Thomas Mann: Tagebücher Bd. 2 1935–1936. Eintrag vom 21. 1. 1936. S. 245.
100 Katia Mann an Erika Mann, 21. 1. 1936. In: Erika Mann: Briefe. Bd. 1. S. 76 f.
101 Erika Mann an Katia Mann, 23. 1. 1936. Ebd. S. 79.
102 Thomas Mann: Tagebücher Bd. 2 1935–1936. Eintrag vom 24. 1. 1936. S. 246.
103 Thomas Mann an Erika Mann, 24. 1. 1936. In: Erika Mann: Briefe Bd. 1. S. 80 f.
104 Erika Mann an Thomas Mann, 26. 1. 1936. Ebd. S. 86 f.
105 Klaus Mann: Tagebücher 1936–1937. Eintrag vom 27. 1. 1936. S. 17.
106 Ebd. Eintrag vom 28. 1. 1936.
107 Ebd. Eintrag vom 29. 1. 1936. S. 17.
108 Thomas Mann: Tagebücher Bd. 2 1935–1936. Eintrag vom 28. 1. 1936. S. 249.

109 Ebd. Eintrag vom 29.1.1936.
110 Ebd. Eintrag vom 31.1.1936. S. 250.
111 Klaus Mann: Tagebücher 1936–1937. Eintrag vom 4.2.1936. S. 19.
112 Erika Mann, 6.2.1936. In: Erika Mann: Briefe und Antworten Bd. 1. S. 90.
113 Thomas Mann: Offener Brief an Eduard Korrodi 3.2.1936. In: Thomas Mann: Briefe 1889–1936 (Bd. 1). S. 413.
114 Erika Mann an Katia Mann, 27.11.1936. In: Erika Mann: Briefe und Antworten. Bd. 1. S. 102.
115 Erika Mann an Katia Mann, 1.2.1937. Ebd. S. 109 f. Mit »Bockbeinige Spinnurschel« ist Therese Giehse gemeint.
116 Thomas Mann an Erika Mann, 9.3.1937. In: Thomas Mann: Briefe 1937–1947 (Bd. 2). S. 17 f.
117 Erika Mann an Katia Mann, 1.5.1937.In: Erika Mann: Briefe und Antworten. Bd. 1. S. 121.
118 Erika Mann an Katia Mann, 3.8.1937. Ebd. S. 123.
119 Klaus Mann: Tagebücher 1936–1937. Eintrag vom 25.2.1937. S. 109 f. »Flucht i.d.N.« bezieht sich auf Klaus Manns Romans »Flucht in den Norden« von 1934, »Mephisto« erschien 1936.
120 Klaus Mann: Tagebücher 1936–1937. Eintrag vom 5.4.1937. S. 121 f.
121 Ebd. Eintrag vom 23.3.1937. S. 118.
122 Ebd. Eintrag vom 26.3.1937. S. 119.
123 Katia Mann an Klaus Mann, 28.5.1937. Monacensia.
124 Thomas Mann: Lotte in Weimar. Frankfurt/Main 1982. S. 145.
125 Ebd. S. 213.
126 Golo Mann: Lehrjahre in Frankreich. S. 138 f.
127 Thomas Mann: Tagebücher Bd. 2 1935–1936. Eintrag vom 17.10.1936. S. 381 f.
128 Golo Mann an Klaus Mann, 11.12.1936. Golo Mann: Briefe 1932–1992. S. 26.
129 Monika Mann: Schule der Weltbürger. In: Monika Mann: Das fahrende Haus. S. 33.
130 Ebd.
131 Klaus Mann an Katia Mann, 1.6.1938. In: Klaus Mann: Briefe und Antworten. Bd. 2. S. 47.
132 Erika Mann an Thomas und Katia Mann: 1.6.1938. In: Erika Mann: Mein Vater, der Zauberer. S. 127.
133 Michael Mann an Katia Mann: 16.11.1937. In: Michael Mann: Fragmente eines Lebens. S. 39.
134 Thomas Mann: Tagebücher Bd. 4 1937–1939. Eintrag vom 11.12.1937. S. 141.

135 Ebd. Eintrag vom 22. 1. 1938. S. 163.
136 Ebd. Eintrag vom 23. 1. 1936. S. 164.
137 Ebd. Eintrag vom 30. 1. 1938. S. 168.
138 Ebd. Eintrag vom 19. 2. 1938. S. 179 f.
139 Monika Mann im Gespräch mit Heinrich Breloer. In: Breloer: Die Manns. S. 31.
140 Elisabeth Mann Borgese im Gespräch mit Heinrich Breloer. In: Breloer: Unterwegs zur Familie Mann. S. 98.

7
»Na ja, wir sind halt sehr fein«

1 Katia Mann: Meine ungeschriebenen Memoiren. S. 121 f.
2 Thomas Mann: Tagebücher Bd. 4 1937–1939. Eintrag vom 29. 9. 1938 S. 300.
3 Katia Mann: Meine ungeschriebenen Memoiren. S. 122.
4 Neben vielen von Katia Mann nach Diktat getippten Briefen existieren auch Tausende von Thomas Mann handschriftlich verfasste Korrespondenzen. Katia Mann war nach seinem Tod erstaunt, wie viele sehr persönliche Briefe auftauchten, darunter etwa 300 Schreiben an Ida Herz.
5 Michael Mann: Wunschzettel »Winsche für Christmess 1938«. Typoskript in: Michael Mann: Fragmente eines Lebens. S. 16. Schreibweise wurde aus der Vorlage übernommen.
6 Thomas Mann: Tagebücher Bd. 4 1937–1939. Eintrag vom 24. 12. 1938. S. 336.
7 Thomas Mann an Stefan Zweig, 28. 12. 1938. Thomas Mann: Briefe 1937–1947 (Bd. 2). S. 73.
8 Thomas Mann an Giuseppe Antonio Borgese, 4. 6. 1939. Typoskript in: Holzer: Elisabeth Mann Borgese. S. 98 f.
9 Erika Mann an Thomas Mann, 26. 11. 1939. In: Erika Mann: Mein Vater, der Zauberer. S. 141.
10 Thomas Mann: Tagebücher Bd. 4 1937–1939. Eintrag vom 23. 11. 1939. S. 503.
11 Erika Mann an Thomas Mann, 26. 11. 1939. In: Erika Mann: Mein Vater, der Zauberer. S. 142 f.
12 Häufig gebrauchte Bezeichnung Katia Manns für Elisabeth.
13 Holzer: Elisabeth Mann Borgese. S. 110 f.
14 Elisabeth Mann Borgese im Gespräch mit Heinrich Breloer. In: Breloer: Unterwegs zur Familie Mann. S. 130.

15 Thomas Mann: Tagebücher Bd. 4 1937–1939. Eintrag vom 4. 3. 1939. S. 368.
16 Ebd. Eintrag vom 26. 2. 1939. S. 366.
17 Ebd. Eintrag vom 1. 3. 1939. S. 366.
18 Ebd. Eintrag vom 6. 3. 1939. S. 368.
19 Michael Mann an Katia Mann, 9. 10. 1939. In: Michael Mann: Fragmente eines Lebens. S. 20 f.
20 Michael Mann an Katia Mann, 9. 11. 1939. Ebd. S. 22 f.
21 Michael Mann an Katia Mann, 28. 8. 1939. Ebd. S. 25.
22 Hedwig Pringsheim: Notizbucheintrag vom 31. 10. 1939. In: Jens: Katias Mutter. S. 231.
23 Erika Mann an Katia Mann, 17. 11. 1939. In: Erika Mann: Briefe und Antworten Bd. 1. S. 144.
24 Monika Mann: Vergangenes und Gegenwärtiges. 2001. S. 72.
25 Klaus Mann an Katia Mann, 1. 6. 1938. In: Klaus Mann: Briefe Bd. 2. S. 47.
26 Thomas Mann: Tagebücher Bd. 5 1937–1939. Eintrag vom 19. 8. 1939. S. 453.
27 Ebd. Eintrag vom 23. 8. 1939. S. 455.
28 Katia Mann an Klaus Mann, 22. 8. 1939. Monacensia.
29 Klaus Mann an Hermann Kesten, 14. 8. 1940. In: Klaus Mann: Briefe Bd. 2. S. 111.
30 Katia Mann an Klaus Mann, 22. 8. 1939. Monacensia.
31 Thomas Mann an Agnes Meyer, 8. 8. 1940. In: Thomas Mann/Agnes Meyer: Briefwechsel. S. 221.
32 Thomas Mann: Tagebücher 1940–1943. Eintrag vom 31. 5. 1940. S. 87.
33 Monika Mann: Vergangenes und Gegenwärtiges. 2001. S. 75 f.
34 Ebd. S. 76.
35 Elisabeth Mann Borgese im Gespräch mit Heinrich Breloer. In: Breloer: Unterwegs zur Familie Mann. S. 286.
36 Monika Mann: Vergangenes und Gegenwärtiges. 2001. S. 76.
37 Ebd. S. 77 f.
38 Ebd. S. 79.
39 Helga Keiser-Hayne: Monika Mann: Trauma und verwegene Skizzen.
40 Elisabeth Mann Borgese im Gespräch mit Heinrich Breloer. In: Breloer: Unterwegs zur Familie Mann. S. 130.
41 Monika Mann: Vergangenes und Gegenwärtiges. 2001. S. 79.
42 Thomas Mann: Tagebücher Bd. 5 1940–1943. Eintrag vom 24. 9. 1940. S. 153.
43 Klaus Mann an Katia Mann, 1. 6. 1938. In: Klaus Mann: Briefe Bd. 2. S. 47.
44 Klaus Mann: Tagebücher 1940–1943. Eintrag vom 26. 9. 1940. S. 65.

45 Breloer: Unterwegs zur Familie Mann. S. 130.
46 Thomas Mann: Tagebücher Bd. 5 1940–1943. Eintrag vom 30. 9. 1940. S. 157.
47 Ebd. Eintrag vom 25. 9. 1940. S. 154.
48 Ebd. Eintrag vom 28. 9. 1940. S. 156.
49 Monika Mann: Vergangenes und Gegenwärtiges. 2001. S. 79.
50 Ebd.
51 Thomas Mann: Tagebücher Bd. 5 1940–1943. Eintrag vom 28. 10. 1940. S. 171.
52 Ebd. Eintrag vom 29. 10. 1940.
53 Monika Mann: Vergangenes und Gegenwärtiges. S. 79.
54 Thomas Mann: Tagebücher Bd. 5 1940–1943. Eintrag vom 29. 11. 1940. S. 186.
55 Golo Mann: Lehrjahre in Frankreich. S. 241.
56 Ebd. S. 253.
57 Varian Fry: Auslieferung auf Verlangen. S. 87 f.
58 Gespräch mit Helga Maria Prinzessin zu Löwenstein und Volkmar Zühlsdorff. In: Breloer: Unterwegs zur Familie Mann. S. 313.
59 Ebd. S. 329.
60 Ebd. S. 315.
61 Thomas Mann: Tagebücher Bd. 5 1940–1943. Eintrag vom 28. 6. 1941. S. 287.
62 Erika Mann an Katia und Thomas Mann: 25. 8. 1941. In: Erika Mann: Mein Vater, der Zauberer. S. 159.
63 Klaus Mann: Der Wendepunkt. S. 455.
64 Ebd. S. 474.
65 Gespräch mit Charles Neider. In: Breloer: Unterwegs zur Familie Mann. S. 343.
66 Katia Mann an Klaus Mann, 23. 9. 1941. Monacensia.
67 Klaus Mann an Thomas, Katia und Golo Mann, 30. 7. 1941. In: Klaus Mann: Briefe Band 2. S. 157.
68 Klaus Mann an Katia Mann, 26. 8. 1941. Ebd. S. 158.
69 Gespräch mit Helga Maria Prinzessin zu Löwenstein und Volkmar Zühlsdorff. In: Heinrich Breloer: Unterwegs zur Familie Mann. S. 334.
70 Klaus Mann an Thomas, Katia und Golo Mann, 30. 7. 1941. In: Klaus Mann: Briefe Band 2. S. 156.
71 Ebd. S. 157.
72 Golo Mann: Erinnerungen an meinen Bruder Klaus. S. 390 f. In seinem Aufsatz zitiert Golo Mann Briefe an Klaus Mann aus dem zweiten Halbjahr 1941.
73 Thomas Mann an Klaus Mann, 11. 6. 1941. Thomas Mann: Briefe 1937–1947 (Bd. 2) S. 195 f.

74 Katia Mann an Klaus Mann, 23.9.1941. Monacensia. Tippfehler von Katia Mann wurden korrigiert.

75 Klaus Mann: Tagebücher 1940–1943. Eintrag vom 10.11.1940. S. 74.

76 Siehe Thomas Mann: Tagebücher Bd. 5 1940–1943. Eintrag vom 25. Juli 1941. S. 286.

77 Erika Mann an Katia und Thomas Mann, 25.8.1941. In: Erika Mann: Mein Vater, der Zauberer. S. 159.

78 Gespräch mit Helga Maria Prinzessin zu Löwenstein und Volkmar Zühlsdorff: In: Breloer: Unterwegs zur Familie Mann S. 315.

79 Annemarie Schwarzenbach an Klaus Mann, 28.1.1941. In: Miermont: Annemarie Schwarzenbach. S. 333.

80 Der britische Diplomat, Schriftsteller und Ehemann von Vita Sackville-West, Harold Nicolson bezeichnete in seiner Besprechung von Erika Manns »School for Barbarians« die Manns als »that amazing family«, was diese sich gern gefallen ließen.

81 Thomas Mann an Heinrich Mann, 21.3.1941. In: Thomas Mann/ Heinrich Mann: Briefwechsel. S. 291.

82 Katia Mann an Klaus Mann, 15.6.1943. In: Jens: Frau Thomas Mann. S. 239.

83 An Manuel Gasser schreibt Golo Mann am 19.10.1941 aus Pacific Palisades über die Matrosen: »Hier aber bleibe ich meiner alten Taktik treu, bloss sie traurig anzusehen und im Stillen zu denken, sie müssten doch fühlen, wie wohl ich es meine und dass ich die schönste Touren in die High Sierra weiss und das beste Grammophon zuhause habe. Ihr Herz bleibt aus Stein, und schliesslich läuft es auf das Geschäftsmässigste hinaus, als zu welchem ich mich einer Vermittlung bediene.« Golo Mann: Briefe 1932–1992. S. 54.

84 Katia Mann an Elisabeth Mann Borgese, 5.5.1942. In: Holzer: Elisabeth Mann Borgese. S. 117.

85 Klaus Mann: Tagebücher 1940–1943. Eintrag vom 22.3.1942. S. 94.

86 Ebd. Eintrag vom 31.5.1942. S. 96.

87 Ebd. Eintrag vom 18.8.1942. S. 110.

88 Thomas Mann an Klaus Mann, 2.9.1942. Thomas Mann: Briefe 1937–1947 (Bd. 2) S. 277.

89 Klaus Mann: Tagebücher 1940–1943. Eintrag vom 6.10.1942. S. 111 f.

90 Thomas Mann an Klaus Mann, 27.4.1943. Thomas Mann: Briefe 1937–1947 (Bd. 2). S. 308.

91 Thomas Mann an Agnes Meyer, 26.5.1943. Ebd. S. 316.

92 Erika Mann an Thomas Mann, 20.1.1944. In: Erika Mann: Mein Vater, der Zauberer. S. 179.

93 Erika Mann an Lotte Walter, 13.11.1942. In: Erika Mann: Briefe und Antworten Band 1. S. 186.

94 Katia Mann an Klaus Mann, 19. 2. 1945 Monacensia. Tippfehler des maschinenschriftlichen Briefes wurden in der Wiedergabe korrigert.
95 Annette Kolb an René Schickele, 12. 7. 1934. Annette Kolb/René Schickele: Briefe im Exil. S. 130.
96 Breloer: Unterwegs zur Familie Mann. S. 506 Anm. 147 (im Original kursiv).
97 Katia Mann an Klaus Mann, 19. 2. 1945. Monacensia. Tippfehler des maschinenschriftlichen Briefes wurden in der Wiedergabe korrigiert.
98 Thomas Mann: Tagebücher Bd. 6 1944–1946. Eintrag vom 7. 5. 1945. S. 200 f.
99 Erika Mann an Katia Mann, 20. 9. 1945. In: Erika Mann: Briefe und Antworten Bd. 1. S. 208 f.
100 Klaus Mann an Katia Mann, 9. 10. 1945. In: Klaus Mann: Briefe Bd. 2. S. 236. (Im Original englisch, Übersetzung A. Wüstner)
101 Thomas an Klaus Mann, 21. 6. 1945. In: Thomas Mann: Briefe 1937–1947 (Bd. 2). S. 433 f.
102 Anthony Mann erlitt eine schwierige Zangengeburt. Dadurch ist er auf einem Auge fast blind und seine Sprechfähigkeit ist stark eingeschränkt.
103 Thomas Mann an Agnes Meyer, 14. 12. 1945. In: Thomas Mann: Briefe 1937–1947. (Bd. 2) S. 463.

8

»So ist es, wenn man sich überlebt«

1 Elisabeth Mann Borgese im Gespräch mit Heinrich Breloer. In: Breloer: Unterwegs zur Familie Mann. S. 153.
2 Thomas Mann: Tagebücher Bd. 7 1946–1948. Eintrag vom 29. 5. 46. S. 4.
3 Thomas Mann an Erika Mann, 26. 10. 1946. In: Erika Mann: Mein Vater, der Zauberer. S. 190.
4 Thomas Mann an Erika Mann, 11. 12. 1946. Ebd. S. 192.
5 Ebd.
6 Thomas Mann an Elisabeth Mann Borgese, 11. 12. 1946. In: Thomas Mann: Briefe 1937–1947 (Bd. 2), S. 518.
7 Frido Mann: Achterbahn. S. 40.
8 Erika Mann an Thomas Mann, 1. 1. 1947. In: Erika Mann: Mein Vater, der Zauberer. S. 194.
9 Erika Mann an Thomas Mann, 26. 6. 1947. In: Erika Mann: Briefe und Antworten Bd. 1. S. 227.

10 Thomas Mann: Tagebücher Bd. 7 1946–1948. Eintrag vom 1. 2. 1948. S. 219.

11 Gespräche mit Hilde Kahn-Reach. In: Breloer: Unterwegs zur Familie Mann. S. 400.

12 Erika Mann an Frido Mann, 11. 3. 1948. In: Erika Mann: Briefe und Antworten Bd. 1. S. 232 f.

13 Thomas Mann an Erika Mann, 6. 11. 1948. In: Thomas Mann: Briefe 1948–1955 (Bd. 3), S. 56.

14 Gespräche mit Hilde Kahn-Reach: In: Breloer: Unterwegs zur Familie Mann. S. 397.

15 Katia Mann an Klaus Mann: 24. 1. 1948. Monacensia.

16 Monika Mann: Im Gedenken an meinen Bruder. In: Monika Mann: Das fahrende Haus. S. 160 f. Der Bericht wurde 1956 anlässlich des 50. Geburtstages von Klaus Mann geschrieben.

17 Klaus Mann an Katia Mann, 10. 5. 1946. In: Klaus Mann: Briefe und Antworten Bd. 2, S. 245.

18 Golo Mann: Erinnerungen an meinen Bruder Klaus. S. 392.

19 Klaus Mann an Katia Mann, New Year's Eve. 1944. In: Klaus Mann: Briefe und Antworten, Band 2, S. 424 f.

20 Klaus Mann: Tagebücher 1944–1949. Eintrag vom 27. 6. 48. S. 171.

21 Thomas Mann: Tagebücher Bd. 7 1946–1948. Eintrag vom 11. 6. 1948. S. 272.

22 Klaus Mann: Tagebücher 1944–1949. Eintrag vom 15. 6. 1948. S. 169.

23 Michael Mann: Fragmente eines Lebens. S. 142.

24 Thomas Mann: Tagebücher Bd. 7 1946–1948. Eintrag vom 6. 7. 1948. S. 282.

25 Klaus Mann: Tagebücher 1944–1949. Eintrag vom 8. 7. 1948. S. 173.

26 Breloer: Die Manns. S. 380.

27 Ebd. S. 381.

28 Thomas Mann: Tagebücher Bd. 7 1946–1949. Eintrag vom 13. 7. 1948. S. 285.

29 Ebd. Eintrag vom 16. 7. 1948. Ebd. S. 286.

30 Ebd. Eintrag vom 24. 7. 1948. Ebd. S. 289.

31 Ebd. S. 293, S. 295, S. 298, S. 299.

32 Gespräch mit Charles Neider. In: Breloer: Unterwegs zur Familie Mann. S. 348.

33 Thomas Mann: Tagebücher Bd. 7 1946–1948. Eintrag vom 31. 12. 1948. S. 347.

34 Thomas Mann an Klaus Mann, 12. 11. 1948. In: Klaus Mann: Briefe und Antworten. Band 2, S. 291.

35 Klaus Mann: Tagebücher 1944–1949. Eintrag vom 18. 11. 1948. S. 192.
36 Thomas Mann: Doktor Faustus. S. 506.
37 Golo Mann: Erinnerungen an meinen Bruder Klaus. S. 396 f.
38 Klaus Mann: Tagebücher 1944–1949. Eintrag vom 1. 1. 1949. S. 203.
39 Ebd. Eintrag vom 29. 4. 1949. S. 215.
40 Katia Mann an Klaus Mann, 15. 5. 1949. In: Klaus Mann: Briefe und Antworten. Bd. 2, S. 310.
41 Erika Mann an Klaus Mann, 15. 5. 1949. In: Erika Mann: Briefe und Antworten. Bd. 1, S. 257.
42 Klaus Mann an Katia und Erika Mann, 20. 5. 1949. In: Klaus Mann: Briefe und Antworten. Band 2, S. 314 f.
43 Thomas Mann: Tagebücher Bd. 8 1949–1950. Eintrag vom 22. 5. 1949. S. 57.
44 Ebd. Eintrag vom 24. 5. 1949. S. 58.
45 Erika Mann an Ludwig Marcuse, 16. 6. 1949. Erika Mann: Briefe und Antworten Band 1, S. 262.
46 Thomas Mann: Tagebücher Bd. 8 1949–1950. Eintrag vom 12. 6. 1949. S. 67.
47 Golo Mann: Erinnerungen an meinen Bruder Klaus. S. 397.
48 Thomas Mann: Tagebücher Bd. 8 1949–1950. Eintrag vom 3. 7. 1950. S. 207 f.
49 Ebd. Eintrag vom 11. 2. 1950. S. 168.
50 Thomas Mann: Vorwort. In: Erika Mann (Hrsg.): Klaus Mann zum Gedächtnis. S. 9 f.
51 Thomas Mann an Hermann Hesse, 6. 7. 1949. In: Thomas Mann: Briefe 1948–1955 (Bd. 3), S. 91.
52 Thomas Mann an Golo Mann, 16. 6. 1946. In: Thomas Mann Briefe 1937–1947 (Bd. 2). S. 492 f.
53 Thomas Mann an Monika Mann, 24. 2. 1949. In: Thomas Mann: Briefe 1948–1955 (Bd. 3). S. 74 f.
54 Thomas Mann: Tagebücher Bd. 9 1951–1952. Eintrag vom 22. 10. 1951. S. 123.
55 Ebd. Eintrag vom 4. 11. 1951. S. 130.
56 Ebd. Eintrag vom 5. 11. 1951. S. 130 f.
57 Ebd. Eintrag vom 9. 11. 1951. S. 133.
58 Ebd. Eintrag vom 26. 11. 1951. S. 141.
59 Holzer: Elisabeth Mann Borgese. S. 125.
60 Thomas Mann: Tagebücher Bd. 8 1949–1950. Eintrag vom 20. 11. 1950. S. 291.
61 Ebd. Eintrag vom 25. 12. 1950. S. 311 f.
62 Holzer: Elisabeth Mann Borgese. S. 139.

63 Thomas Mann: Tagebücher Bd. 8 1949–1950. Eintrag vom 11. 9. 1949. S. 96.

64 Ebd. Eintrag vom 11. 3. 1950. S. 175.

65 Ebd. Eintrag vom 12. 3. 1950.

66 siehe Jindrich Mann: Prag, poste restante. S. 287.

67 Thomas Mann: Tagebücher Bd. 8 1949–1950. Eintrag vom 14. 3. 1950. S. 176.

68 siehe Mitgang: Überwacht. S. 93 f.

69 Thomas Mann: Tagebücher Bd. 8 1949–1950. Eintrag vom 29. 11. 1950. S. 297 f.

70 Thomas Mann: Tagebücher Bd. 9 1951–1952. Eintrag vom 30. 3. 1951. S. 41.

71 Ebd. Eintrag vom 3. 4. 1951. S. 43.

72 Ebd. Eintrag vom 4. 6. 1951. S. 69.

73 Ebd. Eintrag vom 21. 2. 1952. S. 181.

74 Ebd. Eintrag vom 29. 11. 1952. S. 305.

75 Ebd. Eintrag vom 4. 12. 1952. S. 307.

76 Ebd. Eintrag vom 9. 1. 1952. S. 310.

77 Thomas Mann: Tagebücher Bd. 10 1953–1955. Eintrag vom 7. 3. 1954. S. 192.

78 Ebd. Eintrag vom 14. 3. 1954. S. 195.

79 Siehe Regnier: Du auf deinem höchsten Dach. S. 354 f.

80 Thomas Mann: Tagebücher Bd. 10 1953–1955. Eintrag vom 19. 5. 1953. S. 62 f.

81 Ebd. Eintrag vom 6. 7. 1953. S. 81.

82 Thomas Mann: Katia Mann zum siebzigsten Geburtstag. In: Ders.: Über mich selbst. S. 184.

83 Thomas Mann: Tagebücher Bd. 10 1953–1955. Eintrag vom 25. 7. 1953. S. 90.

84 Ebd. Eintrag vom 29. 7. 1953. S. 92.

85 Holzer: Elisabeth Mann Borgese. S. 147.

86 Thomas Mann: Tagebücher Bd. 10 1953–1955. Eintrag vom 20. 8. 1953. S. 101.

87 Monika Mann an Richard Raupach, 30. 3. 1954. In: Monika Mann: Das fahrende Haus. S. 247.

88 Monika Mann im Interview mit Gabriel Laub. Ebd. S. 24.

89 Golo Mann an Erich von Kahler, 17. 1. 1953. In: Golo Mann: Briefe 1932–1992. S. 115.

90 Golo Mann an Eva Herrmann, 18. 12. 1953. Ebd. S. 119.

91 Thomas Mann: Tagebücher Bd. 10 1953–1955. Eintrag vom 2. 1. 1954. S. 165.

92 Ebd. Eintrag vom 6. 1. 1954. S. 167.
93 Thomas Mann an Erika Mann, 27. 1. 1954. In: Erika Mann: Mein Vater, der Zauberer. S. 217 f.
94 Erika Mann an Thomas Mann, 10. 2. 1954. Ebd. S. 229 f.
95 Thomas Mann: Tagebücher Bd. 10 1953–1955. Eintrag vom 16. 2. 1954. S. 181.
96 Erika Mann: Die letzte Adresse. Erstveröffentlichung in: *Schöner Wohnen*, August 1965. Wiederabdruck in: Erika Mann: Mein Vater, der Zauberer. S. 344 f. Zitat S. 350.
97 Thomas Mann: Tagebücher Bd. 10 1953–1955. Eintrag vom 5. 5. 1954. S. 219.
98 Erika Mann an Thomas Mann, 4. 6. 1954. In: Erika Mann: Mein Vater der Zauberer. S. 235 f.
99 Thomas Mann an Erika Mann, 7. 6. 1954. Ebd. S. 237 f. »Zugvogel-Erzählungen« bezieht sich auf die im Franz Schneider-Verlag erschienene Jugendbuchreihe.
100 Thomas Mann: Tagebücher Bd. 10 1953–1955. Eintrag vom 12. 12. 1954. S. 296.
101 Ebd. Eintrag vom 29. 8. 1954. S. 267.
102 Ebd. Eintrag vom 9. 10. 1954. S. 282 f.
103 Thomas Mann an Erika Mann, 7. 11. 1954. In: Erika Mann: Mein Vater, der Zauberer. S. 243 f.
104 Erika Mann: Das letzte Jahr. In: Dies.: Mein Vater, der Zauberer. S. 402.
105 Thomas Mann: Tagebücher Bd. 10 1953–1955. Eintrag vom 25. 12. 1954. S. 301.
106 Siehe zum Beispiel die Tagebücher Thomas Manns von 1949, Einträge am 1. 2., 18. 2., 20. 2., 22. 2., 28. 2. 1949.
107 Frido Mann: Achterbahn. S. 91.
108 Thomas Mann: Tagebücher 1953–1955 Bd. 10. Eintrag vom 26. 3. 1955. S. 330.
109 Thomas Mann an Agnes Meyer, 9. 2. 1955. In: Thomas Mann: Briefe 1948–1955 (Bd. 3), S. 375.
110 Thomas Mann: Tagebücher Bd. 10 1953–1955. Eintrag vom 10. 2. 1955. S. 314.
111 Ebd. Eintrag vom 17. 2. 1955. S. 316.
112 In: Sprecher/Gutbrodt (Hrsg.): Die Familie Mann in Kilchberg. S. 56.
113 Thomas Mann: Tagebücher Bd. 10 1953–1955. Eintrag vom 20. 7. 1955. S. 359.
114 Ebd. Eintrag vom 25. 6. 1955. S. 350.

115 Ebd. Eintrag vom 30. 6. 1955. S. 351.
116 Golo Mann an Julio del Val Caturla, August 1989. In: Golo Mann: Briefe 1932–1992. S. 312.
117 Erika Mann an Gemeinde-Präsident Dr. Herzer: 15. 8. 1955. In: Sprecher/Gutbrodt (Hrsg.): Die Familie Mann in Kilchberg. S. 59.
118 Golo Mann: Erinnerungen und Gedanken. S. 62.
119 Frido Mann: Achterbahn. S. 106 f.
120 Bürgin/Mayer: Thomas Mann. Eine Chronik seines Lebens. S. 286.
121 Monika Mann: Vergangenes und Gegenwärtiges. S. 6.

9
»Auflösen kann man das hier nicht mehr«

1 Monika Mann: Vergangenes und Gegenwärtiges. S. 6.
2 Frido Mann: Achterbahn. S. 110.
3 Ebd. S. 117.
4 Ebd. S. 21 f.
5 Ebd. S. 125.
6 Thomas Mann: Tagebücher Bd. 10 1953–1955. Eintrag vom 24. 12. 1953. S. 158.
7 Ebd. Eintrag vom 24. 12. 1954. Ebd. S. 301.
8 Gespräch mit Klaus Pringsheim jr. In: Breloer: Unterwegs zur Familie Mann. S. 221.
9 Erika Mann an Monika Mann, 7. 5. 1956. Zitiert nach: Kröger: Wie ich leben soll, weiss ich noch nicht. S. 142. In ihrer Aufregung hat Erika das Schreiben versehentlich auf 1945 statt auf 1956 datiert.
10 Monika Mann an Erika Mann, 5. 6. 1956. Monacensia.
11 Monika Mann: Vergangenes und Gegenwärtiges. 2001. S. 83.
12 Katia Mann an Gustav Hillard-Steinböhmer, 25. 11. 1956. Zitiert nach: Jens: Frau Thomas Mann. S. 282.
13 Oskar Maria Graf: Zwei Töchter sehen ihren Vater. In: O. M. Graf: An manchen Tagen. S. 317.
14 Monika Mann: Im Gedenken an meinen Bruder. In: Dies.: Das fahrende Haus. S. 162.
15 Monika Mann an Erika Mann, 9. 1. 1964. Ebd. S. 189 f. Eine Anthologie, wie sie Monika vorschlug, wurde 1999 im Rowohlt Verlag veröffentlicht. Auf dem Titelbild ist Katia Mann mit ihren Kindern zu sehen, leider hat man kommentarlos Monika am Bildrand weggeschnitten.
16 Erika Mann an Monika Mann, 13. 1. 1964. Ebd. S. 191 f.

17 Ebd.
18 Thomas Mann: Briefe 1889–1936 (Bd. 1). S. XI f.
19 Thomas Mann: Briefe 1946–1955 (Bd. 3). S. 6.
20 Siehe Frido Mann: Achterbahn S. 121 f.
21 Ebd. S. 121.
22 Gespräch mit Frido Mann von Sven Michaelsen. In: *Welt-Online* vom 27. 4. 2008.
23 Jean Starobinski benutzt das Wort für das Zähflüssige, das der Melancholie innewohnt. Siehe Starobinski: Die Ethik des Essays. *Neue Rundschau* (1987). Heft 1, S. 8.
24 Katia Mann an Lion Feuchtwanger, 5. 5. 1957. In: Lion Feuchtwanger: Briefwechsel mit Freunden 1933–1958. Bd. 2. S. 192.
25 Katia Mann an Klaus Pringsheim, 9. 1. 1959. In: Jens: Frau Thomas Mann S. 279.
26 Golo Mann an Marcel Reich-Ranicki, 1. 2. 1988. In: Golo Mann/Marcel Reich-Ranicki: Enthusiasten der Literatur. S. 112.
27 Erika Mann an Golo Mann, 4. 3. 1958. In: Kröger: Wie ich leben soll, weiss ich noch nicht. S. 138.
28 Golo Mann an Manuel Gasser, 11. 4. 1958. In: Golo Mann: Briefe 1932–1992. S. 137.
29 Gespräche mit Elisabeth Mann Borgese, Kilchberg. In: Breloer: Unterwegs zur Familie Mann. S. 190.
30 Frido Mann: Achterbahn. S. 123.
31 Michael Mann an Katia Mann, 7. 9. 1957. In: Michael Mann: Fragmente eines Lebens. S. 32.
32 Frido Mann: Achterbahn. S. 138.
33 Golo Mann an Julio del Val Caturla, 29. 12. 1962. In: Golo Mann: Briefe 1932–1992. S. 160.
34 Katia Mann an Klaus Pringsheim, 5. 8. 1961. Zitiert nach: Jens: Frau Thomas Mann. S. 283.
35 Heinz Saueressig: Züricher Bericht über meine Begegnung mit Katja und Erika Mann. Zitiert nach Jüngling/Roßbeck: Katia Mann. S. 320.
36 Katia Mann an Lion Feuchtwanger, 17. 9. 1958. In: Lion Feuchtwanger: Briefwechsel mit Freunden 1933–1958. Bd. 2. S. 213.
37 Erika Mann: Briefe und Antworten Bd. 2. S. 165.
38 So schreibt sie an Lotte Lehmann am 3. 5. 1966. Ebd. S. 170.
39 »Der Junge kommt zu mir!« Ingrid Beck-Mann im Interview mit Susanne Beyer. In: *Der Spiegel*, 12/2004 vom 15. 3. 2004.
40 Golo Mann an Jens-Peter Otto, 17. 6. 1969. In: Golo Mann: Briefe 1932–1992. S. 191.

41 Golo Mann an Martin Gregor-Dellin, 9.6.1969. Zitiert nach: Jens: Frau Thomas Mann. S. 285.
42 Siehe Sprecher/Gutbrodt (Hrsg.): Die Familie Mann in Kilchberg. S. 111.
43 Martin Gregor-Dellin: Gedenkrede auf Erika Mann. In: Erika Mann. Briefe und Antworten. Bd. 2. S. 239.
44 Golo Mann an Margaret Prinzessin von Hessen und zu Rhein, 5.9.1969. In: Golo Mann: Briefe 1932–1992. S. 192.
45 Katia Mann an Klaus Pringsheim, 25.5.1964. Zitiert nach Jens: Frau Thomas Mann. S. 281.
46 Katia Mann an Klaus Pringsheim, 24.9.1961. Ebd.
47 Holzer: Elisabeth Mann Borgese. S. 169.
48 Katia Mann an Elisabeth Mann Borgese, 2.8.1974. Zitiert nach Holzer: Elisabeth Mann Borgese. S. 193.
49 Katia Mann: Meine ungeschriebenen Memoiren. S. 9.
50 Ebd. S. 7.
51 Ebd. S. 117.
52 Ebd. S. 33.
53 Siehe Holzer: Elisabeth Mann Borgese. S. 196.
54 Härtling: Leben lernen. Erinnerungen. S. 355 f.
55 Hier an Thomas Vinterbergs Film »Das Fest«.
56 Katia Mann an Elisabeth Mann Borgese, 21.4.1968. In: Holzer: Elisabeth Mann Borgese. S. 193.
57 Katia Mann: Meine ungeschriebenen Memoiren. S. 162.
58 Monika Mann: Vergangenes und Gegenwärtiges. 2001. S. 100.
59 Golo Mann an Adolphe Dahringer, 3.1.1976. Zitiert nach: Lahme: Golo Mann S. 384.
60 Gespräch mit Frido Mann von Sven Michaelsen. In: *Welt-Online* vom 27.4.2008.
61 Tagebuch Golo Mann, Eintrag vom 4.11.1975. Zitiert nach: Lahme: Golo Mann S. 383.
62 Monika Mann an Peter de Mendelssohn, 7.6.1977. In: Monika Mann: Das fahrende Haus. S. 119.
63 Michael Mann: Fragmente eines Lebens. S. 216.
64 Golo Mann: »Man muss über sich selbst schreiben«. S. 143.
65 Tagebuch Golo Mann, Eintrag vom 17.6.1977. Golo Mann zitiert hier auch den Satz aus Elisabeths Brief. Zitiert nach: Lahme: Golo Mann. S. 404.
66 Ebd. Eintrag vom 25.11.1978. S. 404.
67 Ebd. S. 386.
68 Monika Mann an Peter de Mendelssohn, 7.6.1977. In: Monika Mann: Das fahrende Haus. S.119 f.

69 Ebd. S. 121.
70 *Münchner Abendzeitung* vom 24. 8. 1979. Zitiert nach Sprecher/Gutbrodt (Hrsg.): Die Familie Mann in Kilchberg. S. 179.
71 Monika Mann: Versuch über Erika Mann. In: Dies.: Das fahrende Haus. S. 158.
72 Reise mit Elisabeth Mann Borgese, Princeton. In: Breloer: Unterwegs zur Familie Mann. S. 132.
73 Monika Mann: Der Start. S. 82.
74 Frido Mann: Achterbahn. S. 123 f.
75 Golo Mann an Ernst Klett, 10. 5. 1980. In: Golo Mann: Briefe 1932–1992. S. 264.
76 Sprecher/Gutbrodt (Hrsg.): Die Familie Mann in Kilchberg. S. 182.

10
»Bei mir ist wohl viel Ersatz, letzten Endes«

1 Zitiert nach: Golo Mann: Erinnerungen und Gedanken. S. 23.
2 Inge Jens: Besuche in Kilchberg. In: Sprecher/Gutbrodt (Hrsg.): Die Familie Mann in Kilchberg. S. 235 f.
3 Breloer/Königstein: Die Manns. S. 386.
4 Reise mit Elisabeth Mann Borgese, München. In: Breloer: Unterwegs zur Familie Mann. S. 28 f.
5 Holzer: Elisabeth Mann Borgese. S. 180.
6 Ebd. S. 205.
7 Ebd. S. 206.
8 Golo Mann an Marcel Reich-Ranicki, 30. 12. 1985. In: Golo Mann/Marcel Reich-Ranicki: Enthusiasten der Literatur. S. 95.
9 Golo Mann an Peter Marxer, 20. 11. 1986. In: Golo Mann: Briefe 1932–1992. S. 300.
10 Monika Mann an Peter de Mendelssohn, 13. 3. 1979. Zitiert nach: Monika Mann: Das fahrende Haus. Anm. 118 S. 316.
11 Ernst Walder: Begegnungen mit Golo Mann. In: Sprecher/Gutbrodt (Hrsg.): Die Familie Mann in Kilchberg. S. 250.
12 Ingrid Beck-Mann im Interview mit Susanne Beyer. In: *Der Spiegel* 12/2004. S. 207.
13 Breloer: Unterwegs zur Familie Mann. S. 189.
14 Golo Mann an Peter Marxer, 20. 11. 1986. In: Golo Mann: Briefe 1932–1992. S. 299.
15 Golo Mann an Angelus Waldstein, 2. 1. 1981. Ebd. S. 272.
16 Holzer: Elisabeth Mann Borgese. S. 214.

Benutzte Literatur

Abel, Angelika: *Thomas Mann im Exil. Zum zeitgeschichtlichen Hintergrund der Emigration.* München 2003

Bedford, Sibylle: *Treibsand. Erinnerungen einer Europäerin.* München 2006

Dies.: *Zeitschatten. Ein biographischer Roman.* Reinbek/Hamburg 1992

Berendsohn, Walter A.: *Thomas Mann und die Seinen. Porträt einer literarischen Familie.* Bern 1973

Bitterli, Urs: *Golo Mann. Instanz und Außenseiter. Eine Biographie.* Berlin 2004

Böhm, Karl Werner: *Zwischen Selbstzucht und Verlangen. Thomas Mann und das Stigma Homosexualität.* Würzburg 1991

Boszormenyi-Nagy, Ivan/Spark, Geraldine M.: *Unsichtbare Bindungen. Die Dynamik familiärer Systeme.* Stuttgart 1981

Breloer, Heinrich/Königstein, Horst: *Die Manns. Ein Jahrhundertroman.* Frankfurt/Main 2001

Breloer, Heinrich: *Unterwegs zur Familie Mann. Begegnungen, Gespräche, Interviews.* Frankfurt/Main 2001

Ders.: *Reise mit Elisabeth Mann Borgese.* In: Ders.: *Unterwegs zur Familie Mann,* S. 19 ff.

Ders.: *Gespräche mit Klaus Pringsheim jr.* In: Ders.: *Unterwegs zur Familie Mann,* S. 201 ff.

Ders.: *Gespräch mit Helga Maria Prinzesssin zu Löwenstein und Volkmar Zühlsdorff.* In: Ders.: *Unterwegs zur Familie Mann,* S. 303 ff.

Ders.: *Gespräch mit Charles Neider.* In: Ders.: *Unterwegs zur Familie Mann,* S. 337 ff.

Ders.: *Gespräche mit Hilde Kahn-Reach.* In: Ders.: *Unterwegs zur Familie Mann,* S. 377 ff.

Bürgin, Hans/Mayer, Hans Otto: *Thomas Mann. Eine Chronik seines Lebens.* Frankfurt/Main 1965

Butollo, Willi/Krüsmann, Marion/Hagl, Maria: *Leben nach dem Trauma. Über den therapeutischen Umgang mit dem Entsetzen.* München 1998

Corino, Karl: *Robert Musil. Eine Biographie.* Reinbek/Hamburg 2001

Christian Eggers: *Entwicklungspsychologische Aspekte aggressiven Ver-*

haltens. In: Lehmkuhl, Ulrike (Hrsg.): *Aggressives Verhalten bei Kindern und Jugendlichen. Ursachen, Prävention, Behandlung.* Göttingen 2003
Erikson, Erik: *Lebensgeschichte und historischer Augenblick.* Frankfurt/Main 1977
Ferenczi, Sándor: *Sprachverwirrungen zwischen dem Erwachsenen und dem Kind* (EA 1932). In: *Bausteine zur Psychoanalyse,* Bd. 3. Berlin 1984
Fest, Joachim: *Die unwissenden Magier. Über Thomas und Heinrich Mann.* Berlin 1985
Feuchtwanger, Lion: *Briefwechsel mit Freunden 1933–1958.* (2 Bde.) Hrsg. von Harold von Hofe und Sigrid Washburn. Berlin, Weimar 1991
Feuchtwanger, Marta: *Nur eine Frau. Jahre, Tage, Stunden.* München, Wien 1983
Flügge, Manfred: *Die vier Leben der Marta Feuchtwanger. Biographie.* Berlin 2009
Ders.: *Heinrich Mann. Eine Biografie.* Reinbek/Hamburg 2006
Ders.: *Wider Willen im Paradies. Deutsche Schriftsteller im Exil in Sanary-sur-Mer.* Berlin 1996
Frank, Leonard: *Links, wo das Herz ist.* Roman. Berlin 1999
Fry, Varian: *Auslieferung auf Verlangen. Die Rettung deutscher Emigranten in Marseille 1940/41.* München 1986
Gaertner, Johannes: *Monika Mann.* In: *Neue deutsche Hefte.* Jahrgang 22. Heft 2 (1975)
Graf, Oskar Maria: *An manchen Tagen. Reden, Gedanken und Zeitbetrachtungen.* München 1985
Gruen, Arno: *Der Fremde in uns.* Stuttgart 2000
Gustaf-Gründgens-Ausstellung. Anlässlich seines 80. Geburtstages am 22. Dezember 1979. Hrsg. vom Dumont-Lindemann-Archiv und dem Theaterarchiv Düsseldorf. Düsseldorf 1980
Hallgarten, George F.: *Als die Schatten fielen. Erinnerungen vom Jahrhundertbeginn zur Jahrtausendwende.* Berlin 1969
Hamann, Brigitte: *Der erste Weltkrieg. Wahrheit und Lüge in Bildern und Texten.* München 2004
Harpprecht, Klaus: *Thomas Mann. Eine Biographie.* Reinbek/Hamburg 1996
Härtling, Peter: *Leben lernen. Erinnerungen.* Köln 2003
Heine, Gert/Schommer, Paul: *Thomas Mann Chronik.* Frankfurt/Main 2004
Hermann, Ingo (Hrsg.): *Elisabeth Mann Borgese. Die Meer-Frau.* Göttingen 1993

Hieber, Jochen (Hrsg.): *Lieber Marcel. Briefe an Reich-Ranicki.* 2. erw. Ausgabe. Stuttgart/München 2000

Hilmes, Oliver: *Witwe im Wahn. Das Leben der Alma Mahler-Werfel.* München 2004

Holzer, Kerstin: *Elisabeth Mann Borgese. Ein Lebensportrait.* Berlin 2001

Jens, Inge: *Unvollständige Erinnerungen.* Reinbek/Hamburg 2009

Jens, Inge und Walter: *Auf der Suche nach dem verlorenen Sohn. Die Südamerika-Reise der Hedwig Pringsheim 1907/08.* Neu bearbeitete Taschenbuchausgabe Reinbek/Hamburg 2008

Dies.: *Katias Mutter.* Reinbek/Hamburg 2005

Dies.: *Frau Thomas Mann.* Reinbek/Hamburg 2003

Jüngling, Kirsten: *Ich bin doch nicht nur schlecht. Nelly Mann.* Berlin 2008

Jüngling, Kirsten/Roßbeck, Brigitte: *Katia Mann. Die Frau des Zauberers.* München 2003

Kahn-Reach, Hilde: *Thomas Mann, mein »Boß«.* In: *Neue deutsche Hefte.* 20. Jg. (1973) H. 2

Keiser-Hayne, Helga: *Monika Mann. Trauma und verwegene Skizzen.* Rundfunkfeature Bayerischer Rundfunk 2005. Neu in: Exner, Elisabeth/Seibt, Gustav u. a.: *Die Kinder der Manns.* Hörbuch. München 2006

Kellen, Konrad: *Als Sekretär bei Thomas Mann.* In: *Neue deutsche Hefte.* 8. Jg. (1961), H. 81

Kesten, Hermann: *Lauter Literaten. Porträts. Erinnerungen.* Wien, München, Basel 1963

Kohut, Heinz: *Narzißmus. Eine Theorie der psychoanalytischen Behandlung von narzißtischen Persönlichkeitsstörungen.* Übersetzt von Lutz Rosenkötter. Frankfurt/Main 1973

Kolb, Annette/Schickele, René: *Briefe im Exil. 1933–1940.* In Zusammenarbeit mit Heidemarie Gruppe hrsg. von Hans Bender. Mainz 1987

Kolbe, Jürgen: *Heller Zauber. Thomas Mann in München 1894–1933.* Ausst. Kat. München 1987. Berlin 1987

Kröger, Ute: *Wie ich leben soll, weiss ich noch nicht. Erika Mann zwischen »Pfeffermühle« und »Firma Mann«.* Zürich 2005

Kroll, Fréderic (Hrsg.): *Klaus-Mann-Schriftenreihe.* Band 1–6. Wiesbaden 1976–1996

Krüll, Marianne: *Im Netz der Zauberer. Eine andere Geschichte der Familie Mann.* Zürich 1991

Kurzke, Hermann: *Thomas Mann. Das Leben als Kunstwerk.* München 2000

Lahme, Tilmann: *Golo Mann. Biografie.* Frankfurt/Main 2009

Lang, Daniel: *»Nicht auf der Rasenkante gehen«. Die Familie Mann und ihr Landhaus in Bad Tölz 1908–1917*. München 2007
Lion, Ferdinand: *Thomas Mann. Leben und Werk*. Zürich 1947
Lühe, Irmela von der: *Erika Mann. Eine Lebensgeschichte*. Reinbek/Hamburg 2009
Mahler-Werfel, Alma: *Mein Leben*. Frankfurt/Main 1960
Mann, Erika: *Blitze überm Ozean. Aufsätze, Reden, Reportagen*. Hrsg. von Irmela von der Lühe und Uwe Naumann. Reinbek/Hamburg 2000
Dies.: *Mein Vater, der Zauberer*. Hrsg. von Irmela von der Lühe und Uwe Naumann. Reinbek bei Hamburg 1996.
Dies.: *Zehn Millionen Kinder. Die Erziehung der Jugend im Dritten Reich*. München 1986 (EA unter dem Titel: School for Barbarians, USA 1938)
Dies.: *Briefe und Antworten*. Hrsg. von Anna Zanco Prestel. Bd. I: 1922–1950, München 1984. Bd. II: 1951–1969. München 1985.
Dies.: *Das letzte Jahr. Bericht über meinen Vater*. Frankfurt/Main 1956
Dies. (Hrsg.): *Klaus Mann zum Gedächtnis*. Amsterdam 1950
Mann, Erika und Klaus: *Rundherum. Das Abenteuer einer Weltreise*. Erw. Neuausgabe. Reinbek 1996. (EA unter dem Titel: Rundherum. Reisebericht der Geschwister Klaus und Erika Mann durch das Amerika der zwanziger Jahre (New York, Hollywood), Japan und »Russland«. Berlin 1929)
Mann, Erika und Klaus: *Escape to Life. Deutsche Literatur im Exil*. Hrsg. von Heribert Hoven. München 1961
Mann, Frido: *Achterbahn. Ein Lebensweg*. Reinbek/Hamburg 2008
Ders.: *Brasa*. München 1999
Ders.: *Professor Parsifal*. München 1985
Mann, Golo: *»Man muss über sich selbst schreiben«. Erzählungen. Familienporträts. Essays*. Hrsg. von Tilmann Lahme. Frankfurt/Mai 2009
Ders.: *Briefe*. Hrsg. von Tilmann Lahme und Kathrin Lüssi. Göttingen 2007
Ders.: *Erinnerungen und Gedanken. Lehrjahre in Frankreich*. Frankfurt/Main 2000
Ders.: *Erinnerungen und Gedanken. Eine Jugend in Deutschland*. Frankfurt/Main 1986.
Ders.: *Erinnerungen an meinen Bruder Klaus*. In: *Neue Rundschau*. 86. Jahrgang (1975). Heft III
Mann, Golo/Reich-Ranicki, Marcel: *Enthusiasten der Literatur. Ein Briefwechsel. Aufsätze und Portraits*. Herausgegeben von Volker Hage. Frankfurt/Main 2000
Mann, Heinrich: *Ein Zeitalter wird besichtigt*. Düsseldorf 1974

Mann, Jindrich: *Prag, poste restante. Eine unbekannte Geschichte der Familie Mann.* Reinbek/Hamburg 2008
Mann, Julia: *Ich spreche so gern mit meinen Kindern. Erinnerungen, Skizzen, Briefwechsel mit Heinrich Mann.* Hrsg. von Rosemarie Eggert. Berlin, Weimar 1991
Mann, Katia: *Liebes Rehherz. Briefe an Thomas Mann 1920–1950.* Hrsg. und mit einem Kommentar versehen von Inge Jens. München 2008
Dies.: *Meine ungeschriebenen Memoiren.* Hrsg. von Elisabeth Plessen und Michael Mann. Frankfurt/Main 1974
Mann, Klaus: *Kind dieser Zeit.* Mit einem Nachwort von Uwe Naumann. Reinbek bei Hamburg 2000
Ders.: *Die neuen Eltern. Aufsätze Reden Kritiken 1924–1933.* Hrsg. von Uwe Naumann und Michael Töreberg. Reinbek/Hamburg 1992
Ders.: *Tagebücher 1931 bis 1949.* Hrsg. von Joachim Heimannsberg, Peter Lämmle und Wilfried F. Schoeller. Band 1–6. München 1989–1991
Ders.: *Briefe und Antworten. 1922–1949.* Hrsg. von Martin Gregor-Dellin. München 1987
Ders.: *Der fromme Tanz.* Reinbek/Hamburg 1986
Ders.: *Maskenscherz.* Reinbek 1982
Ders.: *Mephisto.* Reinbek 1981
Ders.: *Treffpunkt im Unendlichen.* Reinbek 1981
Ders.: *Woher wir kommen und wohin wir müssen. Frühe und nachgelassene Schriften.* Hrsg. und mit einem Nachwort von Martin Gregor-Dellin. München 1980
Ders.: *Kindernovelle.* Frankfurt/Main 1978
Ders.: *Der Wendepunkt. Ein Lebensbericht.* München 1976
Mann, Michael: *Fragmente eines Lebens. Lebensbericht und Auswahl seiner Schriften.* Hrsg. von Frederic C. und Sally P. Tubach. München 1983
Ders.: *Thomas Mann – Zwanzig Jahre Amerika.* In: *Neue Rundschau.* 86. Jg. (1975). H. 2
Ders.: (Hrsg.): *Das Thomas Mann-Buch. Eine innere Biographie in Selbstzeugnissen.* Frankfurt/Main 1965
Mann, Monika: *Das fahrende Haus. Aus dem Leben einer Weltbürgerin.* Hrsg. Von Karin Andert. Reinbek bei Hamburg 2007
Dies.: *Vergangenes und Gegenwärtiges. Erinnerungen.* Erg. Ausg. Reinbek bei Hamburg 2001
Dies.: *Versuch über Erika Mann.* In: *Neue deutsche Hefte*, 31. Jg. (1984), Heft 184
Dies.: *Autobiografisches.* In: *Neue deutsche Hefte.* 27. Jg. (1980) H. 2
Dies.: *Eintragungen.* In: *Frankfurter Hefte*, Jahrgang 32 (1977) H. 5

Dies.: *Papa in Gedenken.* In: *Neue deutsche Hefte.* 22. Jg. (1975) H. 2
Dies.: *Mein Bruder Klaus.* In: *Neue deutsche Hefte,* 21. Jg. (1974), H. 3
Dies.: *Mielein.* In: *Neue deutsche Hefte.* 16. Jg. (1969), H. 121
Dies.: *Der letzte Häftling. In onore eines (letzten) Komponisten.* Lohhof/München 1967
Dies.: *Wunder der Kindheit.* Köln 1966
Dies.: *Miniaturen.* In: *Neue deutsche Hefte.* 13. Jg. (1966). H. 3
Dies.: *Tupfen im All.* Köln 1963
Dies.: *Der Start. Ein Tagebuch.* Fürstenfeldbruck 1960
Mann, Thomas: *Tagebücher.* Bd. 1: 1933–1934 Hrsg. von Peter de Mendelssohn. Frankfurt/Main 1977, Bd. 2: 1935–1936. Hrsg. von Peter de Mendelssohn. Frankfurt/Main 1978, Bd. 3: 1918–1921. Hrsg. von Peter de Mendelssohn. Frankfurt/Main 1979, Bd. 4: 1937–1939. Hrsg. von Peter de Mendelssohn. Frankfurt/Main 1980, Bd. 5: 1940–1943. Hrsg. von Peter de Mendelssohn. Frankfurt/Main 1982, Bd. 6: 1944–1. 4. 1946. Hrsg. von Inge Jens. Frankfurt/Main 1986, Bd. 7: 28. 5. 1946–31. 12. 1948. Hrsg. von Inge Jens. Frankfurt/Main 1989, Bd. 8: 1949–1950. Hrsg. von Inge Jens. Frankfurt/Main 1991, Bd. 9: 1951–1952. Hrsg. von Inge Jens. Frankfurt/Main 1993, Bd. 10: 1953–1955. Hrsg. von Inge Jens. Frankfurt/Main 1995
Ders.: *Über mich selbst. Autobiographische Schriften.* Frankfurt/Main 1994
Mann, Thomas: *Notizbücher 7–14.* Hrsg. Von Hans Wysling und Yvonne Schmidlin. Frankfurt/Main 1992
Ders.: *Sämtliche Erzählungen in zwei Bänden.* Frankfurt/Main 1991
Ders.: *Bekenntnisse des Hochstaplers Felix Krull.* Frankfurt/Main 1985
Ders.: *Von Deutscher Republik. Politische Schriften und Reden in Deutschland.* Frankfurt/Main 1984
Ders.: *Königliche Hoheit.* Frankfurt/Main 1984
Ders.: *Joseph und seine Brüder.* Band 1–4. Frankfurt/Main 1983
Ders.: *Lotte in Weimar.* Frankfurt/Main 1982
Ders.: *Buddenbrooks.* Frankfurt/Main 1981
Ders.: *Der Zauberberg.* Frankfurt/Main 1981
Ders.: *Doktor Faustus. Die Entstehung des Doktor Faustus.* Frankfurt/Main 1976
Ders.: *Briefe an Otto Grautoff 1894–1901 und Ida Boy-Ed 1903–1928.* Hrsg. von Peter de Mendelssohn. Frankfurt/Main 1975
Ders.: *Sieben Manifeste zur jüdischen Frage 1936–1948.* Hrsg. von Walter Berendson. Darmstadt 1966.
Ders.: *Briefe.* Hrsg. von Erika Mann. (Bd. 1) 1889–1936, Frankfurt/Main 1961, (Bd. 2) 1937–1947 Frankfurt/Main 1963, (Bd. 3) 1948–1955 Frankfurt/Main 1965.

Ders.: *Die Forderung des Tages. Reden und Aufsätze aus den Jahren 1925–1929.* Berlin 1930

Thomas Mann/Agnes Meyer. *Briefwechsel.* Hrsg. von Hans Rudolf Vaget. Frankfurt/Main 1992

Thomas Mann/Heinrich Mann: *Briefwechsel 1900–1949.* Herausgegeben von Hans Wysling. 3. erw. Neuausgabe Frankfurt/Main 1995

Thomas Mann/Hermann Hesse. *Briefwechsel.* Frankfurt/Main 1968

Mann, Viktor: *Wir waren fünf. Bildnis der Familie Mann.* Frankfurt/Main 1976

Marcuse, Ludwig: *Mein zwanzigstes Jahrhundert.* München 1960

Mendelssohn, Peter de: *Der Zauberer. Das Leben des deutschen Schriftstellers Thomas Mann.* In drei Bänden: Bd. 1 1875 bis 1905, Bd. 2 1905 bis 1918, Bd. 3: 1919 bis 1933, überarbeitete und erweiterte Ausgabe der 1975 erschienen Originalausgabe. Frankfurt/Main 1996

Ders.: *Jahre der Schwebe. 1919 und 1933. Nachgelassene Kapitel.* Frankfurt/Main 1992

Michalzik, Peter: *Gustaf Gründgens. Der Schauspieler und die Macht.* Berlin 1999

Miermont, Dominique Laure: *Annemarie Schwarzenbach. Eine beflügelte Ungeduld.* Zürich 2008

Miller, Alice: *Narben der Gewalt.* Frankfurt/Main 2004

Dies.: *Abbruch der Schweigemauer.* Frankfurt/Main 1990

Dies.: *Du sollst nicht merken.* Frankfurt/Main 1981

Dies.: *Am Anfang war Erziehung.* Frankfurt/Main 1980

Mitgang, Herbert: *Überwacht. Große Autoren in den Dossiers amerikanischer Geheimdienste.* Düsseldorf 1992

Möller, Hildegard: *Die Frauen der Familie Mann.* München 2004

Musil, Robert: *Briefe 1901–1942.* Kommentar. Register. Herausgegeben von Adolf Frisé. Frankfurt/Main 1981

Naumann, Uwe: *Die Kinder der Manns. Ein Familienalbum.* Frankfurt/Main 2005

Ders.: *Klaus Mann.* Reinbek/Hamburg 1984

Ders.: *»Ruhe gibt es nicht, bis zum Schluß«. Klaus Mann (1906–1949).* Reinbek/Hamburg 1999

Overwien-Neuhaus, Anita: *Eva Herrmann. Zeugin des Exils.* Köln 1995

Prater, Donald A.: *Thomas Mann. Deutscher und Weltbürger.* München 1995

Pringsheim, Hedwig: *Meine Manns. Briefe an Maximilian Harden 1900–1922.* Herausgegeben von Helga und Manfred Neumann. Berlin 2006

Pringsheim, Klaus H.: *Thomas Mann in Amerika.* In: *Neue deutsche Hefte.* 13. Jg. (1966). H. 1

Ders.: *Wer zum Teufel sind Sie? Ein Leben mit der Familie Mann.* Geschrieben mit Victor Boesen. Berlin 2001
Regnier, Anatol: *Du auf deinem höchsten Dach. Tilly Wedekind und ihre Töchter. Eine Familienbiographie.* München 2003
Reich-Ranicki, Marcel: *Thomas Mann und die Seinen.* Erweiterte Ausgabe. München 2005
Richter, Horst-Eberhard: *Patient Familie.* Erw. Neuausgabe. Stuttgart 2002
Ders.: *Eltern, Kind und Neurose.* Stuttgart 1963
Riess, Curt: *Gustaf Gründgens.* Wien München 1987
Ringel, Stefan: *Heinrich Mann. Ein Leben wird besichtigt.* Darmstadt 2000
Roggenkamp, Viola: *Erika Mann. Eine jüdische Tochter. Über Erlesenes und Verleugnetes in der Familie Mann-Pringsheim.* Zürich 2005
Sahl, Hans: *Memoiren eines Moralisten.* Frankfurt/Main 1990
Ders.: *Das Exil im Exil.* Frankfurt/Main 1990
Schaenzler, Nicole: *Klaus Mann. Eine Biographie.* Frankfurt/Main, New York 2005
Schalkhäuser, Helga: *Monika Mann.* In: *Hoheiten, Exzellenzen, Prominente. Begegnungen mit berühmten Persönlichkeiten in aller Welt.* Bergisch Gladbach 1987
Schickele, René: *Werke in 3 Bänden.* 3. Bd. Hrsg. von Hermann Kesten unter Mitarbeit von Anna Schickele. Berlin 1959
Schnauber, Cornelius: *Fritz Lang in Hollywood.* Wien 1986
Schwarzenbach, Annemarie: *»Wir werden es schon zuwege bringen, das Leben«. Annemarie Schwarzenbach an Erika und Klaus Mann. Briefe 1930–1942.* Hrsg. von Uta Fleischmann. Pfaffenweiler 1995
Schwartz, Richard C.: *Systemische Therapie mit der inneren Familie.* Vorwort von Helm Stierlin. Stuttgart 2002
Serke, Jürgen: *Die verbrannten Dichter.* Hamburg 1976
Siegel, Daniel J.: *Wie wir werden, die wir sind. Neurobiologische Grundlagen subjektiven Erlebens und die Entwicklung des Menschen in Beziehungen.* Paderborn 2006
Sievers, Leo: *Juden in Deutschland. Die Geschichte einer 2000jährigen Tragödie.* Hamburg 1977
Skierka, Volker: *Lion Feuchtwanger. Eine Biographie.* Hrsg. von Stefan Jaeger. Berlin 1984
Sprecher, Thomas/Gutbrodt, Fritz: *Die Familie Mann in Kilchberg.* München 2000
Stern, Carola: *Auf den Wassern des Lebens. Gustaf Gründgens und Marianne Hoppe.* Köln 2005

Stierlin, Helm: *Delegation und Familie. Beiträge zum Heidelberger familiendynamischen Konzept.* Frankfurt/Main 1982
Ders.: *Individuation und Familie. Studien zur Theorie und therapeutischen Praxis.* Frankfurt/Main 1989
Strohmeyer, Armin: *Klaus und Erika Mann. Wir traten wie die Zwillinge auf. Eine Biografie.* Leipzig 2004
Stübbe, Michael: *Die Manns. Genealogie einer deutschen Schriftstellerfamilie.* Neustadt a. d. Aisch 2004
Turck, Eva Monika: *Thomas Mann. Fotografie wird Literatur.* München 2003
Viertel, Salka: *Das unbelehrbare Herz. Ein Leben in der Welt des Theaters, der Literatur und des Films.* Mit einem Vorwort von Carl Zuckmayer. Frankfurt/Main 1979
Wedekind, Tilly: *Lulu, die Rolle meines Lebens.* München, Bern, Wien 1969
Walter, Bruno: *Thema und Variationen. Erinnerungen und Gedanken.* Frankfurt/Main 1960
Weiss, Andrea: *Flucht ins Leben. Die Erika-und-Klaus-Mann-Story.* Reinbek/Hamburg 2000
Wiedemann, Hans-Rudolf (Hrsg.): *Thomas Manns Schwiegermutter erzählt. Lebendige Briefe aus großbürgerlichem Hause – Hedwig Pringsheim-Dohm an Dagny-Langen-Sautreau.* Mit einem Geleitwort von Golo Mann. Lübeck 1985
Wißkirchen, Hans: *Die Familie Mann.* Reinbek/Hamburg 2000
Wunderlich, Heinke/Menke, Stefanie: *Sanary-Sur-Mer. Deutsche Literatur im Exil.* Stuttgart/Weimar 1996
Wysling, Hans/Schmidlin, Yvonne (Hrsg.): *Thomas Mann. Ein Leben in Bildern.* Zürich 1994
Zweig, Arnold: *Bilanz der Deutschen Judenheit. Ein Versuch.* Köln 1961
Zwei Jahrtausende deutsch-jüdische Geschichte. Geschichten einer Ausstellung. Hrsg. Stiftung Jüdisches Museum Berlin. Berlin 2001

Archive:
Münchner Stadtbibliothek, Monacensia, Literaturarchiv
Thomas Mann-Archiv der ETH Zürich

Personenregister

Zusammengestellt von Uwe Steffen

Bildnachweis

Der Verlag hat sich bemüht, sämtliche Rechteinhaber ausfindig zu machen. In einigen Fällen ist dies leider nicht gelungen. Für Hinweise sind wir dankbar.

Thomas-Mann-Archiv der ETH Zürich / Keystone: Tafel 1, Tafel 3 unten, Tafel 6 unten, Tafel 7, Tafel 8 oben und unten, Tafel 9 oben und unten, Tafel 13, Tafel 14

Münchner Stadtbibliothek, Monacensia, Literaturarchiv: Tafel 3, Tafel 4, Tafel 6 oben, Tafel 12 oben und unten

Schweizerisches Literaturarchiv, Bern: Tafel 10 oben und unten

Sammlung Frido Mann, Göttingen: Tafel 11

Neue Luzerne Zeitung: Tafel 15

Picture Alliance/dpa, Frankfurt am Main: Tafel 16

PIPER

Hildegard Möller
Die Frauen der Familie Mann

432 Seiten mit 28 Abbildungen. Piper Taschenbuch

Waren die Frauen des Hauses Mann glücklich? Sie waren reich geboren und bald berühmt, Mitglieder einer Familie, die in Deutschland wie eine Dynastie bewundert wurde, und verkehrten mit den wichtigsten Menschen ihrer Zeit. Dennoch: Keine von ihnen vermochte aus dem Schatten Thomas Manns zu treten. Alle konkurrierten sie um die Anerkennung und Liebe des großen »Zauberers«, so unterschiedlich ihre Biographien auch verliefen: Da war Katia, Herrin der Familie und Dienerin ihres Mannes; die »wilde Erika«, immer für einen Skandal gut, ob mit ihrem Mann Gustaf Gründgens zusammen oder mit ihrem Bruder Klaus; Monika, vergebens um Anerkennung bemüht; und Elisabeth, »das Kindchen«, die doch die selbständigste von allen wurde …
Den »Roman einer Familie« erzählt Hildegard Möller aus den Quellen heraus, aus Briefen, Tagebüchern, literarischen Zeugnissen.

01/1629/02/R